ZHENJIANGSHI
WENWUZHI

《镇江市文物志》编辑委员会

（以姓氏笔画为序）

镇江市文物志

镇江市文化广电和旅游局 编

江苏大学出版社
JIANGSU UNIVERSITY PRESS
镇江

图书在版编目(CIP)数据

镇江市文物志/镇江市文化广电和旅游局编. —镇江:江苏大学出版社,2019.12
ISBN 978-7-5684-1054-0

Ⅰ.①镇… Ⅱ.①镇… Ⅲ.①文物-概况-镇江 Ⅳ.①K872.533

中国版本图书馆CIP数据核字(2018)第299258号

镇江市文物志

编　　者/镇江市文化广电和旅游局
责任编辑/吴小娟
出版发行/江苏大学出版社
地　　址/江苏省镇江市梦溪园巷30号(邮编:212003)
电　　话/0511-84446464(传真)
网　　址/http://press.ujs.edu.cn
排　　版/镇江文苑制版印刷有限责任公司
印　　刷/南京艺中印务有限公司
开　　本/889 mm×1 194 mm　1/16
印　　张/19.25　插页32面
字　　数/625千字
版　　次/2019年12月第1版　2019年12月第1次印刷
书　　号/ISBN 978-7-5684-1054-0
定　　价/188.00元

镇江市地图

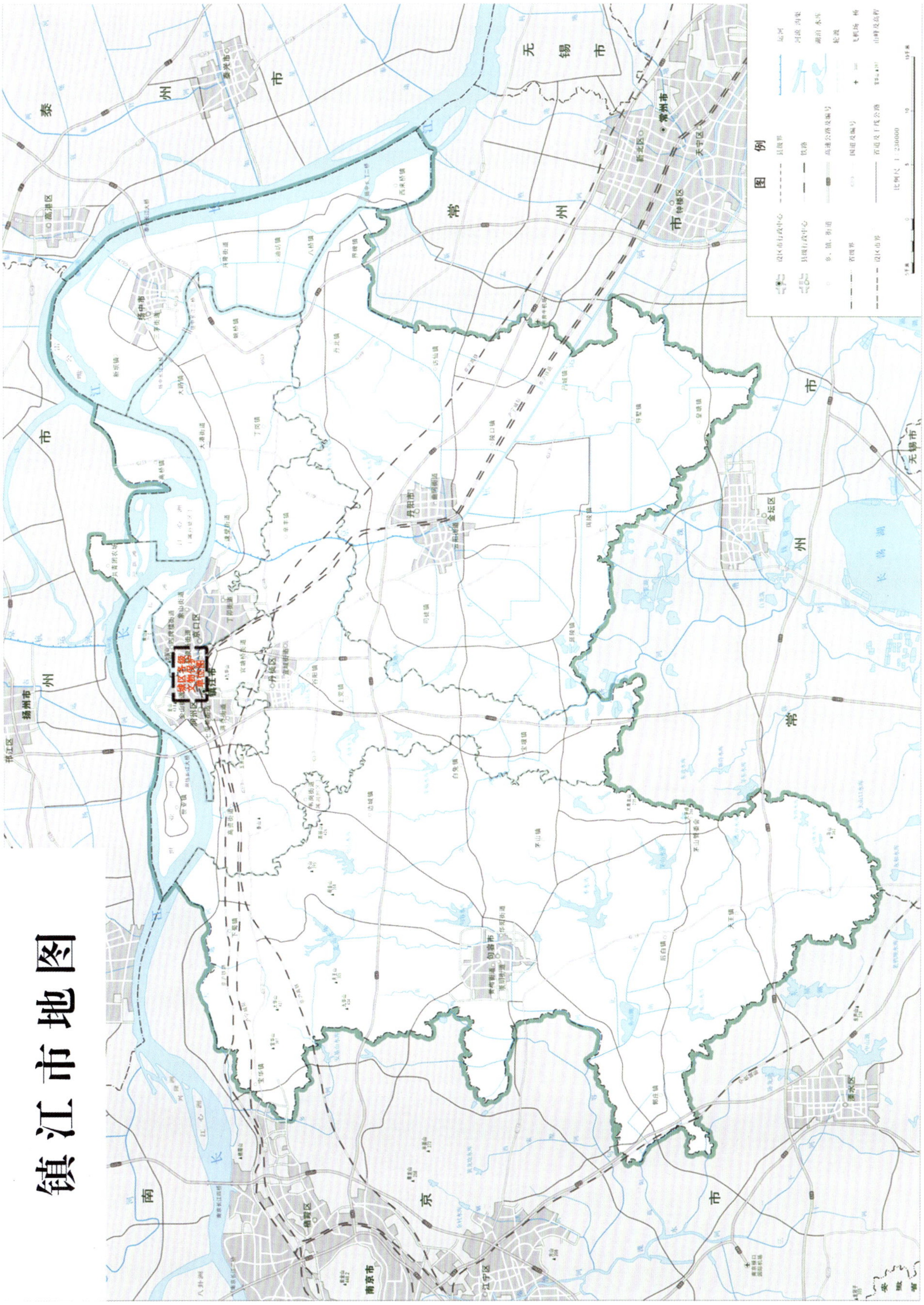

图　例

文物符号 / 文物类别	文物保护单位级别	全国重点	省级	市县级
古遗址	洞穴和聚落址			
	古城址			
	堤、坝遗址			
	烽燧、烽火台遗址			
	古道遗址			
	古运河、渠道遗址			
	古窑址			
	其他古遗址			
古墓葬				
古建筑	木构建筑			
	古塔、经幢			
	古　桥			
	古　城			
	关　隘			
	古街、古道			
	古运河、渠道			
	园　林			
	其他古建筑			
石窟寺及石刻	石窟寺			
	碑　刻			
	摩崖石刻			
	岩　画			
	其他石刻			
近现代重要史迹	革命史迹			
	其他重要史迹			
近现代代表性建筑	中国各民族风格建筑			
	外国风格建筑			
其他文物				

文物时代
石器时代
夏—战国
秦—南北朝
隋—五代
宋—元
明—清
近、现代（1840–）
不　详

京口区各级文物保护单位分布图

润州区各级文物保护单位分布图

城区各级文物保护单位分布图

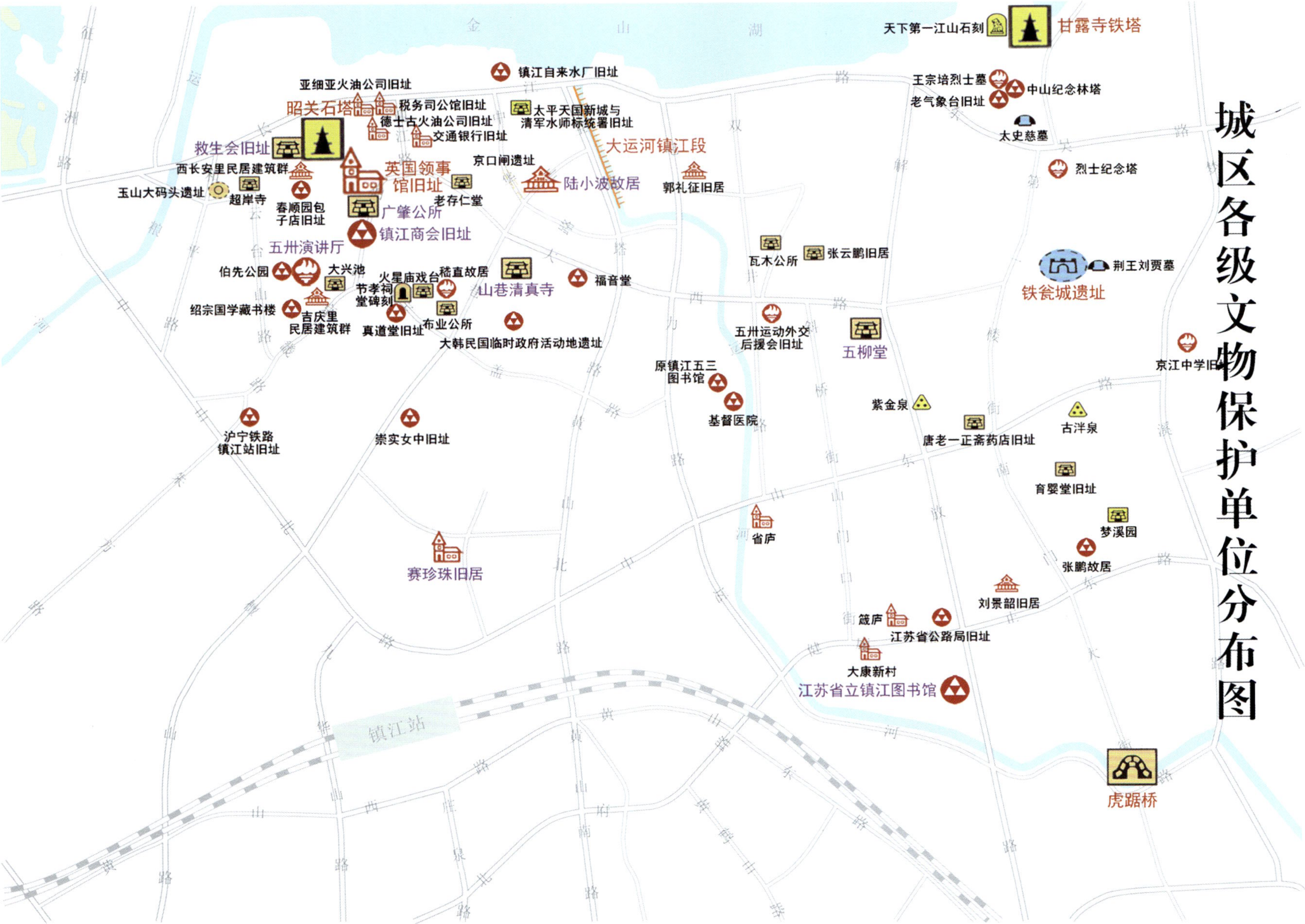

镇江新区各级文物保护单位分布图

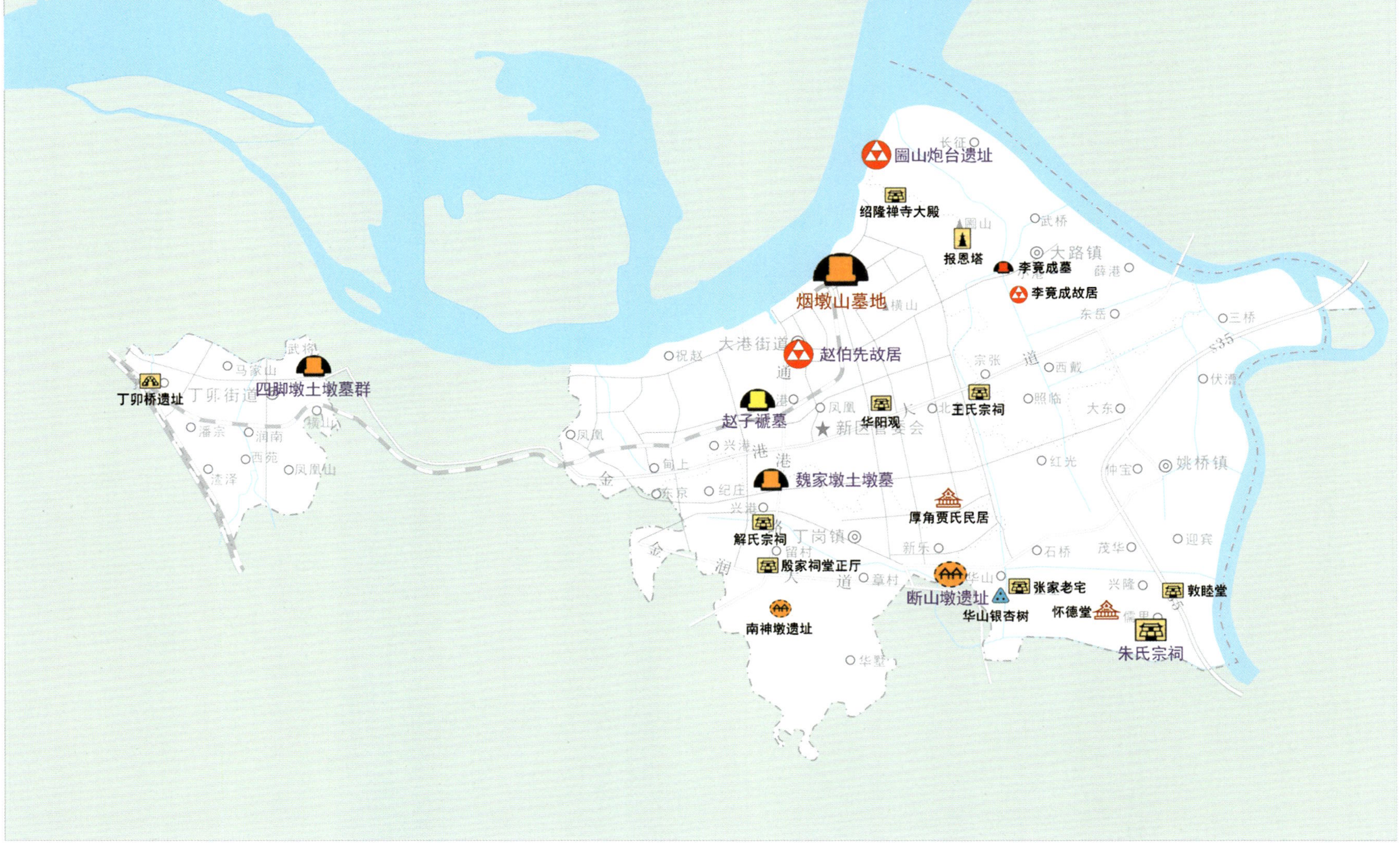

丹徒区各级文物保护单位分布图

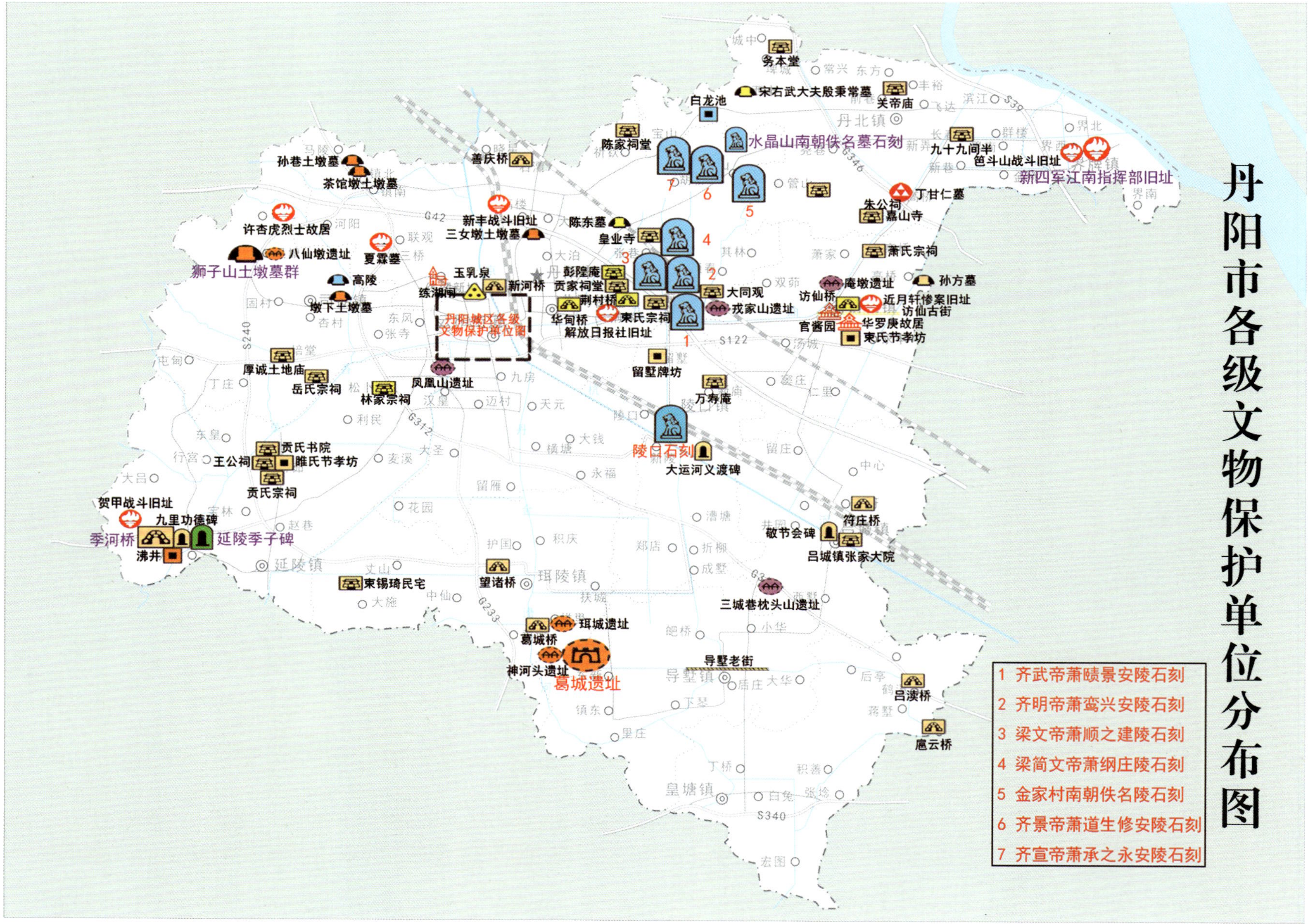
丹阳市各级文物保护单位分布图
1 齐武帝萧赜景安陵石刻
2 齐明帝萧鸾兴安陵石刻
3 梁文帝萧顺之建陵石刻
4 梁简文帝萧纲庄陵石刻
5 金家村南朝佚名陵石刻
6 齐景帝萧道生修安陵石刻
7 齐宣帝萧承之永安陵石刻
务本堂
宋右武大夫殷秉常墓
关帝庙
白龙池
陈家祠堂
水晶山南朝佚名墓石刻
九十九间半
岜斗山战斗旧址
新四军江南指挥部旧址
丁甘仁墓
朱公祠
嘉山寺
萧氏宗祠
孙方墓
庵墩遗址
访仙桥
近月轩修案旧址
访仙古街
官酱园
华罗庚故居
束氏节孝坊
大同观
戎家山遗址
束氏宗祠
解放日报社旧址
华甸桥
荆村桥
贡家祠堂
彭隍庵
皇业寺
陈东墓
新丰战斗旧址
三女墩土墩墓
孙巷土墩墓
茶馆墩土墩墓
善庆桥
许杏虎烈士故居
八仙墩遗址
夏霖墓
狮子山土墩墓群
高陵
墩下土墩墓
玉乳泉
练湖闸
新河桥
丹阳城区各级文物保护单位图
留墅牌坊
万寿庵
凤凰山遗址
厚诚土地庙
岳氏宗祠
林家宗祠
陵口石刻
大运河义渡碑
贡氏书院
王公祠
睢氏节孝坊
贡氏宗祠
贺甲战斗旧址
九里功德碑
季河桥
延陵季子碑
沸井
符庄桥
敬节会碑
吕城镇张家大院
束锡琦民宅
望诸桥
三城巷枕头山遗址
珥城遗址
葛城桥
神河头遗址
葛城遗址
导墅老街
吕澳桥
扈云桥
丹北镇
珥陵镇
延陵镇
导墅镇
皇塘镇
G42
G312
G233
S122
S240
S340
S346
S39

丹阳城区各级文物保护单位分布图

句容市各级文物保护单位分布图

扬中市各级文物保护单位分布图

京口闸至迎江桥段古运河

隆昌寺铜殿无梁殿

丹阳南朝陵墓石刻(建陵)

甘露寺铁塔

铁瓮城遗址

焦山碑林

镇江英国领事馆旧址

焦山摩崖石刻

昭关石塔

莲花洞遗址

花山湾古城墙遗址

龙脉团山遗址

焦山古炮台遗址

狮子山土墩墓

宗泽墓

赵子褫墓

焦山定慧寺

金山寺

山巷清真寺大殿

延陵季子碑

五柳堂

镇江商会旧址

张云鹏故居

广肇公所

五卅演讲厅

赵伯先墓

冷遹旧居

赛珍珠旧居

新四军江南指挥部旧址

新四军四县联合抗日会议会址

铜钟

镇江合作蚕种场旧址

宜侯夨簋(西周)　中国国家博物馆藏

凤纹尊(西周)　镇江博物馆藏

伯簋(西周)　镇江博物馆藏

青铜夔龙纹鼎(西周)　镇江博物馆藏

青铜乳钉纹簋(西周)　镇江博物馆藏

人面纹錞于(春秋)　镇江博物馆藏

青白釉瓷注子温碗(宋)　镇江博物馆藏

上虞窑青釉瓷扁壶(东吴)　镇江博物馆藏

青花梅瓶(元)　句容市博物馆藏

鎏金双凤纹带盖大银盒(唐)　镇江博物馆藏

龟负“论语玉烛”酒筹筒(唐)　镇江博物馆藏

鎏金鱼化龙纹大银盆(唐)　镇江博物馆藏

鎏金双凤压花菱形银盘(唐)　镇江博物馆藏

红陶泥塑童戏像(宋)　镇江博物馆藏

瓯窑青釉瓷虎子(南朝)　镇江博物馆藏

海狮神兽八瓣菱花形铜镜(唐)　丹阳市博物馆藏

玻璃杯(南朝宋)　句容市博物馆藏

雕漆柄君玉团扇(宋)　镇江博物馆藏

佛像立轴(唐)　镇江博物馆藏

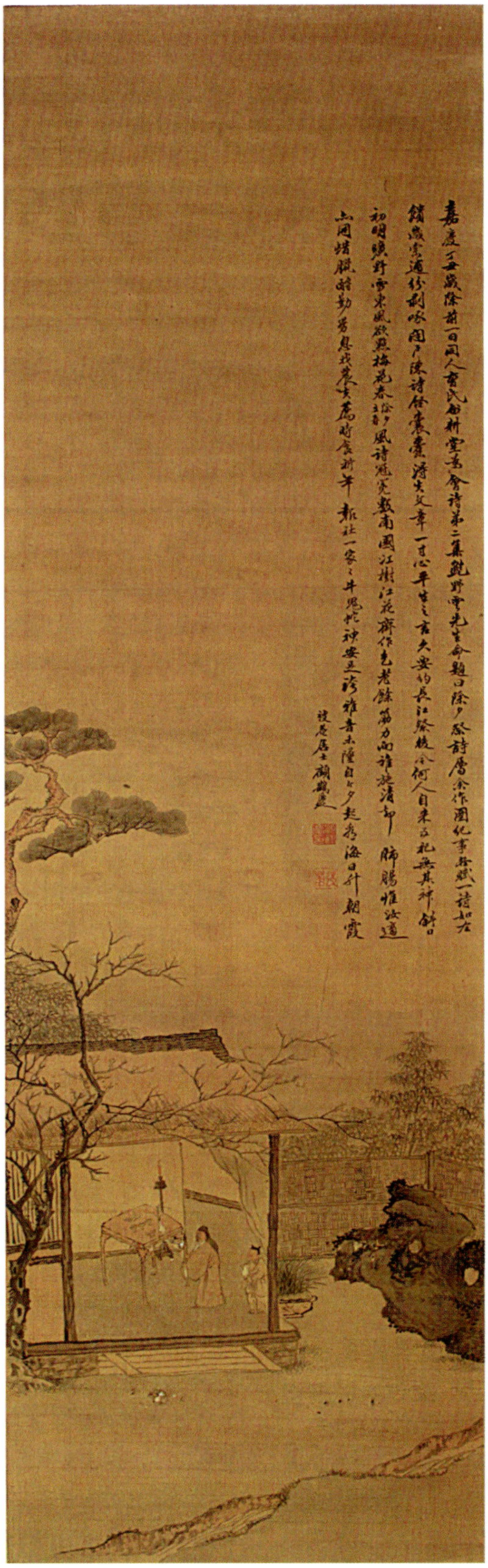

清高其佩山雉图中堂（清） 镇江博物馆藏

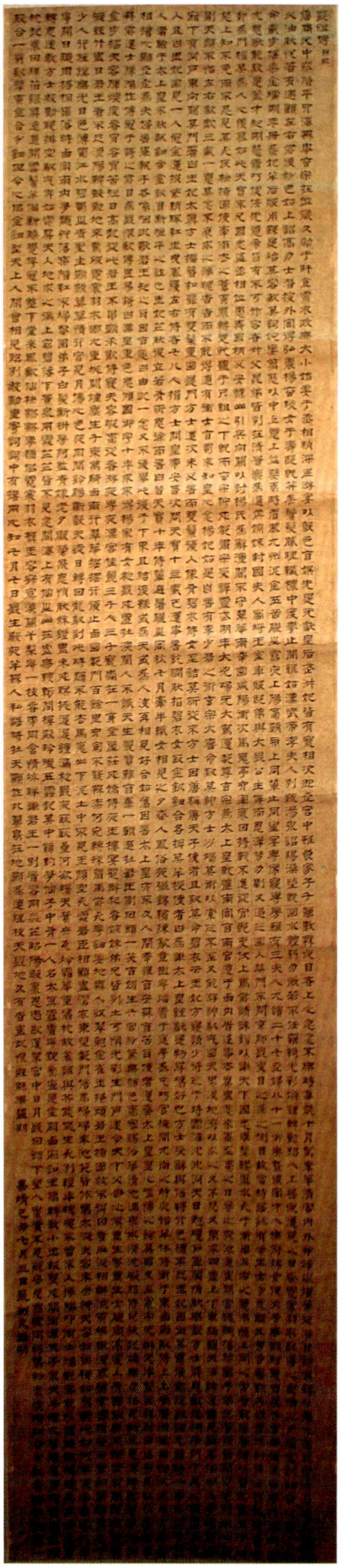

文徵明《长恨传并歌》隶书轴（明） 镇江博物馆藏

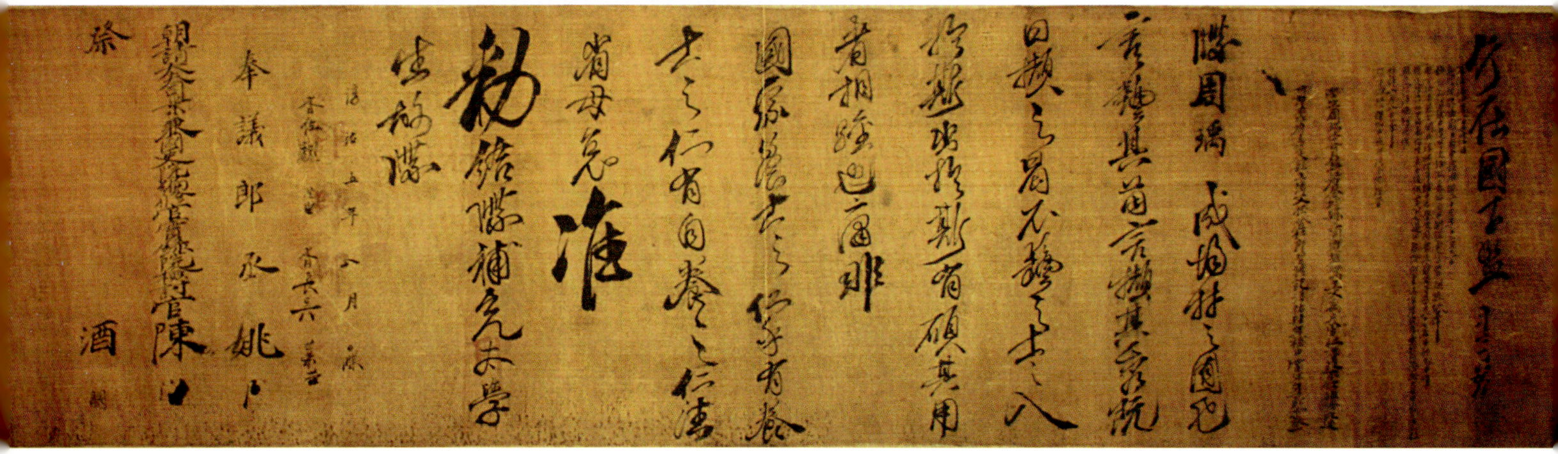

《周瑀太学生牒文》(宋)　镇江博物馆藏

禹之鼎《蒹葭书屋图》手卷（清）　镇江博物馆藏

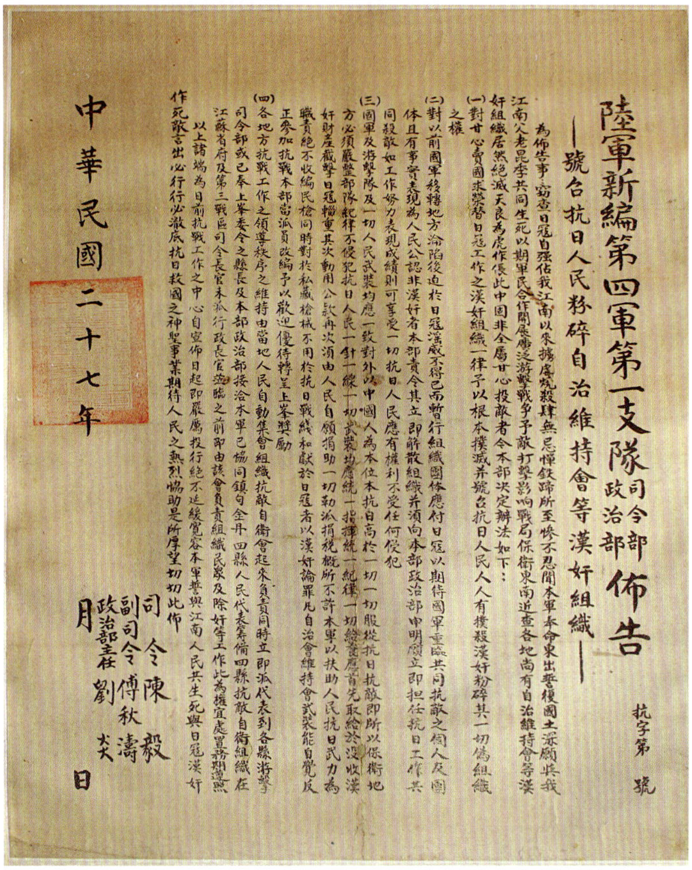

抗字第　號

陸軍新編第四軍第一支隊司令部政治部佈告

——號召抗日人民粉碎自治維持會等漢奸組織——

為佈告事：竊查日寇自强佔我江南以來擄虜燒殺肆無忌憚鐵蹄所至慘不忍聞本軍奉命東出誓復國土深願與我江南父老昆季共同生死以期軍民合作開展廣泛游擊戰爭予敵打擊影响戰局保衛東南近查各地尚有自治維持會等漢奸組織居然絕滅天良為虎作倀此中固非全屬甘心投敵者今本部決定辦法如下：

(一)對甘心賣國求榮替日寇工作之漢奸組織一律予以根本撲滅并號召抗日人民人人有撲殺漢奸粉碎其一切偽組織之權

(二)對以前國軍移轉地方淪陷後迫於日寇淫威不得已而暫行組織團体應付日寇以期待國軍重臨共同抗敵之個人及團体且有事實表現為人民公認非漢奸者本部責令其立即解散組織并須向本部政治部申明願立即担任抗日工作共同殺敵如工作努力表現成績則可享受一切抗日人民應有權利不受任何侵犯

(三)國軍及游擊隊及一切人民武裝均應一致對外以中國人為本位本抗日高於一切一切服從抗日抗敵即所以保衛地方必須嚴整部隊紀律不侵犯抗日人民一針一線一切武裝均應統一指揮統一紀律一切給養應首先取給於沒收漢奸財產截擊日寇輜重其次動用公款再次須由人民自願捐助一切勒派捐稅概所不許本軍以扶助人民抗日武力為職責絕不收編民槍同時對於私藏槍械不用於抗日戰綫和獻於日寇者以漢奸論罪凡自治會維持會武裝能自覺反正參加抗戰本部當派員改編予以歡迎優待轉呈上峯獎勵

(四)各地方抗戰工作之領導秩序之維持由當地人民自動集會組織抗敵自衛會起來負責同時立即派代表到各縣游擊司令部或已奉上峯委令之縣長及本部政治部接洽本軍已協同鎮句金丹四縣人民代表籌備四縣抗敵自衛組織在江蘇省府及第三戰區司令長官未派行政長官蒞臨之前即由該會負責組織民衆及除奸等工作此為權宜處置務期遵照

以上諸端為目前抗戰工作之中心自宣佈日起即嚴厲執行絕不延緩寬容本軍誓與江南人民共生死與日寇漢奸作死敵言出必行行必澈底抗日救國之神聖事業期待人民之熱烈協助是所厚望切切此佈

司令 陳毅
副司令 傅秋濤
政治部主任 劉炎

中華民國二十七年　月　日

陆军新编第四军第一支队布告(1938 年)
新四军四县抗敌总会纪念馆藏

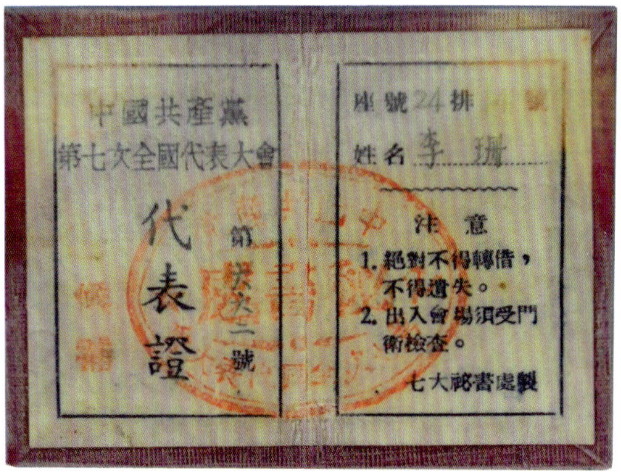

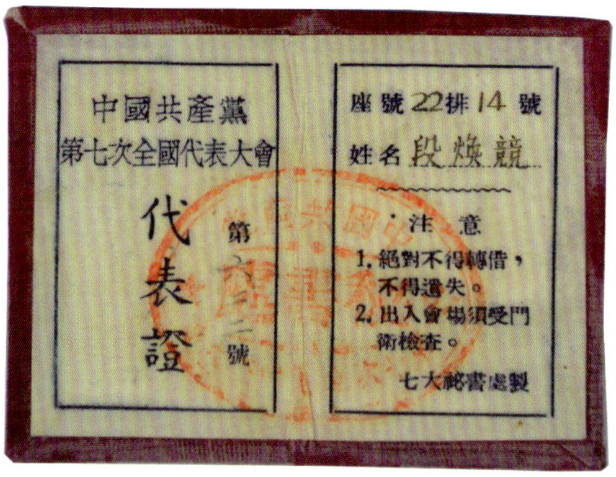

段焕竞和李珊在延安参加中共七大时的代表证(1945 年)　茅山新四军纪念馆藏

镇江县圌山区区公所钤记木印(近代)
新四军四县抗敌总会纪念馆藏

山北县政府印(近代)　新四军四县抗敌总会纪念馆藏

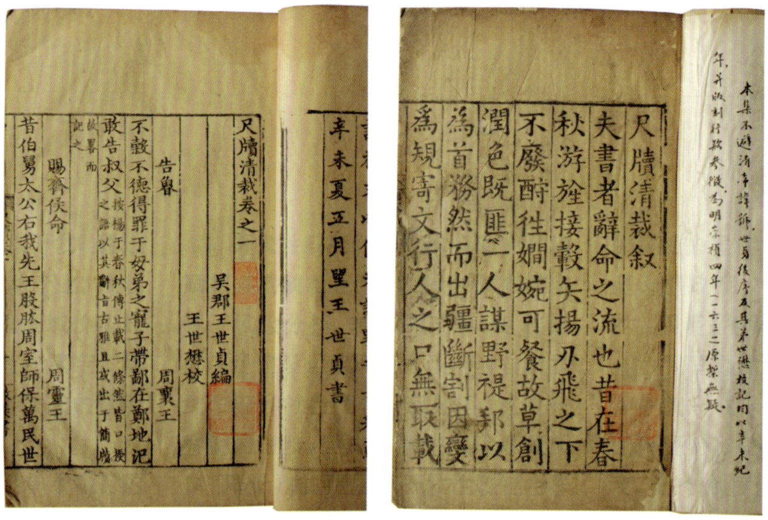
尺牘清裁卷之一
吳郡王世貞編
王世懋校
告魯
周襄王
不穀不德得罪于母弟之寵子帶鄙在鄭地汜敢告叔父
賜齊侯命
周靈王
昔伯舅太公右我先王股肱周室師保萬民世

尺牘清裁敘
夫書者辭命之流也昔在春秋游旌接轂矢揚刃飛之下不廢酧酢嫺婉可餐故草創潤色既匪一人謀野提郭以為首務然而出疆斷割因變為規寄文行人之口無取裁
辛未夏五月望王世貞書

《尺牍清裁》六十卷《补遗》一卷　镇江市图书馆藏

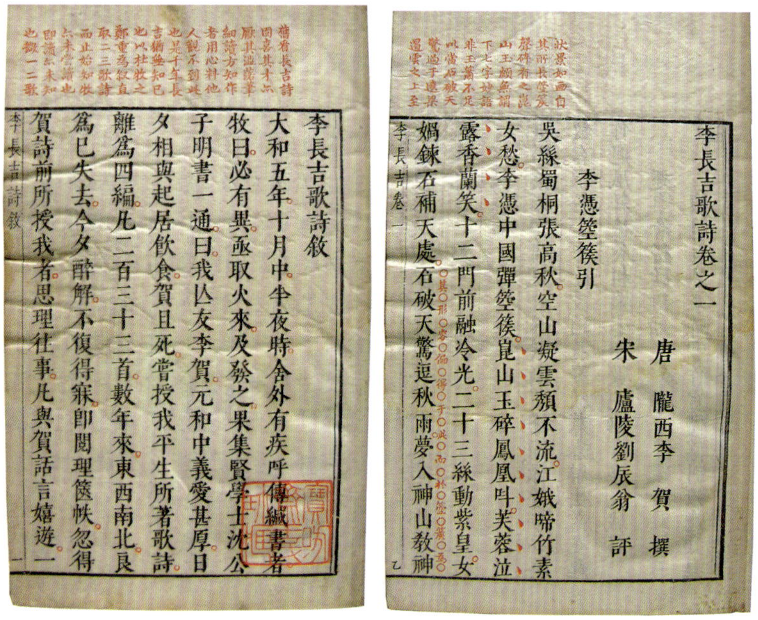
李長吉歌詩敘
大和五年十月中半夜時舍外有疾呼傳緘書者牧曰必有異亟取火來及發之果集賢學士沈公子明書一通曰我亡友李賀元和中義愛甚厚日夕相與起居飲食賀且死嘗授我平生所著歌詩離為四編凡二百三十三首數年來東西南北良為已失去今夕醉解不復得寐即閱理篋帙忽得賀詩前所授我者思理往事凡與賀話言嬉遊
李長吉詩敘　一

李長吉歌詩卷之一
唐　隴西李賀撰
宋　廬陵劉辰翁評
李憑箜篌引
吳絲蜀桐張高秋空山凝雲頹不流江娥啼竹素女愁李憑中國彈箜篌崑山玉碎鳳凰叫芙蓉泣露香蘭笑十二門前融冷光二十三絲動紫皇女媧鍊石補天處石破天驚逗秋雨夢入神山教神
李長吉卷一　乙

《李长吉歌诗》四卷《外诗集》一卷　镇江市图书馆藏

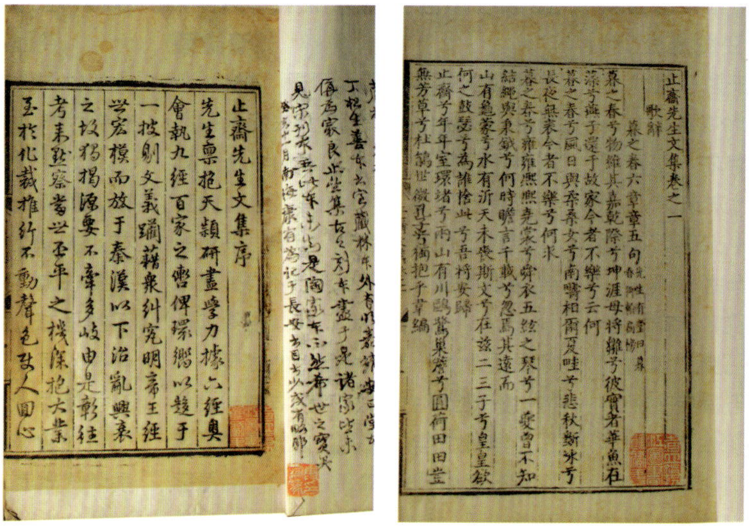
止齋先生文集序
先生稟挹天穎研盡學力據六經奧會執九經百家之轡俾環嚮以趨于一披剔文義躪藉衆糾究明帝王經世宏模而放于秦漢以下治亂興衰之設獨揭源要

止齋先生文集卷之一
歌辭

《止斋先生文集》五十二卷　镇江市图书馆藏

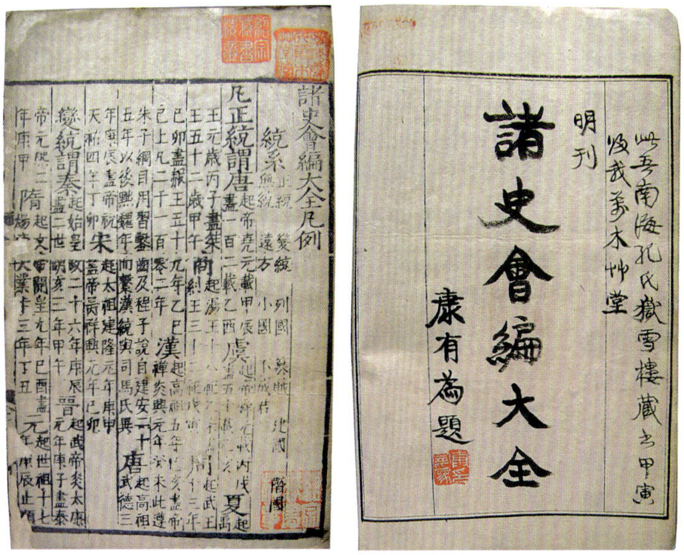

《诸史会编大全》一百十二卷　镇江市图书馆藏

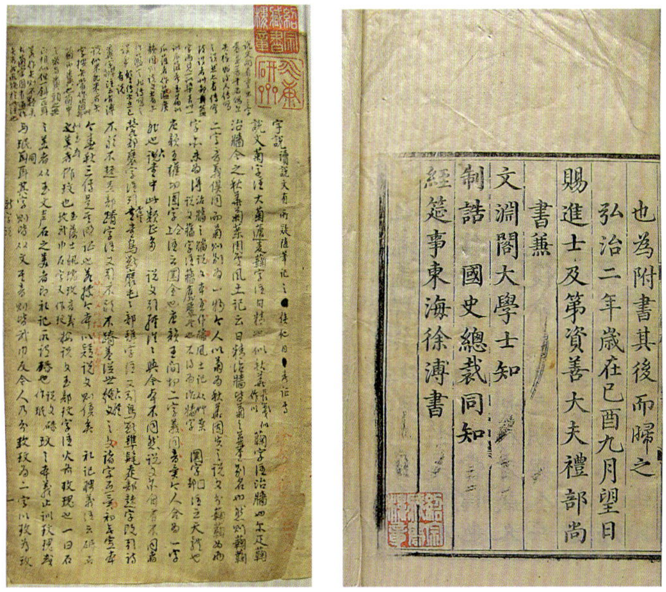

《少微通鉴节要》五十六卷外纪四卷明弘治二年罗禄刻本
镇江市图书馆藏

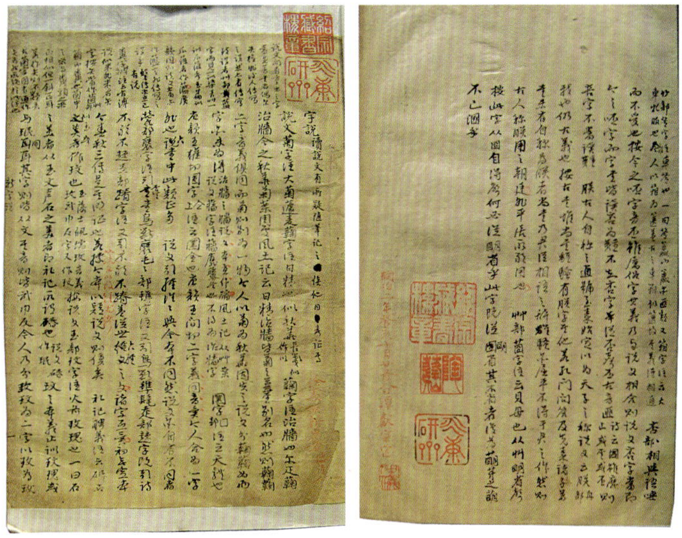

《檀园字说》一卷外篇一卷稿本　镇江市图书馆藏

《镇江文博》1993

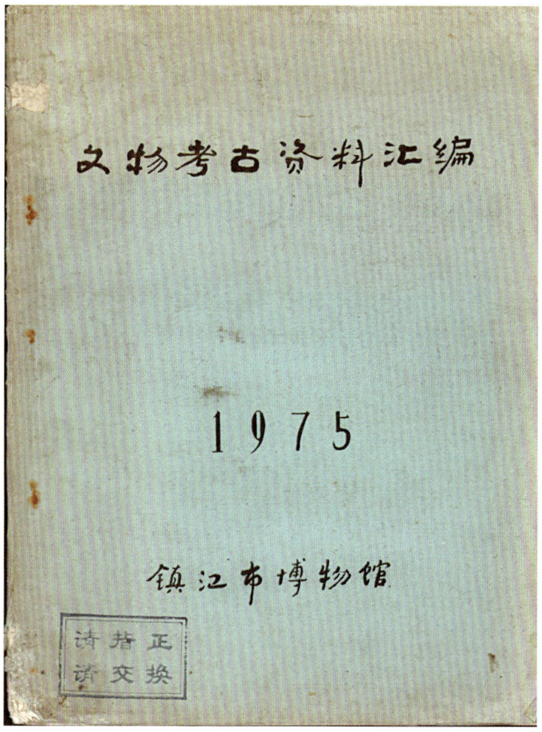

《文物考古资料汇编》1975

《文物考古资料汇编》1976

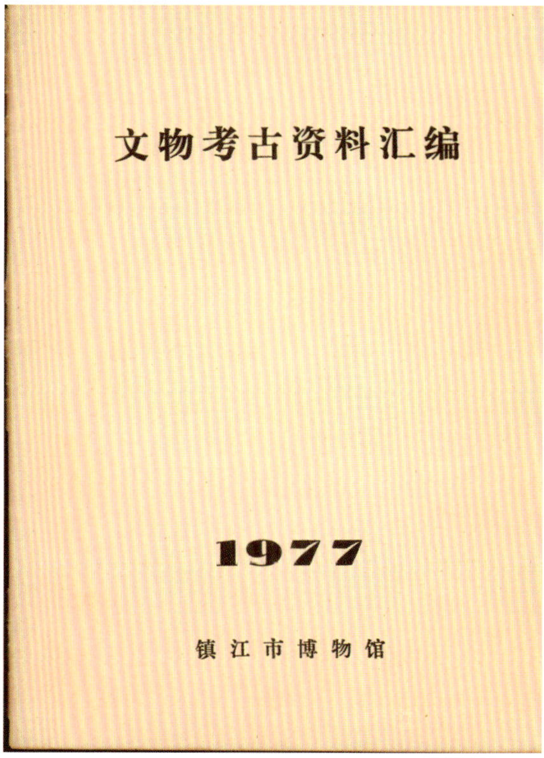

《文物考古资料汇编》1977

1997 年在南水桥南侧附近发现的运河旁宋元石堤遗迹

1998 年在老北门附近发现的定波门瓮城石垣遗迹

1998 年在南水桥西北附近发现的南水关石闸遗迹

2003 年在城隍庙附近发现的唐代东夹城清风门遗迹

2010 年在中华路附近发现的京口闸遗址

2010 年在小营盘发现的太平天国新城遗迹

2011 年在梦溪路附近发现的明清府城东垣局部遗迹

2012 年在丹徒辛丰发现的汉墓

2011 年在句容后白发掘鹅毛岗土墩墓

2013 年在北府路东附近发现的唐宋罗城西垣局部遗迹

凡例

一、本志以马克思列宁主义、毛泽东思想、邓小平理论、“三个代表”重要思想、科学发展观、习近平新时代中国特色社会主义思想为指导，坚持实事求是的思想路线和求实存真的原则，全面反映镇江市文物工作全貌，力求做到思想性、科学性和资料性的统一。

二、本志记述的空间范围，以镇江市现行行政区划为主，考古部分涉及镇江专区、地区的行政区域。

三、本志记述的时间范围，上限不限，下限到2013年。由于2014年镇江市、丹阳市均公布文物保护单位，因此，公布文物保护单位事宜下限延至2014年。

四、本志采用章、节编写体系，以志为主，运用志、记、图、表、录等形式记述。

五、本志中收录的不可移动文物的顺序依照级别、公布时间、时代排列。凡明确为文物保护单位（控制单位）之外的，均为普查登录文物点。所收录的博物馆、纪念馆为文博系统国有博物馆、纪念馆。收录考古事宜包括南京博物院等单位在镇江境内开展的，镇江博物馆在专区、地区境内开展的各项考古工作。鉴于各单位已出版相应图录，不再收录具体馆藏文物。

六、本志中考古内容，按通行惯例，以英文字母代表不同的文化遗存，如D代表墩，F代表房址，G代表灰沟，H代表灰坑，M代表墓葬。其英文后的阿拉伯数字代表编号。

七、各级文物保护单位分布图图例采用《中国文物地图集》标准。

八、本志不可移动文物分类以《中华人民共和国文物保护法》分类为基本方法，在各大类下结合镇江地域特色、文物内涵进行二级分类。有些无法纳入二级分类中而数量又偏少的，纳入“其他”中进行介绍。由于古建筑、近现代重要史迹和代表性建筑中都有名人故（旧）居和传统民居，因此纳入大类后，在二级分类中都有相应小节。凡明确为清中晚期的民居纳入古建筑大类中。

前言

镇江是国家历史文化名城，历史悠久，底蕴深厚。宜侯夨簋的出土证明了这座城市3000年的文字史。这里是吴文化的重要发祥地、三国东吴霸业开创地、六朝都会、唐宋要津和近代长江下游的重要商埠，也是茅山抗日根据地的重要区域，在江苏乃至中国的历史发展进程中有着重要的地位。

镇江的文物遗存类型丰富，时代序列完整。新中国成立以来，各级政府先后公布了多批文物保护单位，保护了一大批文化遗产。根据第三次全国文物普查，全市有不可移动文物3000多处，其中各级文物保护单位296处，既包括古遗址、古墓葬、古建筑、石窟寺及石刻、近现代重要史迹和代表性建筑等不同类型，又呈现出地域特色。各博物馆馆藏文物40000多件，包括吴国青铜器、六朝青瓷器、唐代金银器、宋代丝绸服饰、明清书画、清代宫廷瓷器等众多而特征鲜明的珍品，从不同的侧面反映了镇江历史文化的面貌。考古工作调查、发掘了数十处古代遗址以及数百座古代墓葬，出土了大量文物，也发现了大量镇江古城的重要遗迹。

各种类型的文物遗存是城市发展历史的重要见证，是展示地域历史文化的重要载体，也是助力城市经济社会发展的重要资源。为继承和发扬优秀历史文化传统，更好地保护文物和开展文物科学研究，镇江市文化广电新闻出版局决定编纂出版《镇江市文物志》，对全市文物资源进行系统梳理，对新中国成立以来文物保护传承利用工作进行全面总结，力求客观准确反映全市文物资源的基本面貌，真实系统记录镇江文物事业的发展历程，为文物工作者和读者提供可资参考和借鉴的资料。

习近平总书记强调，文物承载灿烂文明，传承历史文化，维系民族精神，是老祖宗留给我们的宝贵遗产，是加强社会主义精神文明建设的深厚滋养。

保护文物，功在当代，利在千秋。我们希望，通过《镇江市文物志》的编纂出版能够普及文物知识，增强全社会文物保护意识，进一步促进和加强对文物的保护、传承和利用工作，推动镇江文物事业高质量发展。

目 录

大事记

1934 年

中央古物保管委员会朱希祖、朱偰父子等调查南京附近及丹阳六朝陵墓。

1954 年

6 月

丹徒县烟墩山出土西周早期青铜器宜侯夨簋和一批具有地方特色的青铜器。

1956 年

5 月

丹徒县烟墩山西周墓出土的宜侯夨簋等文物参加在北京举办的“陕西、江苏、安徽、陕西、热河五省出土文物展览”，引起学术界的重视。

1957 年

3 月

尹焕章、张正祥主持调查宁镇山脉及秦淮河地区新石器时代和商周遗址，发现遗址 152 处，其中镇江境内有 71 处。这次调查为江苏省最早的按地貌、河流进行的分区考古普查。

1958 年

11 月

中共镇江市委做出筹办博物馆的决定。

1959 年

1 月 12 日

中共镇江市委宣传部成立工作组，开展群众性搜集革命历史文物的工作。至 10 月份，共征集 1786 件革命历史文物，其中上交中央和省重要文物 70 件。

1961 年

2 月

焦山碑林建成。

1963 年

7 月

镇江市文物商店创建。

1965 年

11 月

南京博物院发掘丹阳胡桥齐景帝萧道生陵墓。

1968 年

8 月

南京博物院发掘丹阳建山南朝大墓。

1972 年

3 月

镇江市博物馆发掘东晋隆安二年（398 年）画像砖墓。

1974 年

7 月

镇江市博物馆发掘北宋熙宁四年（1071 年）章岷墓，出土一批重要文物。

11 月

镇江市博物馆发掘句容县天王公社浮山果园土墩墓。

1975 年

7 月

镇江市博物馆与金坛县文物管理委员会清理南宋景定二年（1261 年）周瑀墓，出土完整古尸及随葬的大量丝织品、绢本牒本。

1978 年

5 月 4 日

镇江地区召开茅山革命历史纪念馆第一次筹建会议，并讨论征集和整理茅山革命历史资料。

10月1日

“茅山抗日根据地革命文物展览”在镇江市博物馆开幕。

1979年

10月

镇江茅山革命历史纪念馆对外开放。

1981年

3月

南京博物院、镇江市博物馆和丹徒县文管会发掘丹徒莲花洞，发现旧石器时代晚期智人化石。

9月

南京博物院、南京大学和厦门大学发掘丹徒县断山墩遗址。

1982年

1月

丹徒县丁卯桥发现唐代银器窖藏，出土银器950余件。

2月

镇江市博物馆更名为镇江博物馆。

3月

江苏省人民政府重新公布经调整后的第一、二批文物保护单位，并公布江苏省第三批文物保护单位，其中镇江市共有24处。

5月

镇江市人民政府公布第一批市级文物保护单位。

9月

镇江博物馆和丹徒县文管会清理镇江大港母子墩墓葬。

1983年

9月

苏、浙、皖、赣、京四省一市文物干部训练班发掘句容城头山（孙头山）遗址。

1984 年

2 月

镇江全市开展文物普查工作，前后历时近两年。

5 月

镇江博物馆试掘花山湾古城遗址，邀请本省考古专家座谈。

南京博物院、镇江博物馆与中山大学人类学系合作发掘丹徒北山顶东周墓葬。

11 月

江苏省吴文化研究会在镇江举行吴文化学术讨论会，同时举办“吴文化青铜器展览”。

1985 年

5 月

由中国历史博物馆、镇江市文管会和镇江博物馆联合举办的“镇江文物精华展览”在北京中国历史博物馆展出。同年 8 月在北京联合召开镇江文物精华展览座谈会。

△镇江市文物普查办公室征集到沈括亲书“梦溪”石额一方，为梦溪园唯一宋代遗存。

9 月 1 日

韦岗战斗胜利纪念碑和新四军茅山抗日斗争历史陈列馆揭幕大会在镇江新华剧院举行，中国共产党中央顾问委员会委员江渭清、惠浴宇，全国政协常委管文蔚，省委副书记沈达人，省、市有关部门负责同志，以及在茅山地区战斗、工作过的新四军老战士百余人和镇江市各界代表千余人出席。会后，江渭清、惠浴宇、管文蔚等赴韦岗为纪念碑揭幕。2 日，赴句容为新四军茅山抗日斗争历史陈列馆揭幕。

11 月

镇江市人民政府确定梦溪园为市级文物保护单位。

12 月 2 日

中国科学院自然科学史研究所、镇江市人民政府在镇江举行沈括逝世八百九十周年纪念大会和梦溪园揭幕典礼。

1986 年

11 月

镇江市人民政府公布中山纪念林塔为市级文物保护单位。

12 月 8 日

镇江被国务院公布为第二批国家历史文化名城。

1987 年

1 月

“镇江吴文化考古成果展”首次在镇江展出，同年 4 月在南京博物院展出。

7 月

镇江市人民政府公布第二批市级文物保护单位。

4—9 月

南京博物院、镇江博物馆发掘丹徒县青龙山春秋大墓及其陪葬墓。

1988 年

1 月

镇江焦山碑林和丹阳南朝陵墓石刻被公布为第三批全国重点文物保护单位。

△ 镇江市焦山碑林和抗英炮台保管所成立。

12 月

华东师范大学地理系与镇江博物馆联合举办镇江地区台形遗址与土墩墓遥感调查成果鉴定会。

1991 年

5 月

镇江革命历史博物馆建立。

7 月

镇江焦山碑刻博物馆建立，与镇江市焦山碑林和抗英炮台保管所合署办公。

1992 年

4 月

镇江市人民政府公布第三批市级文物保护单位。

1993 年

4 月

新四军茅山抗日斗争历史陈列馆更名为茅山新四军纪念馆。

6 月

镇江市人民政府公布第四批市级文物保护单位。

7 月

镇江大市口发现唐代润州木构下水道。

△镇江市人民政府第 10 号令颁布《镇江市文物保护办法》。

1995 年

4 月

江苏省人民政府公布第四批省级文物保护单位，镇江市有 5 处。

9 月 1 日

中共江苏省委在茅山举行“庆祝抗战胜利 50 周年暨苏南抗战胜利纪念碑落成仪式”。

1996 年

11 月

镇江英国领事馆旧址被公布为第四批全国重点文物保护单位。

1997 年

1 月

镇江古城考古所发掘宋代“泥孩儿”作坊遗址。

11 月

镇江博物馆配合谏壁、大港区开发建设，发掘西周、汉、六朝及宋墓。

1998 年

2 月

镇江古城考古所在市区医政路发现萧梁时期铸钱遗迹。

1999 年

12 月

镇江市人民政府公布第五批市级文物保护单位。

2002 年

10 月

江苏省人民政府公布第五批省级文物保护单位，镇江市有 3 处。

2004 年

6 月

镇江市人民政府公布第六批市级文物保护单位。

2006 年

5 月

大运河镇江段和昭关石塔被公布为第六批全国重点文物保护单位。

6 月

江苏省人民政府公布第六批省级文物保护单位，镇江市有 5 处。

8 月

茅以升纪念馆落成。

2007 年

8 月

镇江市人民政府公布第七批市级文物保护单位。

△ 镇江革命历史博物馆撤销并入镇江博物馆，镇江博物馆增挂“镇江革命历史博物馆”牌子。

2010 年

2 月

镇江市文化广电新闻出版局组建，挂文物局牌子。

10 月

镇江市文化广电新闻出版局筹资实施梦溪园一期工程，新扩大面积578平方米。

11 月

镇江市第三次全国文物普查领导小组、镇江市文化广电新闻出版局联合印发《关于公布保护三普新发现文物的通知》，公布各辖区、镇江新区三普新发现文物194处。

2011 年

7 月

镇江市机构编制委员会批复同意组建镇江市文化行政综合执法支队，文物执法列入执法二科。

12 月

江苏省人民政府公布第七批省级文物保护单位，镇江市有25处。

2012 年

3 月 22 日

镇江市人民政府印发《关于修订镇江市文物保护单位使用保护修缮管理暂行规定的通知》。

10 月 24 日

镇江市人民政府印发《关于公布镇江市第五至七批市级文物保护单位保护范围及建设控制地带的通知》。

2013 年

5 月

城上村遗址、葛城遗址、句容春城土墩墓群、烟墩山墓地、铁瓮城遗址、宋元粮仓遗址、甘露寺铁塔、隆昌寺被公布为第七批全国重点文物保护单位。

9 月

镇江市人民政府印发《镇江市文化遗产保护管理办法》。

2014 年

9 月

镇江市人民政府公布第八批市级文物保护单位。

概述

镇江位于江苏省西南部，长江下游南岸，西邻南京，东接常州，北与扬州隔江相望，是江苏省省辖市。镇江处于宁镇丘陵与长江三角洲平原两大地貌单元接界处，长江、运河两条黄金水道在这里交汇。壮美的江山、丰富的历史文化积淀、星罗棋布的文物古迹，使得镇江在1986年跻身国家历史文化名城行列。

镇江是一座古老的城市。1981年，在镇江南部莲花洞发现了一枚晚期智人的右下第三臼齿化石及其他哺乳动物的化石，证明在更新世晚期，这块土地就有了原始人类活动。1999年在句容春城放牛山的晚更新世下蜀黄土中零星出土的几十件石制品，与长江中下游地区中更新世到晚更新世的“砾石工业”遗存一样，属于同一个旧石器文化系统，这为进一步寻找南京直立人的物质文化提供了线索。

到了新石器时期，镇江文化面貌呈现复杂多元化倾向。句容宝华丁沙地遗址早期遗物是截至2013年宁镇地区发现的新石器时代最早的文化遗存，被认为是宁镇地区新石器文化序列的源头。而地处丹阳的湖西区沿线则更多接受了太湖流域马家浜、崧泽、良渚文化的辐射与影响，丹阳地区的西沟居、凤凰山、三城巷，大港地区的十亩山，谏壁的仲家村遗址等表现出明显的太湖流域文化因素。在丹徒磨盘墩、丹阳三城巷、句容城头山的部分墓葬发现有随葬小件玉器。但在磨盘墩遗址发现的房屋遗迹为地面式，有别于太湖流域干栏式形制，体现了地域特点。

商末“泰伯奔吴”，中原文明随之进入江南，镇江发展步入新阶段。松子头遗址发现了商代陶窑和陶灶等遗迹，这是镇江地区发现的最早的社会生产和生活设施之一。1954年，在烟墩山发现的“宜侯夨簋”作为唯一“详细、明确”记载西周分封制的青铜器，引起了学界轰动和吴文化研究热潮，也证明了镇江3000年的文字史。镇江在春秋时名朱方，属吴。据《史记》记载：“王余祭三年（前545年），齐相庆封有罪，自齐来奔吴，吴予庆封朱方之县，以为奉邑，以女妻之，富于在齐。”“朱方之县”是春秋吴国唯一见录于史籍记载的县名，后世都奉之为丹徒、润州之始。烟墩山墓地发现后，大港母子墩、北山顶、王家山、青龙山、粮山等地又发现一批西周至春秋时期的高级贵族墓葬，有力证明了镇江作为吴文化重要发祥地的历史地位。丹阳葛城遗址的发现弥补了镇江有吴国墓葬没有吴国城址的缺憾。镇江境内遗存至今的大量台形遗址与土墩墓充分证明西周至春秋时期镇江地区社会、经济和文化的发展高度，也使吴文化肇始于镇江一带、后期逐步发展至太湖流域的观点成为学界一般认识。这一时期，社会不断发展，人口不断增加，新的聚落不断形成，镇江境内也发现了部分类似于王城都邑的遗址和专业作坊遗址。镇江境内留下的大量台形遗址内涵十分丰富，是研究这一时期历史的重要实物。镇江博物馆馆藏吴国青铜器均为地域内出土，约占全国吴国青铜器馆藏的八成。

秦统一中国后，始皇三十七年（前 210 年），使赭衣徒三千凿京岘东南垄，使水北泄入江，是为镇江运河之始。至汉，丹徒已成为万户以上的大县。三国时期，孙吴政权将京口作为重要战略要地，修筑铁瓮城，此后铁瓮城成为历代郡治所在。三国两晋南北朝时期是中国分裂和动乱的时代，镇江由于独特的地理位置，远离战乱，成为承接南下移民的重要地区，经济发展，人文兴盛，一跃成为全国知名城市。东晋侨置徐州于京口城，南朝宋改称南徐。“宋氏以来，桑梓帝宅，江左流寓，多出膏腴”，因之镇江境内遗存下南朝陵墓石刻这样的艺术瑰宝。汉至六朝时期佛教、道教兴盛。东汉兴平元年（194 年）兴建的普济寺（今焦山定慧寺）是全国最早兴建的寺庙之一。六朝时期，镇江城区寺观林立，金山寺、隆昌寺、鹤林寺、茅山道院均始创于这一时期。这些寺观与镇江的山林相契合，形成别具一格的寺观园林，流布至今，留下了众多文物建筑。

隋大业六年（610 年）冬十二月，“敕穿江南河，自京口至余杭，八百余里，广十余丈”，大运河镇江段由此纳入国家体系。唐开元二十六年（738 年），润州刺史齐澣治伊娄渠，徙漕路由京口，镇江成为漕运的重要节点，由此进入长达一千多年的漕运时期。运河的贯通和漕运的发展，深刻影响着大运河沿线河道、桥梁、水工设施、聚落等的分布与兴衰。宋代形成的京口澳闸系统成为当时运河水运工程的代表。西津渡古街、新河街、江河交汇处、宋元粮仓、京口闸等运河遗产成为见证镇江江河交汇、舟楫往来的实物例证。

唐代，伊斯兰教传入镇江，仁安坊阜民街建有礼拜寺。演变至今留下了古润礼拜寺碑刻和山巷清真寺。元代大量也里可温来到镇江，带来了基督教聂斯托利派（即景教）。到了清代，基督教、天主教等传入镇江；至民国时期，镇江已有浸礼会（浸信会）、内地会、伦敦会、长老会、美以美会等教派，并各自建有教堂。福音堂、真道堂等教会建筑留存至今。基督教亦以“事业”推动传教，在镇江先后办过民智学堂、浸会女学、润州中学、崇德中学、崇实女子中学和基督医院、妇孺医院。其中一部分建筑得以保存。

1840 年，鸦片战争爆发，镇江成为江防要地。在 1842 年英国侵略军发动的扬子江战役中，圌山炮台、焦山炮台发挥了抗击侵略者的作用，镇江保卫战受到恩格斯的高度赞扬，可歌可泣。其后，镇江炮台逐步形成防御体系，留下了各类炮台等军事设施遗存。

1861 年，镇江正式开埠，成为长江下游第一个通商口岸。开埠后的镇江，设有英国租界和领事馆，租界内及江边一带洋行密布，镇江成为外商在长江下游的一个商贸中心，成为洋货进口、土货出口的主要中转地之一。镇江英国领事馆、税务司公馆、美孚火油公司等一批带有西式风格的建筑成为时代的印记。

1928 年 7 月 17 日，民国江苏省政府委员会“定镇江为省会”；1929 年 2 月，江苏省政府从南京迁至镇江。镇江“机关林立，人口激增，由过去之商埠，一跃而为政治之中心”。省会期间兴建的各类公共建筑从早期的仿西式风格，到形成民国自身建筑的特点，呈现出时代的特征。江苏省会镇江图书馆、世界红卍字会江苏省会、省庐、镇江商会、绍宗藏书楼等成为这一时期建筑的代表作。别墅式建筑和传统民居也或多或少受到影响，大康新村、冷遹旧居、箴庐等成为其中代表。镇江合作蚕种场、镇江自来水厂、老气象台等是这一时期经济社会事业发展的实证。

镇江是一个有着光荣革命传统的城市。1842 年 7 月，以海龄为代表的镇江军民奋勇抵抗英帝国主义的入侵。辛亥革命时期，赵声、李竟成等民主革命者投身革命。五四运动以后，马列主义在镇江广泛传播。五三图书馆、五卅外交后援会旧址、五卅演讲厅等都代表了镇江人民积极参加和支持反帝反封建斗争的精神。

1938 年 6 月，新四军先遣支队挺进苏南敌后开展战略侦察，并在韦岗首战告捷。新四军第一、第二支队随后跟进，创建了以茅山为中心的苏南抗日根据地。在艰苦卓绝的抗日斗争中，新四军在镇江留下了丰富的红色遗产。解放战争期间，上海战役总前委、华东财经委、司令部等驻扎丹阳。总前委运筹于丹阳、决胜于上海，留下了中国共产党指挥解放上海战役的重要史迹。韦岗伏击战战场遗址、新四军四县联合抗日会议会址、新四军江南指挥部旧址、上海战役总前委旧址、华东财经委旧址等众多革命遗址遗迹都得到保护，辟建成场馆展示，成为爱国主义教育基地。

镇江保护文物久有传统。焦山碑林即在北宋宝墨亭、明代宝墨轩基础上传承发展而成。新中国成立后，中国共产党和人民政府非常重视文物保护工作，全市贯彻落实“保护为主、抢救第一、加强管理、合理利用”的文物工作方针，文物保护工作得到全面加强：文物保护机构、队伍、法制等逐步形成体系；文物资源的调查、文物保护单位的公布及“四有”等管理基础工作得到夯实；文物维修及周边环境整治工程有序实施；配合城市建设的考古工作卓有成效；文物征集展示工作不断加强；文物保护与城市建设协调发展。

文物是不可再生的珍贵资源。本志收录的这些文物是镇江悠久历史的见证，也是镇江文物工作的重要收获。在习近平新时代中国特色社会主义思想的指引下，随着镇江经济建设和文化事业的蓬勃发展，全市的文物工作将会取得更加丰硕的成果。

第一章 古遗址

早在距今约10万年前的晚更新世中晚期，镇江境内就已经有古人类繁衍生息。历经时代发展，镇江境内留下了丰富多样的古遗址，其中具有代表性的遗址类型包括台形遗址、古城址等。

长江下游地势低下，水网纵横，镇江一带土著先民常选择一些较高的台地为居住地。由于长期居住在高台上，因而形成了较厚的文化堆积，这种遗址被称为台形遗址。镇江是江南台形遗址的主要分布地区之一，境内有近200处。截至2013年，镇江先后发掘了丁卯马迹山、丹阳凤凰山、丁岗东神墩、南徐新城松子头、龙脉团山等多个台形遗址，为长江下游史前考古研究和吴文化研究提供了重要材料。

镇江古城址建设具有因地制宜的特色。早期城址如葛城遗址主要为环壕聚落形式。三国时期铁瓮城具有“因山为垒，缘江为境”的独特建筑特点。唐宋罗城则充分利用自然山体，依山填筑夯土而成，由于其不规则性，因此在全国历代地方城池中具有一定代表性。

第一节　古人类化石及旧石器出土地

莲花洞遗址

莲花洞位于润州区蒋乔街道檀山村白龙岗的北坡。该洞为一岩厦，由三叠系青龙灰坑的裂隙溶蚀而成，主洞长11.9米，宽3~6米不等，另东、西、中三个方向各有较小的支洞延伸。1981年，南京博物院、镇江市博物馆和丹徒县文物管理委员会对该洞穴堆积进行了考古发掘，出土晚期智人的右下第三臼齿1枚、桡骨1块及具有加工痕迹的鹿角2件，伴出有20多种晚更新世中后期的哺乳动物化石。这是在江苏第一次发现有地层记录的晚期智人化石，其发掘对中国晚更新世古人类的分布、长江下游第四纪动物的划分和中国更新世动物群的迁徙及演变等有着重要的意义。

莲花洞遗址2011年被公布为江苏省文物保护单位。

放牛山地点

放牛山地点位于句容市区华阳镇东南约14千米的春城第二窑厂内的取土区，面积约300平方米。1999年，南京博物院、镇江博物馆、句容市博物馆联合发掘，发掘和采集的石制品共54件，包括石核、石片、砍砸器、刮削器、石球、镐、薄刃斧、雕刻器等。石制品出自下蜀黄土中，时代为中更新世中晚期，距今20万~40万年。文化面貌与安徽水阳江旧石器地点群十分接近，属于中国南方砾石石器工业。

放牛山地点是江苏南部地区第一个露天类型的旧石器早期石器地点，它的发现和发掘填补了江苏南部地区旧石器文化的空白，有利于江苏和长江下游地区旧石器时代考古和相关学科的研究。

第二节　台形遗址

城上村遗址

城上村遗址位于句容市华阳街道城上村南，2008年第三次全国文物普查时发现。遗址南北长、东西短，略呈长方形，面积约70650平方米。2009年，江苏省考古研究所对遗址进行了勘探、试掘。根据调查和钻探结果，城上村遗址为一处新石器时代崧泽文化至良渚文化时期的环壕聚落遗址。遗址南部为居住遗迹，北部有墓葬区。新石器时代遗存堆积较薄，商周时期遗存堆积较厚。遗址外有部分环壕围绕。

城上村遗址面积大、保存好、地层堆积厚、遗迹遗物丰富，是截至2013年苏南地区同类遗址中保存较好的一处，对研究长江下游新石器时代考古学文化、商周时期湖熟文化及吴文化具有重要的学术意义。

城上村遗址2013年被公布为全国重点文物保护单位。

断山墩遗址

断山墩遗址位于镇江新区丁岗镇东平昌村东南。该遗址为一长条形土墩厚台，南北宽约225米，东西长约110米，高出地面约8米，占地面积约25000平方米，文化层堆积达4米。1981年9月至11月，南京博物院、南京大学、厦门大学合作对该遗址进行了第一次正式发掘，出土绳纹、编织纹等60多种纹饰的夹砂红陶和灰陶，并出土少量原始青瓷。遗址中发现夯土台基和柱础等建筑遗存，并发现人体骨架9具。此外，还发现鹿角、象牙、牛牙、猪牙，以及石斧、网坠、纺轮等生产工具，特别是铜剑的发现，在遗址中尚属少见。根据层位关系和出土遗物的演变特征，该遗址分为四期：一期为西周前期，二期为西周晚期，三期为春秋中期，四期为春秋战国之际。断山墩遗址的分期开创了对宁镇地区青铜时代进行科学分期的先例，对于日后从地层学和类型学上对湖熟文化进行科学分期产生了重大而深远的影响。该遗址西周至春秋时期的遗存极其丰富，是苏南发现的最大且保存最完好的一个聚落遗址。

断山墩遗址1982年被公布为江苏省文物保护单位。

龙脉团山遗址

龙脉团山遗址位于润州区七里甸街道龙脉桥东、团山路南。遗址为椭圆形台地，长约60米，宽约50米，是镇江市区保存较少的商周时期台形遗址之一。1957年和1977年，镇江市博物馆组织了两次钻探。2013年，为配合龙脉团山遗址保护工程，镇江博物馆进行试掘。试掘面积200平方米。发现房址3处、灰坑26个、灰沟1条、红烧土堆积6处、烧结面6处、灶1处、墓葬1座。出土遗物以陶器为主，其次是石器、青铜器、原始瓷，有少量玉器和动物骨角等。该遗址是镇江保存较好的湖熟文化遗址，为研究吴国早期文化提供了重要实物资料。

龙脉团山遗址2011年被公布为江苏省文物保护单位。

戴家山遗址

戴家山遗址位于镇江东郊江苏大学校园东北角的戴家山上。遗址平面呈长条形，长约60米，宽约40米，高出周边地表约20米，占地约2500平方米，形状为宁镇地区典型的台形遗址。

1985 年，南京博物院考古人员进行了试掘，发现一座灰坑，出土一定数量的打制石器、磨制石器和陶器。打制石器原料均为黑色燧石，其中尖状器和刮削器种类较多；磨制石器有斧、铲、锛等；陶器有鼎、杯、豆等，遗物具有明显的良渚文化特征。遗址应当属于新石器时代晚期良渚文化阶段的一处聚落遗址。

戴家山遗址 1987 年被公布为镇江市文物保护单位。

城头山遗址

城头山遗址位于句容城东北句容水库中。遗址为高出地面 7 米的土墩，面积约 28000 平方米。由于水库建设，遗址现四周环水。1981 年，试掘 42 平方米，文化层厚 3.2～3.8 米，可分为三层：底层发现灰坑 2 个，出土石锛、镞，陶器以夹砂红陶为主，其次是泥质灰陶、红衣陶及黑衣陶，常见器型有鼎、釜、甗、匜、罐、盆、刻槽盆、杯、碗、豆等，属崧泽文化晚期；中层较薄，发现灰坑 1 个，出土石锛、刀、镞、纺轮、骨锥，陶器以夹砂红陶为主，次为泥质黑衣陶、红陶，灰陶较少，器型以鬲、甗、罐、鼎、缸、盆、钵、杯、豆为多见，属湖熟文化早、中期；上层石器少见，有残断的锛、斧及炼铜坩残片、青铜镞，陶器夹砂陶比例大，泥质陶比例减少，印纹硬陶和原始瓷比例略有增加，属湖熟文化晚期至西周。1983 年，在中部位置发掘 1000 平方米，发现基葬 57 座，此外还发现灰坑、房址等遗迹。城头山遗址层位关系复杂，文化遗物丰富，为建立宁镇地区青铜文化序列提供了丰富的资料。

城头山遗址 2004 年被公布为镇江市文物保护单位。

磨盘墩遗址

磨盘墩遗址位于京口区左湖路西侧。遗址为一台地，高出周围地表 5～7 米，面积近 30000 平方米。东部有一阶地，高出地表约 3 米，面积近 2000 平方米。1991 年，南京博物院、镇江博物馆进行发掘（报告称左湖遗址），发掘面积 365 平方米，发现新石器时代遗迹房址 1 座、灰坑 2 座，遗物以陶器和石器为主；发现湖熟文化遗迹灰坑 3 座，遗物以陶器为主，另有少量石器。新石器时代地层出土遗物比较丰富，仅细石器就有 5400 余件，包括石片、石核、石钻等，其中各形式的石钻 400 余件，还有陶器、玉器等遗物。西周文化层内陶器以泥质陶较多，夹砂陶次之，还有为数不多的几何印纹软陶和硬陶，器型有鬲、甗、豆等，属湖熟文化遗存。清理竖穴土坑墓 1 座，年代约为春秋早期，出土随葬品有青铜尊、匜、车马具和一批几何印纹硬陶器、原始瓷器等。该遗址为宁镇地区典型的台形遗址，新石器时代文化遗存相当于马家浜文化时期，距今 6800～7000 年。其中房址为地面式，有别于马家浜文化时期的干栏式，有明显的地域特点。湖熟文化遗存从西周前期延续至春秋早期。

磨盘墩遗址 2004 年被公布为镇江市文物保护单位。

枕子山遗址

枕子山遗址位于润州区蒋乔街道大华山村东南，北距 312 国道约 200 米，东距润扬大桥南接线公路约 15 米。遗址由大枕子山和小枕子山两座台形遗址组成，二者呈东西向并行摆列，间距 4～5 米,是商代中晚期宁镇地区典型的湖熟文化台形聚落遗址。其中大枕子山占地 3000 多平方米，高 5～6 米；小枕子山占地约 1000 平方米，高 3～4 米。整个枕子山遗址总面积约 5000 平方米。2001 年，为配合润扬大桥建设对遗址进行试掘，出土铜、铁、陶、石和原始瓷等各类文物近 200 件（套），还有保存基本完好的商、周时期的陶窑、石器加工、灰坑和房址等重要文化遗迹。枕子山遗址对研究商周时期宁镇地区聚落形态、聚落分布与内部布局、聚落环境与周边环境的关系，以及宁镇一带居民的生产和生活状况等都有重要价值。

枕子山遗址 2004 年被公布为镇江市文物保护单位。

松子头遗址

松子头遗址位于润州区蒋乔街道袁家檀山村今万科沁园小区内。遗址东西长约120米，南北长约60米，凸出地面约5米，顶平。2009年，为配合万科房地产项目建设，镇江博物馆对遗地进行试掘。试掘面积450平方米。发现灰坑25座、房址7处、红烧土堆积1处、灶坑2处、窑址1处。遗物有陶器、石器及铜器，少量原始瓷和玉器。时代约从商代晚期至西周时期。松子头遗址的发掘，是镇江地区商周考古的一次重要发现。该遗址中发现的商代陶窑和陶灶等遗迹，是截至2013年镇江地区发现的最早的生产设施和生活设施之一，为研究当时的手工业生产、生产力发展水平和人们的生活状况提供了第一手资料。

松子头遗址2014年被公布为镇江市文物保护单位。

南神墩遗址

南神墩遗址位于镇江新区丁岗镇留村南约300米的公路旁。遗址整体成呈圆形，馒首状，顶部较为平坦，四周为缓坡，平均高度约有4米，占地面积大约2000平方米，是大港片区现存的一处重要古代聚落遗址。征集遗物以陶片为主，尤其以鬲足居多，另外有砍砸器、甗、豆等残片。

南神墩遗址2014年被公布为镇江市文物保护单位。

凤凰山遗址

凤凰山遗址位于丹阳市延陵镇联兴行政村西附自然村北200米处。遗址东南至西北长约350米，东北至西南宽约250米，平面近似椭圆形，高出地面约4米。1988年6月，312国道施工前勘察时发现。1989年7月至11月，镇江博物馆、南京大学历史系考古专业师生进行抢救性考古发掘，出土文物300余件，有素面鬲、腰沿釜、鸭足鼎、鸡冠耳盆、扁方形石锛等，从上至下文化堆积依次为青铜文化、湖熟文化、马家浜文化。2001年，镇江博物馆和丹阳市文化局对遗址东南边缘区域再次进行了抢救性发掘，发现有新石器时代马家浜文化因素的遗物和商周时期湖熟文化堆积，出土了大量文化遗物。2010年，镇江博物馆对其进行了第三次抢救性发掘。凤凰山遗址的发现和发掘，证实了6000多年前丹阳就有人类居住。该遗址对研究江苏南部新石器时代文化谱系及丹阳地区文明起源有重要的价值。

凤凰山遗址1991年被公布为丹阳市文物保护单位。

戎家山遗址

戎家山遗址位于丹阳市云阳镇新民行政村田家村东南。遗址地处低丘岗地，东西长约150米，南北宽约110米，平顶。地表发现陶片及石器，新石器时代遗物有夹砂灰陶、泥质灰陶，器形有鼎、豆、壶、罐等，属崧泽文化遗存。商周时期遗物有夹砂红陶、磨光黑皮陶、几何印纹陶和石器等，纹饰有弦纹、套菱纹、方格纹等，器形有鼎、瓮、瓿、罍、钵、豆等，属湖熟文化遗存。

戎家山遗址1991年被公布为丹阳市文物保护单位。

三城巷枕头山遗址

三城巷枕头山遗址位于丹阳市云阳镇三城巷村西南方向、沪宁高速公路旁。遗址南北长约130米，东西宽约90米，占地面积约为11700平方米，是一处新石器时代崧泽文化、良渚文化至商周时期湖熟文化遗存。1993年，南京博物院和镇江博物馆曾对三城巷遗址进行过一次发掘。2002年，配合“西气东输”工程建设，镇江博物馆和丹阳市文化局对三城巷遗址进行了第二次发掘。出土遗物中陶器主要有鼎、豆、壶、罐、杯、器盖、纺轮、鋬手、器耳、圆陶片、鸟形器足等。石器种类主要有锛、斧、凿、砺石、残石器和石料等。根据遗物特征来看，三城巷新石器时代文化堆积应属于崧泽文化并延续到良渚文化早中期。

三城巷枕头山遗址 2003 年被公布为丹阳市文物保护单位。

珥城遗址

珥城遗址位于丹阳市珥陵镇珥城行政村，与祥里行政村共有。遗址地处平原田间，南北长约 170 米，东西宽约 165 米，高出地面约 6 米，南、西两面有环壕河沟环绕，为一西周至春秋时期大型环壕台型聚落遗址。地面可采集到红陶片、鬲足、鼎片、夹砂红陶片、几何印纹硬陶片等。纹饰有折线纹、套方格纹、几何印纹、叶脉纹等。遗址早年被砖瓦厂取土时损毁，现仅存约 2000 平方米。

珥城遗址 2007 年被公布为丹阳市文物保护单位。

神河头遗址

神河头遗址位于丹阳市珥陵镇祥里行政村神河头自然村西北 50 米处。遗址为一大土墩台，平面近长方形，南北长约 80 米，东西宽约 70 米，高出地面 5 米，四面环水。2008 年 3 月，南京博物院对其考古发掘，在墩体及坡面发现大量灰坑，出土大量陶器、石器。根据出土物器初步分析，分为西周前期、西周晚期至春秋早期、春秋中晚期、战国早期四个时期。遗址基本与南面相距 1000 米的周代早期的葛城遗址的三期城墙对应。初步判断，神河头遗址是一处由西周早中期延续至战国时期的祭祀遗址，是吴文化考古工作中首次发现的大型祭祀遗址。神河头遗址是吴文化遗址中唯一发现并确认的祭祀遗址，对吴文化早期政治中心的确认、吴国城市的形制布局等诸多吴文化课题的研究有重要价值。

神河头遗址 2007 年被公布为丹阳市文物保护单位。

大山边遗址

大山边遗址位于句容市郭庄镇东岗头村南约 170 米处。遗址四周为农田，西边 5 米是宁杭高速公路。遗址面积为 4318 米，高 6.4 米，顶上北高南低，呈缓坡。地表有灰土及烧灰土，地表散见夹砂红陶鬲及黑皮磨光陶等残片。属湖熟文化遗存。

大山边遗址 2008 年被公布为句容市文物保护单位。

白蟒台遗址

白蟒台遗址位于句容市郭庄镇葛村虬山水库内，俗称牛屎坯，面积约 11000 平方米，文化层厚 4.5 ~5 米。1981 年，试掘 40 余平方米。文化层可分为上、中、下三层，下层以夹砂红陶为主，其次为泥质红陶、灰陶、黑衣陶，印纹硬陶少见；纹饰以绳纹为主，还有方格纹、弦纹等；出土石斧、锛、刀、鬲等。中层陶质、陶色与下层相似，纹饰仍以绳纹为主。上层仍以夹砂红陶为主，出现釉陶和原始瓷。下层文化大致相当于商代中期，中层相当于商至西周，上层为西周早期。

白蟒台遗址 2011 年被公布为句容市文物保护单位。

庵墩遗址

庵墩遗址位于丹阳市访仙镇山南行政村陈家村东北。遗址外形极不规则，北高南低且中部隆起向南渐低，南北长约 200 米，东西宽约 200 米，平均高出地表约 1.5 米。地表陶片、鬲足等遗存丰富，在遗址中心区域无序存在许多大石块，且石块不为本地所产，现地表种植蔬菜等农作物。从地表采集的陶片质地、纹饰分析，初步判断该遗址是一始于新石器时代晚期并延续至商周时期的聚落遗址。该遗址的发现对于江苏新石器文化序列、商周时期该区域社会结构及宁镇地区文明起源的研究有较重要价值。

庵墩遗址 2014 年被公布为丹阳市文物保护单位。

八仙墩遗址

八仙墩遗址位于丹阳市司徒镇北大行政村大吴塘自然村南。遗址地处岗地，东南西三面有环壕，南北长约195米，东西宽约150米，高出地表约3米，地表生长着农作物，有近现代墓葬。地表可采集到软、硬陶片，纹饰有方格纹、回纹、麻布纹等。该遗址是一处环壕聚落遗址，东南部与狮子山土墩墓群相距约20米，东部还有秦角墩、大吴塘土墩墓。遗址之间密集分布的现象，在宁镇地区较为少见。

八仙墩遗址2014年被公布为丹阳市文物保护单位。

烟袋山遗址

烟袋山遗址位于京口区谏壁镇癞元墩村。北濒长江，东为今运河口，为台形遗址。西边约200米处为乌龟山遗址。遗址平面大致呈圆形，顶面较平，高出周边地表约5米。地表采集陶片年代包括新石器时期、商周时期和宋代。

癞元乌龟山遗址

癞元乌龟山遗址位于京口区谏壁镇癞元村北。遗址北为长江，东边200米处为烟袋山遗址，南为癞元墩村。遗址为二级台地：一级台地平面大致呈圆形，面较平，高出周边地表约1米；二级台地位于一级台地中部，凹凸不平，中心高出一级台地约2.5米。地面采集陶片年代包括新石器时期、商周时期和汉代。遗址东部有一条小河将台地与邻近的烟袋山遗址隔开。

月湖乌龟山遗址

月湖乌龟山遗址位于京口区谏壁镇月湖村，东北为谏壁中心小学，西邻谏辛公路，南距镇大公路约100米。遗址为台地，高出周边地表约5米。1998年，镇江博物馆试掘该遗址，确定为商周时期遗址。遗址原为椭圆形，2005年建造小学过程中将遗址北侧大部挖掉，现仅存南侧小部。

丁家村遗址

丁家村遗址位于润州区韦岗镇东丁家村，属于高骊山和十里长山之间的山谷地带。遗址平面略成圆状，东低西高，北低南高，高出地面3~5米。顶部西部为农民种植的蔬菜农作物，东南部建有一二层楼房。断面可见文化层中有陶片、夹砂红陶片等遗物。南、西、北围绕遗址下皆建房，西南部下有水塘。

陈家团山遗址

陈家团山遗址位于润州区蒋乔街道平山村陈家村。该遗址东、西、南三面是水田，西坡下有小河。遗址近圆形，东西长约60米，南北长约50米，面积约3000平方米，高出地面约7米，顶平。地表采集到石刀，夹砂红陶鬲足、罐残片，印纹软陶罐、硬陶罐残片等。属湖熟文化遗存。

严家岗遗址

严家岗遗址位于润州区蒋乔街道秀山村严岗村。遗址面积约5000平方米，高5米余，文化层厚2.5~3.5米。遗址四周可见有陶器残片，以夹砂红陶为主，器形有鬲、鼎、甗、盆、罐、钵等；并有少量黑皮磨光陶器，器形有豆、瓿、盆等；还有几何印纹软陶，器形有罐、瓿等，器表以打印或模印的云雷纹为主。属湖熟文化遗存。

前开遗址

前开遗址位于丹徒区辛丰镇下方行政村前开自然村东约50米处。该遗址平面为长方形，南北长约50米，东西宽约80米，高约2.5米。地表有夹砂红陶、泥质灰陶、几何印纹陶片等，纹饰有回纹、菱形纹等，可辨器有鼎、豆、罐、钵。属湖熟文化遗存。

磨盘山遗址

磨盘山遗址位于丹徒区宝堰镇西南。遗址呈台形状，东西长约600米，南北宽约300米，高约3.5米，面积约1.8万平方米。地表有夹砂红陶、泥质灰陶、几何印纹陶残片，纹饰有回纹、菱形纹等，可辨器形有鼎、豆、瓮、罐、钵。属湖熟文化遗存。

马迹山遗址

马迹山遗址位于镇江新区丁卯街道戴家巷南，东临丁卯桥路与苗家湾路交叉口，西接戴家巷，北临运河。遗址高出地表3米多，现存平面形状大致呈长方形。1980年，镇江市博物馆对该遗址进行了第一次发掘，发掘面积共50平方米。2014年4—9月，镇江博物馆对马迹山遗址进行了第二次发掘，发掘面积460平方米。该遗址使用时间较长，约为龙山时代末期至两周时期。遗迹丰富，共发现47个灰坑、13座房址、1座墓葬。出土器物中，陶器主要有鬲、鼎、甗、豆、钵、罐、刻槽盆、盆、盘、碗、器盖等。器表以素面为主，纹饰以绳纹、梯格纹为主。石器均为实用器，器形主要有锛、刀、斧、镞、钺等。此外还发现一件玉凿及少量铜箭镞。

姚方冈遗址

姚方冈遗址位于镇江新区大港中学内，现为学校操场所在地。遗址西、南、北有围墙，上部有400米标准跑道和操场运动设施。遗址为一台地，东西长约150米，南北宽约110米，高约3米。

海船山遗址

海船山遗址位于镇江新区大港街道甸上村孩溪村殷家西200米处，北距长江250米，南距临江西路150米，与高鹏药业隔路相对。遗址原为台地，在2002年前后，主体上部高于地表的部分被挖掉用于修筑江堤，现仅余下部文化堆积，残存东西长约180米，宽约80米。遗址中间被新修的小河隔开，北部有条老马路，东南有大土岭。地表发现有泥质灰黑陶器底、鼎足、几何印纹硬陶片等。

草堂山遗址

草堂山遗址位于镇江新区大港街道孩溪社区西平里南，红旗新村北。兴港西路在其南侧通过，临江西路位于其西。遗址西部被部分取土破坏。主体为一勺形台地，北侧大部分为圆形，长宽均在120米左右；东南有一长条形埂，长约100米，宽约20米，高出地表约3米处，文化层厚约2米。地表发现遗物较多，有几何印纹硬陶片等。

豆腐脑山遗址

豆腐脑山遗址位于镇江新区大港街道祝赵村殷前村南100米、肖家村西300米处，北距临江西路150米，西临高鹏药业。遗址为台地，原为圆形，直径约90米，高出地表约3米。现北部和中部被扬中砖瓦厂取土破坏，仅存东、南、西侧小部。地表发现有石核、泥质灰黑陶口沿、器耳、几何印纹硬陶片、兽骨等。

西葛遗址

西葛遗址位于镇江新区丁岗镇葛村西。遗址为台地，现大致呈正方形，边长约70米，高出地表2米。遗址上有加工厂、宿舍等房屋设施，周边也被建筑包围，中心有一大棵银杏树。地表发现几何印纹硬陶片等遗物。

神墩遗址

神墩遗址位于镇江新区丁岗镇谢家村东100米处，其东北1000米处有观山桥，西北200米处有一小河，西南150米处有一砖窑厂。遗址为一台地，大致呈椭圆形，南北长80米，东西60米，高出地表3米，顶部较平坦，四周坡较陡。遗物较丰富，发现泥质灰黑陶口沿、器底等，陶片较多，但可辨器形少，以几何印纹硬陶为主。

仙庄神墩遗址

仙庄神墩遗址位于镇江新区丁岗镇仙庄村西北 30 米、孙家村东 50 米处，北 40 米处有一小河流过。遗址为台地，高出地表约 4.5 米。顶部平，圆形，直径约 70 米，东南角被取土破坏小部。周边为田地。遗物较丰富，主要有泥质灰黑陶口部、颈部、肩部，以及几何印纹硬陶片、原始瓷碗底等。

神坟墩遗址

神坟墩遗址位于镇江新区丁岗镇仙庄村东 150 米处，东距丹阳市埤城镇城东村 300 米，南距埤城镇西丰村 150 米。遗址中部东西向有一乡间道路穿过，南边有一公墓，西边有一小河。遗址为台地，高出地表约 1.5 米。顶部呈三角形，南北长约 22，东西长 32 米，中部稍微突出。周边为田地。遗物见有几何印纹硬陶片等。

水磨山遗址

水磨山遗址位于丹阳市开发区大泊陈家村后。遗址地处低丘岗地，南北长约 130 米，东西宽约 100 米，面积约 13000 平方米，高出地面约 12 米。东高西渐低下，因 2006 年修路取土，现仅存南面小部分。现场剖面土层堆积情况分析：第一层为耕土层，土厚约 50 厘米；第二层为深灰色土，厚约 80 厘米；第三层为灰色土，厚约 50 厘米。第二、三层商周时期文化堆积层。地表面可采集到泥质灰陶、几何印纹软陶及硬陶、夹砂红陶等。纹饰有方格纹、网格纹、折线纹、麻布纹等。

蜘蛛墩遗址

蜘蛛墩遗址位于丹阳市埤城镇门楼行政村后谢陈村南约 100 米处。遗址东西长约 125 米，南北宽约 80 米，高出地面 2 ~ 3 米，为一台形聚落遗址，总面积约 12256 平方米。地面可采集到鬲足、夹砂红陶、几何印纹硬陶。陶片纹饰有网格纹、回纹、水波纹等。另有少量唐、明、清瓷片。

小星台遗址

小星台遗址位于丹阳市埤城镇胡桥村城头上自然村东北约 300 米处。遗址南北长 150 米，东西宽 90 米，高出地面约 5.5 米，面积约 13000 平方米。墩顶平坦，地面可采集到夹砂红陶、黑皮磨光陶、几何印纹软陶及硬陶残片等。陶片纹饰有方格纹、网纹、弦纹、回字纹等。

墩头山遗址

墩头山遗址位于丹阳市埤城镇胡桥村城头上自然村南约 25 米处，与村头山遗址相连。遗址东西长约 80 米，南北宽约 20 米，高出地面约 5 米，面积约 1600 平方米。遗址东边地表有红烧土块堆积，地表可采集到夹砂红陶片、几何印纹陶残片。纹饰有回形纹、席纹、菱形纹、网格纹等。

村头山遗址

村头山遗址位于丹阳市埤城镇胡桥村城头上自然村南约 25 米处。遗址东西长约 280 米，南北宽约 20 米，面积约 4800 平方米。东北部较高，高出地表 5 ~ 9 米，向西南渐低下。东部地表灰土较多，遗物有夹砂红陶、黑皮磨光陶、几何印纹陶。

白龙塘墩遗址

白龙塘墩遗址位于丹阳市珥陵镇祥里行政村袁家村北约 300 米处。遗址地处平原田间，东南两面环水，西北面为农田，呈不规则四边形，南北长约 23 米，东西宽约 21 米，墩体高出地面约

1.2 米。墩体东南略高，西面渐低。地面可采集到印纹硬陶、红陶片。纹饰有网络纹、方格纹等。部分陶片有明显的商周时期纹饰特征。

前村遗址

前村遗址位于丹阳市珥陵镇中仙行政村前村自然村东北。遗址地处平原，墩体东西长约 185 米，南北宽约 135 米，高出地面约 3 米，占地面积约 25000 平方米。遗址地形东高西渐低下。地面可采集到鬲、鼎足、夹砂红陶、泥质灰陶片、红烧土块、软硬陶片，釉陶片、瓷片等。纹饰有细绳纹、网格纹、折线纹、几何组合纹等。地面有近现代坟墓葬。现前村自然村大部分建于该遗址上。

遮墓坊遗址

遮墓坊遗址位于丹阳市珥陵镇珥城村遮墓坊自然村东部。遗址地处平原田间，北高南渐低，南北长 100 米，东西宽 80 米，高出地面约 3 米。地面有近现代墓葬。地面可采集到红陶片、硬陶片，鼎、鬲足。纹饰有米格纹、网格纹、方格纹等。

马山遗址

马山遗址位于丹阳市珥陵镇珥城行政村马家村中部。遗址地处平原，高北长约 120 米，东西最宽处约 50 米。地面有近现代墓葬，北高南渐低下，北部被现代建的苗圃路打断。现路北留有一小部分，地面可采集到红陶片，鬲、鼎足等。纹饰有方格纹、折线纹、回纹、细绳纹、网格纹等。从标本、陶片质地、纹饰等分析，马山遗址是一从新石器时代晚期延续至商周时期的聚落遗址。

汪家庄遗址

汪家庄遗址位于丹阳市珥陵镇珥城行政村汪家庄自然村南 350 米处。遗址地处低丘岗地，地形东高西低，中部低凹，南面、西面均为水塘。遗址东西长 90 米，南北宽约 52 米，高出地面约 2 米，地面偶见陶片。

庙山遗址

庙山遗址位于丹阳市珥陵镇黄埝行政村松棵自然村北。遗址东西长约 110 米，南北宽约 100 米。原遗址范围较大，现松颗村建在遗址南部。遗址仅残存部分，地面可采集到硬陶片。纹饰有麻布纹等。

聂家城头山遗址

聂家城头山遗址位于丹阳市云阳镇双庙社区开发区交警中队北 50 米处，沪宁铁路东 80 米处，又称王家山遗址，为台形聚落遗址。遗址呈长条形，北部窄，东部宽，占地面积 12000 平方米，高约 3 米。1983 年 6 月，镇江博物馆、丹阳县文化局对其进行了试掘。第二文化层时代相当于崧泽、良渚文化时期；第一文化层时代大致相当于商、周时期。该遗址已被建成公园。

后彭村遗址

后彭村遗址位于丹阳市云阳镇前艾行政村后彭自然村。遗址地处低丘岗地，墩体南北长约 140 米，东西长约 100 米，高出地表约 8 米。中部高向四周渐低，顶部平坦，顶部有后彭村民房及农作物种植。东北部被取土破坏近 3000 平方米，从剖面土层可观察到，距地表 0.2 米土层为垦地。第二层约 0.7 米为浅灰色土。土层中夹有陶片及生活垃圾。遗址北面文化层较厚，南面较薄。地面可采集到夹砂陶鬲足、鼎残片，几何印纹陶等。纹饰有方格纹、绳纹、麻布纹等。标本具有鲜明的新石器时代晚期特征，部分标本具有商周时期特征。

风水墩遗址

风水墩遗址位于丹阳市练湖管委会张官渡社区张官渡村后。墩体呈椭圆形，底径约 18 米，高出地面约 2 米。地面可采集到陶瓷片。据村民介绍，原墩体较高大，因墩表面种农作物渐低矮。

杨树塘遗址

杨树塘遗址位于丹阳市导墅镇东邮行政村，现整个杨树塘自然村位于遗址上。遗址四面环水，东西长约 165 米，南北宽约 120 米，略高出水面 2～3 米。南面修改为村进出道路，村东西部分稍高。现地表有近现代建筑，村后有农作物种植，可采集到印纹硬陶、红陶、夹砂陶等。村民在田间劳动，经常挖到碎陶罐片等。标本质地、纹饰具有鲜明的周代器物特征。该遗址对于宁镇地区吴文化聚落研究有一定的价值。

塔路头遗址

塔路头遗址位于丹阳市延陵镇五星行政村塔路头自然村北面。遗址地处平原田间，墩体呈长方形，东西长 63 米，南北宽约 32 米，高出地面约 5 米，东高西渐低下，地表生长着农作物。2008 年 3 月，为配合丹茅公路修建，镇江博物馆考古队对该遗址部分试掘，出土器物有印纹陶罐等。

黄固庄遗址

黄固庄遗址位于丹阳市延陵镇行宫行政村黄固庄自然村东。遗址地处香草河西岸，墩体较大，东西长约 74 米，南北宽约 56 米，高出地面约 6 米，地表生长着树木。由于村民建房用地、修路取土，现遗址仅存三分之二。在遭破坏断面土层中采集到软硬陶片、夹砂红陶片、鬲足、泥质灰陶片等。纹饰有粗绳纹、回形纹、几何印纹、网格纹等。从地表采集的标本的质地、纹饰分析，该遗址为周代聚落遗址。

安联寺墩遗址

安联寺墩遗址位于丹阳市延陵镇麦溪安联行政村寺墩自然村东。遗址地处平原田间，东西环水，呈圆形，底径约 160 米，高出地面约 8 米，占地面积约 25000 平方米。地面生长农作物，断面可采集到软硬陶片、灰陶片、鬲足等。纹饰有回形纹、几何印纹、方格纹、网格纹等。该遗址形制完整，对研究宁镇地区商周聚落有较高的价值。

后北洛神墩遗址

后北洛神墩遗址位于丹阳市司徒镇杏虎行政村后北洛自然村北。遗址地处低丘岗地，呈椭圆形，底径约 48 米，高出地面约 5 米。遗址地表生长着竹林，地表采集到软硬陶片、鬲足等。纹饰有方格纹、回纹等。遗址在清代曾经作为太平军重要军事营垒。该遗址具有古代聚落遗址和清代军事营垒的双重历史价值。

大帝庙墩遗址

大帝庙墩遗址位于丹阳市司徒镇前岗行政村下前村东。遗址地处低丘岗地，四面环水，东西长约 160 米，南北宽约 140 米，高出地面约 4.5 米。地形西高东面渐低。地表生长有农作物及树木，地表未采集到陶瓷片。可能为商周时期遗址。

丁沙地遗址

丁沙地遗址位于句容市宝华镇。遗址为一高出地面 6 米的山麓岗地，东西长 250 米，南北宽 200 米，面积约 50000 平方米。1988—1989 年，南京博物院对其进行了钻探、测绘和试掘。试掘探方位置位于遗址东部，发现有新石器时代的红烧土居住面遗迹，并发现一条东北、西南走向的灰沟，似为聚落遗址的一条护沟。出土遗物有石器、陶器及猪、牛、梅花鹿等兽骨，部分陶片上有彩绘和刻画符号。1998年，南京博物院对丁沙地遗址进行了抢救性发掘。出土陶器10余件、玉器（料）78件、各类玉器加工工具等细石器261件。其中，玉器均为半成品，有的尚保留线切割痕迹。玉料包括玉璞和加工后的残剩料。玉器加工工具有阴线雕刻工具、片切割工具和打磨工具。发掘者认为，此遗址应为一处良渚文化时期以玉器加工为主，并制作少量石器的玉石加工作坊。第四文化层遗物具有良渚文化晚期特征，第三文化层遗物年代与中原“夏文化”相当。

丁沙地遗址早期遗物是截至2013年宁镇地区发现的新石器时代最早的文化遗存，出土的陶器主要为釜、罐、器盖、支座等，均为手制，以红褐陶为主，并出土了少量的白地绘红、黑彩的图案彩陶片。

三台阁遗址

三台阁遗址位于句容市开发区街道三台阁村陈家埠南20米处。遗址面积约7996平方米，位于高约7米的土墩上，顶较平，墩上均为灰土。地表可采集到夹砂红陶片、印纹软陶罐和印纹硬陶瓿片等。属湖熟文化遗存。

瓜子沟遗址

瓜子沟遗址位于句容市开发区街道瓜子沟村西北约200米处。遗址四周为水田，西有土岗，名王家山，面积为6191平方米，高约8.2米，顶平，东部宽。地表遍布灰土及烧土，现有七八户民房。属湖熟文化遗存。

陈家埠遗址

陈家埠遗址位于句容市开发区街道瓜子沟村西部，三台阁遗址的西南边，与三台阁遗址同一性质。

牡丹村遗址

牡丹村遗址位于句容市宝华镇牡丹村东南200米。遗址面积1680平方米，高约3.5米。遗址的东南角因修园区道路被损毁三分之二。地表采集到印纹硬陶的残片，保存较差。

尹家遗址

尹家遗址位于句容市黄梅镇尹家村西10米。遗址面积约1830平方米，高约2.5米，顶平，地表灰土少，唯南部断崖现出1米多厚的文化层，有夹砂红陶鬲、黑皮磨光陶瓿残片、硬陶残陶片等。属湖熟文化遗存。

大沈头山遗址

大沈头山遗址位于句容市郭庄镇望仙桥村东100米处。遗址面积约5700平方米，高约4.2米，中部高，边缘稍低，顶平，周围为水田及池塘，东南为圩田。地表全为灰土及烧土，可采集到夹砂红陶鬲及黑皮磨光陶等残片。属湖熟文化遗存。

小沈头山遗址

小沈头山遗址位于句容市郭庄镇望仙桥村东100米处。遗址面积约3500平方米，高约4米。顶平，四周为水田及圩田。地表全为灰土及烧土，可采集到夹砂红陶鬲及黑皮磨光陶等残片。属湖熟文化遗存。

神山墩遗址

神山墩遗址位于句容市郭庄镇端王村窦家村西北约100米处。遗址面积约5539平方米，高出地表约4米，墩东高西低，四周为环壕及水田。地表灰土分布较广，中部色更浓，可采集到夹砂红陶鬲、罐，以及黑皮磨光陶、硬纹硬陶等残片。属湖熟文化遗存。

小山墩遗址

小山墩遗址位于句容市郭庄镇端王村窦家村西北约300米处。遗址面积3847平方米，墩高约2.9米，顶平，中部较高，四周为农田。全墩地表遍布灰土及烧土，地表散见磨制石器残片、夹砂红陶鬲、纺轮及黑皮磨光陶残片等。属湖熟文化遗存。

小山边遗址

小山边遗址位于句容市郭庄镇东岗头村南约170米处，东边是宁杭高速公路，其他几面是水田。遗址面积约2400平方米，高约3.7米，东高西低，顶平。全墩表面为灰土及烧土，可采集到夹砂红陶鬲及黑皮磨光陶等残片。属湖熟文化遗存。

刘庄遗址

刘庄遗址位于句容市郭庄葛村刘庄村东约50米处。遗址为台形遗址，四周是农田，墩高约2.8米，面积约1385平方米。地表灰土普遍，色甚浓，墩边多烧土。属湖熟文化遗存。

下山地遗址

下山地遗址位于句容市郭庄镇葛村下山地村中部。遗址四周被水田及一池塘包围。遗址近圆形，高2.7米，面积约349平方米，顶平。地表有少量灰土及烧土，有些地方较集中，所含遗物有夹砂红陶鬲、印纹硬陶罐、泥质红陶罐等残片。属湖熟文化遗存。

东高坪遗址

东高坪遗址位于句容市郭庄镇葛村东高坪村北100米处。遗址中部高，四周倾斜，高约6米，面积约15000平方米。遗址前有一鱼塘，遗址上杂树丛生，还有几座现代废弃房屋。属湖熟文化遗存。

樊家边遗址

樊家边遗址位于句容市郭庄镇葛村樊家边村南10米处，俗称培墩。遗址四周为水田及池塘，面积约3986平方米，墩高约3米，东高西低，呈坡状。地表到处都是浅灰土，可采集到夹砂陶鬲的残片。属湖熟文化遗存。

周甲遗址

周甲遗址位于句容市白兔镇行香周甲村北500米处。遗址四周为农田及小河，面积约13000平方米，高约8.8米，顶平。地表有灰土及烧土地，散见夹砂红陶鬲、鼎及印纹硬陶罐等残片。遗址中上部断面采集的标本为商周时期，因下部没有勘探试掘，故根据句容此类遗址的通常属性，推断其属湖熟文化遗存。

王埠遗址

王埠遗址位于句容市后白镇二圣王埠村南约50米处，俗称乌龟墩。遗址高约5米，面积约6600平方米，墩四周是水田。地表有灰土及烧土，可采集到商周时期的夹砂红陶残片、印纹软陶罐残片。

赵巷遗址

赵巷遗址位于句容市天王镇赵巷村东约200米处，俗称林塘墩。遗址四周为农田及池塘，面积约6750平方米，高约2.6米，墩形不规则，顶平，全墩灰土。属湖熟文化遗存。

潦塘遗址

潦塘遗址位于句容市天王镇潦塘村西北约600米处，俗称神墩。遗址四周为水田及小河，面积约4500平方米，高约7.7米，顶平。地表灰土、烧土普遍。属湖熟文化遗存。

岗下村遗址

岗下村遗址位于句容市华阳镇岗下村西约50米处，俗称和尚山。墩西北与东南隅有池塘，北为水田，南面围有土岗。遗址面积为3672平方米，高约5.6米。地表显露的灰土颇浓，散见有夹砂红陶鬲、瓮的残片，以及黑皮磨光陶、印纹软陶、印纹硬陶残片。属湖熟文化遗存。

神王庄遗址

神王庄遗址位于句容市后白镇茅西后王庄村，俗称神培山。遗址四周为水田及池塘，高约4米，面积约8250平方米，顶平。地表有红烧土块、鬲足、几何印纹陶片。属湖熟文化遗存。

朱墩子遗址

朱墩子遗址位于句容市天王镇方溪姚头村西北约400米处，俗称朱墩子。遗址地处低丘平地，面积约4534平方米，高约7米。墩面有红烧土。属湖熟文化遗存。

第三节　城　址

葛城遗址

葛城遗址位于丹阳市珥陵镇东南的南葛城自然村东。遗址平面呈不规则长方形，东西约230米，南北约180米。城外有多道壕沟，城内地表高出周围农田约3米，残存的西城墙普遍高出城内地表5米。遗址内共有西周至春秋时期的早、中、晚三期城墙。葛城遗址是一座西周至春秋时期的古城，是江苏省考古发现最早、面积最大、规格最高、保存最为完好的一处古城址。该遗址具有吴国都城特质，其时代贯穿吴国历史的整个过程，填补了吴国早期政治活动的空白，具有重大价值。

葛城遗址2013年被公布为全国重点文物保护单位。

铁瓮城遗址

铁瓮城遗址位于镇江市区北固山前峰的鼓楼岗上，占地约10.68公顷。铁瓮城又名京城、子城，始建于汉末建安初。建安十三年（208年），孙权将政权中心“自吴迁于京口而镇之”，并在此居住4年。这4年正是三国鼎立局面的形成时期，孙权以此为中心，开创了江东，奠定了东吴霸业的基石。“自晋以降，郡治皆据其上”，铁瓮城距今已有1800多年的历史。1991—2005年，镇江市文物部门共对铁瓮城遗址进行了十余次考古勘探、发掘，发现铁瓮城西垣、南垣、东垣、六朝夯土、包砖墙基、甬道及南城门等遗迹。铁瓮城遗址迄今保存基本完好，其闭合、相连，形如瓮，周长约1100余米，与《志顺镇江志》记载“周回六百三十步”基本吻合。这种“因山为垒，缘江为境”的筑城特点，受到了国内著名建筑专家和文物专家的高度评价。铁瓮城在三座孙吴都城（镇江铁瓮城、南京石头城、鄂州吴王城）遗迹中，以其建造年代最早、保存遗迹最完整、筑城风格最为独特被誉为“三国东吴第一城”。

铁瓮城遗址2013年被公布为全国重点文物保护单位。

东晋花山湾古城墙遗址

东晋花山湾古城墙遗址位于镇江市区东北的花山湾一带。东晋初年郗鉴“城京口”，晚期王恭进行了“更大改创”。唐太和年间，浙江西道观察使兼润州刺史王璠“凿润州外隍”。乾符中，周宝为镇海节度使、浙西节度使，“筑罗城二十余里”。南宋时，太守史弥坚主持镇江罗城的全面整修改造。该遗址即东晋至南朝时期的京口城（亦称晋陵罗城）、唐宋时期的罗城东部城垣遗存。1984年、1991年和2010年，文物部门先后组织考古。城墙今残存2000米，北垣沿东吴路南向西延伸至北固山；东至花山、土山一线；南沿土丘转向西延伸至大学山。砌筑特点是“因山为垒、缘江为境”，“内外皆固以砖甓”，即依托山体筑为城墙，利用自然山体对顶面和山坡进行修整，加筑夯土，低洼地带则填土夯筑，两侧用砖包砌，形成贯通相连的城垣。

东晋花山湾古城墙遗址2000年被公布为江苏省文物保护单位。

定波门瓮城遗址

定波门瓮城遗址位于镇江城区之北，俗称老北门，1998年12月在房屋开发时考古发现。经考古发掘，明初定波门城楼是石砌基础，瓮城石垣、北门桥桥体是砖石结构，还发现护城河和历代叠压的地层堆积。明初石垣基础下方有叠压的唐、宋时期河床遗迹，石垣内侧有南宋城垣夯土护城石垣、北宋水井及晚唐时期的城垣夯土等重要遗存。暴露出的城墙用方条石砌成，长约40米，高约5米，较为壮观。

定波门瓮城遗址1999年被公布为镇江市文物保护单位。

第二章 古墓葬

镇江境内的古墓葬主要可分为商周—春秋时期墓葬、汉—六朝时期墓葬和宋—明清墓葬。

镇江在商周至春秋时期的墓葬类型主要为土墩墓。土墩墓不挖墓穴，只在平地起坟埋葬，随葬品多为印纹陶器、原始瓷器和带有地方特征的青铜器，在镇江境内均有分布，其中以茅山山脉的东西两麓最为集中。

“永嘉之乱”后，大批中原侨民南渡进入镇江。这一时期的古墓葬分布广泛，各地多有发现。唐宋时即有“生居洛阳，死葬朱方”的民谚，名人喜归葬镇江。现存的古代名人墓葬包括刘贾墓、太史慈墓、米芾墓、宗泽墓、杨一清墓等。

第一节 土墩墓

烟墩山墓地

烟墩山墓地位于镇江新区大港街道烟墩山。1954 年 6 月，此处发现青铜器 12 件，其中最有价值的是“宜侯夨簋”。宜侯夨簋底部有 12 行铭文，计 126 字，能辨认出的有 118 字。1956 年郭沫若、唐兰等专家考证认为：“宜”是地名，就在丹徒及附近一带；“侯”是封号；“夨”是人名，即吴国君主仲雍的曾孙周章。宜侯夨簋铭文记载了周康王时的大封典，也记录了宜地的历史，其最重要的价值就在于它是镇江最早的历史文献。1984 年春，南京博物院、镇江博物馆、中山大学考古专业、丹徒县文物管理委员会联合发掘了烟墩山二号墓。出土的随葬器物共计 36 件，包括炊器、盛器、食器和装饰品。按质地分为原始青瓷、几何印纹硬陶、夹砂红陶、泥质灰陶及骨质饰品 5 类，其中以原始青瓷居多。烟墩山墓地及其出土物有力证明了镇江最早的地名叫“宜”，距今已有 3000 多年的历史。

烟墩山墓地 2013 年被公布为全国重点文物保护单位。

春城土墩墓群

春城土墩墓群位于句容市茅山镇何庄村百培山一带。墓群地处低丘土岗的百培山，海拔在 20～30 米，呈老虎爪形向四面延伸，山上土墩数以百计。封土墩多为小型，墩高 1.5～2.5 米，底径 12～20 米；处于其间居中位置的少数土墩墓规模稍大，墩高 3～4 米，底径 18～25 米。墓群又可分为东、南、西、北 4 个区间单元，其中，居南北两端的 3 座墓规模较大，墩高 6～8 米，底径 30～40 米。靠近杨家棚村北的土墩规模最大，墩高约 10 米，底径约 50 米。根据现场调查，该土墩墓群包括春城百培山土墩墓群、杨家棚土墩墓群、二圣百培山土墩墓群，共有 112 座土墩墓，大、中、小型都有，是整个茅山西麓地区最为密集的一处。

春城土墩墓的发掘丰富了江南土墩墓的内涵，还原了青铜时代江南土墩墓的营造过程，并且在土墩墓的形制结构、丧葬习俗等诸多方面取得了新的突破，不仅廓清了长期以来学术界对土墩墓的模糊认识，同时也为江南地区青铜时代的社会结构和土著文化，土墩墓的源流、分期与分区，以及土墩墓的保护和利用等重大课题的深入研究提供了翔实的第一手资料。

春城土墩墓群 2013 年被公布为全国重点文物保护单位。

油库墩土墩墓

油库墩土墩墓位于京口区谏壁镇。墩体呈馒头状，底径 60 米，高 8 米，筑于滨江山冈上。根据过去对大港沿江土墩墓发掘的结果判断，此处是西周时期吴国贵族的一处重要墓地，为大港沿江土墩墓群之一。

油库墩土墩墓 2011 年被公布为江苏省文物保护单位。

魏家墩土墩墓

魏家墩土墩墓位于镇江新区丁岗镇葛村魏家墩村东 200 米、葛村北 400 米处，时代约为西周中晚期，是大港沿江土墩墓群中的一座。魏家墩土墩墓因地就势，平地起封，土墩呈馒头状，底径约 40 米，残高约 4 米。这座土墩墓与北山顶等大型土墩墓遥遥相望。曾征集到印纹硬陶罐、坛各 1 件，纹饰有折线纹、折线与回纹组合；原始瓷碗、豆各 1 件。魏家墩土墩墓对于研究吴国贵族阶层的墓葬文化具有重要的历史价值。

魏家墩土墩墓 2011 年被公布为江苏省文物保护单位。

四脚墩土墩墓群

四脚墩土墩墓群位于镇江新区丁卯街道磨盘山附近的汤家湾村，原计 6 座土墩墓。大型墓高约 6 米，直径约 50 米；中型墓高约 5 米，直径约 30 米。这一墓群是西周时期吴国文化葬制的典型墓葬。1986 年，镇江博物馆对其中四号和六号墩进行了发掘，两墓葬年代约为西周晚期。四号墩出土几何印纹硬陶坛、瓿，以及夹砂陶鬲、原始瓷豆、绿松石玦等随葬品 8 件。六号墩出土黑陶尊、夹砂陶鬲、玉璧及原始瓷豆等随葬品 5 件。1991 年春，南京博物院、镇江博物馆对二号和五号墩进行了发掘。二号墩内墓葬 1 个，年代约为春秋晚期，发现生土二层台遗迹，残存人骨，出土随葬品有夹砂陶、泥质陶、硬陶、原始瓷等 16 件。五号墩内墓葬 2 个，即 M1、M2，M1 年代约为春秋晚期，M2 年代约为西周早期，出土随葬品有泥质陶、硬陶、原始瓷、青铜器等 26 件。

四脚墩土墩墓群 2011 年被公布为江苏省文物保护单位。

狮子山土墩墓群

狮子山土墩墓群位于丹阳市司徒镇甸头村西北。墓群南北长约 250 米，东西宽约 180 米，占地面积约 45000 平方米。该土墩墓群墓葬规格较高，属于平地起台筑墩，在丹阳地区属首次发现。土台基高出地表 8～10 米，台基呈南北走向的长条形。土台上清晰可辨的土墩墓有南北两个，南墩较大，底径 40～50 米；北墩稍小，底径 30 米左右。土墩墓四周有保存完整的狭窄的环壕水系围绕，环壕大部分存在，仅东侧部分消失，当地村民称此环壕为“东城河”“西城河”“南城河”。

狮子山土墩墓群在 2008 年第三次全国文物普查时被发现，2011 年被公布为江苏省文物保护单位。

句容浮山土墩墓群

浮山土墩墓群位于句容市天王镇浮山果园东南，在约4平方千米范围内，有土墩墓150多座。土墩墓封土直径大部分为10～15米，高2.5～3米。其中10余座大型土墩墓封土直径约40米，高6米左右。在南北长约750米、东西宽约400米的范围内，仅浮山果园三队就有土墩墓32座。1974年冬，镇江市博物馆对句容浮山果园一号墩进行了科学发掘，发现墩内有墓葬16个，特邀南京博物院、扬州博物馆、常州博物馆等单位考古学者到现场会审研究，后在发掘报告中正式称这类在江南地区广泛分布不挖墓穴、平地起坟的墓葬为"土墩墓"。1975年1月，南京博物馆、镇江市博物馆发掘了浮山果园二号土墩墓。1977年，南京博物院发掘了浮山土墩墓D3、D4、D5、D9、D24。2005年，配合宁常高速公路的建设，南京博物院又发掘了20余座墓，共出土随葬器物3000余件，一般为泥质陶和几何印纹硬陶、原始青瓷器和夹砂红陶炊器。其中，炊器以鬲、鼎、釜、甗等器型为主；盛器及实用器主要为坛、罐、瓿、碗、盅、盂、钵、豆、盖等。少数墓葬随葬有玦和纺轮。

浮山土墩墓群2004年被公布为镇江市文物保护单位。

茶馆墩土墩墓

茶馆墩土墩墓位于丹阳市司徒镇后马陵自然村西南的312国道西侧。墩体较大，东西约50米，南北约60米，高约15米。该墩又名马陵墩，民间传说为朱元璋的皇后马娘娘之墓，考古学者认为是周代土墩墓。墩西北处有水塘一口，地表未见遗物。该土墩墓外形完整，形制较大，具有较高的历史价值。

茶馆墩土墩墓1999年被公布为丹阳市文物保护单位。

三女墩土墩墓

三女墩土墩墓位于丹阳市开发区高楼行政村。该墓地处低丘岗地，封土墩，形体高大，墩体呈圆锥形，墩体高出地面约15米，墩底径约120米。墩表面生长有树木，东南面有近现代墓葬，地表未见遗物，考古学者认为是周代土墩墓。该墓葬形制巨大，对宁镇地区商周时期历史文化、丧葬习俗和规制等有较高的研究价值。

三女墩土墩墓1999年被公布为丹阳市文物保护单位。

九女墩土墩墓

九女墩土墩墓位于丹阳市延陵镇彪塘自然村东。该墓地处平原田间，封土墩，墩体呈圆形，平顶，底径约60米，高出地面约13米，断面土层中文化层堆积比较清晰。墩表面生长杂树，民间相传为季子的陵墓，地表无遗物，考古学者认为是周代土墩墓。该墩保存较好，形制较大，对研究宁镇地区的商周历史有较高的价值。

九女墩土墩墓1999年被公布为丹阳市文物保护单位。

墩下土墩墓

墩下土墩墓位于丹阳市司徒镇谭巷行政村墩下自然村东，村以墩名。该墓地处平原田间，墩高出地面约12米，底径约50米。墩地表生长有树木，当地百姓传言为三国时孙策墓，地表采集陶瓷片为周代遗存。该墓葬形态完整，形制较大，具有较高的历史价值。

墩下土墩墓2014年被公布为丹阳市文物保护单位。

孙巷土墩墓

孙巷土墩墓位于丹阳市司徒镇马陵行政村孙巷自然村西南，村民俗称"大夫墩"。该墓地处平原田间，封土墩，圆顶，南面有水塘，墩体底径约40米，高出地面约15米。墩体表面生长有杂树，有近现代墓葬。该土墩墓外形完整，形制较大，具有较高的历史价值。

孙巷土墩墓2014年被公布为丹阳市文物保护单位。

下袁土墩墓群

下袁土墩墓群位于句容市茅山管委会玉晨下袁村北约500米处。墓群共有17座封土墩，地处低丘岗背，呈南北向分布。墩高2～4米，底径15～25米。

下袁土墩墓群2008年被公布为句容市文物保护单位。

杨塘岗土墩墓

杨塘岗土墩墓群位于句容市开发区杨塘岗村中部，共有两座封土墩，其中1号墩位于句卓路与杨塘路交会点东北侧，规模较大，墩高12.4米，面积3017平方米，墓顶有两个废弃的水池；2号墩位于句卓路和杨塘路交会点的西北侧，地处山丘岗坡，墩周地面海拔39.3米，墩高4.3米，面积316平方米。

杨塘岗土墩墓2011年被公布为句容市文物保护单位。

小徐庄土墩墓

小徐庄土墩墓位于京口区谏壁镇黄丝湾小徐庄村西北约250米处，地处低丘岗地。墩高约3.5米，底径约28米。地面曾采集到印纹硬陶坛、罐、瓿及原始瓷碗的残片。

大严庄土墩墓

大严庄土墩墓位于京口区谏壁镇东京村东约100米处，地处低丘岗地。墩高约2.5米，底径约20米。地面曾采集到席纹、回纹、折线与回纹组合的印纹硬陶残片。

上雩墩土墩墓

上雩墩土墩墓位于京口区谏壁镇雩山村上雩自然村东南150米、镇大公路北200米处，长龙山公墓在其东。土墩墓平面大致呈长方形，顶部高，东西长约30米，南北宽10～18米，高约2米。土墩西面有一水塘。墩上种植农作物。

倪茂塘土墩墓

倪茂塘土墩墓位于丹徒区辛丰镇倪茂塘村西约200米处，俗称姜家墩。该墓地处低丘岗顶。墩高约4米，底径约25米。地面曾采集到原始瓷、印纹硬陶、夹砂红陶、泥质灰陶片。

湾沟土墩墓

湾沟土墩墓位于丹徒区辛丰镇黄泥行政村湾沟自然村南约400米处。该墓地处低丘岗坡，东近大运河。墩高约5米，底径约32米。其旁可采集到印纹硬陶、泥质灰陶及原始瓷残片。

上罗土墩墓

上罗土墩墓位于丹徒区辛丰镇南岗上罗村西约200米处，地处岗地前沿。墩高约3米，底径约18米。地面偶见印纹硬陶等残片。

薛家土墩墓

薛家土墩墓位于丹徒区辛丰镇徐东行政村薛家自然村东约50米处，俗称薛家墩，地处岗地前沿。墩周地面海拔约13米，墩高约5米，底径约30米。地面偶见夹砂红陶鼎足、鬲足，以及泥质灰黑陶盘、印纹硬陶残片。

华村土墩墓

华村土墩墓位于丹徒区谷阳镇华村行政村华村自然村东北约500米处，地处低丘岗坡。墩高约2.5米，底径约18米。地面曾采集到印纹硬陶罐、坛、瓿的残片。纹饰有折线纹、方格纹、回纹等。

束家土墩墓群

束家土墩墓群位于丹徒区上党镇东沛行政村束家自然村西，共有3座封土墩，地处低丘岗脊，呈南北向一字形排列。其中，一墩偏南，规模最大，高约8米，底径45米；另一墩居中，高约4米，底径约25米；再一墩偏北，高约3米，底径约20米。地面曾采集到原始瓷、印纹硬陶、夹砂红陶、泥质灰陶片。

山头上土墩墓群

山头上土墩墓群位于丹徒区上党镇东沛行政村山头上自然村西，共有3座封土墩，地处低丘岗坡，其中1座位于村北，高约3米，底径20米；另一组2座，位于村西，呈南北排列。墩的规模较小，高1.2～1.5米，底径8～10米。地面曾采集到印纹硬陶罐、坛、瓿的残片。纹饰有折线纹、方格纹、回纹等。

谭家边土墩墓

谭家边土墩墓位于丹徒区上党镇谭赵谭家边村东南约100米处，俗称芝麻墩，地处低丘岗坡，东傍小河。墩高约5米，底径约35米。地面曾采集到夹砂红陶鬲足，泥质灰陶盘、罐及原始瓷豆的残片。

杨家山土墩墓

杨家山土墩墓位于丹徒区上党镇金河行政村杨家山自然村北450～500米处，共有2座封土墩。土墩墓地处低丘岗坡，呈东西向排列，东侧300米外为一商周台型遗址。墩高2.5～3米，底径15～20米。地面偶见夹砂红陶鼎足、鬲足，以及泥质灰黑陶及印纹硬陶的残片。

双牌韦家土墩墓

双牌韦家土墩墓位于丹徒区上党镇东贪行政村双牌韦家自然村东南约400米处，共有2座封土墩，地处低丘岗脊。墩为小型，高1.4～1.5米，底径8～10米。地面可见印纹硬陶罐、坛、瓿的残片。纹饰有复线菱形纹、席纹、叶脉纹、折线纹等。

秦坟墩土墩墓

秦坟墩土墩墓位于丹徒区上党镇东贪行政村秦坟墩自然村北约100米处，俗称秦坟墩，地处低丘顶部，墩顶海拔约44.8米，村以墩名。墩的规模较大，高约8米，底径约45米。地面可采集到黑陶钵，原始瓷豆、碗，夹砂红陶鼎，印纹硬陶坛、罐等残片。

蒋家墩土墩墓

蒋家墩土墩墓位于丹徒区谷阳镇西湖行政村蒋家墩自然村东约100米处，共有5座土墩。土墩墓地处低丘岗脊，呈东西向一字形排列。墩高1.2～1.5米，底径8～12米。地面曾采集到印纹硬陶罐、坛、瓿的残片。纹饰有折线、方格纹、回纹等。

后白土墩墓

后白土墩墓位于丹徒区谷阳镇黄序行政村后白自然村南约300米处，地处低丘岗坡。墩高约3米，底径约20米。地面偶见原始瓷碗、夹砂红陶鼎足、泥质灰陶罐及印纹硬陶残片。

东湖土墩墓

东湖土墩墓位于丹徒区东湖村东北约200米处，地处低丘岗脊。墩高约3米，底径约20米。地面偶见泥质灰陶罐及印纹硬陶残片。

大李甲土墩墓

大李甲土墩墓位于丹徒区上党镇敖毅行政村大李甲自然村南约300米处，地处低丘岗坡。墩高约4.5米，底径约30米。地面偶见印纹硬陶等残片。

东会土墩墓

东会土墩墓位于丹徒区上党镇东方行政村东会自然村西，共有两座封土墩。其中一座位于村西，俗称桃子墩，地处低丘岗顶，墩高约5米，底径约30米；另一座位于村西偏北，地处低丘顶部，墩的规模较大，高约8米，底径约40米。曾征集到夹砂红陶鼎、鬲，以及泥质灰黑陶罐各一件。地面采集到印纹硬陶及原始瓷残片。

高甲土墩墓

高甲土墩墓位于丹徒区上党镇东方行政村高甲自然村西约300米处。地处低丘岗坡。墩高约3.5米，底径约20米。地面偶见印纹硬陶等残片。

后高陵土墩墓

后高陵土墩墓位于丹徒区上党镇敖毅行政村后高陵自然村西南约300米处，俗称女儿墩，地处低丘岗脊。墩的顶部稍平，高约6米，底径约35米。地面曾采集到原始瓷、印纹硬陶、夹砂红陶、泥质灰陶残片。

蒋庄土墩墓

蒋庄土墩墓位于丹徒区上党镇盘荣行政村蒋庄自然村东北约300米处，地处低丘岗坡。墩高约3米，底径约20米。地面曾采集到印纹硬陶罐、坛、瓿的残片，纹饰有折线纹、方格纹、回纹等。

丰城土墩墓

丰城土墩墓位于丹徒区上党镇丰城行政村丰城自然村西北约350米处，地处低丘岗坡。墩高约2.6米，底径约18米。地面可见纹饰为席纹、回纹、折线纹的印纹硬陶残片。

东宝庄土墩墓

东宝庄土墩墓位于丹徒区上党镇上会行政村东宝庄自然村东北约100米处，俗称风火墩，地处土丘顶部。墩周地面海拔高约29米。墩的规模较大，高约8.5米，底径约50米。地面可采集到印纹硬陶坛、罐、瓿及原始瓷碗的残片。

前隍村土墩墓群

前隍村土墩墓群位于丹徒区宝堰镇前隍行政村前隍自然村，共有8座封土墩，地处自西向东延伸的岗地及前沿。墩周地面海拔高7~15米。其中，位于村南的俗称小背墩，墩高约2.5米，底径约18米；另一组2座，位于村东南，呈东西排列。偏东一座俗称网士背墩，东、西、北三面有水塘环绕。墩的规模较大，高约5米，底径约30米；偏西一座俗称弯塘墩，西临一弯月状水塘，故名。墩高约4.5米，底径约30米；另一组2座位于村东北，地处岗地前沿，呈东西排列。偏东一座俗称王树背墩，高约2.5米，底径约18米；偏西一座俗称破塘墩，高约4米，底径约25米；另一组3座，无名，位于村西南，呈南北一字排列，地处岗地陇背。墩高2~2.5米，底径10~16米。地面曾征集到夹砂红陶鼎、鬲，以及泥质灰黑陶罐各一件，并采集到印纹硬陶及原始瓷残片。

五背墩土墩墓群

五背墩土墩墓群位于丹徒区宝堰镇前隍村西南约500米处，共有5座土墩墓。墓群地处低丘岗地，墩周地面海拔高40~44米。墩子呈梯形排列。1号墩位于西北面，底径约6米；2号墩位于西南面，底径约10米；3号墩位于东北面，底径约7米；4号墩位于3号墩与5号墩之间，底径约6米；5号墩位于东南面，底径约9米。地面偶见硬纹陶罐、原始瓷豆、碗等残片。

大张家土墩墓

大张家土墩墓位于丹徒区辛丰镇山北行政村大张家自然村东，共有2座土墩墓，地处低丘岗地，其中一座位于村北，另一座位于村东，墩高2~2.5米，底径12~18米。地面可见印纹硬陶残片，纹饰为席纹、回纹、折线纹。

刘家土墩墓

刘家土墩墓位于丹徒区辛丰镇山北行政村刘家自然村南约200米处，地处低丘岗地。墩高约3.2米，底径约20米。地面可采集到印纹硬陶坛、罐、瓿及原始瓷碗的残片。

西下沿土墩墓

西下沿土墩墓位于丹徒区辛丰镇中心行政村西下沿自然村东南约220米处，地处低丘岗坡。墩高约3.5米，底径约20米。地面偶见夹砂红陶鼎足、鬲足，以及泥质灰黑陶、印纹硬陶的残片。

薛家土墩墓群

薛家土墩墓群位于丹徒区辛丰镇星棋行政村薛家自然村，均地处低丘岗脊。朱家墩，又名罗墩，位于村北，墩高约5米，底径约30米。变墩，位于村东北，墩高约4.5米，底径约25米。地面可见印纹硬陶罐、坛、瓿的残片，纹饰有复线菱形纹、席纹、叶脉纹、折线纹等。

方家土墩墓群

方家土墩墓群位于丹徒区辛丰镇星棋行政村方家自然村北，共有3座土墩。其中，一座俗称方墩，位于村北，地处低丘岗脊，墩的规模较大，高约8米，底径约45米；一座俗称长万山墩，位于村北偏东，地处低丘岗脊西端，墩高约4米，底径约25米；一座俗称四方墩，位于村西水塘中，因底面近方形故名，墩顶略平，墩高约3米，底径约20米。地面可采集到黑陶钵、原始瓷豆及碗、夹砂红陶鼎、印纹硬陶坛及罐等残片。

官舍土墩墓群

官舍土墩墓群位于丹徒区荣炳镇曙光行政村官舍自然村西北300~400米处，共有3座土墩，地处岗地前沿。墩周地面海拔高约9.6米。3座墩略呈鼎足分布，墩距约100米。墩高2~2.5米，底径15~18米。地面曾采集到印纹陶罐、坛、瓿的残片，纹饰有折线纹、方格纹、回纹等。

宝堰土墩墓群

宝堰土墩墓群位于丹徒区宝堰镇前隍行政村马家棚自然村南，共有4座封土墩，地处华山北坡延伸的低丘岗坡。一座位于场部西，地处低丘岗脊北端，东傍小陆水库，墩高约2.5米，底径约18米；另一组2座，位于场部东，呈东西排列，墩高2.5~3.5米，底径18~22米；另一墩俗称唐家山，位于场部东南，地处岗脊北端，墩周四面海拔高约40米，墩高约4.5米，底径约30米。地面曾征集到原始瓷豆、碗，以及夹砂红陶鼎、泥质灰陶罐各一件，并采集到印纹硬陶残片。

宝堰林场土墩墓

宝堰林场土墩墓位于丹徒区前隍行政村马家棚自然村西宝堰林场内，墓群地处华山北坡延伸的低丘岗坡。墩高约2.2米，底径约20米。地面偶见印纹硬陶残片。

马家棚土墩墓群

马家棚土墩墓群位于丹徒区宝堰镇前隍行政村马家棚自然村东南，共有3座封土墩。墓群地处华山（海拔133米）北侧的低丘岗坡，呈鼎足形分布，墩距约20米。墩高2.5~3.5米，底径15~20米。地面可见印纹硬陶罐、坛、瓿的残片，纹饰有复线菱形纹、席纹、叶脉纹、折线纹等。

白虎墩土墩墓群

白虎墩土墩墓群位于丹徒区宝堰镇前隍行政村白虎墩自然村西，共有两座土墩，俗称白虎墩，村以墩名。两座土墩墓皆位于村中，一座在村西端，一座在村东端。近因村民建屋取土，部分墩土被挖掉。残存墩高 1～1.5 米，底径 10～15 米。地面曾征集到夹砂红陶鼎、鬲，以及泥质灰黑陶罐各一件，并采集到印纹硬陶及原始瓷残片。

刘庄土墩墓

刘庄土墩墓位于丹徒区宝堰镇徐巷行政村刘庄自然村东北，地处岗地前沿。墩高约 3.5 米，底径约 22 米。地面偶见印纹硬陶等残片。

鲁溪土墩墓

鲁溪土墩墓位于丹徒区宝堰镇鲁溪行政村鲁溪自然村西北约 400 米处，俗称张明墩，地处平原田间。墩的规模较大，高约 4 米，底径约 30 米。其旁可采集到原始瓷、印纹硬陶、夹砂红陶、泥质灰陶残片。

下坝土墩墓

下坝土墩墓位于丹徒区荣炳镇曲阳行政村下坝自然村南 100～150 米处，共有两座封土墩。土墩墓地处低丘岗北坡，呈东西排列，墩高 2.5～3 米，底径 15～20 米。地面可采集到印纹硬陶坛、罐、瓿及原始瓷碗的残片。

下坝村土墩墓群

下坝村土墩墓群位于丹徒区荣炳镇曲阳行政村下坝自然村西南约 150 米处。地处岗地前沿，一组 4 座，呈东西排列，墩高 3～5 米，底径 6～12 米；另一座位于村南水渠南侧，高约 5 米，底径约 12 米。地面曾采集到印纹硬陶残片及原始瓷片。

板田墩土墩墓

板田墩土墩墓位于丹徒区宝堰镇前隍村南约 300 米处，地处田间。墩高约 5 米，底径约 20 米，海拔约 43 米。地面可采集到印纹陶片、原始瓷片等。

南庄土墩墓

南庄土墩墓位于丹徒区荣炳镇曙光行政村南庄自然村西北约 400 米处，地处岗地前沿。墩高约 2 米，底径约 15 米。地面曾采集到夹砂红陶鬲足，以及泥质灰陶盘、罐及原始瓷豆的残片。

曲阳土墩墓

曲阳土墩墓位于丹徒区荣炳镇曲阳行政村曲阳自然村西南约 200 米处，共有两座封土墩，地处岗地前沿。其中一座俗称王家墩，位于村南，墩高约 3.5 米，底径约 22 米；另一座俗称孙家墩，位于村西南，墩高约 1.5 米，底径约 10 米。其旁曾采集到印纹硬陶、泥质灰陶及原始瓷残片。

南岗山土墩墓群

南岗山土墩墓群位于丹徒区荣炳镇南岗山村，共有 49 座封土墩，集中分布于村东、东北、西、南等方位，其中，一组 19 座，位于村东，地处低丘岗背，呈东北—西南分布，墩周海拔高 20～23 米，墩高 1.5～4 米，底径 10～25 米；另一组 8 座，位于村东北，地处低丘岗脊，呈东西向排列，墩高 1.5～2.5 米，底径 12～17 米；另一组 4 座，位于村南，地处低丘岗坡，呈东西排列，墩高 2.5～5 米，底径 15～30 米。此外，1990 年发掘了 14 座土墩墓，有的无坑无床，长 2.1～2.3 米，宽 0.9～1.1 米，以天然石块铺砌而成。共出土遗物 118 件，主要为原始青瓷器、几何印纹硬陶器，时代属春秋时期。

沈家棚土墩墓

沈家棚土墩墓位于丹徒区荣炳镇胜利行政村沈家棚自然村东约300米处，俗称放马墩，地处低丘岗坡。墩高约3.2米，底径约20米。地面可见纹饰为席纹、回纹、折线纹的印纹硬陶残片。

西谷里土墩墓群

西谷里土墩墓群位于丹徒区荣炳镇胜利行政村西谷里村北350～400米处，共有3座封土墩。南面1座，北面一组2座，墩高2～2.5米，底径15～18米，地面偶见原始瓷碗、夹砂红陶鼎足、泥质灰陶罐及印纹硬陶残片。

西山土墩墓

西山土墩墓位于丹徒区荣炳镇曲阳行政村西山自然村西南，共有2座封土墩。其中，一座位于村东北，地处岗脊北端，墩高约4米，底径约25米；另一座位于村南，地处低丘岗坡，墩高约3.5米，底径约20米。曾采集到印纹硬陶罐、坛、瓿的残片，纹饰有折线纹、方格纹、回纹等。

西山村土墩墓群

西山村土墩墓群位于丹徒区荣炳镇曲阳行政村西山自然村北约150米处，共有4座土墩。其中，一座位于村东约50米处，高约5米，底径约25米；两座位于村北约150米处，高3～4.5米，底径18～28米；一座位于村西南约100米处，高约1.5米，底径约15米。地面偶见印纹硬陶片及夹砂红陶残片等。

万字杆土墩墓群

万字杆土墩墓群位于丹徒区宝堰镇前隍行政村万字杆自然村西北，共有6座封土墩。其中，一座俗称木勺塘墩，位于村西，地处低丘岗坡，西傍小塘，墩以塘名，墩高约2.5米，底径约18米；一座俗称小坟山，位于村西南，地处低丘岗坡，墩高约2米，底径约12米，现已消失；另一组4座，位于村北偏西，地处万字杆水库北侧岗脊，呈东西向一字形排列，墩距30～50米，墩高1.5～3米，底径10～18米。地面曾征集到泥质陶罐、印纹硬陶瓿，纹饰为折线与回纹组合，并采集到原始瓷、夹砂红陶等残片。

湾码头土墩墓

湾码头土墩墓位于丹徒区荣炳镇曲阳行政村湾码头自然村北400～450米处，共有两座封土墩，俗称双墩。地处低丘岗脊，南北排列。墩高3～3.5米，底径20～25米。地面曾采集到夹砂红陶鬲足，泥质灰陶盘、罐及原始瓷豆的残片。

华山土墩墓

华山土墩墓位于丹徒区荣炳镇曲阳行政村华山自然村北250～300米处，共有两座封土墓，呈东西排列。墩高2～2.5米，底径15～18米。地面曾采集到原始瓷、印纹硬陶、夹砂红陶、泥质灰陶残片。

西棚村土墩墓群

西棚村土墩墓群位于丹徒区荣炳镇胜利行政村西棚自然村西南250～320米处。原有7座土墩，俗称七仙墩，现存6座。基群地处低丘岗脊东段。墩高1.8～2.5米，底径12～15米。地面可采集到印纹硬陶坛、罐、瓿及原始瓷碗的残片。

小蒲干村北土墩墓

小蒲干村北土墩墓丹徒区位于荣炳镇胜利行政村小蒲干自然村北约400米，地处岗地前沿。墩高约1.8米，底径约12米。地面可见印纹硬陶罐、坛、瓿的残片，纹饰有复线菱形纹、席纹、叶脉纹、折线纹等。

东棚土墩墓群

东棚土墩墓群位于丹徒区荣炳镇胜利行政村东棚自然村，共有62座封土墩。其中，一组5座，地处俗名磨盘山的低丘岗背，近南北向排列，墩高1.5～2米，底径10～15米，偏北一座较大，高约5米，底径约30米；一组6座，地处俗名小坟山的低丘岗背，墩高1.5～2米，底径12～15米。居中一座较大，高约4.5米，底径约28米；一组14座，位于村西低丘岗脊，多沿顶脊两侧并列分布，墩高1.5～2.2米，底径12～18米。居中两座较大，墩高4.5～5米，底径28～32米；一组32座，地处低丘岗脊，墩高1.5～2.5米，底径12～18米。居中2座较大，墩高3.5～4米，底径25～30米；一组5座，位于村北低丘岗脊，墩高1.5～2米，底径10～15米。地面曾征集到印纹硬陶罐、坛各一件，原始瓷碗、豆各一件；纹饰有折线纹、折线与回纹组合。

石家庄小牛坟墩

石家庄小牛坟墩位于丹徒区荣炳镇曲阳行政村石家庄自然村南。墩高约3.5米，底径约10米。地面偶见印纹陶片、泥质灰陶残片等。

北刘巷土墩墓群

北刘巷土墩墓群位于丹徒区荣炳镇胜利行政村北刘巷自然村，原有104座土墩，现存99座。该墓群密布在北刘巷村周围的低丘岗地之间，属于土墩墓中分布最为密集的区域之一。其中，一组27座，位于村东南青龙山。墩高1.5～2米，底径10～15米。居中两座稍大，高3～4米，底径20～25米；一组11座，位于村西南低丘岗背，墩高1.3～2米，底径10～15米；一组两座，位于村北低丘岗脊，墩高1.8～2米，底径12～15米；一组8座，位于村西大龙山北坡延伸岗地，墩高2.5～3米，底径15～20米；一组6座，位于村南小女坟山，土墩呈东南—西北向一字排列，高1.5～2.5米，底径10～18米，居中1座较大，高约4.5米，底径约30米；一组50座，位于村南女坟山，此山东西长约400米，南北宽约200米，土墩分布十分密集，墩距仅20～30米，墩高1.8～2米，底径12～15米；顶部居中一座较大，高约6米，底径约35米。地面曾征集到原始瓷豆、碗，以及泥质灰陶罐各一件，并采集到印纹硬陶残片。

张家干土墩墓

张家干土墩墓位于丹徒区高资镇巢凰行政村张家干自然村东北约50米处，地处岗地北端，墩周地面海拔高约16米。墩高约4米，底径约25米。地面可见纹饰为席纹、回纹、折线纹的印纹硬陶残片。

新建土墩墓

新建土墩墓位于丹徒区谷阳镇谷阳行政村新建自然村东南约70米处，地处低丘岗坡。墩高约2.6米，底径约16米。地面可见印纹硬陶罐、坛、瓿的残片，纹饰有复线菱形纹、席纹、叶脉纹、折线纹等。

西麓土墩墓

西麓土墩墓位于丹徒区谷阳镇谷阳行政村西麓自然村南约350米处，地处低丘岗坡。墩的规模较大，高约5米，底径约30米。其旁可采集到印纹硬陶、泥质灰陶及原始瓷残片。

站岗吴家土墩墓

站岗吴家土墩墓位于丹徒区谷阳镇谷阳行政村吴家自然村北约450米处，地处低丘岗坡。墩高约2.4米，底径约15米。地面曾采集到印纹硬陶罐、坛、瓿的残片，纹饰有折纹线、方格纹、回纹等。

东湾土墩墓

东湾土墩墓位于丹徒区谷阳镇长山行政村东湾自然村东南约350米处，地处十里长山南侧岗坡，墩周地面海拔高约50米。墩高约2.9米，底径约20米。地面曾采集到原始瓷、印纹硬陶、夹砂红陶、泥质灰陶残片。

官庄土墩墓

官庄土墩墓位于丹徒区谷阳镇长山行政村官庄自然村东南约150米处，地处十里长山南侧岗坡。墩高约2米，底径约15米。地面曾采集到印纹硬陶罐、坛、瓿的残片，纹饰有折线纹、方格纹、回纹等。

罗家庄土墩墓

罗家庄土墩墓位于丹徒区高资镇正东行政村罗家庄自然村东南约100米处，地处岗地前沿。墩的规模较大，高约5米，底径约30米。其旁可采集到印纹硬陶、泥质灰陶及原始瓷残片。

铁炉村土墩墓

铁炉村土墩墓位于丹徒区高资镇铁炉村西北约150米处。墩高约4.5米，底径约28米。

夏侯土墩墓

夏侯土墩墓位于丹徒区谷阳镇东湖行政村夏侯自然村东约150米处，地处低丘岗脊。墩高约3.5米，底径约30米。地面可见纹饰为回纹、折线纹组合的印纹硬陶残片。

打雁山土墩墓

打雁山土墩墓位于丹阳市埤城镇门楼行政村打雁山自然村。共有两座封土墩，地处低丘岗脊南端，南北排列，两墩间距约30米。南墩高约5米，底径约30米；北墩高约4米，底径约28米。南墩墩体地表面有近代墓葬。北墩顶部有坑3处，坑深约2米，应为近代墓迁移挖痕。

彭家土墩墓

彭家土墩墓位于丹阳市埤城镇门楼村彭家自然村，共有封土墩3座，地处低丘岗脊。中间的一座墓，墩周海拔约41米，墩高2~3米，西高东低，底径约14米，墩体已毁于现代建房用地，现仅存三分之一；北面的一座，墩周地面高约49米，墩高约8米，墩底径约40米，因村道路修建、取土，现仅存一半，从取土剖面地层发现，土层上半部有草木灰痕迹；南面的一座，墩周地面高约41米，呈圆形，墩高约2.5米，墩底径约为14米。

北湾土墩墓

北湾土墩墓位于丹阳市埤城镇门楼行政村北湾自然村东北约30米处。有封土墩两座，地处低丘岗地，呈东西向排列。西墩体高约4米，墩底径约27.5米。东墩体高约2.5米，墩底径约25米，墩周地面海拔高约39米，两墩间距约5米。

蛇湾里土墩墓

蛇湾里土墩墓位于丹阳市埤城镇张巷行政村蛇湾里自然村村道右侧20米处。墩高约6米，底径约47米。墩顶部有国土测量局标志板两块。

双墩马家土墩墓

双墩马家土墩墓位于丹阳市埤城镇胡桥双墩马家村东北约200米处，共有两座封土墩，村以墩名。该土墩墓地处低丘岗脊南部，南北排列。两墩间距8米，两墩底径约40米，高约5米。周围栽种着松树，两墩占地面积约5024平方米。

西巨土墩墓

西巨土墩墓位于丹阳市埤城镇西巨村西南约400米处。该土墩墓原为双墩，现仅存一墩，地处土山次高处。墩周地面海拔高约 30 米，墩体高约 3 米，墩体底径约 10 米。

雀梅墩土墩墓

雀梅墩土墩墓位于丹阳市埤城镇西丰行政村雀梅墩自然村北约 350 米处，地处低丘岗顶。墩周地面海拔高 21.395 米。墩体高约 4 米，底径约 30 米，墩呈圆体形状，总面积约 1963 平方米。

烂石山土墩墓

烂石山土墩墓位于丹阳市埤城镇西风村烂石山自然村西约 300 米处，地处低丘岗顶，海拔高 33 米。墩高 1.5 ~2 米，底径 25 ~30 米。该土墩墓地表上现有多处现代墓葬。

经考古资料显示，该地区的土墩墓与丹阳市北邻的丹徒、大港地区大量分布的商周台形遗址有密切的关联，对研究宁镇地区商周的历史文化、丧葬习俗有较高的价值。

石头王家土墩墓

石头王家土墩墓位于丹阳市埤城镇西风村石头王家自然村东北约 450 米处，地处岗地前沿，海拔高 12 米。墩高约 2 米，底径约 30 米。现墩体保存完整，表面为农民种植的庄稼。

荒坟墩土墩墓

荒坟墩土墩墓位于丹阳市珥陵镇祥里行政村乌土墩自然村东南约 500 米处。该土墩墓地处平原田间，墩体呈方形，高出土面 0.8 米，南北长约 27 米，东西宽约 22 米，地表面未发现遗物。该墩应该与正南方 650 米外新发现的周代葛城遗址有着密切的关联，对研究周代社会形态、丧葬习俗有较高的价值。

草塘墩土墩墓

草塘墩土墩墓位于丹阳市珥陵镇祥里行政村乌土墩自然村东南约 600 米处。该土墩墓地处平原田间，呈不规则长方形，墩体南北长约 30 米，东西宽约 21 米。

香干塘土墩墓

香干塘土墩墓位于丹阳市珥陵镇祥里行政村乌土墩自然村约 500 米处。墩体呈圆形，墩高约 2.5 米，墩底径约 18 米。三面环水，北面为乌土墩村。土层中可采集到红烧土块。

大塘双墩土墩墓

大塘双墩土墩墓位于丹阳市珥陵镇乌土墩自然村南。两墩呈东北—西南向排列，相距约 100 米，中间隔一水塘。东北墩三面环水，高度约 2.5 米，最长处约 46 米，最宽处约 15 米；西南墩位于田间高度约 2.5 米、长约 25 米的正方形中。有近现代坟墓葬，西南墩东高渐西低。

长生果土墩墓

长生果土墩墓位于丹阳市珥陵镇祥里行政村乌土墩自然村东南角处。墩体显长条形，南北长约 56 米，东西宽约 12 米，高出地面约 1 米。

松墩土墩墓

松墩土墩墓位于丹阳市珥陵镇祥里行政村乌土墩自然村正东处。墩体呈长方形，墩体高约 2 米，底径约 28 米。现地面有近现代墓葬，地表现为农田。

乌土墩土墩墓

乌土墩土墩墓位于丹阳市珥陵镇祥里行政村乌土墩自然村中，村以墩名。墩体呈长方形，墩西长约 25 米，南北宽约 12 米，高出地面约 2 米。

庙帝塘土墩墓

庙帝塘土墩墓位于丹阳市珥陵镇祥里行政村张家棚自然村西侧约 50 米处，地处平原田间。

墩体高约2.5米，底径约17米。顶部为平顶，四面环水。

汪家庄土墩墓

汪家庄土墩墓位于丹阳市珥陵镇珥城行政村汪家庄自然村东南角，地处平原。遗址呈椭圆形，高出地面约3米，底径约5米，面积约1000平方米。地面有近现代墓葬，地表现为小竹林。

刘家山土墩墓

刘家山土墩墓位于丹阳市珥陵镇珥城行政村慈母山自然村东南角，地处平原田间。墩呈椭圆形，墩体高出地面约2.5米，底径约36米。北面有近现代墓葬。

高头土墩墓

高头土墩墓位于丹阳市珥陵镇中仙行政村太子庙高头村东南。2005年，珥陵镇农田平整土地时地下墓葬被毁，发现陶瓷器残片。后由镇江博物馆考古队进行抢救性发掘，出土器物有石器、玉器、青铜器、陶瓷器等。现遗址高出地面约3米，底径约50米。地面可采集到红陶陶片、鬲足、鼎足，纹饰有网格纹、方格纹、几何印纹等。

窑山墩土墩墓

窑山墩土墩墓位于丹阳市珥陵镇联城行政村慈母山村东，地处平原田间。墩呈圆形，高出地面约4米，底径约50米。地面有近现代墓葬，南边有一条水沟。

大山土墩墓

大山土墩墓位于丹阳市珥陵镇珥城行政村汪家庄村西北处，距村约300米。墩体高约3米，墩底径约25米。现在养猪场院墙内。

笆斗山土墩墓

笆斗山土墩墓位于丹阳市珥陵镇珥城行政村慈母山自然村正东约1000米处，地处平原田间。墩体高出地面约3米，底径约35米，平顶。地表现种桑树。

德木桥土墩墓

德木桥土墩墓位于丹阳市珥陵镇联城行政村德木桥村西北处，距德木桥村2米。该墓地处平原田间，墩体高出土地约3.5米，墩底径约58米。地面有近现代墓葬，偶见硬陶片，无纹饰。

乌龟山土墩墓

乌龟山土墩墓位于丹阳市珥陵镇珥城行政村慈母山自然村东北约600米处，地处平原田间。墩体高出地面约2米，底径约15米，四周为农田。地面可采集到硬陶片，无纹饰。

德兴山土墩墓

德兴山土墩墓位于丹阳市珥陵镇大溪里村东南角处，地处平原田间。该墓高出地面3.5米，底径约50米。地面有近现代墓葬。

鸡笼山土墩墓

鸡笼山土墩墓位于丹阳市珥陵镇珥城行政村小山自然村西，又名小山墩，村以墩名，地处平原田间。封土墩呈圆形，高出地面约6米，底径约35米。

戴瓜土墩墓

戴瓜土墩墓位于丹阳市珥陵镇珥城行政村小山自然村西南处，距小山村约300米，地处平原田间。墩体高出地面约2.5米，底径约30米，墩体北高南渐低下。地面为近现代墓葬。

鸡毛墩土墩墓

鸡毛墩土墩墓位于丹阳市珥陵镇黄埝行政村蒋村自然村东约500米处，地处平原田间。墩呈圆形，墩体高约 5 米，底径约 25 米。东面为大水塘，三面为农田，墩体较大。

陈家双墩土墩墓

陈家双墩土墩墓位于丹阳市珥陵镇黄埝行政村蒋村自然村西北约 150 米处，地处平原田间，南北排列。南墩小，北墩大，两墩间距约 35 米。双墩体高约 1.5 米，底径约 50 米。2000 年修田间道路时北墩被隔成两块，路宽约 2 米，西边墩大，东边墩较小。

史家山土墩墓

史家山土墩墓位于丹阳市珥陵镇黄埝行政村蒋村自然村正南约 50 米处，地处平原田间。墩体较大，呈圆形，高出地面约 7 米，底径约 60 米。地面有近现代墓葬。

白茅土墩墓

白茅土墩墓位于丹阳市珥陵镇黄埝行政村蒋村自然村东南方向约 1200 米处，地处平原田间。墩体较大，高约 2 米，底径约 55 米。地面有近现代墓葬。

七亩墩土墩墓

七亩墩土墩墓位于丹阳市珥陵镇黄埝行政村蒋村自然村东南角约 1000 米处，地处平原田间。墩呈圆形，平顶，高出地面约 3 米，底径约 35 米。地表种植农作物。

南窑土墩墓

南窑土墩墓位于丹阳市珥陵镇黄埝行政村北窑自然村西约 300 米处，地处平原田间。墩高出地面约 2 米，底径约 25 米，墩北面高，南面渐低，北面为水塘。地面为近现代墓葬。

施家村土墩墓

施家村土墩墓位于丹阳市后巷镇其林行政村施家自然村北约 200 米处，地处低丘岗地。墩体高约 2 米，底径约 18 米。

其林村土墩墓

其林村土墩墓位于丹阳市后巷镇其林行政村西，地处低丘岗地。墩体呈方形，墩体高约 3 米，墩底径约 25 米，东面为鱼塘，其他三面为农田。地表面偶见陶片及明清瓷片。

戎梅马村土墩墓

戎梅马村土墩墓位于丹阳市后巷镇嘉山行政村戎梅马自然村，地处低丘岗地。墩体呈圆形，高约 8 米，底径约 36 米。地表现种植农作物。

畚箕斗土墩墓

畚箕斗土墩墓位于丹阳市后巷镇嘉山行政村畚箕斗自然村，地处低丘岗地。墩体呈圆形，墩体高约 1.8 米，底径约 16 米。地表现生长着农作物，东面有一水塘，其他三面为农田。

后彭土墩墓

后彭土墩墓位于丹阳市云阳镇前艾行政村后彭自然村东北，地处平原田间。该墓东面为农宴河，北面为 5 米宽的水沟，南、西面为农田。墩体高约 3 米，底径约 15 米，村民称灯笼墩。

岗头山土墩墓

岗头山土墩墓位于丹阳市云阳镇永兴行政村岗头自然村南。墩体呈圆形，高约 1 米，底径约 15 米。墩四周为近现代墓葬，地表现为桑树地。

塘东土墩墓

塘东土墩墓位于丹阳市云阳镇颜巷行政村塘东自然村西，地处低丘岗地。墩体呈圆形，高约 1.5 米，底径约 36 米。西面为小塘，地表现为桑田及竹林。

周塘土墩墓

周塘土墩墓位于丹阳市陵口镇居庄行政村周塘自然村南，地处平原田间。该墓呈方形，墩南北长32米，东西宽30米，高出地面约2米。西面为鱼塘，东、南、北为农田，地表现为农作物。

扫箕墩土墩墓

扫箕墩土墩墓位于丹阳市吕城镇运河中心行政村郭家自然村，地处平原地带。墩呈圆形，高约0.5米，底径约30米。墩体四面环水，高出地表不太明显。由于近年来村民在地面种植农作物，对其表面进行过平整，墩体高度有所下降。

刘蒋土墩墓

刘蒋土墩墓位于丹阳市访仙镇刘蒋行政村蒋家自然村南池塘中，四面环水。墩体呈椭圆形，高出地面约2.5米，底径约20米。原墩体较高，土壤流失严重，村民对该墩用水泥砖围砌，保存较好。

晓丽桥土墩墓

晓丽桥土墩墓位于丹阳市访仙镇竹丽行政村晓丽桥自然村西水塘中，四面环水。墩体呈圆形，高约1.5米，底径约8米。现地表生长着杂树。

窑林磨盘墩土墩墓

窑林磨盘墩土墩墓位于丹阳市皇塘镇大南庄行政村窑林自然村，地处平原田间，东南角环水。墩体呈圆形，高约1米，底径约12米。原墩体较大。地面有近现代墓葬。

洪家村窑墩土墩墓

洪家村窑墩土墩墓位于丹阳市皇塘镇大南庄行政村洪家自然村西。墩南北长约38米，东西宽约25米，墩体高出地面约1米。原墩体四面环水，因村民种植农作物，北有土路通向墩体，地貌有所改变，东面有近代房屋。

东进塘双墩土墩墓

东进塘双墩土墩墓位于丹阳市皇塘镇大南庄行政村塘新里自然村西北。共有土墩两座，地处平原田间，四面环水，东西排列。东面墩体较小，呈圆形，底径约15米，略高出地面；西面墩体稍大，呈椭圆形，东西长约25米，南北长约15米。两墩间距约12米，均高约2米，地表生长着树木。

金边塘墩土墩墓

金边塘墩土墩墓位于丹阳市皇塘镇大庄行政村白家自然村西。共有土墩两座，地处平原田间，东南至西北向排列。东南墩体较大，墩呈椭圆形，底径约31米，高出地面约2米，四面环水，墩体上长满杂树；西北墩体稍小，在农田中，底径约10米，高出地面约1米，墩体上长满芦苇。两墩间距约80米，两墩体表面生长着树木。

大庄双墩土墩墓

大庄双墩土墩墓位于丹阳市皇塘镇大庄行政村朱家自然村，俗称“大小松墩”。共有两座土墩，地处平原田间，东南至西北排列。东南墩体呈圆柱形，底径约26米，高约3米；西北墩底径稍大些，底径约30米，高度约4米。两墩体间有水塘相隔，间距约50米，两墩体表面生长着树木。

大庄朱家土墩墓

大庄朱家土墩墓位于丹阳市皇塘镇大庄行政村朱家自然村西，地处平原田间。墩体原四面环水，现三面环水，西北角有近代建筑，其围墙建在墩体边缘。墩体底径约 33 米，高出地面约 2 米。地表生长着农作物及杂树。

黄泥塘土墩墓

黄泥塘土墩墓位于丹阳市皇塘镇大庄行政村，地处平原田间。墩体呈长方形，南北长 25 米，东西宽约 18 米，高约 2.5 米。东西为水塘，地表面生长着树木，有近现代墓葬。

大南庄上塘头土墩墓

大南庄上塘头土墩墓位于丹阳市皇塘镇大南庄行政村塘新里自然村，地处平原田间，四面环水。墩体底径约 27 米，高约 1.5 米。地表生长着树木。

黄茅岗土墩墓

黄茅岗土墩墓位于丹阳市皇塘镇大南庄行政村塘新里自然村北，地处平原田间，四面环水。墩体呈长方形，南北长约 38 米，东西宽约 16 米，高出地面约 1 米。原墩体较大，水土流失严重。

大南庄尖毛土墩墓

大南庄尖毛土墩墓位于丹阳市皇塘镇大南庄行政村塘新里自然村西面，地处平原田间。墩体呈圆形，三面环水，东、西面为农田。墩体底径约 25 米，高出地面约 2.5 米。

背褡沟土墩墓

背褡沟土墩墓位于丹阳市皇塘镇大南庄行政村塘新里自然村，地处平原田间，四面环水。墩体东西长约 60 米，南北宽约 30 米，高出地面约 50 厘米。地面生长着农作物，有近现代墓葬。

毕沟塘土墩墓

毕沟塘土墩墓位于丹阳市皇塘镇大南庄行政村常溧公路旁，地处平原田间，四面环水。墩体呈椭圆形，底径约 21 米，高出地面约 1 米。墩体表面生长着树木。

积善周家双墩土墩墓

积善周家双墩土墩墓位于丹阳市皇塘镇积善行政村周家自然村，地处平原田间。两墩间距约 110 米，呈东南至西北向排列。东南墩俗称“大四亩墩”，呈圆形，平顶，地表生长着树木及农作物，底径约 27 米，高出地面约 2 米；西北墩俗称“九水塘墩”，四面环水，底径约 23 米，高约 2 米，地表生长着树木。

积善窑墩土墩墓

积善窑墩土墩墓位于丹阳市皇塘镇积善行政村周家自然村，地处平原田间，东南面环水。墩体呈圆形，平顶，墩底径约 16 米，高出地面约 2 米。地表生长着农作物。原墩体稍大，因种植农作物导致土壤流失，墩体有所变动。

周家后背塘土墩墓

周家后背塘土墩墓位于丹阳市皇塘镇积善行政村周家自然村后，地处平原田间，三面环水。墩体呈圆形，平顶，墩底径约 17 米，高出地面约 3 米。地表生长着杂树。

周家四角头土墩墓

周家四角头土墩墓位于丹阳市皇塘镇积善行政村周家自然村正北约 100 米处，地处平原田间。共两座土墩，两墩间距约 8 米，东南至西北排列，西南环水。东南墩底径约 15 米，高出地面约 2.5 米；西北墩体底径约 14 米，高出地面约 1.5 米。地表生长着农作物。

周家村后土墩墓

周家村后土墩墓位于丹阳市皇塘镇积善行政村周家自然村，地处平原田间。墩体呈圆形，原墩体较大，村民取土，东面部分损毁。现存墩体底径约 19 米，高出地面约 1.5 米。地表生长着农作物。

中里墩土墩墓

中里墩土墩墓位于丹阳市皇塘镇南建行政村中里自然村，地处平原田间。墩体呈圆形，圆顶，南面环水，三面为农田。墩体较高，底径约 17 米，高出地面约 4 米。地表生长着树木，墩顶部有国土测绘局航标。墩体保存完好。

积善高家土墩墓

积善高家土墩墓位于丹阳市皇塘镇积善行政村高家自然村北，地处平原田间，东南面环水。墩体较大，呈圆形，圆顶，底径约 20 米，高出地面约 4 米。地表生长着杂树及农作物。

杨园里土墩墓

杨园里土墩墓位于丹阳市皇塘镇蒋墅行政村杨园里自然村西，四面环水。原墩体较大，由于村民种植农作物，水土流失严重，现墩体高度有所下降。现墩体呈圆形，底径约 35 米，高约 2 米，保存较好。

新屋里土墩墓

新屋里土墩墓位于丹阳市皇塘镇藤村行政村新屋里自然村东北，地处平原田间水塘中，四面环水。墩体底径约 19 米，高出地面约 2 米。地表生长着杂树。

后沙土墩墓

后沙土墩墓位于丹阳市皇塘镇皇塘行政村后沙自然村北 100 米处，俗称“盘香墩”。原四面环水，墩体较大。因修常溧公路，墩体被破坏。现存部分，南面环水，圆顶，底径约 17 米，高出地面约 4 米。地表生长着杂树。该墩只剩一小部分，但仍对丹阳东南部水网平原商周时期的历史文化、丧葬习俗研究具有较高的价值。

葫芦塘土墩墓

葫芦塘土墩墓位于丹阳市皇塘镇皇塘行政村何家庄自然村西北，四面环水。墩东西长 40 米，南北宽 20 米，高出地面约 2 米。地表生长着树木。

陈干塘土墩墓

陈干塘土墩墓位于丹阳市皇塘镇皇塘行政村陈干塘自然村北，地处平原田间，四面环水。地形东面高，西面渐低。墩体东西长 36 米，南北宽 15 米，高出地面约 1.5 米。地表生长着农作物，现保存较好。

陈干塘小土墩墓

陈干塘小土墩墓位于丹阳市皇塘镇皇塘行政村陈干塘自然村北何家庄西，四面环水。墩体呈圆形，底径约 8 米，高出地面约 1.5 米。地表生长着芦苇及杂树。

西前村土墩墓

西前村土墩墓位于丹阳市皇塘镇大庄行政村西前自然村，地处平原田间，四面环水。南北排列三墩，呈椭圆形。北面一墩，墩体较小，墩底径约 17 米，高出地面约 1.5 米；南面两墩，东西向排列。东侧墩墩体底径约 32 米，高约 1.5 米；西侧墩墩体底径约 32 米，高约 1.5 米。地表生长着杂树。

扬子墩土墩墓

扬子墩土墩墓位于丹阳市导墅镇留庄行政村湾塘里自然村西南，地处平原田间。墩体呈圆形，墩体底径约 21 米，高出地面约 1.5 米。地表生长着农作物。

符家巷土墩墓

符家巷土墩墓位于丹阳市导墅镇东郇行政村符家巷自然村东，四面环水。墩体南北长 20 米，东西宽 13 米，高出地面约 1.5 米。地表面生长着树木、竹林。

东郇孙家土墩墓

东郇孙家土墩墓位于丹阳市导墅镇东郇行政村孙家庄自然村，地处平原，四面环水。墩体呈圆形，底径约 6 米，高出地面约 0.5 米。

杨树塘土墩墓

杨树塘土墩墓位于丹阳市导墅镇东郇行政村杨树塘自然村，四面环水，村以墩为名。墩体底径约 23 米，高出地面约 1.2 米。地表生长着树木及竹林。

庄里墩土墩墓

庄里墩土墩墓位于丹阳市导墅镇东郇行政村庄里自然村，地处平原田间，四面环水。墩体呈长方形，墩南北长约 52 米，东西宽约 28 米，高出地面约 2 米。地表面生长着树木、竹林。

小华周家双墩土墩墓

小华周家双墩土墩墓位于丹阳市导墅镇小华行政村周家自然村，共两座土墩。两墩体呈方形，东侧墩墩体较大。两墩间距约 25 米，水面相隔，四面环水。东面墩体南北长约 32 米，东西宽约 28 米；西侧墩墩体南北长约 27 米，东西宽约 17 米。两墩高出地面约 1.5 米，地表生长着树木，有近现代墓葬。

小华韦家土墩墓

小华韦家土墩墓位于丹阳市导墅镇小华行政村韦家自然村，四面环水。墩体东西长约 15 米，南北宽约 7 米，略高出地面 1 米。地表生长着芦苇。

小华陈家土墩墓

小华陈家土墩墓位于丹阳市导墅镇小华行政村陈家自然村，地处平原田间，四面环水。墩体东西长约 62 米，南北宽约 25 米，高出地面约 1 米。

吕家巷土墩墓

吕家巷土墩墓位于丹阳市导墅镇大华行政村吕家巷自然村西，地处平原田间，四面环水。墩体呈椭圆形，南北长约 32 米，东西宽约 27 米，高出地面约 1.5 米。地表生长着农作物及杂树，有近现代墓葬。

岳墓村土墩墓

岳墓村土墩墓位于丹阳市导墅镇葛家行政村岳墓自然村东南角，地处平原田间，四面环水。墩体呈长方形，南北长约 36 米，东西宽约 17 米，高出地面约 1 米。地表生长着杂树。

牛角尖土墩墓

牛角尖土墩墓位于丹阳市导墅镇葩桥行政村牛角尖自然村西南角，地处平原田间，南面环水。墩体呈圆形，底径约 21 米，高出地面约 2.5 米。地表生长着农作物，有近现代墓葬。

牛角尖和尚墩土墩墓

牛角尖和尚墩土墩墓位于丹阳市导墅镇葩桥行政村牛角尖自然村，地处平原田间，四面环水。墩体呈长方形，东西长约 21 米，南北宽约 15 米，高出地面约 2 米。地表生长着竹林和树木。

匡村土墩墓

匡村土墩墓位于丹阳市导墅镇后庄行政村匡村自然村，地处平原田间，四面环水。共有两座土墩，两墩呈圆形。南墩底径约 21 米，北墩底径约 20 米，高均约 3 米。地表生长着树木。

环塘土墩墓

环塘土墩墓位于丹阳市导墅镇后庄行政村匡村自然村东北处，地处平原田间，四面环水。原墩体较高，由于村民种植农作物，导致水土流失，墩体变小。现墩体底径约 21 米，高出地面约 2 米。地表生长着农作物。

匡村四亩土墩墓

匡村四亩土墩墓位于丹阳市导墅镇后庄行政村匡村自然村东北角，地处平原田间，四面环水。墩体呈椭圆形，南北长约 32 米，东西宽约 20 米，高出地面约 1 米。地表生长着芦苇。

长沟宋墩土墩墓

长沟宋墩土墩墓位于丹阳市导墅镇后庄行政村长沟自然村，地处平原田间，四面环水。墩体北高南低，南北长约 56 米，东西宽约 21 米，高出地面约 2 米。地表生长着树木。

西庄长沟土墩墓

西庄长沟土墩墓位于丹阳市导墅镇留庄行政村西庄自然村西，地处平原田间，西北面环水。墩体呈圆形，圆顶，底径约 28 米，高出地面约 3 米。地表生长着农作物，有近现代墓葬。

西庄上御土墩墓

西庄上御土墩墓位于丹阳市导墅镇留庄行政村西庄自然村西南方向，地处平原田间，呈圆形。原墩体较大，由于村民种植，导致水土流失，现墩体底径约 25 米，高出地面约 3 米，北面高，南面渐低下。地表面生长着树木及农作物，有近现代墓葬。

留庄蒋家土墩墓

留庄蒋家土墩墓位于丹阳市导墅镇留庄行政村蒋家自然村，地处平原田间。墩体呈椭圆形，平顶，东西长约 25 米，南北宽约 18 米，高出地面约 3 米。地表生长着农作物。原墩体较大，因种植导致土壤流失，现墩体稍小。

西下琴土墩墓

西下琴土墩墓位于丹阳市导墅镇下琴行政村西下琴自然村，四面环水。墩体呈椭圆形，南北长约 32 米，东西宽约 24 米，高出地面约 2.5 米。地表生长着杂树林。

东新袁家土墩墓

东新袁家土墩墓位于丹阳市导墅镇里庄东新行政村袁家自然村，地处平原田间，四面环水。墩体呈方形，东西长约 42 米，南北宽约 34 米，高出地面约 1.5 米。地表生长着农作物及树木。原墩体较大，由于村民种植，导致水土流失，现墩体稍小。

邢甲土墩墓

邢甲土墩墓位于丹阳市延陵镇柳茹行政村邢甲自然村东北角，地处平原田间，东面环水，三面为农田，村民俗称“麻雀墩”。墩体呈圆形，圆顶，底径约 28 米，高出地面约 8 米。表面生长着杂树。

庵墩土墩墓

庵墩土墩墓位于丹阳市延陵镇麦溪安联行政村寺墩自然村东南，地处平原田间。墩体呈圆形，平顶，墩底径约 60 米，高出地面约 6 米。东南处为水塘，地表种植农作物。

青墩土墩墓

青墩土墩墓位于丹阳市延陵镇麦溪安联行政村前青墩自然村东北，地处平原田间，东北面环水。墩体圆顶，底径约 30 米，高出地面约 5 米。原墩稍大，村民种植杂树，导致墩南面遭破坏部分。

秧瓜墩土墩墓

秧瓜墩土墩墓位于丹阳市延陵镇麦溪安联行政村后青墩村东北角，地处平原田间。墩东西长约 35 米，南北宽约 20 米，高出地面约 2. 5 米。地表生长着农作物，有近现代墓葬。

宾城尖角土墩墓

宾城尖角土墩墓位于丹阳市延陵镇麦溪宾村行政村宾村自然村北，地处平原田间，四面环水。墩体东西长约 60 米，南北宽约 15 米，高出地面约 1. 5 米。地表生长着树木。

皇庄上岗土墩墓

皇庄上岗土墩墓位于丹阳市延陵镇麦溪皇庄行政村上岗自然村东北，地处平原田间，南临水塘。墩体东西长约 25 米，南北宽约 18 米，高出地面约 1. 5 米。原墩体较大，现墩体略小。地表生长着农作物。

快庄大山土墩墓

快庄大山土墩墓位于丹阳市延陵镇麦溪快庄行政村快庄自然村东南约 200 米处，地处平原田间，东面为一水塘。墩体呈圆形，圆顶，底径约 55 米，高出地面约 3. 5 米。地表生长着农作物和树木，有近代墓葬。

大安墩土墩墓

大安墩土墩墓位于丹阳市延陵镇麦溪行政村朱家甸自然村东约 400 米处，地处平原田间，东面环水。墩体较大，呈圆形，圆顶，底径约 38 米，高出地面约 6 米。地表生长着农作物。

水月庵土墩墓

水月庵土墩墓位于丹阳市司徒镇张寺行政村后张寺自然村东南角，三面环水。墩体圆形，底径约 35 米，高出地面约 3 米。地表生长着树木，墩中心处有一近代恢复的水月庵。

尤区土墩墓

尤区土墩墓位于丹阳市司徒镇毛甲行政村尤区自然村西北。墩体呈椭圆形，底径约 30 米，高出地面约 3 米。土墩西南有水塘，地表生长着树木及农作物，有近现代墓葬。

河西南土墩墓

河西南土墩墓位于丹阳市司徒镇河西行政村河西自然村东南方向。原墩体较大，底径约 15 米，高出地面约 5 米。因修建村道路遭损毁，现仅存三分之一。地表生长着树木。

河西北土墩墓

河西北土墩墓位于丹阳市司徒镇河西行政村河西自然村西北约 200 米处。墩东西两面有水塘，平顶。墩体底径约 30 米，高出地面约 3 米。地表生长着树木及农作物，有近现代墓葬。

牛皮墩土墩墓

牛皮墩土墩墓位于丹阳市司徒镇镇北行政村后东自然村西北，地处平原田间，墩体南、北环水。墩体东低西高，底径约50米，高出地面4～5米。地表生长着高竹林，有近现代墓葬。

双眼墩土墩墓

双眼墩土墩墓位于丹阳市司徒镇丁庄行政村后丁庄自然村东北角，地处平原田间，墩体东北至西南排列。两墩间距约25米，圆顶，呈馒头状，西南墩体稍大一些。两墩底径约20米，西南墩体高约6米，东北墩高约4米。地表生长着农作物，有近现代墓葬。

大帝庙土墩墓

大帝庙土墩墓位于丹阳市司徒镇前岗行政村下前自然村东，地处丘陵岗地。共有两座土墩，东西排列，间距约55米，均呈椭圆形。东面墩体较大，底径约40米，高处地面约3米；西面墩体高出地面约2.5米，底径约35米。地表有农作物生长，有近现代墓葬。

秦角墩土墩墓

秦角墩土墩墓位于丹阳市司徒镇北大行政村甸头自然村西北，地处低丘岗地。墩底径约28米，高出地表约6米。地表生长着农作物。该土墩墓原有两墩，因行政村修建村级道路，故东北面的墩遭破坏。

大吴塘土墩墓

大吴塘土墩墓位于丹阳市司徒镇北大行政村蒋塔自然村东南，地处平原田间。墩体较大，呈馒头状，圆顶。墩体底径约35米，高出地面约5米。地表生长着树木，墩南面有现代墓葬。

张干墩土墩墓

张干墩土墩墓位于丹阳市司徒镇银光行政村张干自然村东。墩底径约25米，高出地面约4米。据村民介绍，原墩体较大，由于村民修建住房，导致墩西南面大部分损毁。

打雁山小墩

打雁山小墩位于丹阳市埤城镇门楼行政村打雁山自然村，地处低丘岗脊南端。墩体高约4米，墩底径约24米。墩周地面海拔高约46米，墩四周为茶场。地表有近代墓葬。

上路土墩墓

上路土墩墓位于句容市开发区上路村东约100米处，地处低丘岗脊。墩高约3米，底径约20米。地面可采集到印纹硬陶坛、罐、瓿及原始瓷碗的残片。

石狮沟土墩墓

石狮沟土墩墓位于句容市开发区石狮沟村东北约200米处，地处低丘岗脊南端。墩高约5米，底径约25米。原地面曾发现夹砂红陶鼎足、泥质灰黑陶及印纹硬陶的残片。

唐家土墩墓群

唐家土墩墓群位于句容市开发区石狮唐家村，地处低丘岗地。共有4座封土墩。其中，1座位于村西；另一组2座位于村东；还有1座位于村南。墩高3～4米，底径20～25米。地面曾采集到硬纹硬陶残片。

坞塘土墩墓群

坞塘土墩墓群位于句容市开发区石狮唐家坞塘村。原有2座土墩墓，经普查新发现2座，现共有4座。封土墩地处低丘岗背。一组2座位于村东北，另一组位于村东南。地面可见印纹硬陶罐、坛的残片。纹饰有席纹、叶脉纹、折线纹等。

后巷土墩墓群

后巷土墩墓群位于句容市开发区石狮后巷村南约150米处。共有2座土墩墓。墩体地处低丘岗脊南端，呈东西排列。墩距 2～3 米，底径 15～20 米。

戎岗头土墩墓

戎岗头土墩墓位于句容市开发区石狮戎岗头村。原有 3 座封土墩，因农业开发现仅存 1 座，封土墩位于村西北，地处低丘岗顶。墩高约 3 米，底径约 20 米。

山里黄土墩墓群

山里黄土墩墓群位于句容市开发区石狮山里黄村，地处低丘岗背。墩高约 2.5 米，底径 14～20 米。

吴家土墩墓

吴家土墩墓位于句容市开发区赤岗行政村吴家自然村东北约 100 米处，地处低丘岗坡，墩高约 2.2 米，面积约 337 平方米。地面曾采集到原始瓷、印纹硬陶、夹砂红陶、泥质灰陶残片。

南巷土墩墓群

南巷土墩墓群位于句容市黄梅街道南巷村东 200 米处。现仅存两座封土墩。其中，一墩俗称大人墩，地处岗脊南端，规模宏大，高 8 米，面积 2451 平方米；二号墩俗称小人墩，地处岗脊南端墩高 2.9 米，面积 718 平方米。

前塘土墩墓

前塘土墩墓位于句容市黄梅街道前塘村西约 500 米处。原有 2 座封土墩，现仅存 1 处，地处低丘岗地，俗称小青木墩。墩高 2.9 米，面积约 320 平方米。消失的封土墩俗称大青木墩。

张幕土墩墓

张幕土墩墓位于句容市黄梅街道张幕村东南约 350 米处。共有两座封土墩，俗称大三幕墩和小三幕墩。现大三幕墩保存较好，高 4.3 米。小三幕墩被村民改建为土窑。

上丁庄土墩墓群

上丁庄土墩墓群位于句容市黄梅街道上丁庄村东及村北。共有 4 座封土墩。其中，村东一座为一号墩，地处低丘岗脊，墩周地面海拔 51 米，墩高 2.1 米，面积 170 平方米；村北两座，地处岗脊南端，呈南北排列，偏北一座因农业开垦现已消失，偏南一座为二号墩，墩周地面海拔 58.5 米，墩高 4.3 米，面积为 360 平方米；村南一座为三号墩，地处岗冲前沿平地，墩周地面海拔 41 米，墩高 1.5 米，面积约 96 平方米。

下岗头土墩墓

下岗头土墩墓位于句容市黄梅街道大卓下岗头村北约 150 米处，地处低丘岗脊。墩周地面海拔约 46.2 米，墩高约 4.8 米，面积约 306 平方米。

沟西土墩墓

沟西土墩墓位于句容市黄梅街道大卓丁村沟西村北偏西约 300 米处，地处低丘岗脊南端。墩的规模较大，墩周地面海拔约 38.4 米，墩高约 14.4 米，面积约 2594 平方米。

棚场土墩墓群

棚场土墩墓群位于句容市黄梅街道南巷棚场村。墓群地处宁镇山脉的仙人桥山（海拔 205 米）南麓，共有 3 座封土墩。其中一座位于村西南，编为一号墩，墩周海拔 76.9 米，墩高 3.7 米，面积 272 平方米；另一组两座，位于村东北，南北排列，偏南一座因农业生产已消失，偏北一座为二号墩，墩周海拔 86.2 米，墩高约 3.6 米，面积约 242 平方米。

西社土墩墓群

西社土墩墓群位于句容市黄梅街道西社村西南约300米处。墓群地处九华山南麓，共有5座封土墩。其中，位于村北偏东的一座已消失。位于村西南的4座也仅存2座，分别为一号墩和二号墩。一号墩，墩周地面海拔92.4米，墩高约2.6米，面积约160平方米。二号墩，墩周地面海拔高83.6米，墩高约2.9米，面积约150平方米。

陈巷土墩墓群

陈巷土墩墓群位于句容市黄梅街道陈巷村西南约60米处，地处山地岗坡。共有两座封土墩。一号墩，墩周地面海拔73.4米，墩高约2.7米，面积约113平方米。二号墩，地面海拔76.8米，墩高约2.8米，面积约133平方米。

王家边土墩墓

王家边土墩墓位于句容市黄梅街道王家边村东北约250米处。墩的规模较大，墩周地面海拔63米，墩高7.8米，面积约2200平方米。

前段巷土墩墓群

前段巷土墩墓群位于句容市华阳街道吴岗前段巷村西10米处。原有两座封土墩。一号土墩墓位于村西，地处山冈前沿，墩的规模较大，高约4.3米，面积约484平方米。二号墩因村民取土而损毁消失。

庙后土墩墓群

庙后土墩墓群位于句容市华阳街道吴岗村庙后东南200米处。共两座，地处岗脊东端，南北排列。墩距约30米。墩高分别约2.5米和约1.7米，面积分别为289平方米和209平方米。

北相土墩墓

北相土墩墓位于句容市华阳街道北相村西南约100米处，地处低丘岗脊北端。墩高约2.1米，面积约947平方米。

老合土墩墓

老合土墩墓位于句容市华阳街道西岗老合村南约200米处，地处低丘岗脊。墩的规模较大，高约4.9米，面积1020平方米。

练城土墩墓

练城土墩墓位于句容市华阳街道吴岗练城村北5米处，地处岗坡。墩高5.1米，面积125平方米。

经家土墩墓群

经家土墩墓群位于句容市华阳街道赵塘经家村东北约500米处。共有7座封土墩，其中村西及村西北的5座墓因农业生产及建厂房导致消失。现仅剩村东北的一组两座，地处低丘岗脊，呈南北排列。偏南一座较大为一号墩，墩周地面海拔33.5米，墩高约8.1米，面积约1120平方米。偏北一座略小为二号墩，墩周地面海拔36.4米，墩高约3.4米，面积约460平方米。

小东岗土墩墓群

小东岗土墩墓群位于句容市华阳街道铃塘小东岗村周边，地处低丘岗顶。共有5座土墩墓，俗称五个墩子。其中，南侧一组2座，北侧一组3座，位于村东南，呈东西向一字排列。偏西的一座较大，高约6.5米。地面有印纹硬陶残片。

沈岗头土墩墓群

沈岗头土墩墓群位于句容市华阳街道石狮沈岗头村南约100米处，地处低丘岗坡。原资料登记有 1 座封土墩，经普查新发现 2 座，共 3 座。墩高约 3 米，面积约 283 平方米。

罗家土墩墓

罗家土墩墓位于句容市华阳街道里巷口罗家村北约 100 米处，俗称罗家墩，墩以村名。地处低丘岗顶，顶部设有航测标志，顶拔高程 29. 8 米。墩的规模较大，高约 8. 8 米，底径 35 米。其旁可采集到印纹硬陶、泥质灰陶及原始瓷残片。

吴庄土墩墓群

吴庄土墩墓群位于句容市华阳街道施家边吴庄村东南约 400 米处，地处岗地前沿，北倚南塘水面。共有 2 座封土墩。两墩呈南北排列，墩距约 50 米。偏南 1 座，墩高约 3 米，底径约 20 米。偏北 1 座略小，墩高约 1. 7 米，底径约 15 米。地面偶见夹砂红陶鼎足、鬲足，泥质灰黑陶及印纹硬陶豆残片。

张家庄土墩墓

张家庄土墩墓位于句容市华阳街道吉里张家庄村西约 50 米处，地处低丘岗坡。墩的规模较大，高约 7 米，底径约 40 米。

汤家边土墩墓

汤家边土墩墓位于句容市华阳街道杨家边汤家边村东南约 300 米处，地处低丘岗坡，墩周地面海拔高约 40 米。墩的规模较大，高约 7 米，底径约 40 米。

杜巷土墩墓

杜巷土墩墓位于句容市华阳街道石狮周岱杜巷村东南约 600 米处，地处岗地前沿。墩高约 3 米，底径约 16 米。

赵塘头土墩墓

赵塘头土墩墓位于句容市华阳街道赵塘头村北 200 米处，地处低丘岗坡。墩高约 6 米，面积约 254 平方米。

五渚坊土墩墓群

五渚坊土墩墓群位于句容市郭庄镇葛村五渚坊村西北 250 ~ 500 米处。墓群地处赤山湖南岸平原，共有 5 座封土墩，现因修郭茅路消失 1 座，其余 4 座封土墩旁均有水塘。一号墩，墩周地面海拔 14. 6 米，面积约 450 平方米。二号墩，墩周地面海拔 13. 9 米，面积约 123 平方米。三号墩，墩周地面海拔 12. 8 米，面积约 152. 5 米。四号墩，墩周地面海拔 14. 5 米，面积约 129 平方米。

大蒋家土墩墓群

大蒋家土墩墓群位于句容市郭庄镇葛村虬北大蒋家边村东北 300 ~ 1100 米处，共有 10 座封土墩。墓群地处低丘岗背，呈东北—西南方向分布。现已消失 8 座封土墩，仅存 2 座封土墩，位于村东 1000 米处。一号墩，墩周地面海拔 26. 6 米，面积约 70 平方米。二号墩，墩周地面海拔 29. 7 米，面积约 96 平方米。

埝北土墩墓

埝北土墩墓位于句容市郭庄镇葛村埝北村西南约 400 米处，俗称亭子墩，地处低丘岗脊。墩周地面海拔 28. 6 米，面积约 324 平方米。

小陡门土墩墓

小陡门土墩墓位于句容市郭庄镇双陡小陡门村南约 300 米处，地处平原田间。共有 2 座封土墩，现仅存 1 座，墩高约 1 米，面积约 144 平方米。地面偶见夹砂红陶鼎足、鬲足，以及泥质灰黑陶及印纹硬陶残片。

蔡郎头土墩墓

蔡郎头土墩墓位于句容市郭庄镇郭庄蔡郎头村东北约200米处，地处岗地前沿。墩高约2.7米，面积约304.5平方米。

郑家庄土墩墓

郑家庄土墩墓位于句容市郭庄镇端王村郑家庄北约500米处，地处低丘岗脊。原有4座封土墩，其中一组3座位于村北，呈南北向排列；另一组位于村东。现仅存1座，墩高2.8米，面积545平方米。地面可采集到印纹硬陶罐、坛、瓿的残片，纹饰有折线纹、方格纹、回纹等。

东岗窑上土墩墓

东岗窑上土墩墓位于句容市郭庄镇东岗窑上村东北200~350米处，地处平原田间。共有2座封土墩，现仅存1座，墩高约3.6米，面积约314平方米。

小开太土墩墓

小开太土墩墓位于句容市郭庄镇甲山小开村东约50米处，地处岗脊。墩高3.2米，面积约383平方米。

黄立墅土墩墓

黄立墅土墩墓位于句容市郭庄镇黄南黄立墅村东南约200米处，地处岗地前沿。墩高约1.6米，面积约780平方米。

前邱家边土墩墓群

前邱家边土墩墓群位于句容市郭庄镇金星前邱家边村，地处岗地前沿。一号墩位于村西南300米，墩高1.3米，面积144平方米。二号墩位于村北100米，墩高4.1米，面积约200平方米。三号墩位于村东500米，墩高5.3米，面积约254平方米。

芦亭土墩墓群

芦亭土墩墓群位于句容市郭庄镇芦亭村周边，地处前岗地前沿。原有1座土墩墓，经普查新发现1处，因此现共有2座。1座位于芦亭村南300米，列为一号墩，墩高4.2米，面积约254平方米。另1座位于村西北80米处，列为二号墩，墩高2.4米，面积约113平方米。

坛培土墩墓群

坛培土墩墓群位于句容市郭庄镇葛村东岗坛培村东南约150米处。地处低丘岗背。共有7座封土墩。其中，1座位于村东南150米，保存完整，列为一号墩，墩周地面海拔17.6米，墩高6.7米，面积约2700平方米。其余6座封土墩因建土窑及农业生产被毁消失。

方溪土墩墓

方溪土墩墓位于句容市郭庄镇葛村方溪村约500米处，地处岗地前沿。墩高4.7米，面积约254平方米。

王夏土墩墓

王夏土墩墓位于句容市郭庄镇王夏王家边村北500米，俗称青墩上，地处岗地前沿，墩周地面海拔高约10米。墩的规模较大，墩高约3.7米，底径约30米。

凤塘土墩墓

凤塘土墩墓位于句容市白兔镇安头凤塘村东北约600米处，俗称纪家墩，地处低丘岗坡。墩的规模较大，高约12米，面积约1385平方米。

官庄土墩墓

官庄土墩墓位于句容市白兔镇官庄村南约800米处，俗称赵门墩，地处低丘岗顶脊南端。墩的规模较大，墩高约8.4米，底径约46米，面积约1661平方米。

孟墓土墩墓

孟墓土墩墓位于句容市白兔镇妙干孟墓村北约500米处，地处低丘岗脊。墩高约5米，底径约20.6米，面积约333平方米。

孟庄土墩墓

孟庄土墩墓位于句容市白兔镇孟庄村西南约400米处，地处岗冲平地，南有小河。墩高约4.7米，底径约28米，面积约615平方米。

徐墓土墩墓

徐墓土墩墓位于句容市白兔镇徐墓村东约10米处，地处岗地前沿。因村民取土，故墩高仅2.2米，面积仅存约154平方米。

北窑土墩墓

北窑土墩墓位于句容市白兔镇行香北窑村东约800米处，俗称喇叭墩，地处低丘岗沿。墩高约1.8米，面积约92平方米。

岗头上村土墩墓

岗头上村土墩墓位于句容市白兔镇行香何家村岗头上村东约150米处，地处低丘岗坡。墩高约1.1米，面积约42平方米。

高庙茶场土墩墓

高庙茶场土墩墓位于句容市白兔镇行香高庙村茶场南约700米处的句春路西。原有4座封土墩，现因扩建茶场，仅存1座不完整的土墩，编为一号墩。现墩高1.3米，面积约227平方米。

前马里土墩墓

前马里土墩墓位于句容市白兔镇行香前马里村南约350米处，地处低丘岗坡。墩高约3.2米，底径约20米。

柘培头土墩墓群

柘培头土墩墓群位于句容市白兔镇行香龙山柘培头村，地处低丘岗坡。共有5座封土墩。其中1座俗称柘培头墩，因墩上长有柘树故名，位于村西南约200米处。墩高约6.5米，底径约18米。另一组4座，位于村东南约300米处，呈南北向排列。墩距30～40米，底径10～21米。

中谢培土墩墓群

中谢培土墩墓群位于句容市白兔镇行香邹巷中谢培村。共有2座封土墩。其中，1座俗称马马墩，位于村内偏西北端，地处低丘岗脊；墩高约3.7米，底径约14米。另一座俗称黄萝卜墩，位于村东，地处土岗前沿；墩高约1.7米，底径约12米。

何家土墩墓群

何家土墩墓群位于句容市白兔镇行香何家村东北约200米处，地处低丘岗坡。原共有6座封土墩，现仅存2座，位于村东北200米左右，隔河对立。一号墩高4.7米，面积约314平方米。二号墩高5.3米，面积约450平方米。

岗子土墩墓

岗子土墩墓位于句容市白兔镇行香朱古隍岗子村西北角约20米处，地处低丘岗顶。墩的规模较大，高约 7.5 米，底径约 19 米。

小村上土墩墓

小村上土墩墓位于句容市白兔镇行香何家小村上村北约 10 米处。墩的规模较大，高约 7 米，底径约 35 米，面积约 962 平方米。

任家边土墩墓群

任家边土墩墓群位于句容市后白镇任家边村西南约 150 米处，地处低丘岗脊北端。共有 2 座土墩墓。一号墩，高约 4.5 米，底径约 26 米，地面采集到印纹硬陶的残片。二号墩，在村的中间，高约 4.5 米，底部有三分之一被取土破坏，地面有红陶片。

后白墅土墩墓群

后白墅土墩墓群位于句容市后白镇后白墅村西北 200 ~ 700 米处，地处低丘岗背，呈东西分布。原有 14 座封土墩，现因农业生产破坏仅存 9 座。墩高 2.5 ~ 5 米。底径 15 ~ 30 米。现场采集到夹砂陶片。

长里岗土墩墓群

长里岗土墩墓群位于句容市后白镇二圣长里岗窑上村。原登记有 15 座土墩墓，经普查新发现 2 座，现共有 17 座。村西一组 7 座，呈南北一字形排列。村东南一组 8 座，呈东西向分布。村东一组 2 座，呈南北排列。墩高 2.5 ~ 6 米，底径 15 ~ 30 米。地面曾收集到印纹硬陶罐、坛，原始瓷碗、豆。

吴家棚土墩墓群

吴家棚土墩墓群位于句容市后白镇二圣任家边吴家棚村，地处低丘岗背。该处原有 7 座土墩墓，现仅存 2 座。村东一组 5 座，呈南北向分布。由于该处农业开发种植白杨树及道路修建，已有 4 座遭到破坏，剩余 1 座，高约 2.5 米，底径约 19 米。另一组 2 座，位于村南，呈南北排列，现存 1 座，高约 3.5 米，底径约 22 米。另 1 座被村里平整用作晒谷场。

杨三里土墩墓群

杨三里土墩墓群位于句容市后白镇林梅杨三里村北约 50 米处，地处低丘岗坡。共有 2 座土墩墓。墩高约 3 米，底径 15 ~ 21 米。

林东土墩墓群

林东土墩墓群位于句容市后白镇二圣林梅东村东 100 ~ 150 米处，地处低丘岗背。共有 2 座土墩墓，呈南北排列。墩高 2.5 ~ 3 米，底径 15 ~ 25 米。

董家棚子土墩墓群

董家棚子土墩墓群位于句容市后白镇长里岗董家棚村。原共有 13 座土墩墓，因农业生产导致现仅存 11 座。其中，一组 4 座，位于村西，地处低丘岗背，略呈弧形排列，墩高 2.5 ~ 4 米，底径 6 ~ 22 米；一组 2 座位于村中南部，呈南北排列，墩高 2.5 ~ 3 米，底径 14 ~ 21 米；另一组 5 座，位于村东南，地处低丘顶脊，略呈南北一字形排列，墩高 2.5 米 ~ 4 米，底径 16 ~ 20 米。

赵家高坪土墩墓群

赵家高坪土墩墓群位于句容市后白镇高坪赵家高坪村东 100 ~ 450 米处，地处低丘岗脊。原共有 8 座土墩墓，因农业生产导致现仅存 4 座，呈东西向一字排列。墩高 2.5 ~ 3.5 米，底径 18 ~ 30 米。

包家高坪土墩墓群

包家高坪土墩墓群位于句容市后白镇高坪包家高坪村北约 300 米处。原有 11 座封土墩，现因农业生产仅存6座，地处低丘岗背。1号墩残缺。2号墩有窑洞。5号、6号墩被平整取土。墩高2~3.5米，底径15~23米。地面曾采集到印纹硬陶罐、原始瓷残片等。

南神扶土墩墓群

南神扶土墩墓群位于句容市后白镇胜府南神扶村。原有17座土墩墓，因农业生产导致现仅存10座。其中一组4座，位于村西北，地处低丘岗坡，略呈南北向排列，墩高2~3米，底径18~30米；另一组位于村南侧，地处低丘岗坡西侧，呈东西向一字排列。墩高2.5~4米，底径18~26米。7、8、9、10号墩都有明显的盗洞。

戴家边土墩墓

戴家边土墩墓位于句容市后白镇古村戴家边村东南。墩高约2.5米，底径约18米。

水南土墩墓群

水南土墩墓群位于句容市后白镇二圣水南村西南。原资料登记有4座封土墩，经普查新发现1座，现共5座。墓群地处二圣桥水库南岸半岛形低丘。其中，一组位于村北，高约2米，底径约15米；另一组位于村西南，呈南北向排列。墩高2~3米，底径15~18米。

袁家棚子土墩墓群

袁家棚子土墩墓群位于句容市后白镇李家桥袁家棚子村北50~450米处。原有9座封土墩，因农业生产导致现仅存3座。封土墩地处低丘岗坡的村庄边，呈南北向分布。墩高2~3.5米，底径18~25米。

下禹庙土墩墓群

下禹庙土墩墓群位于句容市后白镇西北部的下禹庙村东边200~300米处，地处低丘岗背。原有4座封土墩，现因农业开垦，仅存2座，呈东西向分布。西边的1座高约3.8米，底径18~22米。东边的1座高约3.2米，底径约25米。

赵家棚村土墩墓群

赵家棚村土墩墓群位于句容市后白镇赵家棚村东北300~800米处，地处低丘岗背，呈南北向分布。原记录有18座封土墩，因农业生产导致现仅存11座。1—3号墩，属小型，高约4米。4—5号墩，顶部因被种植经济树林有过推土夹带的痕迹，封土墩已不明显。6—7号墩，较大，高5~7米，底径25~30米。8—11号墩，属中型，高4~5米，底径20~25米，地表种植着竹林。

许家土墩墓群

许家土墩墓群位于句容市后白镇许家村，地处低丘岗背。共有11座封土墩。墩高2~5米，底径10~17米。

后湖土墩墓群

后湖土墩墓群位于句容市后白镇古村后湖村西南200~600米处。原资料登记有17座封土墩，因农业开垦现存16座，地处低丘岗背，呈东西向分布。墩多小型，高1.5~2.5米，底径12~20米。其间，亦有4座稍大，高3.5~4.5米，底径22~30米。

金家棚子土墩墓群

金家棚子土墩墓群位于句容市后白镇古村金家棚子村。原资料登记有41座封土墩，因农业开垦现仅存26座，地处低丘岗背。一组位于村东，呈南北向分布；另一组6座位于村西北，呈南北向散点式分布。墩多小型。唯偏南居中一座稍大，高约5米，底径约33米。

王庄土墩墓群

王庄土墩墓群位于句容市后白镇茅西王庄村东南300~600米处。原资料登记有20座封土墩，因农业开垦仅存11座，地处低丘岗背，呈西北—东南方向分布。其中多为小型土墩，高2~4米，底径15~20米。

赵家塘土墩墓

赵家塘土墩墓位于句容市后白镇茅西西冯赵家塘村。原资料登记有8座封土墩，因农业生产现仅存1座，地处低丘岗背。墩高约4米，底径约17米。

曹家土墩墓

曹家土墩墓位于句容市后白镇二圣奇干曹家村东北约100米处，地处低丘岗背。墩的规模较大，高约5米，底径约30米。

东神扶土墩墓

东神扶土墩墓位于句容市后白镇胜府东神扶村东北100~400米处。原资料登记有3座封土墩，因农业开垦现仅存1座，地处低丘岗坡前沿。墩高约2.7米，底径约21米。

葛代巷土墩墓群

葛代巷土墩墓群位于句容市后白镇延福葛代巷村北300~900米处。原资料登记有7座封土墩，因农业生产导致消失1座，现仅存6座，地处低丘岗背，呈南北向分布。墩高2~4米，底径15~30米。

甘林土墩墓群

甘林土墩墓群位于句容市后白镇东湾甘林村东南约50米处，地处低丘岗坡前沿。共有3座封土墩，呈东西向一字形排列。墩高2~4米，底径17~21米。

古村土墩墓群

古村土墩墓群位于句容市后白镇古村西南300~600米处，地处低丘岗坡。共有4座封土墩，呈东西分布。墩高2.5~3.5米，底径16~25米。

泗庄土墩墓

泗庄土墩墓位于句容市后白镇三岔泗庄村西北约100米处，地处岗地前沿。墩高约3米，面积约254平方米。

下朱岗土墩墓群

下朱岗土墩墓群位于句容市后白镇茅西孔村下朱岗村东南约350米处，地处低丘岗沿，共有2座封土墩，南北排列。墩高3~4米，底径25~30米。

滕村土墩墓

滕村土墩墓位于句容市后白镇二圣滕村北约450米处，地处低丘岗背。原有两座封土墩，因农业开垦消失1座，现仅存1座位于村北。墩高约2.8米，面积约346平方米。

岗子村土墩墓

岗子村土墩墓位于句容市后白镇三岔五星岗子村北约600米处，地处岗地前沿。墩周地面海拔高约13米。墩高约2.5米，面积约200平方米。周边全是旱地作物。

后王庄土墩墓

后王庄土墩墓位于句容市后白镇茅西王庄后王庄村东北约300米处，地处岗沿平地。墩周地面海拔高约16米。墩的规模较大，高约7.5米，底径约38米。

阴桥头土墩墓

阴桥头土墩墓位于句容市后白镇二圣大圩阴桥头村东约100米处，地处二圣桥水库西岗低丘岗背。墩高约3米，面积约427平方米。

淤乡土墩墓群

淤乡土墩墓群位于句容市后白镇二圣水北淤乡村，地处二圣桥水库西岸低丘岗背。共有4座封土墩。其中一组2座，统称九龙塘墩，分列于九龙塘东西两侧，位于村东北；墩高3~4米，底径20~25米。1座俗称岗背墩，位于村南水库岸边。墩高约3.5米，底径约20米。另1座俗称高山上墩，位于村南水库岸边；墩高约3.5米，底径约22米。

山头土墩墓群

山头土墩墓群位于句容市后白镇茅西孔村山头村东北约100米处，地处土岗顶脊。原有1座土墩墓，经普查新发现3座，现共计4座。墩高3~5米，底径18~30米。

孔村土墩墓群

孔村土墩墓群位于句容市后白镇茅西孔村，地处低丘岗背。共4座土封土墩，呈东西一字形排列。墩的规模一般，墩高约3米，底径约18米。

小杜家土墩墓

小杜家土墩墓位于句容市后白镇三岔小杜家村，地处低丘岗地前沿。墩高约3.5米，底径约15米。

杂粮土墩墓群

杂粮土墩墓群位于句容市后白镇二圣杂粮村周边，地处低丘岗背。墩高2~3米，底径15~20米。唯有7号墩稍大，墩高约5米，底径27米。地面曾采集到印纹硬陶罐的残片。

高塘背土墩墓群

高塘背土墩墓群分布于句容市后白镇高塘背村周围及高塘背村级公路附近。原有22座封土墩，因农业生产导致现仅存9座，地处低丘岗背。墩高1.5~8米，底径10~20米。封土墩有的杂草丛生，有几座已被开垦成梯状农田，封土墩普遍因农业生产而残缺。个别封土墩有盗洞。

侧佃岗土墩墓群

侧佃岗土墩墓群位于句容市后白镇侧佃岗村。原有15座封土墩，现因农业生产消失2座，仅存13座。封土墩地处岗坡北侧，略呈南北向分布。墩高1.8~4.2米，底径10~25.4米。个别封土墩因离窑厂较近，被取土，残缺严重，其余封土墩也因农业生产破坏而残缺。

李盖土墩墓

李盖土墩墓位于句容市后白镇李盖村南200米处。原有8座封土墩，现因农业生产导致仅存1座。墩高约3.6米，底径约16米。

鹅毛岗土墩墓群

鹅毛岗土墩墓群位于句容市后白镇鹅毛岗村。原有17座封土墩，现因农业生产导致仅存11座，分别分布于村南及村西，地处低丘岗背。墩高1.8~4米，底径12~22米。2011年8月104国道拓宽，发掘了两座墓葬。

劳家土墩墓群

劳家土墩墓群位于句容市后白镇劳家村东北50米处。原有17座封土墩，因农业生产导致现仅存两座，地处低丘岗背。墩高3.2~4.8米，底径约15米。

老鸦岗土墩墓群

老鸦岗土墩墓群位于句容市后白镇老鸦岗村西北。原有21座封土墩，现因农业生产仅存8座，地处土丘岗脊。墩高1.5～3米，底径12～19米。

陈家棚土墩墓群

陈家棚土墩墓群位于句容市茅山镇蔡门陈家棚村。原有5座土墩墓，经普查新发现6处土墩墓，现共有11座。1座位于村南，地处低丘岗脊北端，墩高约4米，底径约23米。另1组5座位于村东，还有5座位于村北，墩高3～5米，底径18～27米。

七亩塘土墩墓群

七亩塘土墩墓群位于句容市茅山镇蔡门七亩塘村南150～850米处，地处向北延伸的土岗脊背。原有7座土墩墓，经普查新发现5处土墩墓，现共有12座，呈南北向分布。墩高2～4.5米，底径18～30米。

蔡门土墩墓群

蔡门土墩墓群位于句容市茅山镇蔡门村。原有6座土墩墓，经普查新发现2处土墩墓，现共有8座。一组3座，地处村西端低丘岗脊，呈鼎足形分布，墩高约3米，底径20～25米。另一组5座，位于村东南，墩高4～5米，底径20～30米。

丁庄土墩墓群

丁庄土墩墓群位于句容市茅山镇春城丁庄村南约300米处，地处低丘岗坡，原有3座土墩墓，因农业开垦现仅存2座，呈东西排列。墩高约3.5米，底径16～21米。

火龙地土墩墓群

火龙地土墩墓群位于句容市茅山镇涧西火龙地村东南300～400米处，地处岗丘前沿。原有3座土墩墓，因农业开垦现仅存1座。墩高约4米，底径约21米。

孟家棚土墩墓群

孟家棚土墩墓群位于句容市茅山镇春城崔庄孟家棚村北250～700米处。原有10座封土墩，现仅存1座。墩高约4米，面积约254平方米。地面曾采集到原始瓷、夹砂红陶等残片。

前陵土墩墓群

前陵土墩墓群位于句容市茅山镇前陵陈家棚村北200～600米，地处低丘岗坡。共有7座封土墩，呈散点式片状分布。其中，5座墩的规模较小，另外2座较大，保存较好。

西村土墩墓

西村土墩墓位于句容市茅山镇春城西村南约400米处，地处低丘岗沿。墩的规模较大，高约8米，面积约615平方米。

山培头土墩墓群

山培头土墩墓群位于句容市茅山镇春城城盖山培头村。共有4座封土墩。一组3座，统称山培头，村以墩名，位于村西北，地处低丘岗脊，呈南北向排列，墩高约3米。另1座位于村西南，地处岗丘前沿，墩高约3米，底径20米。4号封土墩上有盗洞而且封土仅存一半。

东余土墩墓群

东余土墩墓群位于句容市茅山镇春城何庄东余村东约100米处。原有1座封土墩，经普查新发现2座，现共有3座，地处低丘岗脊。原发现的土墩墓规模较大，高约7米，面积约530平方米。新发现的2座封土墩规模一般，高约3米。

南头山土墩墓群

南头山土墩墓群位于句容市茅山镇春城曹庄南头山村东约200米处，地处岗丘前沿。原有1座土墩墓，经普查新发现2座，现共有3座。墩高约2.5米，面积约254平方米。

傅家榨土墩墓群

傅家榨土墩墓群位于句容市茅山镇春城敬德行政村傅家榨自然村，地处二圣水库南岸低丘岗背。原来有3座封土墩，经普查新发现1座，现共有4座。其中1座位于村东，规模较大，墩高8米。另一组3座，位于村西北，呈南北向排列，墩高3~4米。

景家土墩墓

景家土墩墓位于句容市茅山镇春城长城景家村北约500米处，地处低丘岗背。原有2座封土墩，因农业生产损毁1座，现仅存1座。墩高约6米，底径约24米。

芦杆土墩墓群

芦杆土墩墓群位于句容市茅山镇春城芦杆村西南约250米处，地处低丘岗背。共有2座封土墩，东西排列。墩高2.5~3米，底径约19米。

龙岗土墩墓群

龙岗土墩墓群位于句容市茅山镇长城龙岗村。共有5座封土墩。一组3座，位于村西南，地处低丘岗顶，呈直线分布；墩周地面海拔约40米，个别封土墩墩高现已降至0.8米。另两座墩高2.8~7米。另1座封土墩位于上述3墩南侧，地处岗脊南端，墩高约1米，底径约23米。

乌头土墩墓群

乌头土墩墓群位于句容市茅山镇春城芦杆乌头村，地处低丘岗背。共有13座封土墩。一组6座，位于村西南，呈西北向东南条状分布，墩高2.5~4米，底径18~28米。另一组7座，位于村东南，略呈南北向分布。墩高2~3米，底径15~20米。唯偏南端1座较大，高约6米，底径约35米。

凌家庄土墩墓群

凌家庄土墩墓群位于句容市茅山镇丁家边凌家村北100~300米处，地处低丘岗背。共有4座封土墩，略呈南北向一字形排列。墩高2.9~4米，底径17~28米。

杨家棚土墩墓群

杨家棚土墩墓群位于句容市茅山镇春城百培山杨家棚村，地处百培山翼低丘岗坡之间。原资料登记有117座封土墩，现存75座。墩的规模以小中型为主。墩高2~4米，底径12~25米。

河西土墩墓群

河西土墩墓群位于句容市茅山镇墓东河西村，地处低丘岗脊。原有3座土墩墓，经普查新发现3处土墩墓，现共有6座。其中，2座位于村西，1座位于村南，另3座位于村西南。墩高2.5~5米,底径18~30米。

另培土墩墓群

另培土墩墓群位于句容市茅山镇南塘庄另培村西，地处低丘岗坡。共有4座土墩墓。墩高2~3.5米，底径15~20米。

太子碑土墩墓群

太子碑土墩墓群位于句容市茅山管委会天乐太子碑村西北200~300米处。原有2座土墩墓，经普查新发现1座土墩墓，现共有3座土墩墓，地处低丘岗脊南北两端。墩高4~5米，底径约26米。

后河土墩墓群

后河土墩墓群位于句容市茅山管委会后河村西100~500米处。原有12座封土墩，经普查新发现3座，现共有15座，地处低丘岗背，略呈东西向分布。墩多小型，高1.5~2.5米，底径12~20米。也有3座较大，墩高6米，底径30~35米。地面可见印纹硬陶罐、坛、瓿的残片，纹饰有席纹、叶脉纹、折线纹等。

施家棚土墩墓群

施家棚土墩墓群位于句容市茅山管委会玉晨施家棚村，地处低丘岗脊。原有3座封土墩，经普查新发现1座，现共有4座。墩高约3米，底径18~20米。

杨家山土墩墓群

杨家山土墩墓群位于句容市茅山管委会后河杨家山村南，地处低丘岗背。原有22座封土墩，因农业生产导致现仅存13座，呈南北分布。墩高1.8~2.5米，底径13~20米。

西太阳土墩墓群

西太阳土墩墓群位于句容市茅山管委会西太阳村东约400米处，地处低丘岗背。原有6座封土墩，因农业生产导致现仅存5座，呈东西向分布。墩高3~4.5米，底径约18米。

火炼培土墩墓群

火炼培土墩墓群位于句容市茅山管委会街道火炼培村约400米处，共有2座封土墩。墓群地处低丘岗坡，北临茅山水库，呈东西排列。墩高4~5米，底径25~30米。地面偶见印纹硬陶等残片。

东冲土墩墓群

东冲土墩墓群位于句容市茅山管委会道后河东冲村南。原有19座土墩墓，经普查新发现3座，现共有21座，地处低丘岗背，略呈东西向分布。墩多型小，墩高1.8~2.5米，底径13~20米。亦有3座稍大，高4~5米，底径20~30米。地面可采集到原始瓷豆、碗，以及印纹硬陶罐的残片。

裴家土墩墓

裴家土墩墓位于句容市茅山管委会乐裴家村，地处向南延伸的土岗背，南临茅山水库。原有2座封土墩，因农业生产导致损毁1座，现仅存1座。墩的规模较大，高约6米，底径约32米。

张家边土墩墓群

张家边土墩墓位于句容市茅山管委会成村张家边村南100~300米处，地处低丘岗坡，呈东西向一字排列。共有6座封土墩。墩高2~4米，底径15~25米。

陶家棚土墩墓群

陶家棚土墩墓群位于句容市茅山管委会华兴陶家棚村。共有8座封土墩。一组4座，位于村西北，地处低丘岗背，略呈菱形四角分布，墩高2~4米，底径5~25米。另一组4座，位于村西南，呈东西一字形排列，墩高2.5~4米，底径16~25米。

茅陈庄土墩墓群

茅陈庄土墩墓群位于句容市茅山管委会茅陈村后茅陈庄附近。原有48座封土墩，因农业开垦，现存46座。一组30座，位于后茅陈的东北，俗称梅花墩，其中有7座属中型，高3~4米，底径20~30米。另一组16座，位于村南，呈南北向分布。墩多为小型，亦有3座土墩较大，高3.5~5米，底径20~30米。地面曾采集到印纹硬陶罐、原始瓷等残片。

石马山土墩墓群

石马山土墩墓群位于句容市茅山管委会成村行政村石马山自然村南 10～600 米处，地处低丘岗坡。原资料登记有 50 座封土墩，现因农业生产导致仅存 18 座，在略呈椭圆形的区域内东西分布。其中 15 座墩规模稍大，墩高 3～5 米，底径 20～25 米。

五墟土墩墓

五墟土墩墓位于句容市茅山管委会五墟村西南约 300 米处，地处低丘岗背，呈东西排列。共有 2 座封土墩。墩高约 5 米，底径 15～18 米。

成村土墩墓

成村土墩墓位于句容市茅山管委会成村东北 10～250 米处，地处低丘岗背南端。原资料登记有 3 座封土墩，现仅存两座，呈鼎足形分布。墩高 3～4 米，底径 20～22 米。

东太阳土墩墓

东太阳土墩墓位于句容市茅山管委会东太阳村，地处低丘岗背。墩的规模较大，面积约 572 平方米。

猪场土墩墓

猪场土墩墓位于句容市茅山管委会下袁猪场村，地处低丘岗背。共 2 座封土墩，呈东西排列。墩的规模一般，墩高约 2.5 米，底径约 18 米。

后潘土墩墓群

后潘土墩墓群位于句容市茅山管委会后潘村，地处低丘岗坡。共有 3 座封土墩。墩高约 5 米，底径约 28 米。

青龙土墩墓群

青龙土墩墓群位于句容市茅山管委会天乐青龙村南 100～400 米处。原有 5 座土墩墓，经普查新发现 6 处土墩墓，现共有 11 座土墩墓，地处南北向低丘岗脊，南北一字排列。墩高 3～6 米，底径 18～30 米。

周公塘土墩墓群

周公塘土墩墓群位于句容市茅山管委会夏林周公塘村东南约 100 米处，地处低丘岗脊。共有 7 座封土墩，呈南北向分布。墩高 2～4 米，底径 15～28 米。地面曾采集到印纹硬陶等残片。

余家棚土墩墓

余家棚土墩墓位于句容市茅山管委会茅陈余家棚村南约 150 米处，地处低丘岗脊。原共有 27 座封土墩，现因农业开垦仅存 1 座。墩高约 5 米，底径约 18 米。

西前潘土墩墓群

西前潘土墩墓群位于句容市茅山管委会天乐西前潘村南约 200 米处，地处土丘岗坡。共有 4 座土墩，略呈矩形分布。墩高 2～3.5 米，底径 13～20 米。

石巷土墩墓

石巷土墩墓位于句容市茅山管委会石巷村东北约 300 米处，地处低丘岗脊。封土墩高 3.8 米，占地面积约 452 平方米。其旁曾采集到几何纹硬陶碎片。

田冲土墩墓群

田冲土墩墓群位于句容市天王镇新华田冲村附近。地处小浮山（海拔 111 米）西麓延伸的低丘岗背。土岗呈东北—西南走向，田冲村居中。原有 62 座封土墩。其中，一组位于村南，有 33

座封土墩，现仅存3座，呈南北方向分布，分别编号为1、2、3号墩，墩高1~2.5米，底径8.5~12米。另一组位于村东北，有29座，现也仅存1座，编号为4号墩，墩高约2.3米，底径约18米。地面曾采集到印纹硬陶残片。

大路口土墩墓群

大路口土墩墓群位于句容市天王镇新华大路口村南800米左右，地处低丘岗背。原有26座封土墩，现仅存6座，沿水库南岸呈东西向分布。墩较矮，因长期遭农业生产破坏，外观已不明显。墩高1~4.4米，底径10~18米。地面曾采集到印纹硬陶残片及夹砂红陶鼎足。

李家棚子土墩墓群

李家棚子土墩墓群位于句容市天王镇农林李家棚子村东约250米处，地处小浮山西北坡。原共有4座封土墩，呈东西向一字排列，现因农业生产仅存2座。墩高1.6~4.9米，底径7~22米。地面可采集到印纹硬陶罐残片。

潘家边土墩墓群

潘家边土墩墓群位于句容市天王镇农林潘家边村东。原有10座封土墩。其中，位于村西的3座和村北的2座，因修宁杭高速消失。现仅存村北的5座，地处土岗西坡，呈东北—西南方向分布。墩高2~3.5米，底径16~22米。地面可采集到印纹硬陶罐，夹砂陶鼎、鬲，泥质灰陶残片。

寨花头土墩墓群

寨花头土墩墓群位于句容市天王镇农林寨花头村南约150米。共有2座封土墩，地处小浮山（海拔111米）西北坡。墩高1.5~1.7米，底径约10米。地面采集到印纹硬陶罐残片。

小朱庄土墩墓群

小朱庄土墩墓群位于句容市天王镇蒋家边小朱庄村西南约350米，地处低丘岗脊。原有4座封土墩，经普查新发现2座，现共有6处。墩高1.8~5米，底径12~16米。

姚头土墩墓群

姚头土墩墓群位于句容市天王镇红旗姚头村北150~500米处，地处低丘岗地。共有6座封土墩，呈南北向分布。墩高0.6~3.4米，底径10~17.4米。

三赵土墩墓群

三赵土墩墓群位于句容市天王镇三赵村南约300米处，地处低丘岗顶。共有2座封土墩，呈西北—东南排列。墩距约30米，墩高4.2~6.1米，底径16~22米。

赵巷土墩墓群

赵巷土墩墓群位于句容市天王镇赵巷村南约100米处，地处低丘岗坡。共有2座封土墩。墩高2.2~5.8米，底径14~22米。

山岗头土墩墓群

山岗头土墩墓群位于句容市天王镇潦塘山岗头村南约500米处。原有5座封土墩，现因农业生产导致仅存1座。墩高1.7米，底径约24米。

吴树土墩墓

吴树土墩墓位于句容市天王镇三赵吴树村西约250米处。墩高约3米，底径约13米。

甸岗土墩墓群

甸岗土墩墓群位于句容市天王镇农林甸岗村南约700米处，地处低丘岗脊。共有12座封土墩，现仅存 5 座。墩高 1 ~ 2 米，底径 11 ~ 14 米。

金山土墩墓群

金山土墩墓群位于句容市天王镇金山村东约 500 米处，地处浮山东坡。原共有 3 座封土墩，因农业开垦仅存 2 座。墩高 2 ~ 3.9 米，底径约 25 米。

栗西土墩墓群

栗西土墩墓群位于句容市天王镇红山栗西村西南约 350 米处。原有 3 座封土墩，因农业生产消失 1 座，现存 2 座，地处红山北延土岗顶脊，呈南北一字形排列。墩高约 3 米，底径 18 ~ 25 米。

庙岗土墩墓群

庙岗土墩墓群位于句容市天王镇袁巷庙岗村北约 500 米处，地处低丘岗坡。原有 2 座封土墩，因农业开垦导致现仅存 1 座。墩高约 2.7 米，底径约 24 米。

竹园土墩墓

竹园土墩墓位于句容市天王镇袁巷竹园孙家棚村约 500 米处，地处低丘岗坡。墩高约 3 米，底径约 14 米。

刘家棚子土墩墓群

刘家棚子土墩墓群位于句容市天王镇袁巷庙岗刘家棚子村东 500 米处，地处伟山北坡岗脊。共有 2 座封土墩，呈东西向排列。墩高约 2.5 米，底径 12 ~ 14 米。

闵家棚子土墩墓群

闵家棚子土墩墓群位于句容市天王镇袁巷南庄闵家棚子村西北 300 ~ 400 米处，地处低丘岗脊。共有 2 座封土墩，呈东西排列。墩高约 1.5 米，底径 8 ~ 18 米。

上杆土墩墓

上杆土墩墓位于句容市天王镇袁巷上杆村约 800 米处，地处丫髻山（海拔 410.6 米）西麓岗坡。墩四周地面海拔高约 90 米，墩高约 2 米，底径约 16 米。

许家塘土墩墓

许家塘土墩墓位于句容市天王镇许家塘村西约 50 米处，地处低丘岗坡。墩高约 5.7 米，底径约 15.2 米。

孙家棚土墩墓群

孙家棚土墩墓群位于句容市天王镇磨盘孙岗孙家棚村东约 50 米处，地处低丘岗坡。原有 2 座封土墩，现因农业生产仅存 1 座。墩高约 3 米，底径约 22 米。

庙冲土墩墓

庙冲土墩墓位于句容市天王镇袁巷南庄庙冲村东北约 50 米处，地处低丘岗坡。墩高约 2.2 米，底径约 20 米。

牛塘土墩墓群

牛塘土墩墓群位于句容市天王镇徐家桥牛塘村。原有 10 座封土墩，现因农业生产生活开垦，仅存 5 座，地处低丘岗脊。一组 4 座，位于村东 250 米处，呈东西向分布。另一组仅 1 座，位于牛塘村西北 100 米处。墩高 1.7 ~ 4.6 米，底径 10 ~ 26 米。

大五巷土墩墓群

大五巷土墩墓群位于句容市天王镇磨盘石巷大五巷村西南约 400 米处，地处低丘岗脊南端。

共有 4 座封土墩，呈南北向一字形排列。墩高 2. 8 ~ 4. 3 米，底径 14 ~ 19 米。

徐家边土墩墓群

徐家边土墩墓群位于句容市天王镇磨盘乡李塔徐家边村西南约 400 米处，地处低丘岗脊西端。共有 2 座封土墩，呈东西排列。墩高约 2. 5 米，底径约 18 米。

吴家边土墩墓群

吴家边土墩墓群位于句容市天王镇袁巷吴家边村东北约 500 米处，地处低丘岗脊。原有 2 座封土墩，现因农业开垦仅存 1 座。墩高约 2 米，底径约 16 米。

桂家棚土墩墓群

桂家棚土墩墓群位于句容市天王镇袁巷戴庄桂家棚村东约 500 米处。原有 3 座封土墩，现因农业开垦仅存 1 座。墩高约 3 米，底径 12 米。

前周土墩墓

前周土墩墓位于句容市天王镇袁巷青杆前周村西约 100 米处，地处低丘岗坡。墩高约 1 米，底径约 13 米。

东蚂蚁岗土墩墓

东蚂蚁岗土墩墓位于句容市天王镇磨盘白阳东蚂蚁岗村北约 300 米处，地处低丘岗沿。墩高约 3. 3 米，底径约 29 米。

王棚土墩墓群

王棚土墩墓群位于句容市天王镇磨盘俞巷王棚村北约 400 米处，地处低丘岗背。共有 3 座封土墩，呈鼎足形排列。墩高 3. 7 ~ 6. 4 米，底径 18 ~ 22 米。

涧北土墩墓

涧北土墩墓位于句容市天王镇涧北村东北约 400 米处，地处低丘岗顶。墩高约 4. 5 米，底径约 20 米。其旁曾采集到印纹硬陶、泥质灰陶及原始瓷残片。

鲁墓土墩墓群

鲁墓土墩墓群位于句容市天王镇涧北鲁墓村东约 50 米处，地处低丘岗脊。共有 3 座封土墩，呈南北向分布。墩高 1. 6 ~ 2. 9 米，底径 10 ~ 22 米。

小五西土墩墓群

小五西土墩墓群位于句容市天王镇磨盘石巷小五西村北约 400 米处，地处低丘岗坡。共有 2 座封土墩，呈东西排列。墩高 1. 8 ~ 4. 2 米，底径约 12 米。

北罗家棚土墩墓群

北罗家棚土墩墓群位于句容市天王镇涧北北罗家棚村东北约 50 米处。原有 9 座封土墩，现因农业生产导致仅存 7 座。一组 6 座，位于村东北及西北，地处低丘岗背，呈南北向分布。另一座位于村东南约 100 米处，地处岗地前沿，墩高 1. 8 ~ 4. 3 米，底径 10 ~ 28 米。

柳家边土墩墓群

柳家边土墩墓群位于句容市天王镇磨盘唐陵柳家边村南约 300 米处，地处低丘岗脊。原有 7 座封土墩，现因农业开垦仅存 2 座，呈东西向分布。墩高 1. 1 ~ 3 米，底径 17 ~ 18 米。

神村土墩墓群

神村土墩墓群位于句容市天王镇磨盘张巷神村东北约 400 米处，地处低丘岗脊两端。共有 2 座封土墩，呈东西排列。墩高约 4 米，面积约 616 平方米。

东王家棚土墩墓群

东王家棚土墩墓群位于句容市天王镇磨盘东王家棚村东约100米处，地处低丘岗背两端。原有1座封土墩，经普查新发现2座，现共有3座。

下余村土墩墓群

下余村土墩墓群位于句容市天王镇下余村西南约300米处，地处低丘岗背。共有2座封土墩，略呈鼎足形分布。居北一墩坐落在一商周台形遗址中心。墩高2~3米，底径15~20米。地面可见印纹硬陶罐的残片。

谷城土墩墓群

谷城土墩墓群位于句容市天王镇磨盘谷城村东北约200米处，地处低丘岗坡。共有10座封土墩，现仅存7座，位于村北，呈东向西分布。墩高1.5~3米，底径12~20米。地面曾采集到印纹硬陶罐残片，部分土墩有盗洞。

柏岗土墩墓群

柏岗土墩墓群位于句容市天王镇柏岗窑上村南约350米处，地处低丘岗脊。原有3座封土墩，现仅存2座，呈西北—东南方向一字排列。墩高3~5米，面积约455平方米。封土墩周边农田曾采集到印纹硬陶罐残片。

梅干土墩墓

梅干土墩墓位于句容市下蜀镇新村梅干村东南约300米处，地处低丘岗坡。墩的规模较大，高约4米，底径约19米。

蔡巷土墩墓

蔡巷土墩墓位于句容市下蜀镇新村蔡巷村东北约200米处，地处低丘岗顶。墩高约3.5米，底径约18米。

东道土墩墓

东道土墩墓位于句容市下蜀镇亭子空青东道村西南约200米处，地处山冲前沿台地。墩周地面海拔约44米，墩高约4.6米，底径约22米。

下亭子土墩墓群

下亭子土墩墓群位于句容市下蜀镇亭子湾山下亭子村。原有4座封土墩，因农业开垦现仅存2座。其中1座位于村西北约150米处，地处岗冲之间平地，墩高约3.2米，底径约22米。另1座位于村北约50米处，地处土丘岗脊，墩高约4.3米，底径约28米，墩顶建有一座已废弃的水塔。两墩之间相距约80米。

东谢土墩墓群

东谢土墩墓群位于句容市下蜀镇亭子东谢村西北约800米处，地处土丘岗脊。原有5座封土墩，现因农业开垦仅存4座。墩周地面海拔65~82米，墩高1.2~1.7米，底径13~21米。

西谢土墩墓

西谢土墩墓位于句容市下蜀镇亭子西谢村北约300米处，地处山冈坡地。墩周地面海拔约70米，墩高约2米，底径约10米。

江家土墩墓

江家土墩墓位于句容市下蜀镇山河江家村北约200米处，地处低丘岗背。原共有3座，现因农民建房仅存1座。墩高2~3米，面积约201平方米。

堰头土墩墓

堰头土墩墓位于句容市下蜀镇堰头村东南200米处，地处低丘岗地。封土墩高约4米，面积约707平方米。

背甸土墩墓

背甸土墩墓位于句容市边城镇东昌桥东背甸村东南200米处，地处土丘岗坡。墩高2米多，面积约200平方米。

涧西土墩墓群

涧西土墩墓群位于句容市边城镇陈武赵村行政村涧西自然村。共有6座封土墩，现仅存3座，地处低丘岗坡，规模一般。地面可采到原始瓷豆、碗，印纹硬陶坛等残片。

西孔村土墩墓

西孔村土墩墓位于句容市边城镇陈武赵村行政村西孔自然村西北约500米处，地处低丘岗背。墩高约2米，面积约176平方米。

乌培墩土墩墓

乌培墩土墩墓位于句容市边城镇东昌桥东乌培墩村南约400米处，俗称乌培墩（原名乌龟墩），村以墩名，地处低丘岗顶。墩周地面海拔约42米。墩高约4米，面积约706平方米。

戴村土墩墓

戴村土墩墓位于句容市边城镇陈武戴村东南约300米处。原有2座封土墩，现因农业开垦仅存1座，地处低丘岗坡。墩高约2米，面积约314平方米。

祝家边土墩墓

祝家边土墩墓位于句容市边城镇佴池祝家边村南约200米处，地处低丘岗背南端。墩高约2米，面积约226平方米。

贺庄土墩墓

贺庄土墩墓位于句容市边城镇陈武佴池贺庄村北约300米处，地处山丘南坡前沿。墩高约3.2米，面积约201平方米。

西姜盖土墩墓

西姜盖土墩墓位于句容市边城镇东昌姜盖村南约400米处，地处低丘岗背。墩高约3.4米，面积约314平方米。

王家宕土墩墓

王家宕土墩墓位于句容市宝华镇鲍亭村王家宕东20米处，地处低丘岗坡。墩高约3.3米，面积约320平方米。地面曾采集到原始瓷、印纹硬陶、夹砂红陶、泥质灰陶残片。

第二节　汉至六朝墓葬

荆王刘贾墓

荆王刘贾墓位于镇江市区青云门鼓楼岗鼓楼二村1号院内。墓坐东朝西，墓前竖碑，正中刻有“汉荆王之墓”，边刻“万历甲午季夏吉日立”。刘贾（？—前195），西汉诸侯王，高祖刘邦的堂兄，随刘邦屡建战功。汉六年（前201年）封荆王，王淮东五十二城。后因淮南王黥布反，为布军所杀。2012年，镇江市文物局对墓冢进行了修复，对周边环境进行了初步整治。

荆王刘贾墓1982年被公布为镇江市文物保护单位。

太史慈墓

太史慈墓位于镇江市区北固山中峰西南麓。墓高 1.7 米，直径约 3 米，建于长 6.7 米、宽 7.4 米的石平台上。墓前有高 1.43 米、宽 0.7 米的大理石碑，上刻“东莱太史慈之墓”。该墓曾湮没多年，清同治年间镇江修筑城墙时发现，并加以保护。现墓为 1985 年修建。太史慈（166—206），字子义，东莱黄县人。《三国志·太史慈传》有记述。《三国演义》第十五回“太史慈酣斗小霸王”描述其英勇善战。

太史慈墓 1982 年被公布为镇江市文物保护单位。

米芾墓

米芾墓位于镇江城南黄鹤山北麓。墓占地一亩余，从山脚到墓冢有台阶 60 级，分 4 段，约 60 米长。平台三座，在第二座平台上有石坊一座。石坊有四根石柱，其中两根淡黄色，上刻“抔土足千秋襄阳文史宣和笔，丛林才数武宋朝郎署米家山”；上方横额刻有“米芾墓”三个大字。墓前石碑刻当代书法家启功书写的碑文，中刻“宋礼部员外郎米芾元章之墓”，两边刻“1987 年春日重修”“曼殊后学启功敬题”。

米芾墓 1982 年被公布为镇江市文物保护单位。

高陵

高陵位于丹阳市司徒镇谭巷村大坟自然村北。高陵即东汉末孙坚墓，俗称“大坟”。封土墩底径约 120 米，高约 18 米。孙坚（155—191），字文台，祖籍吴郡富春。官至破虏将军、乌程侯，汉末割据群雄之一，三国东吴的奠基人。曾参与讨伐黄巾军、董卓的战役，后与刘表作战时战死襄阳岘山，归葬曲阿（今江苏丹阳）。其长子孙策继承并开拓了江东事业，次子孙权全面掌握江东后，于公元 229 年称帝，追谥孙坚为吴武烈皇帝。根据《三国志·吴书》《建康实录》《嘉庆重修一统志》等记载，孙坚归葬于曲阿吴陵港，谥号武烈，陵曰高陵。元《至顺镇江志》、清《乾隆镇江府志》、清《光绪丹阳县志》等均有记载。根据清《光绪丹阳县志》记载，高陵西南方 1500 米左右有白鹤山，传为孙坚父孙钟种瓜处。

高陵 1999 年被公布为镇江市文物保护单位。

七星堆古墓区

七星堆古墓区位于句容市洪武路和文昌路交会点的西南部，占地 30000 余平方米，属东吴至南朝的墓葬群。七星指日、月、金、木、水、火、土，墓按七星排列，有着浓厚的道教色彩，具有典型的句容古文化特色。现仅存 6 个封土墩。

吴《葛府君碑额》在此出土，现藏于南京博物院。该碑额高 117 厘米，宽 74 厘米，碑文三行，每行四字，正书，是孙吴时期留下的一块声名显赫的碑额，是中国迄今发现时代最早的用楷书写的碑，被尊为“楷书鼻祖”。它的发现解决了中国古代文学学、书法史上的一桩“公案”，证明晋代已经有了楷书，从而进一步证明了《兰亭序帖》存在的真实性。2011 年句容市完成了墓区保护和遗址公园建设。

七星堆古墓区 1999 年被公布为镇江市文物保护单位。

辛丰金家坟汉墓群

辛丰金家坟汉墓群在丹徒区辛丰镇黄泥村金家坟东北侧。墓外部封土高大，直径约 20 米，高 5 ~ 6 米。2003 年发掘墓葬 1 座，墓由前室、后室、过道、甬道、墓道和下水道等部分组成，砖砌下水道约 20 米。从外形上看，整个墓室呈两个四角攒尖穹隆顶状，这种形制和规模的汉墓在镇江地区属首次发现。墓内出土了青瓷双系罐、朱雀杯、灰陶钵和盏、石臼、五铢钱等文物 14 件，其中青瓷双系罐造型古朴、釉色光润，为早期青瓷中的成熟之作。金家坟汉墓对研究东汉末年南方尤其是镇江地区的墓葬形制和丧葬风俗有重要作用。

辛丰金家坟汉墓群2004年被公布为镇江市文物保护单位。2010年，又在黄泥村南侧发现汉代穹隆顶三室砖室墓葬一座。2014年，两处合称为辛丰金家坟汉墓群，并被公布为镇江市文物保护单位。

刘皇墓

刘皇墓位于京口区谏壁镇张家湾村东，东北为雩山，西距谏辛公路约300米。墓呈馒头状，平面呈圆形。底径约30米，高约3米。墩山及周边种植有玉米、蔬菜等农作物和树木。经考证为兴宁陵。

郭璞冠冢

郭璞冠冢位于镇江城西金山公园文化广场西。郭璞（276—324），字景纯，河东闻喜（今山西闻喜）人，东晋文学家、训诂学家，曾注释《尔雅》《穆天子传》《山海经》《楚辞》等。因反对王敦造反，被王敦杀害，葬于南京玄武湖环洲小丘上，后人称“郭仙墩”。此墓系其衣冠冢，由石块堆垒而成，周长15米，存高4.5米。明万历三十三年（1605年）巡按御史黄吉士为之立墓碑，上刻“晋赠弘农太守郭璞之墓”。现碑刻不存。

西山背汉墓

西山背汉墓位于丹徒区辛丰镇下方行政村西山背自然村东，又名老虎墩。面积约200平方米，封土存高1.5米，底径4.8米。1988年发掘2座墓，均为叠涩式顶石室墓，结构完好。一号墓面积约19平方米，高约2.52米，分前后室，有画像石门和石桌。二号墓面积约26平方米，高约3.4米，分前、中、后三室，出土“五铢”铜钱、砚台、双系罐等。两墓早年均被盗。

石羊蒋家族墓地

石羊蒋家族墓地位于丹阳市开发区石羊蒋村北侧，为一丘陵高岗地。墓地高出地表5米，北高南低，2007年9月因砖瓦厂取土致使40余座古墓葬遭破坏。经镇江博物馆考古队勘察，被破坏的古墓葬为东汉至六朝时期，有土坑墓和砖室墓。从被破坏的墓葬的遗存物来看，该墓葬群应具有较高的历史价值。

第三节　唐宋至明清墓葬

宗泽墓

宗泽墓位于镇江东郊京岘山北麓，当地人称宗泽山、宗家坟。墓坐南朝北，周长28.8米，高3.5米。墓前立石碑，上刻“宋宗忠简公讳泽之墓”。向北是长近百米、宽2.5米的墓道。墓道前有牌坊一座，两边石柱刻联语“大宋濒危撑一柱，英雄垂死尚三呼”，背面刻“颁表八百年前勋绩永昭明于日月，锡垂万千载后珠矶长炳耀乎乾坤”。宗泽（1060—1128），字汝霖，浙江义乌人。为官清正，历任县尉、县令、通判、知府等职，以廉洁著称，颇有声绩。宣和元年（1119年）任职南京，遭诬陷，被革职贬至镇江。靖康元年（1126年）金兵大举进犯，宗泽受命出任河北义兵总管，后升为副元帅，并率部连破金兵十三寨。建炎二年（1128年）六月宗泽统率大军渡过黄河，追击金兵，遭投降派拒绝，忧愤成疾，七月卒。其子与岳飞依据他生前的夙愿将其遗柩南运与夫人合葬于镇江京岘山。

宗泽墓1982年被公布为江苏省文物保护单位。

赵子褫墓

赵子褫墓位于镇江新区大港街道车碾口附近山丘上。墓地由墓冢、墓碑、牌坊、石阶等组成，占地约200平方米。石牌坊上刻“赵氏佳城”，牌坊之后有一方墓碑，中刻“大宋朝散大夫讳子褫字志南赵公墓”，右刻“元配戴氏夫人”，左刻“佳配仲氏夫人”，均楷体。赵子褫墓为大港赵氏之始祖墓。赵子褫，字志南，生于北宋元祐己巳年（1089 年），宋太祖次子燕王德昭六世孙，建炎三年（1129 年）卜居抗金前线大港，宋高宗封赵子褫为朝散大夫。

赵子褫墓 2011 年被公布为江苏省文物保护单位。

见月和尚墓

见月和尚墓位于句容市宝华镇宝华山隆昌寺背面的半山腰间。墓建于清代早期，占地面积约 396 平方米。石冢为环形结构，墓塔由三块巨石垒成，高约 2 米，上刻莲瓣纹，中间石刻“传南山宗中兴止作宝华第二代见月律师塔”，塔顶有一石顶，圆如球形。见月（1601—1679），中国律宗第二代祖师，俗姓许，云南楚雄人，14 岁时父母双亡。少好游，曾到金沙江、甸尾等地，因羡慕赤松子，遂出家当道士，后舍道入佛。32 岁从宝洪山亮如法师剃度，法名读体。明崇祯九年（1636 年）到镇江海潮庵，为各方所推重。见月和尚墓保存完整，是隆昌寺历史的重要见证。墓园建制、结构特点显著，是江南高僧墓葬形式的重要代表。

见月和尚墓 2011 年被公布为江苏省文物保护单位。

杨一清墓

杨一清墓位于润州区蒋乔乡街道芦湾村。墓向西南，墓道长近 500 米，原两侧有翁仲、石狮、石马及龟趺相峙而立，并有三门四柱冲天式石牌坊和石拱桥，今牌坊和石桥已毁。现存石马、墓道、龟趺。杨一清（1454—1530），最高任职为明朝首辅，后遭人诬陷，去官回乡，著有《石淙类稿》存世。

杨一清墓 1987 年被公布为镇江市文物保护单位。

颜真卿墓

颜真卿墓位于句容市白兔镇行香虎耳山。颜真卿（709—785），字清臣，京兆万年（今陕西西安）人，开元进士，官至殿中侍御史、太子太师，封鲁郡公，为李希烈缢杀。南宋《景定建康志》中王遂《唐颜鲁公祠记》记载：颜真卿死后其子护丧葬句容虎耳山。现存封土直径 4.5 米，存高 2 米，前为神道，南宋时尚存石龟趺、石柱、石翁仲（石人）、供桌等，现已不存。明《弘治句容县志》亦有记载。封土旁现存 12 座颜真卿后人墓葬。行香镇仍有颜氏后裔居住。

颜真卿墓 2004 年被公布为镇江市文物保护单位。

陈东墓

陈东墓位于丹阳市埤城镇大贡村北 300 米处，处于一小土山顶部。墓为一圆墩，墓向朝西，四周用条石围砌，直径 3.4 米，高 1.4 米。陈东（1086—1127），丹阳人，北宋末年力主抗金的爱国太学生，曾先后八次上书钦宗、高宗，并率领太学生伏阙请愿，即中国历史上有名的第一次爱国学生运动。因言辞激烈，引起宋高宗赵构不悦，于建炎元年（1127 年）被朝廷杀害。两年后，朝廷追赠陈东为承事郎，绍兴四年（1134 年）加朝奉郎。1992 年重立墓碑，碑文刻“宋修撰陈东之墓”。

陈东墓 1985 年被公布为丹阳市文物保护单位。

孙方墓

孙方墓位于丹阳市后巷镇高桥村，坐落于西山东侧俗称后巷湾的土山上。墓依山而筑，神道地势渐升。墓冢直径 5 米，向东 100 余米依次有神道柱 1 对，石牌坊 1 座，石马、石虎、石羊各 1 对，墓近处有龟趺 1 只。孙方（1468—1517），丹阳建山人。明弘治年间举人，正德初年进士，官居监察御史。

孙方墓 1985 年被公布为丹阳市文物保护单位。

夏道立墓

夏道立墓位于句容市宝华镇上柳泉村宝华山风景区管委会国家森林公园大门东南约100米处。夏道立是明代早期一个知府，句容古代县志没有更为详细的记载。此墓是夏道立和夫人陈氏的葬墓，墓的周围有石人、石羊各两尊。墓葬面积约743平方米，墓冢高约5米。

夏道立墓2011年被公布为句容市文物保护单位。

宋右武大夫殷秉常墓

宋右武大夫殷秉常墓位于丹阳市埤城镇西风行政村雀梅墩自然村北的小山墩上。该墓葬为宋代右武大夫殷秉常及妻张氏的合葬墓。墓葬坐北朝南，本体较模糊，占地面积20平方米。有墓碑1块，为殷氏十五世孙、明万历年间户部尚书殷正茂所立。碑文字清晰，大意为殷氏世居扬州，金兵南侵时他护驾南渡迁居润州。今华墅、黄墟、姚巷、歙县、常州北门、中港等地殷姓皆殷氏后裔。

宋右武大夫殷秉常墓2014年被公布为丹阳市文物保护单位。

苏游墓

苏游墓位于丹徒区辛丰镇东街行政村苏游自然村东约1000米处，俗称苏游石坊墩。墓占地面积约26000平方米。现有一石马，高1.75米；一石柱，方形，高4.2米。

倪家宰相墓

倪家宰相墓位于丹阳市埤城镇胡桥倪家村东南角，地处低丘岗地，墓的准确位置不清楚。地面有石羊1件，完好；石人1件，头部已残；石兽1件，头部已残。

殷耐庵墓

殷耐庵墓位于丹阳市埤城镇西风行政村雀梅墩自然村北300米处的雀梅墩下。有墓碑1块，石碑正面记载嘉庆拾伍年××××午参立碑，中刻皇清诰赠封大清朝议大夫封号，下部文字显示墓主人名字为耐庵。该小土山有明至清代殷氏官宦墓数座，是殷氏家族墓葬地。

贺氏家族墓

贺氏家族墓位于丹阳市导墅镇东河行政村贺家坟自然村西。墓为一隆起小丘，小丘东西长约50米，南北宽30米，距地面高约2米。据《光绪丹阳县志》记载：该墓地为明代名臣丹阳人贺邦泰家族墓地。贺邦泰，丹阳蒋墅人，明嘉靖三十八年（1559年）进士，官至湖广参政、山西督学、江西按察使及户部尚书，与著名清官海瑞为至交，生活清贫，当地人称“大麦粥太守”。贺世寿，贺邦泰孙，明万历三十八年（1610年）进士，曾任天津巡抚、刑部主事、户部尚书。

张玉书墓

张玉书墓位于丹阳市司徒镇毛甲行政村尤区自然村西北角。墓葬呈圆形分布，底径约40米，高出地面0.5~1米，地表生长着农作物。据村民介绍，原有石兽10余件，后在20世纪70年代被挖掘，曾出土墓志两块，现不知下落。张玉书（1642—1711），丹徒人，清康熙时名臣，曾任礼部尚书、文华殿大学士，为《康熙字典》总纂官。

方维甸家族墓

方维甸家族墓位于句容市黄梅镇西社村西北约100米处，现为部队靶场所在地。山俗名为方家山，20世纪60年代在此发现清代浙闽总督方维甸夫妇合葬墓，出土文物均保存在镇江博物馆。由此推断，此墓地为方维甸家族墓地，墓地范围不详，有待进一步勘探调查。

第三章 古建筑

镇江历代建筑迭经历史变迁，除大运河外，现存建筑宋元时期十分稀少，多为明清建筑。古建筑类型主要包括宗教建筑、祠堂、名人故居及传统民居等。

第一节　大运河镇江段及沿线重要文物点

京杭大运河镇江段

镇江位于京杭大运河与长江的交汇处，是江南运河的起点。镇江运河自秦开凿，至隋唐进一步疏拓，形成自京口达杭州的江南运河。经历代变迁，今大运河镇江段分为两部分：从平政桥到谏壁为运河故道，由隋唐时期河段、北宋新河及明初绕城运河串联而成，由京口闸、丹徒闸通江，长约 16.69 千米；今江南运河镇江通航段北起谏壁镇，经辛丰，至丹阳、武进交界处出境，经谏壁闸入江，长约 42.74 千米。

大运河镇江段地处长江太湖分水岭，跨山丘岗阜，为江南运河之屋脊，在中国运河史上占有极其重要的地位。

2006 年，大运河作为一条线性遗产被公布为全国重点文物保护单位，江河交汇处、虎踞桥、新河一条街、西津渡古街为沿线重点文物。

江河交汇处

镇江古有“五口入江”，自西向东分别是：大京口、小京口、甘露口、丹徒口、越河口（谏壁口）。迨至民国期间，大京口、甘露口因填河造路而被埋没，今仅存其余三口。小京口位于今镇江市区平政桥北侧，北通长江，南接京口闸，东临新河街；丹徒口位于丹徒镇，北通长江，西南接丹徒闸；谏壁口位于谏壁镇北，北通长江，南接谏壁闸，通江南运河，是今江南运河通航段入江的口门。江河交汇处是大运河镇江段最具特色的地段，具有鲜明的地域特点，弥足珍贵。

西津渡古街

西津渡古街位于镇江市区以西云台山麓，又称小码头街。古街范围从五十三坡到待渡亭至新河路，长约 500 米；又从待渡亭北到长江路约 120 米。西津渡古街是通往西津古渡的一条古街，是镇江市文物古迹保存最多、最集中、最完好的地区，也是镇江历史文化名城的“文脉”所在。古街肇始于六朝时期，历经唐、宋、元、明、清，形成了现今的规模。随着地理环境的改变，西津渡逐渐淡化和削弱了作为渡口的功能，但历史风貌得以基本完整地保存了下来，是全国少见的“古渡博物馆”。

虎踞桥

虎踞桥位于镇江市区南门大街外，横跨在古运河上。由于明清时期该桥位于镇江府虎踞门外，故名。因虎踞门为镇江古城的老南门，故俗称老南门桥。桥始建年代不详。志载，明弘治十四年（1501 年），虎踞桥与千秋桥俱圮，知府王存中皆重建。万历四年（1576 年），知府张纯改建为木侨。后因行船不便，万历二十二年（1594 年）知府苏兆民改建为单孔石桥，更名为泰运桥，即今虎踞桥。清咸丰年间，太平军据城，凿断桥面，阻清兵通行。同治九年（1870 年）修复。

虎踞桥为纵联分节并列式砌置，跨度 11 米许，两头宽 9.9 米，中心宽 8.7 米，全长 30 米。桥孔高敞，净空宽大，舟楫过往通畅。昔日该桥地处关津，“为郡孔道”，是通往丹阳、金坛等地的必经之地。1961 年和 1980 年两次改造。桥墩、金刚墙、拱券等仍为明代建筑。2012 年，东侧建新桥，转移车辆通行功能。2012 年 6 月至 2013 年 4 月，镇江城投集团实施本体维修和周边环境整治工程，恢复桥上踏道、栏板。

新河街一条街

新河街一条街位于镇江市区京口闸东，南北向，长约 250 米，旁临古运河，紧依长江。此街因河而建，以河为名，得江河之利而兴，是大江南北的物资集散中转之地，是商贸交易的中心枢纽，曾为清代长江下游最大的米市和油市。昔时市井繁荣，商肆林立，商贾川流不息。今两边临街建筑大多为晚清房屋，尚存建筑有同善堂（慈善机构）、米业公所、安仁堂、泾太公所、陈公馆、黄公馆、徐（宝山）公馆、静瑞堂等。沿街建筑保留传统风格，是大运河沿岸保存较完好的一条历史街区，是不可多得的珍贵文化遗产。

静瑞堂，坐西朝东，砖木结构，建造于 1907 年。墙基用大块条石垒砌两层，磨砖门保存至今。东南墙角内有界石一块，东北界石拆下已移动至天井内。现存一共两进，朝北一边厢。

陈公馆，位于新河街 128 号，俗称“九十九间半”或陈二老爷公馆。坐东朝西，是穿堂式两层楼，结构基本完整，清代建筑。房主的哥哥是清代瓜洲兵道。临街墙基用条石垒筑，三层后青砖叠砌到顶。门罩为库门式，用基石做门框。第三进为砖木二层，三间两厢，硬山顶。主体结构尚存。

黄公馆，位于新河街 132 号。坐东朝西，为两层楼的跑马楼 1 座，卷棚式，雕梁画栋，后有平房一进，共二十余间。房主是上海的银行老板。砖木二层，面阔四间，硬山顶，门上砖石搭建尚存。

徐公馆，位于新河街 84 号。坐东朝西，为三开间及两厢楼上下，前有风火墙，正厅地面上有五蝠盘寿。天井有一完好石铺龙。此处是徐宝山外室的住所。徐宝山是镇江一带著名的盐贩子，外号“徐老虎”，后为两江总督刘坤一的营官。

米业公所，位于新河街 112 号，俗称“牙行”，是米业界的同业公会。现存前后四进穿堂式建筑，有水磨雕花门楼，存“米业公所”石额 1 块。

同善堂，位于新河街 14 号。坐东朝西，砖木结构，二层一进，青砖清水叠砌到顶，南北带风火墙，南北墙略突出，现存水磨雕花砖门楼 1 座，石额 1 块，上书“同善堂”。

泾太公所，位于新河街 8 号。坐东朝西，砖木结构，面阔五间，第一进带风火墙。南部面阔两间，两进，第二进为砖木二层。北部面阔三间，三进，第一进带风火墙，后两进硬山顶。

宋元粮仓遗址

宋元粮仓遗址位于镇江市区古运河东、大西路北，今如意江南小区内。在2009—2010年对该地块进行的考古发掘中，发现了宋元粮仓仓基、元代石拱桥、宋至明清时期运河河道等遗迹。宋元粮仓遗址是大运河沿线经考古发现的规模较大的一处仓储基址遗迹，验证了《嘉定镇江志》《至顺镇江志》等文献中关于宋元粮仓的记载，为研究大运河漕运、宋元仓储建筑、镇江地域文化等提供了实物资料。宋元粮仓遗址保存遗迹相对集中，沿用时代较长，具有地域特色，是大运河漕运的实物见证，丰富了大运河遗产的内涵。

宋元粮仓遗址2013年被公布为全国重点文物保护单位。

京口闸遗址

京口闸遗址位于润州区中华路东侧，2012年经考古发现。遗址包括已发现的半边和现埋藏于中华路下的部分。已发现的一半遗址由明清京口闸东闸体、明清时期石岸、明清道路、清代碑亭基及龟趺座、清代码头等遗迹组成。

镇江地处长江与运河交汇处，是江南运河的起点。京口闸作为古代江南运河第一闸，是标志性水工设施，1929年，因填运河河道筑中华路而湮没。此次考古发现的京口闸遗址东侧部分，脉络清晰，内涵丰富，保存较为完整，是大运河遗产的重要组成部分，具有重大价值。

京口闸遗址2014年被公布为镇江市文物保护单位。

玉山大码头遗址

玉山大码头遗址位于润州区新河路两侧，2010年经考古发现。遗址包含两个部分，一部分是位于新河路北、和平路东的大码头遗址，另一部分为位于新河路南、云台山路西的历代江岸与建筑遗址。大码头为清代缓坡石砌长堤式码头，保存较好。历代江岸与建筑遗址由唐至清，时代清晰。

西津渡是镇江段沿江最重要的一个渡口。《至顺镇江志》载："西津渡乃南北冲要之地，江浙闽海物质悉由此以达京师，使命客旅络绎往回，目不暇接。"《读史方舆纪要》云："今城西北三里曰西津渡，为南北渡口，古谓之西渚，唐时亦曰蒜山渡，宋置西津寨于此，俗谓之西码头，即江口也。"后清康熙年间，在江边修建救生码头，此处遂习称大码头。至清朝末期，由于江岸淤涨，大码头废弃湮没。玉山大码头遗址的发现证实了西津渡的历史，具有重要价值。

玉山大码头遗址2014年被公布为镇江市文物保护单位。

练湖闸

练湖闸位于丹阳市练湖东南角，系钢筋混凝土五孔泄水闸。1935年（民国二十四年）11月，由江苏省建设厅江南水利工程处设计，陈宏记营造厂承包建设，1936年（民国二十五年）7月竣工投入使用。闸分五孔，每孔宽2.5米，闸墩高3.3米，全闸长17米。闸门为木制，钢筋混凝土底板，启闭方式为手动摇螺杆启闭，闸东有多排坡形缓水墩。练湖闸用于连接当时的练湖与京杭大运河。

练湖于西晋末形成，主要潴蓄十里长山等东麓诸水，用以灌溉农田。唐宋时期，练湖对于京杭大运河的济漕发挥了巨大作用。大运河镇丹段地势高亢，当枯水期难以航行时，练湖可开闸放水，抬高运河水位，故有"泄练湖水一寸，以济运河水一尺"之说，练湖曾被誉为"东南第一水利"。至清末民初，练湖对大运河的济漕功能丧失。1935年修建"练湖闸"，同时围修湖堤16千米，灌溉田亩达5万公顷。后因新中国成立后围湖造田，练湖水面绝大部分消失，至1959年大运河改道，练湖闸弃用。

练湖闸1991年被公布为丹阳市文物保护单位。

破冈渎遗址

破冈渎遗址位于句容市茅山镇春城集镇城墙村西南约50米处。该渎为六朝时开凿，是当时联系京都建邺（今南京市）与太湖流域的重要航道，对于建邺城市的发展曾起到重要的作用。至隋灭陈，全国重新统一，建邺不再作为都城，破冈渎的漕运作用随之丧失，逐渐退出历史舞台，但直到唐代前期其水尚未断流。破冈渎完全淤塞可能在唐代后期。

破冈渎遗址2008年被公布为句容市文物保护单位。

上容渎遗址

上容渎遗址位于句容市华阳街道东水河头村东侧约100米处。西接句容河，东通洛阳河。梁代避太子讳，废破冈渎，开上容渎在句容东南5里，顶上分流，一源东南三十里十六埭入延陵；二源西南流二十五里五埭注句容界，上容渎西流入江宁秦淮河。后至陈高祖即位，又废上容渎更修破冈渎。

上容渎遗址2008年被公布为句容市文物保护单位。

张官渡遗址

张官渡遗址位于丹阳市西北练湖管委会东北端大运河西侧。现遗存码头遗址石板路1条，长度约50米，宽度约0.6米。路南北两侧有残破的晚清、民国民居二三十处。码头于1996年大运河拓宽工程中被拆除。

张官渡历史悠久，据史料显示，最晚在宋代就有古渡口存在。张官渡是宋至清代大运河东西两岸人民生产、生活交通的重要渡口。

第二节　宗教建筑

隆昌寺

隆昌寺位于句容市宝华山。原名千华寺，始建于南朝梁代天监元年（502年）。明万历三十三年（1605年），神宗赐“护国圣化隆昌寺”匾额，遂更名为隆昌寺；康熙四十二年（1703年）康熙帝赐书“慧居寺”额，改为慧居寺；后复用隆昌寺名至今。隆昌寺现存古建筑17栋200余间。其中，铜殿始建于明万历三十三年，其梁、栋、栌、窗、瓦、屏、楹皆为铜制，故名铜殿，后毁，改建时为砖木结构。殿为重檐琉璃瓦顶，面阔4.67米，进深4.2米，高7.15米。现殿顶部的小瓦均为铜制。铜殿两侧各有一座无梁殿，左称文殊，右为普贤。两座无梁殿形状相同，均为单檐歇山顶，面阔三间7.62米，进深两间5.62米，内因进深较短，仅用一道砖券代替横梁。无梁殿和铜殿建筑极精致，是隆昌寺建筑群的精华。大雄宝殿建于康熙十年（1671年）。大悲楼建于清康熙十五年（1676年）。大雄宝殿左楼上为净土坛，下为方丈，建于清雍正十三年（1735年），乾隆十五年（1750年）方丈改为行宫。大雄宝殿右楼为藏经楼，建于清雍正十三年。大悲楼左楼上为净土坛，下为官客堂，建于清雍正十三年。大悲楼右楼上为大悲坛，下为楞严堂，由三昧和尚建于明崇祯年间。左厢翼楼为准提堂和地藏堂，由三昧和尚建于明崇祯年间。右厢翼楼为文殊堂和伽蓝堂，建于清雍正十三年。大斋堂建于清雍正十三年。戒坛始建于清康熙二年（1663年）。南客房、北客房、南库房、北库房建于清乾隆十五年。律学院建于民国时期。隆昌寺建筑群依山而建，规模宏伟，雕饰精美，独具一格。

隆昌寺铜殿、无梁殿1982年被公布为江苏省文物保护单位。隆昌寺2013年被公布为全国重点文物保护单位。

金山寺

金山寺位于镇江城西。原名泽心寺，始建于东晋，清康熙年间改名为江天禅寺。咸丰年间毁于火，同治八年（1869 年）重建，民国间又复建牌楼、大殿、藏经楼等建筑。今存天王殿、观音阁、魁文阁、大彻堂、禅堂、楞伽台等古建筑 17 栋。天王殿，面阔三间，悬山筒瓦顶，正面有三券门，殿后有廊，廊柱上部有雕花镂空枋板和卷叶式雀替。观音阁，始建于明永乐年间，清同治年间重建，东墙上嵌乾隆游金山御碑 3 方。大彻堂，清同治年间建。魁文阁原名奎文阁，始建于宋，清同治年间重建。楞伽台又名书经楼，始建于宋，光绪、民国年间重建，台之北又有民国建的阁楼，正南置老虎窗 8 个，南崖壁嵌石刻“楞伽台”三字。牌楼建于民国初年，混凝土质地，为四柱三楼式，牌楼中央悬挂康熙所题“江天禅寺”四字匾，牌楼两侧有八字墙，墙前有石狮一对。另山顶慈寿塔始建于南朝齐梁间，宋代为双塔，后圮，清光绪二十六年（1900 年）重建一塔，取名“慈寿塔”，塔周围墙壁嵌碑碣 20 方。慈寿塔 1982 年被公布为镇江市文物保护单位。金山寺寺门朝西，依山而建，殿宇栉比，亭台相连，有“寺裹山”之说。

金山寺 2011 年被公布为江苏省文物保护单位。

焦山定慧寺

焦山定慧寺位于镇江城区东北焦山南麓。始建于东汉兴平元年（194 年）。初称普济庵，宋代改称普济禅院，元代更名为焦山寺，清康熙赐名定慧寺。现定慧寺的天王殿、大雄宝殿、藏经楼、海云堂、经堂、毗卢殿、伽蓝殿、祖殿、华严阁、新老山门、钟鼓楼等建筑，保留着明清建筑的风格。大雄宝殿，由唐初玄奘法师的弟子法宝法师创建，宋景定四年（1263 年）大殿焚毁，德慎和尚按原貌重建。现大雄宝殿面阔五间，为重檐庑殿顶，正脊较短，两端置鸱吻，翘角屋檐，上饰奇数吉祥瑞兽；殿内四面为木格平面，中央八面八角，层层收缩，形成圆形藻井，复井式，彩绘图案，纹饰绮丽，有二龙戏珠、百鸟朝凤、仙鹤云游等。老山门，系清康熙四十八年（1709 年）行载禅师募建，为重檐歇山式，下层是通道，上层为四方亭结构，两层梁下皆有斗拱，向南正面有卷棚式檐口伸出。山门前立石狮一对，为明代遗存，门两旁置清光绪七年（1881 年）巴州廖纶题书对联：长江此天堑，中国有圣人。迎面照壁墙上镶明代书法家所书“海不扬波”石刻。焦山定慧寺对研究佛教在江南地区的传播和古代建筑的发展具有重要意义。

焦山定慧寺 2011 年被公布为江苏省文物保护单位。

山巷清真寺

山巷清真寺位于镇江市区清真寺街 84 号，又称西大寺。初创于清康熙年间，迭经兴废，清同治十二年（1873 年）重建。1982 年又重新整修。寺四周为青砖围墙，条石基础。主要建筑有门楼、前厅、天井、大殿、南讲堂、对厅和望月楼。正面西向，门楼上置斗拱，对面墙有照壁。大门内有门廊明间、过厅、走廊。礼拜大殿由窑殿、正殿、辅殿（备殿）与卷棚组成。面阔五间 17.2 米，前殿进深五檩 5.7 米，后殿进深九檩 14.5 米，横梁及顶部的粉末水彩画为南方所罕见，以山水、花草、树木、瓜果和几何图形、云纹等作为装饰图案，计有千余幅，其中带有米芾开创的“米家山水”画风的长方形山水画多达 50 幅。南侧是南讲堂，是旧日清真大学［始创于清光绪二十九年（1903 年）］的教室。

山巷清真寺 2011 年被公布为江苏省文物保护单位。

鹤林寺大殿

鹤林寺大殿在镇江南郊磨笄山西，黄鹤山东北，原名竹林寺。始建于东晋元帝大兴四年（321 年）。刘裕称帝后，于永初年间改名为鹤林寺。后历有兴废，现大雄宝殿为清同治年间修复，面阔五间，硬山式。罗汉钱屋脊较高，两端置吻兽。鹤林寺内原有碑刻甚多，称“古墨林”，1960 年将碑石迁移焦山碑林保护。鹤林寺在唐朝时盛极一时，僧人众多，香火鼎盛。此处山明水秀，风景宜人，是名人墨客雅游之处。历代名人在此留下许多佳作。

鹤林寺大殿 1982 年被公布为镇江市文物保护单位。

招隐寺

招隐寺（读书台、听鹂山房、虎跑泉）位于镇江市区以南约 3.5 千米处的兽窟山。招隐寺始创于南朝宋景平元年（423 年），后几经兴废。听鹂山房为戴颙生前“听鹂整弦”之所，1981 年重建。读书台面阔三间 12 米，单檐歇山顶，四面有回廊。读书台和增华阁是南朝梁昭明太子萧统编著《昭明文选》的地方。虎跑泉，泉池呈四方形，边长 3 米，为东晋法安禅师所建。相传昭明太子来此读书，寻找水源，突然一猛虎随风而至，用前爪猛刨山洼，留下洞眼一个。虎走后，洞中流出潺潺泉水，太子掬水尝之，清凉香甜，故名“虎跑泉”，昭明太子将其作为他在招隐寺编书时的生活用水。读书台、听鹂山房、虎跑泉大都源于六朝戴颙和萧统的事迹，后人为了怀念这两位千古流芳的名士，在入山处立招隐牌坊，石柱上刻有很多名诗佳作。

招隐寺（读书台、听鹂山房、虎跑泉）1982 年被公布为镇江市文物保护单位。

火星庙戏台

火星庙戏台位于润州区穆源民族学校内。现建筑为清同治初年复建。戏台分上、下两层，东、西、南三面檐椽交叠伸出 1 米，东、西两角高翘，上有如意云纹带缠蝙蝠、银锭及“文王求贤”、琴棋书画、福禄寿等图案，两边看台廊栏杆上有水纹浮雕砖，中为一大天井场地。戏台前台向前凸出，歇山式，三面有木方板，雕有纹饰，后台三间，屋脊嵌古“寿”字砖；后台两端与高廊看台相连融为一体，高廊看台为雅座，中央场地为一般市民看戏之处。清代逢庙会致祭演戏。火星庙供奉祆神。祆教出自西域，是波斯之拜火教，南北朝时传入中国。镇江供奉的祆神阏伯，是古代管理火神的有功之臣，被尊为火神。古人往往在庙中研究天文、观察火星（商星），故称火星庙。戏台为庙内重要建筑之一。全国祆教建筑仅存于镇江、西安两处。

火星庙戏台 1982 年被公布为镇江市文物保护单位。

福音堂

福音堂位于润州区大西路 343 号。清光绪十五年（1889 年）由美国基督教美以美会传教士郎登创建。教堂坐南朝北，面阔 11 米，进深五间 19 米。砖木结构，尖拱窗门，双坡瓦楞铁皮顶，正立面山墙脊顶高悬十字架。墙角有碑一方，刻“耶稣降世壹千捌百捌十玖年”“美以美会”等字样。教堂之南有红、青砖叠砌的二层楼房，门额石刻“崇德学校”，墙角有一碑，刻“1918 年”字样。

福音堂 1982 年被公布为镇江市文物保护单位。

超岸寺

超岸寺位于润州区新河路北，旧名玉山报恩寺。始建于元至大三年（1310 年），至清更名为超岸寺。清咸丰三年（1853 年）毁于战火。自清光绪十七年（1891 年）陆续复建，历经 20 余年始复旧观。整个寺宇占地面积 3200 多平方米。寺前有山门，两边有八字墙，中有券拱门，门下两石鼓浮雕三狮盘球，座部为云水中鱼龙相嬉。天王殿建于清宣统二年（1910 年），天王殿面阔五间，硬山式，大门上白石横额刻“大总持门”，上款刻“庚戌榖旦”，下款刻“陆润庠书”。大雄宝殿建于光绪十八年（1892 年），面阔五间，硬山式，其前沿有一并行相连的四架梁卷棚，上有月梁。大殿前后檐下有斗拱，屋脊为磨砖浮雕的曲形卷叶纹。藏经楼在大殿后，建于清宣统元年（1909 年），面阔五间，左有梯，楼上正面为一排花格槛窗，楼下前沿亦有四架梁卷棚廊，上有月梁，浮雕卷曲纹、人物、山水等。偏殿在大殿与天王殿北侧，面阔十间，硬山顶，原为水陆堂、五观堂、客堂等，建于光绪三十一年（1905 年）。其北另一楼房，面阔六间，楼上下有厢房，东西相对，合计大小房间 24 间，用为妙心堂、宝鉴堂、方丈堂等，建于清光绪二十三年（1897 年）。超岸寺当水陆冲衢，为各方巡游僧众来往过宿之处，亦曾为金山江天禅寺下院，故在丛林中一时称盛，颇有名声。

超岸寺1982年被公布为镇江市文物保护单位。

城隍庙戏台

城隍庙戏台位于镇江市区凤凰岭饭店内。戏台之前台面阔3.9米，进深5.3米，高8.94米，歇山小瓦顶，下层明间，敞为通道，东、西、北三面檐下施斗拱，着青绿彩画。后台硬山顶，面阔16.6米，进深6.6米，高8.5米，东西南檐下亦施斗拱并彩画。城隍庙始建于宋，屡有兴废。清咸丰三年（1853年）毁于战火。清同治十二年（1873年）由丹徒知县何绍章支持，将大殿及戏台同时重建。过去，每年春秋和农历十月初一，当地人在此举行庙会。平时乡绅名士常到此会聚，并常邀请戏班在此演戏。

城隍庙戏台1982年被公布为镇江市文物保护单位。

杜鹃楼与杜鹃花

杜鹃楼位于镇江南郊鹤林寺大殿后。始建于元延祐三年（1316年），迭经兴废。今楼为清光绪二十二年（1896年）僧人福登重建。杜鹃楼共两层，硬山式，面阔五间，进深七檩。中设天井。东立面上下各有四窗对称，由此可观赏楼下前面的古杜鹃花。《鹤林寺志》记："鹤林寺杜鹃花高丈余，春月开花，倾城游赏。"

杜鹃楼与杜鹃花1987年被公布为镇江市文物保护单位。

真道堂旧址

真道堂旧址位于润州区宝盖路127号，为基督教传教士王茂真于1931年建成。砖木结构，占地面积约150平方米，屋顶采用大屋顶（歇山式），屋面盖小瓦，门窗皆尖拱形制，教堂大门左侧有石碑一方，上款刻"一九三一年"，落款刻"基督教会"等字样。教堂西边还有传教士住房，亦为传统歇山式屋顶。该建筑是江苏省至今保存完整的一座中西结合小教堂。

真道堂旧址1992年被公布为镇江市文物保护单位。

华阳观

华阳观位于镇江新区大港五峰山路西华阳路北。南朝宋元嘉年间初置，本名"仁静观"，宋政和八年（1118年）改为"华阳观"，明正德六年（1511年）重建。华阳观旧日规模宏大，原有戏楼、灵官殿、三清殿、玉皇殿等房屋近百间。华阳观门前原有楹联"八宝华阳天下闻，三清大教世界尊"，其中八宝指避尘珠、唐魏法师碑、龙门桥、盘螺石、镇恶碑、牛皮地、青虹剑、大乘圣经。现仅存灵官殿，唐魏法师碑移藏镇江焦山碑刻博物馆。

华阳观2004年被公布为镇江市文物保护单位。

绍隆禅寺大殿

绍隆禅寺大殿位于镇江新区五峰山南麓。寺始建于唐宝历元年（825年），曾多经兴毁，现建筑为清代重建。大殿佛堂内有一块土地，约1平方米，隆出地面，当地人称为"龙舌"。神奇的是这块土地铲平后又会慢慢隆起高如原状，以后不再增长，堪称奇观。绍隆禅寺面积837亩，建筑面积6979平方米，有房屋210间。主要建筑有天王殿、法华殿、藏经阁、念佛堂等。绍隆禅寺曾是金山寺的下院，金山寺年老体弱的和尚多移居于此安度晚年。寺院后山建有塔林40多座，还有《红楼梦》作者曹雪芹的祖父曹寅写的碑、千年古血株树、明代石狮、幽冥铜钟等一批珍贵文物。

绍隆禅寺大殿2004年被公布为镇江市文物保护单位。

嘉山寺

嘉山寺位于丹阳市后巷镇嘉山村，又名龙庆寺。始建于北宋时期，明宣德年间重修，至明后期又加建。原寺庙规模宏大，现仅存两进。朝向东南，第一进为天王殿，五开间，面阔22米，进深九檩13米，抬梁硬山式砖木结构。第二进大雄宝殿，五开间，进深九檩15米，柱梁粗大。另寺庙东侧有石碑1块，碑记载明万历二十六年（1598年）重建嘉山寺之事略。嘉山寺是丹阳唯一一座保存较完整的明代佛寺。

嘉山寺2007年被公布为镇江市文物保护单位。

茅山三天门

三天门位于句容市茅山风景区元符万宁宫万寿台上。创建于南宋孝宗乾道年间，原为"金箓道场"拜章上表之圣地，明清两代多有修葺。

三天门高6米，宽2米，门头以上共有4层石雕：一层为二龙戏珠浮雕，二层为石刻三天门横额，三层为五只姿态各异的仙鹤浮雕，四层为梁、檐、脊俱全的石雕门顶。两旁石柱高达6.5米，共分5级：一级方形门柱，边长0.48米，高3.4米；二级为立体盘龙柱，高1.5米；三级立体太极石墩，高0.4米；四级为莲花石座，高0.4米；五级为两石柱，顶上一对高0.8米、左右相对而视的雌雄座狮。门之正面横额上刻"三天门"三字，为明嘉靖年间所刻，两侧石柱石刻对联："仙乐彻九霄，祝一人之有庆；天香招五鹤，祈四海之同春。"门之背面横额上刻"万寿台"三字，左右石柱石刻对联为："翠　捧仙台华阳真气，丹崖飞绀殿河上玄风。"整个石坊建筑浑然一体，雕工精细，古朴大方，是茅山留存下来的重要道教建筑之一。

茅山三天门2007年被公布为镇江市文物保护单位。

谏壁东岳庙戏台

谏壁东岳庙戏台位于京口区谏壁中学校园内。戏台始建于清代，《光绪丹徒县志》记载："咸丰间（1851—1861）寇毁过半，同治壬申（1872年）里人王竹溪叔侄朱兆友同侄云瑞捐修正殿。"现正殿不存，仅存庙台（戏台），面阔5.6米，台高2.7米，檐高5.8米，歇山顶，保存完好。

谏壁东岳庙戏台1986年被公布为丹徒县文物保护单位，2014年调整公布为镇江市文物保护单位。

关帝庙

关帝庙位于丹阳市新桥镇。该庙宇建于清康熙年间。坐北朝南，原有两进，抗日战争时期被毁。现仅存大殿三间，砖木结构，硬山式。面阔13.6米，进深11.5米。

关帝庙1985年被公布为丹阳县文物保护单位。

海会寺藏经楼

海会寺藏经楼位于丹阳市丹凤南路市委党校内。该建筑始建于明万历八年（1580年），僧正善募建。原名海会庵，明万历四十二年（1614年）敕赐今额，并颁大藏经卷。清康熙二十年（1681年）大殿焚毁，僧宝相募建。太平天国时又毁，住持僧上升授权宽鸿重新募建。现海会寺仅存藏经楼一座。一进五开间，硬山式砖木结构，上下二层，面阔30米，进深8.2米。前廊有卷棚，柱梁粗大，门前有两株约400年的银杏树。

海会寺藏经楼1985年被公布为丹阳县文物保护单位。

文昌宫

文昌宫位于扬中市新坝镇治安村。清光绪十八年（1892年）建。原有两进房18间，设过保婴局。现仅存正殿，面阔五间20米，进深七檩7.8米，高6.1米，硬山顶。门前左侧原有10米高的木旗杆，竖立于花岗石圆鼓墩上，鼓墩直径0.62米，高0.32米；方形底座，边长0.88米，高0.25米。1953年曾在此办小学。

文昌宫1985年被公布为扬中县文物保护对象。

东岳庙

东岳庙位于扬中市三茅镇双跃村。清康熙年间（1662—1722）始建，清道光二十年（1840年）重修。原有三进房50余间。现仅存正殿，坐北朝南，面阔六间，进深七檩9.1米，高6.5米，廊庑深2.16米，硬山顶。近年来，经几次修缮，保存较好。

东岳庙1985年被公布为扬中县文物保护对象。

皇业寺

皇业寺位于丹阳市开发区张巷村西北，是南朝齐梁两代帝王先祖萧整的居住地。萧整子孙相继称帝后，由刺史王僧辩于梁天监元年（502年）所建。明代重建，又名“戒珠院”。现存两进建筑，为清代建筑，硬山顶，抬梁式砖木结构，三开间，面宽11米，九檩进深10米。该寺庙在隋、唐时期规模极大，自明代以后逐步衰落，现存二进房屋原是清代皇业寺僧侣的斋房。原皇业寺大殿及其他建筑在现存建筑的西北方向，毁于抗日战争时期。

皇业寺1999年被公布为丹阳市文物保护单位。

彭隍庵

彭隍庵位于丹阳市开发区步家村东约300米处。宋咸淳年间由僧可观建，毁于1966年，后由村民修复。现存一进三开间，面阔13.2米，进深九檩10.7米，硬山式，砖木结构。庵内供奉佛像。

彭隍庵1999年被公布为丹阳市文物保护单位。

大同观

大同观位于丹阳市开发区前艾北街，俗名前艾庙，是道教大同观和佛教云莲寺的总称。始建于明成化年间，清康熙年间重修。坐北朝南，鼎盛时期，寺观共有房屋97间。大同观规模大于云莲寺。现仅存一进三开间的五神殿，为硬山式砖木结构。面阔19米，进深约17米。

大同观1999年被公布为丹阳市文物保护单位。

万寿庵

万寿庵位于丹阳市陵口镇新庙行政村新庙自然村。始建于清康熙年间，原有三进二院，1960年，因年久失修倒塌，现仅存一进。坐北朝南，为硬山式砖木结构，五开间，进深七檩，抬梁式结构。万寿庵于1997年由新庙村民集资修复一进，面阔19米，进深8.2米。

万寿庵1999年被公布为丹阳市文物保护单位。

德祐观遗址

德祐观遗址位于句容市茅山风景区二茅峰顶。建于元延祐年间，专祀中茅君茅固，后逐渐荒废，清雍正、乾隆年间由全真道士沈一清重建，观内原有灵官殿、经堂殿、太元宝殿、道众住宅等。抗日战争时期被日军烧毁。现仅存观内建筑墙基等遗迹，基本上为明清遗存。

德祐观遗址2011年被公布为句容市文物保护单位。

厚诚土地庙

厚诚土地庙位于丹阳市司徒镇厚诚村东约100米。清中期建筑，形制矮小，小三开间，面阔6.7米，进深七檩5.5米。庙内四壁现存11幅清代壁画，其中5~6幅保存较完好，内容有土地爷出巡，风母、电母、刘猛将军神像等民俗崇拜对象。该土地庙壁画在江苏省内十分罕见，对于研究清代乡村民俗、绘画技艺等有较高价值。

厚诚土地庙2014年被公布为丹阳市文物保护单位。

华严阁

华严阁位于镇江焦山西崖东面。始建于清，1931 年（民国二十年）重建。1991 年因山体滑坡损毁，2000 年左右重建。歇山顶，面阔五间，二层楼。大门朝南，下层南面有廊，上层前为阳台，东西面有廊。东边门额上石刻“华藏世界”，上款有“民国二十一年”，西门额石刻“风月主人”，边款为“慧莲法师”。焦山十六景之一的“华严月色”，即指此地。

尼姑庵

尼姑庵位于京口区谏壁镇西街 10 号。建于清光绪二十六年（1900 年）。大门朝北，前后三进，青砖小瓦。第一进和第三进为七架梁，第二进为九架梁，大门上方有一石额，上刻“崇庆禅院”四字。院内西北角有古井一口，至今仍在使用。

古定福禅寺

古定福禅寺位于润州区宝盖路 320 号。建成于清同治十年（1871 年），原有三重大殿，后毁于大火，现仅存前殿一处。面阔三间，中为堂屋，七架结构，上有匾额，书“古定福禅寺”。

龙王庙

龙王庙位于丹徒区江心镇五墩行政村五墩自然村东。建于 1942 年（民国三十一年），坐北朝南。共有二进六间，硬山式砖木结构平房。面阔 11 米，进深 8 米。保存较为完整。

大港东岳庙

大港东岳庙位于镇江新区大港中学内。清《光绪丹徒县志》记载“或云南唐查相宅”，现建筑为清代遗构。原有三进，后进大殿已毁，现有门楼、庙台一部分和中进“灵官殿”。大殿面阔三间 13 米，进深 9. 2 米，檐高 6. 5 米，硬山顶，前有台阶。檐两侧廊口有木栅，院内有一株银杏，直径 1. 4 米。2013 年进行修缮。

东霞寺大殿

东霞寺位于镇江新区圌山西南麓。唐宝历年间建，旧名显孝褒亲院。清道光年间重建。抗日战争时被日本侵略军焚毁殆尽。现存大殿、厢房和院落。院门楼上存有“敕赐东霞寺”匾。占地面积约 1220 平方米。大殿面阔三间 18. 7 米，进深 14 米，高 13 米，硬山式。施斗拱，中柱直径 0. 43 米，高 11. 5 米。

石观音殿

圌山石观音殿位于镇江新区圌山北山脚下。建于清顺治四年（1647 年）。青石构筑，面阔三间 9. 2 米，进深 8. 72 米，檐高 3. 5 米，歇山顶。滴水饰有龙或凤图案，门楼上有“南无阿弥陀佛”阳文，殿前有两株古银杏，院墙高 4 米。

丹阳药王庙

药王庙位于丹阳市云阳镇药皇庙河沿 9 号。该建筑建于清代，坐北朝南，原为三进，现存两进一院。硬山式砖木结构，面阔 11. 9 米，占地面积约 278 平方米。第一进三开间，进深七檩 7. 9 米，上下两层，东西山墙有单峰马头墙。第二进为三开间，进深七檩 7 米，上下两层，中一间为客堂，水磨青砖铺地，方格子门窗，院内青石铺地，现仍有人居住。该建筑对于研究清代神庙建筑布局、风格、建筑工艺有一定的价值。

华甸庙

华甸庙位于丹阳市开发区华甸社区北。现存建筑一进，硬山式砖木结构。五开间，面阔 20. 5 米，进深九檩 11. 6 米。华甸庙最早的记录始于宋代，为供奉道教北方大帝的一座道观。因传说求神灵验故香火很旺，久而久之成了丹阳东郊的一处著名的庙会。现存建筑重建于清代，近年来因不合理使用几成废墟，后由当地史沛英女士发起号召于20世纪90年代重建。现建筑部分木梁架为清代原存。大门南侧约60米外有石狮一对，现本体一半已被当地村民用水泥浇在地面下，石狮外表包浆古旧，风化损毁严重，可能为华甸庙宋、明早期遗存。

金锡禅寺

金锡禅寺位于丹阳市吕城镇运河中心行政村郭家自然村。始建于清代，现存房屋2栋，硬山式，砖木结构。一进坐北朝南，三开间，面阔12米，进深九檩9.2米。屋内柱梁粗大，屋面改建过。另一进坐东朝西，三开间，面阔9.8米，进深九檩9.2米。

归真寺

归真寺位于丹阳市皇塘镇镇西行政村归真自然村。始建于唐开元十四年（726年），原名东田观，传为焦光真人炼丹处。宋祥符年间改名归真观。现存一进建筑为清雍正十二年（1734年）修建。一进五开间，面阔22米，进深九檩13米。房屋改建过，前后加建一架，屋面修建过。现保存较好。

庄湖土地庙

庄湖土地庙位于丹阳市庄湖村老街内。建于清代，为一方形砖木建筑，进深7.4米，面阔7米，抬梁式梁架结构，歇山顶。庙内墙壁还留有清代壁画，残缺不全，有三幅保存稍好。该土地庙中的三幅壁画在江苏省十分罕见，是研究清代壁画的实证资料。

第三节　祠　堂

张家祠堂正厅

张家祠堂正厅位于句容市后白镇芦江村，为明代建筑。原有三组建筑，前后五进。现存中轴第三进正厅。面阔五间24米，进深七檩11米，硬山顶，坡水平缓。梁架用攒金形式，主要构件均用楠木制成。梁为月梁，有琴面，梁底沿边刻双线。出檐深远，达1.3米。外檐斗拱一斗三升。厅内立柱下有石覆盆柱础，柱头有卷杀，梁枋置单拱与重栱，或方或圆的大斗上均刻花瓣纹。整座建筑用料硕大，结构简明，形制古朴。

张家祠堂正厅1995年被公布为江苏省文物保护单位。

朱氏宗祠

朱氏宗祠位于镇江新区姚桥镇儒里村。始建于清康熙二十五年（1678年）。现有房屋三进十七间，带厢房连同双券门、大照壁、冶墅园占地共1400平方米。第一进门厅面阔五间，对面为大照壁。二进门楼上有两块横额石，朝外刻“紫阳世泽”，朝里刻“虹井流芳”。祠堂第二进为祭堂，第三进为享堂。朱氏宗祠供奉的先祖是南宋理学宗师朱熹。朱熹的第八代孙朱文通，谱名亨三，是迁居儒里的始祖。

朱氏宗祠2011年被公布为江苏省文物保护单位。

敦睦堂

敦睦堂位于镇江新区姚桥镇百乐夹沟村。始建于明宣德年间，时称“百忍堂”，明正统年间迁移重建更名为“敦睦堂”。现存三进，占地面积1210平方米。门额上有保存完整的精美砖雕，中、后堂为楠木梁柱，是镇江东乡祠堂建筑较为精美的一处。

敦睦堂2004年被公布为镇江市文物保护单位。

殷家祠堂及殷氏六房旧宅

殷家祠堂及殷氏六房旧宅位于丹徒区辛丰镇黄墟。祠堂位于黄墟小学教学楼后，建于清中期。现存正厅与后堂两进，中间为小天井，正厅与后堂均为三开间。前有观仪台，四边有云柱栏杆。殷氏六房旧宅位于黄墟小学西侧，分为两部分，由一条长弄隔开，东边四进和西边六进是住房，每进三间，进进串通，各有天井、花园，自成院落。东边大厅和天井的门壁上方的壁雕，工艺讲究，做工精细。

殷家祠堂及殷氏六房旧宅2004年被公布为镇江市文物保护单位。

凌家祠堂及道署衙门围墙券门碑刻

凌家祠堂及道署衙门围墙券门碑刻位于镇江市区道署街22号。1919年，颜料商凌焕用原应交给德国的贷款（因德国战败）购买原道署衙门东侧部分地方，建凌家祠堂。祠堂雕花门楼，面东，有清式建筑的享堂、寝室成一中轴线，后有花园及鱼池，寝室为二层楼，硬山顶，面阔五间22.5米，进深七檩（连外廊）11.9米，高11.9米，楼下有二道卷棚。道署衙门现仅保存用青砖砌成的一段围墙、一座券门。券门白石额刻“履中”二字。

凌家祠堂及道署衙门围墙券门碑刻2007年被公布为镇江市文物保护单位。

解家祠堂正厅

解家祠堂正厅位于镇江新区丁岗镇葛村。始建于明崇祯年间。现存正厅梁柱硕大，楠木材质。解氏原籍山东葛村，南宋时迁至丁岗，为纪念原山东葛村，故将现居住地名改为葛村。宗祠是研究镇江东乡移民史的实物见证。2005年以来，乡人募资重修，恢复了本来风貌。

解家祠堂正厅2007年被公布为镇江市文物保护单位。

大路崇贤里王氏宗祠

王氏宗祠位于镇江新区大路镇王巷里村。始建于北宋淳熙二年（1175年），明崇祯年间迁建至此。宗祠门朝东，三进，前进左边又接有三间，右边接二间，后进右边接有偏房，共有二十余间，占地面积1490平方米。前进面阔10间，每间3.6米，进深七檩6.5米。中进大厅面阔五间20米，进深十檩6.5米。后进正房面阔五间20米，进深八檩6米。抗日战争时期曾被新四军山北县圌山区文工团作抗日宣传之用。

大路崇贤里王氏宗祠2007年被公布为镇江市文物保护单位。

殷家祠堂正厅

殷家祠堂正厅位于镇江新区丁岗留村。初创于明洪武年间，清康熙年间改建至现址，清咸丰初复修。现存建筑为清同治年间重修。正厅名伦叙堂，前设双卷棚，梁木雕花精致。2004年乡人募资重修，恢复了本来风貌。

殷家祠堂正厅2007年被公布为镇江市文物保护单位。

萧氏宗祠

萧氏宗祠位于丹阳市访仙镇萧家村。西晋末，丹阳萧姓始祖齐高帝萧道成的高祖父萧整由山东迁入丹阳。丹阳萧氏因出了齐梁两代的皇帝而声名显赫。萧氏宗祠今存房屋两进，均面阔21米，进深九檩12米，砖木结构，为清代遗存。2010年进行落架大修。该祠堂对研究丹阳明、清时期祠堂建筑的布局、工艺及丹阳萧氏的族源有较高的价值。

萧氏宗祠2007年被公布为镇江市文物保护单位。

贡氏宗祠

贡氏宗祠位于丹阳市延陵镇柳茹村。现存祠堂建于清代，原为三进，1972年因扩建小学，前后进被拆，只留中进。2005年恢复。三进房屋均为硬山式砖木结构，进深九檩，面阔24.3米，进深10米。祠堂为纪念柳茹村贡姓始祖贡祖文而建。贡祖文（1103—1182），宋代人，曾任南宋武德大夫都总将军、秣陵关总镇，与抗金名将岳飞为挚友。岳飞被杀后，贡祖文冒着生命危险，将岳飞三子岳霖藏于家中，以年老为由，辞官至丹阳柳茹隐居。

贡氏宗祠1991年被公布为丹阳市文物保护单位。

岳氏宗祠

岳氏宗祠位于丹阳市司徒镇全州培棠村北。始建于南宋宝庆二年（1226年），清康熙十年（1671年）重建，1992年复修。祠堂坐北朝南，现存五间，硬山式。宋宝庆二年（1226年）岳霖之子岳珂任丹阳知县，为纪念祖父岳飞精忠报国和贡祖文抚孤之恩，岳珂与其长兄岳琛在紫阳渡建报本祠，祠堂中存明景泰二年（1451年）祠规碑一通。

岳氏宗祠1999年被公布为丹阳市文物保护单位。

束氏宗祠

束氏宗祠位于丹阳市开发区三城巷村东。始建于明嘉靖十九年（1540年），清康熙七年（1668年）被毁后重修。原有建筑五进，现存四进三院，每进七开间，硬山顶。第三、四进之间各有东西厢房5间。第四进建筑面阔36米，进深14米左右。

束氏宗祠1999年被公布为丹阳市文物保护单位。

王公祠

王公祠位于丹阳市延陵镇柳茹村老街中。建于明天启元年（1621年）。明天启元年柳茹发生严重蝗灾，丹阳知县王志道率百姓抗灾灭蝗。百姓感其德，集资建祠纪念。现存房屋两进，三开间，硬山顶，面阔9.2米，前进进深3.7米，后进进深8.2米。王志道，进士出身，官至左都御史。

王公祠1999年被公布为丹阳市文物保护单位。

朱公祠

朱公祠位于丹阳市后巷镇西九灵山自然村。明万历九年（1581年），由朱栋隆创建。朱公祠坐北朝南，原有三进三楹，现存两进两楹。第一进三开间，面阔12米，进深6.2米，硬山顶，木质门楹上书“明亚中大夫进阶三品江西兵备副使”。第二进三开间，七檩进深7米，堂匾书“叙伦堂进士”。据朱姓族谱介绍先祖为南宋人，与大儒朱熹同宗。

朱公祠1999年被公布为丹阳市文物保护单位。

林家宗祠

林家宗祠位于丹阳市延陵镇松卜村。始建于宋代，清代重修。坐北朝南，占地面积为530平方米。现存五开间，房屋两进，硬山顶。东西山墙为五峰马头墙。屋内梁柱粗大，梁上雕有人物故事图，进深七檩，抬梁式，罗地砖地面。第一进附西厢房二间。第二进后门上刻“木东水源”四字，保存较好。

林家宗祠2003年被公布为丹阳市文物保护单位。

陈家祠堂

陈家祠堂位于丹阳市埤城镇祈钦行政村六都自然村。始建于明代，据村民所述，为纪念宋代太学生陈东而建。祠堂坐北朝南，共有五开间，房屋两进，面阔24.6米。第一进进深七檩8.5米，北墙嵌石碑1块，石质对联1副，院内有古井1口。第二进清代重修，进深九檩8.5米。陈家祠堂所在六都村，是北宋太学生陈东的后裔聚居的村落。

陈家祠堂2007年被公布为丹阳市文物保护单位。

贡家祠堂

贡家祠堂位于丹阳市开发区大贡自然村。据《贡氏宗谱》记载，贡家祠堂于明万历年间至崇祯十年（1638年）建成，清乾隆乙亥年（1755年）和嘉庆丁卯年（1801年）年进行扩建和维修。原为三进庭院式。第二进、第三进的西侧各三间保持明代原样，抬梁式，用料硕大。石板石雕精美，石望柱完整。第一进及二、三进的其余部分在新中国成立后经多次改建为供销社使用。贡家祠堂第二、三进梁架结构具有明晚期特征。

贡家祠堂2007年被公布为丹阳市文物保护单位。

赵家祠堂

赵家祠堂位于句容市郭庄镇道黄南村中偏西10米处，建于清代后期。现存房屋两进，硬山顶，有风火墙。前一进现为村供销社使用，梁柱不甚粗大，梁上有红绿彩绘；后一进现已废弃。前后两进门窗都已改动较大，但屋面、墙体还基本保持原样。

赵家祠堂2011年被公布为句容市文物保护单位。

茅家祠堂

茅家祠堂位于京口区大市口街道梳儿巷30号，系已故全国政协副主席、桥梁专家茅以升家的祠堂，现仅存享堂。面东，面阔三间14.6米，进深七檩5.9米，高5.9米，硬山顶。

茅家祠堂1993年被公布为镇江市文物控制单位。

毛氏宗祠

毛氏宗祠位于京口区大市口街道梳儿巷28号。晚清建筑。雕花门楼基本完整，有横额石刻“毛氏宗祠”，门堂、享堂、寝堂为一轴线，享堂与寝堂间有卷棚式走廊。享堂面东，面阔三间10.5米，进深七檩9.2米，高6.17米，硬山顶。

彭公祠

彭公祠位于北固山甘露寺西侧。建于晚清。门楼上有磨砖横额“江山生色”四字，上款为“光绪庚寅”（1890年），门上浮雕花鸟人物等。享堂硬山顶，面阔三间13.5米，进深10.5米，高10米，檐下有斗拱，柱枋雕塑“福禄寿”三星等；东侧有硬山顶房屋，面阔三间12.4米，进深10.5米；正南檐下施斗拱，屋内梁柱硕大，雕花装饰。

解氏礼分支祠

解氏礼分支祠位于镇江新区丁岗镇葛村东首一队。该祠是解氏宗祠分祠，建于清道光年间，石额保存完好。祠内有“植本堂”“佑启文后人”匾额，曾被卖，后作为文物追回。该祠三进原貌基本保存。

解氏乐分祠

解氏乐分祠位于镇江新区丁岗镇葛村解氏宗祠后现第九村民小组。该分祠基本保存原貌。三间房屋，新中国成立前后曾办私塾学校。

邹家祠堂

邹家祠堂位于丹阳市埤城镇越岭行政村邹家自然村。建于清代，坐北朝南，共三进两院一天井。第一进五开间已改建过。第二进门楣上有“晋陵分派”四字，左右砖雕人物图。北面门楣上有“德格甘泉”四字，上层屋檐下有砖雕，为云纹仙鹤、人物故事图案，工艺精美。大院内青砖铺地。屋内东西山墙完好，进深七檩，硬山顶。前檐为船篷廊轩。第三进五开间，进深七檩，月梁雕有荷花纹样。祠堂较残破，但雕花门楼及部分石雕有一定价值。

吴家祠堂

吴家祠堂位于丹阳市埤城镇宝山行政村吴家自然村。该建筑建于清代，坐西朝东，硬山顶，占地面积633平方米。现存房屋三进二院。第一进进深七檩，大门门楣上砖刻“世家第一”四字，抬梁式，山墙为穿斗式。第二进面阔13.8米，进深10米，门楣上刻“源远流长”四字，砖雕已残，残余部分雕刻精致。第三进为三开间，进深七檩 9.3 米，柱梁粗大。该祠堂极为残破，但残存雕花门楼有一定艺术价值。

彭家祠堂

彭家祠堂位于丹阳市后巷镇飞达行政村彭家自然村。该建筑为彭姓先民于明清时由江西迁入时建造。祠堂原有两进，现仅存后进五开间，坐北朝南，面阔 20 米，进深 7.8 米，硬山式。中一间为大厅，供奉祖先。大门口有抱鼓石一对。2007 年村民集资维修。

唐家祠堂

唐家祠堂位于丹阳市后巷镇其林行政村唐家自然村。该建筑建于清代。坐北朝南，硬山式砖木结构，建筑占地面积约 229 平方米。第一、二进三开间，面阔 12.4 米，进深七檩 7.6 米。第一进现村民办幼儿园使用。第二进为唐家祠堂，平时作茶馆用。该祠堂对研究清代丹阳地区祠堂建筑风格、居民习俗有一定的价值。

夏家祠堂

夏家祠堂位于丹阳市开发区大泊岗行政村大夏家自然村。建于清代。坐北朝南，三进二院，占地面积约 552 平方米。第一进三开间，面阔 12.7 米，进深七檩 8.2 米，后有一走廊。第二进进深九檩 9.7 米，柱梁粗大，东西山墙完好，地面平铺水磨方砖，青石台阶。第三进进深九檩 9.6 米，长形青砖铺地。

步家祠堂

步家祠堂位于丹阳市开发区陈家行政村步家自然村。建于清代。坐北朝南，两进一院，占地面积约 296 平方米。第一进三开间，面阔 12.9 米，进深 6.5 米，南墙两坐三峰马头墙，大门口抱鼓石一对，青石质，图案有喜鹊登梅、麒麟、仙鹤、鹿等。第二进三开间，面阔 12.9 米，进深九檩 11.2 米，柱梁粗大，方形水磨青砖铺地，抬梁式，东西山墙五峰马头墙。

虞氏宗祠

虞氏宗祠位于丹阳市云阳镇新民行政村虞家自然村。建于清代。两进两院，抬梁式，硬山顶，七开间，面阔 26 米。第一进进深 9.2 米，第二进进深 10 米。2005 年村民集资重修。

冷家祠堂

冷家祠堂位于丹阳市练湖管委会东岗社区前东岗村东南。建于清代。坐北朝南，占地面积 478 平方米，硬山式，前后三进，通面阔 12.7 米。第一至三进均为三开间，进深七檩，深度分别为 6.6 米、7 米、8.5 米，第二、三进用料粗大，第三进屋面破损。

西贺马家祠堂

西贺马家祠堂位于丹阳市延陵镇乐村行政村西贺自然村。建于民国时期。原三进，现仅存一进，占地面积约 159 平方米。建筑五开间，面阔 19.2 米，抬梁式，柱梁粗大，进深七檩 8.3 米，东西山墙完好，前后墙修建过，地面修建为水泥地板，屋面为现代青瓦。

仁里潘家祠堂

仁里潘家祠堂位于丹阳市访仙镇仁里行政村仁里庄自然村。建于 20 世纪 30 年代。坐北朝南，硬山式，通面阔 12.7 米，占地面积约 516 平方米。原三进，现仅存第二、三进。第二进三开间，进深九檩 13.1 米，抬梁式，柱梁粗大，大厅内有“笃庆堂”匾额一块，于 1947 年制。方格子门窗，水磨方形青砖铺地。第三进三开间，进深九檩 11.6 米，前檐木质方格子窗，青砖铺地，柱梁粗大，后一架修建过。该祠堂对研究丹阳民国时期祠堂建筑有一定的价值。

东茆刘家祠堂

东茆刘家祠堂位于丹阳市访仙镇双茆行政村东茆自然村。建于民国时期。坐北朝南，占地面积约492平方米。第一进五开间，面阔17.7米，进深七檩9.9米，抬梁式，门口有青石抱鼓石一对，雕有双狮戏球。前后墙及外墙用砖、水泥修建过。第二进五开间，进深9.9米，柱梁粗大，抬梁木结构，地面已修建成水泥地板，西接一小间。

东茆孙氏宗祠

东茆孙氏宗祠位于丹阳市访仙镇竹丽行政村东茆自然村。坐北朝南，共四进三院，占地面积约1268平方米。前后三进，每进五开间，通面阔21米，进深九檩，柱梁粗大。第三进院内有汉白玉抱鼓石一对，石雕图案精美细刻，有双狮滚球，1996年重修。

大钱甲祠堂

大钱甲祠堂位于丹阳市云阳镇横塘大钱村。清代建筑。坐北朝南，硬山式，占地面积约129平方米。原有三进，现仅存一进，三开间，进深八檩，屋内柱梁粗大，北面后一檩为加建。屋面改修过。大钱甲是大村，早年该村有钱姓祠堂共4个，现仅存1处。

独山杨家祠堂

独山杨家祠堂位于丹阳市访仙镇独山行政村杨家自然村。建于清代。现存二进。第一进今改造较大，仅存木结构。第二进三开间，面阔12.3米，进深九檩10.4米，抬梁式，方形水磨砖铺地，前廊卷棚轩上木雕大都保存较完整。

王家祠堂

王家祠堂位于句容市华阳镇茅山路村。清早中期建筑。原四间，为王姓住宅一部分，后作祠堂。现只存3间。面阔11.5米，进深9米，开间3.4米，檐口高3.15米。七架梁，梁柱粗大。柱顶端卷刹，木排山，有雕花，沿袭明代风格。硬山顶，有马头墙。

第四节　名人故（旧）居、传统民居

五柳堂

五柳堂位于镇江市区演军巷16号。原有前后共七进平房及一座藏书楼，为明清和民国时期民居建筑群。现原地保护三进和一座藏书楼。第一进为楠木厅，第二进为斜厅，第三进为三合院式阁楼厅，均为面阔三间的硬山式平房。楠木厅系明代建筑，梁架、立柱均为楠木，梁架用材硕大，立柱呈棱柱状，顶部有卷刹，做抬梁，次间山面无脊柱。这种宋元遗制实例，甚是可贵。斜厅建于清代前期，整个屋身斜形而立，与楠木厅不在一条中轴线上，颇具个性。阁楼厅两侧次间附设阁楼。藏书楼两层，建于民国初年，亦名游经楼，取陶潜诗“游好在六经”之意，为著名收藏家陶蓬仙藏书、写作之处，他曾在此编纂《润州唐人集》等书。

五柳堂宅主陶蓬仙，祖居江西浔阳，迁江都，后居镇江，凭“络丝”手工劳动逐步发展成江绸业巨擘。陶氏系五柳先生陶潜之后人，故题“五柳堂”以示对先人尊崇之情。五柳堂建筑群延续明、清及民国三个历史时期，代表着镇江古民居的特点和风格。

五柳堂1995年被公布为江苏省文物保护单位。

梦溪园

梦溪园位于镇江市区梦溪园巷21号，是北宋科学家、进步政治家沈括晚年在镇江的住宅。沈括在此完成了《梦溪笔谈》及《梦溪忘怀录》《良方》《茶论》等著作。沈括卜居于此8年，卒后归葬钱塘，其家人仍居镇江，此后梦溪园逐渐荒芜。南宋年间，赵善湘、辛弃疾任镇江知府时曾予以修葺。后梦溪园数易其主，原貌早已荡然无存。1985 年，镇江市政府在原址上初步修复了梦溪园。2010 年，镇江市文化局筹资实施扩建一期工程。

沈括（1031—1095），杭州钱塘人，自幼好学，钻研学术，神宗时积极推进、支持王安石变法，是一位进步的政治家，官至翰林学士。他博学善文，一生致力于科学研究，用功极勤，在天文、地理、数学、历法、地质、生物、化学、医药等方面造诣很深，是当时世界上少有的一流科学家。他晚年在梦溪园所著的《梦溪笔谈》是一部很有价值的著作，其中自然科学方面的成就达到了当时世界先进水平。英国研究中国科技史的权威李约瑟博士赞叹："《梦溪笔谈》是中国科学技术史上最重要的里程碑。"

沈括曾作《自志》："翁年三十许时，尝梦至一处，登小山，花木如覆锦，山之下有水，澄澈极目，而乔木翳其上……元祐元年，道京口，登道人所置之圃，恍然乃梦中所游之地。……于是弃浔阳之居，筑室于京口之陲。巨木蓊然，水出峡中，停萦杳缭，环地之一偏者，目之梦溪。"梦溪园原占地十亩。缘溪依山而筑，园内有花堆阁、岸老堂、萧萧堂、壳轩、深斋、远亭、苍峡亭等建筑。

梦溪园 1985 年被公布为镇江市文物保护单位。

西长安里民居建筑群

西长安里民居建筑群位于镇江西津渡小码头街，系由 40 多幢三合院组合而成的一座大宅院，为镇江望族传人徐宽宏创建。整个院落没有高墙深院，以房屋连接组合而成封闭格局。临小码头街通道巷口两屋之间设有过街楼，楼上住人，楼下为通道，两侧房宇连成一体，借天不借地。住人以专司管理进出。东西向三条支巷，均在西端设太平门，遇紧急情况随时开通，便于及时疏散。整个建筑群分布有序，主次分明。

西长安里民居建筑群 2007 年被公布为镇江市文物保护单位。

张家老宅（积昌堂）

张家老宅位于镇江新区姚桥镇华山行政村张家自然村。老宅由清李鸿章的管家张麒麟建于清同治年间。前后三进，现留有正房、两侧厢房等房屋，内设花园，占地约 2000 平方米。整个建筑平面呈"門"字形，结构保存完整。

张家老宅 2007 年被公布为镇江市文物保护单位。

务本堂

务本堂位于丹阳市埤城镇城南村老街，为清代官宦王玉石私宅，具有较高的历史、艺术价值。务本堂建于清代中期，三进三院。第一进五开间，七檩进深。第二进为明间大厅，面阔 21 米，进深 10.4 米，有门楼，精美砖雕、石雕，房内罗地地面，抬梁式，柱梁结构粗大，有卷棚廊轩结构，木雕精美。第三进五开间，进深七檩，上下两层。

务本堂 2007 年被公布为镇江市文物保护单位。

吉庆里民居建筑群

吉庆里民居建筑群位于润州区京畿路中段北侧，与红卍字会旧址毗邻。整体建筑分东西两组，中为巷道。东侧 2、4、6、8 号，前后四进，均为砖木结构二层楼。西侧 3、5、7 号，前后三进，均为砖木结构二层楼，为典型的江南三合院式民居建筑。整体建筑为清末民初风格，青砖外墙，整体布局和建筑工艺体现了镇江传统民居建筑群落的特色。吉庆里民居建筑群属于近代镇江里弄式传统民居建筑，富有都市特色。

吉庆里民居建筑群 2014 年被公布为镇江市文物保护单位。

东长安里民居

东长安里民居位于润州区小街东长安里2、4、6、8号。该建筑坐西朝东，前后四进。由于地处缓坡，整体四进由东向西逐级抬升。第一、二进为砖木一层，第三、四进为砖木二层，四进均为三间两厢结构，南有窄院子。该建筑体量较大，砌筑完整，布局清晰，花窗木雕精美，具有鲜明的地方特色。第一进前墙有砖雕“福”字，边镶四环图案，四个角花均保存完整，天井地面有雕花，南面为木质板壁墙。第二进北门为磨砖外八字，门上方嵌有方石，石上刻虎头，虎头下有八卦图案。其南院内有井一口，白石六角形井栏，内壁甃砖，边镌“徐”“家”“井”“甲子春建”。第三进风火墙上有“福”字砖雕，雕花木门保存较好，堂屋为原貌，木板壁墙，木楼梯以供上下。第四进二层，木质窗扇尚存，雕花栏杆较精致。

东长安里民居2014年被公布为镇江市文物保护单位。

吉安里民居建筑群

吉安里民居建筑群位于润州区小街中段。建筑群坐西朝东，分为南北两部分，中为巷道，东西有骑楼将建筑连成一个整体。整幢建筑群东侧临街为商铺，临街骑楼有“吉安里”门额。巷道南北两侧共计有五组三间两厢格局二层楼房。该建筑群体量大，布局清晰，结构完整，体现了镇江里弄式传统民居建筑群的建筑风格与特色。

吉安里民居建筑群2014年被公布为镇江市文物保护单位。

怀德堂

怀德堂位于镇江新区姚桥镇爵家村，为徽派风格建筑。20世纪初由丹徒富商朱子洪出资建造。共三进，五开间。中为厅堂，夹墙间有暗室。前后进之间有厢房、天井，厅堂方砖铺地，天井青石铺院，两个天井地面中间的石板分别刻有龙门、鲤鱼图案，寓鲤鱼跳龙门之意，门窗隔扇“二十四孝”图案雕刻精美。

怀德堂2014年被公布为镇江市文物保护单位。

胡家住宅

胡家住宅位于丹阳市云阳镇西门大街城脚巷2号，建于清代中期。该建筑坐北朝南，三进六厢，上下两层，硬山式砖木结构民居。所有正房厢房均能互通，青石铺地，有精美砖雕。每进面阔11.6米，进深7.2米。

胡家住宅1999年被公布为丹阳市文物保护单位。

导墅老街

导墅老街位于丹阳市导墅镇河滨北路，全长300余米，始建于清代中叶。街道北侧民居以二进居多；南侧民居前面临街，后窗临老鹤溪河道，多为一进。大街现有老茶馆、书场和酒肆，街道路面为长条花岗岩石铺筑。导墅老街对于研究丹阳清代街区历史文化具有较高的价值。

导墅老街2003年被公布为丹阳市文物保护单位。

西门大街

西门大街位于丹阳市云阳镇西门大街。西门大街始建于明清时期，曾为丹阳的繁华闹市区，县衙在该大街的东首。文庙在大街的北侧，现县衙、文庙都已毁，但西门大街两侧仍有明清古建筑群，其中有文物保护单位“林家大院”“胡家住宅”，建筑规模较大，风格独特。位于西门大街东首的“警钟楼”原为城市救火会。“正仪坊”“老西门桥”同在西门大街上。西门大街是丹阳市区现存古民居最集中、保存最完整的一条古街区。

西门大街2003年被公布为丹阳市文物保护单位。

访仙古街

访仙古街位于丹阳市访仙集镇西南，由大街、中街、东街、后街 4 条街组成，宽 2 ~ 3 米，总长度约 640 米，街道路面由长方形砂条石铺成。始建于宋代，两侧建筑错落有致，古木挑檐，木栅格窗，显示了江南古镇的风貌。古街中有清代“官酱园”，有“华罗庚故居”，有 1938 年侵华日军造成的“近月轩惨案旧址”，有访仙镇富商“汤通庆民宅”，有清代“访仙桥”等各类建筑。古街对研究古代城镇发展、人民生活状况等有较高的价值。

访仙古街 2007 年被公布为丹阳市文物保护单位。

培远堂

培远堂位于丹阳市埤城镇城南老街，建于清代。原有房屋三进，现只存第二进。第二进大厅，五开间，面阔 16.4 米，九檩进深 13.3 米，硬山顶，抬梁式，有卷棚轩，木雕精美。

培远堂 2007 年被公布为丹阳市文物保护单位。

束锡琦民宅

束锡琦民宅位于丹阳市埤城镇门楼行政村下门楼自然村。该建筑建于清咸丰二年（1852 年）。西南朝向，砖木结构，硬山顶，面阔 12.5 米，占地面积 505 平方米。房屋四进。第一进三小间，进深六檩，方砖铺地。第二进三开间，进深七檩，方砖铺地，东西山墙保存较好。天井青石板铺地。第三进进深七檩，二层楼房，中间明间为方格子门窗。第四进进深七檩，二层楼房，天井左右各一小门。

束锡琦民宅 2007 年被公布为丹阳市文物保护单位。

九十九间半

九十九间半位于丹阳市新桥镇陆家村。建于清代中期。原建规模为三进正房，正房北、东、西约有三排长附房包围，三排附房平均十二间一排，南、西为外围墙及大门，故俗称“九十九间半”。现存三进正房及东、北两面附房，现存占地面积约 1650 平方米。第一进只剩残部。第二进为正厅，抬梁式，用料粗大，有卷棚廊轩。第三进为上下两层跑马楼。该民居是丹阳地区为数不多的清代中晚期大型民居建筑，有较高研究价值。

九十九间半 2007 年被公布为丹阳市文物保护单位。

吕城张家大院

吕城张家大院位于丹阳市吕城镇姜贺街。坐北朝南，原有五进，现仅存第三进五开间，面阔 17.2 米，进深 12 米。中一间为厅堂，柱梁粗大，抬梁式。左右各两间有改动，门楼砖雕已损，留有部分，门槛石雕有“寿”字，院内青石铺地，占地面积约 304 平方米。

吕城张家大院 2007 年被公布为丹阳市文物保护单位。

蒋氏住宅

蒋氏住宅位于京口区第一楼街 47 号。宅为一进两厢七架梁，檐下有廊，正房及两厢房均有雕花隔扇。堂屋、内室陈列红木家具，房屋前花园内植麦香、枸杞树，均有百年历史。门上方横“横秋堂”石额，门前有一对门枕石。后院中有古井一口，院中有原房屋界石两方。

蒋氏住宅 1993 年被公布为镇江市文物控制单位。

东街赵氏宅

东街赵氏宅位于镇江新区大港街道港中新村社区旌德里 9 号。建于清代晚期。该宅前后共五进，穿堂式。房屋用料较小，装饰简朴。

东街赵氏宅 1999 年被公布为镇江市文物控制单位。

冷氏宅

冷氏宅位于镇江新区大港东街旌德里53号。清朝末期建筑。宅院前后共三进，分左右二中轴线。右中轴线为过道天井及偏房，左轴线每进正屋大门均朝东，磨砖砌成。屋檐下有挂落，地面铺设青石板。天井窄小。

冷氏宅1999年被公布为镇江市文物控制单位。

赵氏宅

赵氏宅位于镇江新区大港街道伯先社区伯先里28号。住宅分为前厅（吹鼓厅）、天井、大厅、小楼。小楼于清咸丰年间被太平军烧毁。朝东有一砖雕门楼，雕刻细腻、圆润。大厅名“明恕堂”，面阔三间，进深七檩加置卷棚，硬山顶，建于清前期。

赵氏宅1999年被公布为镇江市文物控制单位。

张家埭砖雕门楼

门楼原是扬中市三茅镇建设村十九组张庆云私宅。清代末年（约1900年）所建。白石板托底，四层砖，雕花雕字，高4.3米，宽2.7米，工艺细腻，雕刻精致。

张家埭砖雕门楼1999年被公布为镇江市文物控制单位。2004年，因建设需要，门楼迁移至扬中市国土公园内。

秀才府

秀才府位于京口区谏壁镇西街7号。建于清代。硬山顶，小瓦，外墙水泥抹面加固。原大门已被封，门两旁的一对抱鼓石仍在。2002年改造，内部结构改动较大，已不见原貌。

安乐堂

安乐堂位于润州区小龙王巷15号。原为任姓人家居住，祖上原来经营“德安泉”浴室。整体建筑为两进，三间两厢式结构，南面、东面均有院子，西面另有一间偏房，上有平台，可能原为花厅。大门上有匾额，上刻有“安乐里”三字，进门右侧墙上刻有“进德”二字。另在第二进后小门左下角有一地界碑，上刻有“安乐堂任，南至北四丈一尺六寸，东至西六丈六尺六寸”字样。

丁氏民居

丁氏民居位于润州区小龙王巷27号。建筑为二层回马楼，外墙青砖叠砌，明三暗四结构，中有天井，二楼外有木质栏杆围绕，所有木制门窗花纹清晰可见。有风火墙。

汤氏民居

汤氏民居位于润州区小龙王巷23、25号。据传汤氏祖上以捕鱼为生，后靠打捞上的银两发家。建筑为四进三院，面阔三间，前三进为明三暗四结构，最后一进为明三暗五结构，中有水井一口。地上所铺均为青色方砖，屋顶有三峰马头墙。整个外墙为青砖叠砌。

大龙王巷22号民居

大龙王巷22号民居位于润州区大龙王巷22号。该建筑原为国民党军官家产，现属镇江市第一人民医院房产。二层楼结构，一楼三间正房，前有一天井，二楼三间两厢式结构，外墙为空斗墙，青砖叠砌。

大龙王巷44号民居

大龙王巷44号民居位于润州区大龙王巷44号。坐北朝南，前后两进，二层回马楼，中有天井，歇山顶。木质雕花门窗，刷有红漆。外墙青砖叠砌，外刷石灰。

张氏民居

张氏民居位于润州区大龙王巷 89 号。坐南朝北，两层小楼一幢，三间两厢式结构。门楼砖雕保存较完整，歇山顶，单峰马头墙，整个外墙青砖叠砌。据传为做皮毛生意的张莲生家宅。

徐氏民居

徐氏民居位于润州区大龙王巷 50 号，芦州会馆巷 24、26 号。建筑前后三进。前一进为三间两厢式结构，后两进为三间一厢式结构，两层小楼。硬山顶，外墙外涂石灰。据传为徐鑫山的家宅。

高氏民居

高氏民居位于润州区大龙王巷 63 号，火星庙巷 14、16 号。据传该建筑最初拥有人姓高。建筑共有三进，面阔 12.9 米，纵深 19.1 米。最前方是堂屋，五架梁结构，中有天井。后两进为七架梁结构，单峰马头墙，外墙为乱砖墙。大门上左右两角砖雕保存完好，木制门窗雕花清晰可见。第二、三进之间左侧搭一小屋。第二进房屋从中间分隔，形成两个院落。

火星庙巷 46 号民居

火星庙巷 46 号民居位于润州区火星庙巷 46 号。该建筑一进，三间两厢式平房。面阔 10.6 米，纵深 9.6 米，前有一天井。外墙为乱砖墙，大门有磨砖门罩。

李氏民居

李氏民居位于润州区火星庙巷 60 号。二层回马楼，面阔三间 10.5 米，纵深 15.3 米。第一进原有灶房，第二进为七架梁。外墙为青砖叠砌，建筑内部木质门窗雕花保存完好，堂屋木板门花纹清晰可见。大门上方为白过门石。

钱氏民居

钱氏民居位于润州区火星庙巷 68 号。据说祖上姓钱，开布店为生。该建筑为二层楼，楼下三间，楼上为四间两厢。天井中有一方断碑，上书“古大夫桥”四个大字，另有“光绪己丑年九月立”“里人公建”小字。屋顶为四坡水顶，外墙为乱砖堆砌，上部空斗墙，二楼外栏杆为木质竹节造型。

丰和巷陆氏民居

丰和巷陆氏民居位于润州区丰和巷 15 号。建筑前后两进，为三间两厢式二层楼。外墙为乱砖墙，五峰马头墙，大门上的砖雕和建筑上的木雕仍有部分尚存。屋顶为硬山顶。

丰和巷 28、30、32 号民居

民居位于润州区丰和巷 28、30、32 号，清末民初建造，四间两厢式结构，二层小楼。外墙为乱砖墙，28 号大门上方有白石门罩，硬山顶，二楼外墙窗户上有砖雕，建筑内部木质花纹装饰尚存。

芦州会馆巷汤氏民居

汤氏民居位于润州区芦州会馆巷 16 号。芦州会馆巷原为芦州人的聚居之所，该建筑原主人姓汤。前后两进，二层小楼，硬山顶，三间两厢结构，中有天井。天井中有楼梯通往二楼，木质窗户花纹尚存。

芦州会馆巷 10 号民居

民居位于润州区芦州会馆巷 10 号。三间两厢式结构，中有天井。硬山顶，小七架梁。

芦州会馆巷 55 号民居

民居位于润州区芦州会馆巷 55 号。二层小楼一幢，楼上为三间两厢式结构，楼下为堂屋，旁为两厢，中有天井。外墙上为乱砖墙，下半部分用水泥覆盖。硬山顶，建筑木质装饰尚存。

张氏民居

张氏民居位于润州区芦州会馆巷 65 号。原主人姓张，原为美孚石油公司中国代理商。二层小楼，中有天井，三间两厢式三合院，明三暗四结构。外墙为乱砖墙，硬山顶。单峰马头墙。

大杨家巷陈氏宅

陈氏宅位于润州区大杨家巷 15 号。相传祖上为道台，建筑坐南朝北，砖木穿堂式结构。共有三进，头一进明三暗四结构，七架梁。第二进九架梁。第三进七架梁。大门处为石砌门雕，上面刻有花卉、几何图案，前、后门处均有户对一对。门窗上均有木质图案。

节约巷冯氏民居

冯氏民居位于润州区节约巷 37 号。祖上姓冯，原在山巷开米店为生，后败落。建筑原为二层小楼，后改为平房，三间一厢式结构，小七架梁，中为堂屋。外墙为乱砖墙，屋顶为歇山顶。

节约巷倪氏民居

倪氏民居位于润州区节约巷 39、41、43 号。主人曾是为宴春酒楼股东之一。房子为三间两厢三合院式二层小楼，后有一院，院中有水井一口。外墙为乱砖墙，屋顶为歇山顶，上覆大瓦。

陈氏民居

陈氏民居位于润州区节约巷 10 号。据传原为谢馥春老板家宅，姓陈。三间两厢式，中有天井。硬山顶，外墙石灰粉刷。

雁儿河巷 2 号民居

民居位于润州区雁儿河巷 2 号。据传原为尼姑庵，后经过公房改造，现居住 5 户人家。前后两进，中有天井。三间两厢式结构，七架梁。外墙为乱砖墙，北面外墙右侧角落处有一奠基石，上刻八卦图案，下书“泰山石敢当”五字。

乔东组乔氏宅

乔氏宅位于润州区蒋乔镇乔家门社区乔东组。建筑为一栋二层楼，砖木结构，清末所建。面阔 16 米，进深 11 米。二楼木排窗保存完整。外墙下半部分为乱砖墙，上半部分为空斗墙，木质花窗尚存。硬山顶，上覆小瓦。

慎王堂

慎王堂位于丹徒区辛丰镇黄泥行政村孔家自然村。始建于天启年间（1621—1627）。原有两进，现存正厅三间，面阔 12.5 米，进深 9 米，高 7 米，硬山顶。厅内原悬有董其昌题书匾一方，现已不存。门前有上马石一对。前进门楼上有“居士仁义”砖雕。

葛村榜眼第

葛村榜眼第位于镇江新区丁岗镇葛村东段。共有三间一厢，有一更楼、小庭院，砖木结构。房主解兆鼎在光绪丙戌科武科考试中一甲第二名，获武榜眼，授二等花翎侍卫，出任广西郁林州参将。

太平里赵氏宅

太平里赵氏宅位于镇江新区大港街道港中新村社区大港中学正南边。该住宅坐落在老集镇上，砖木结构，坐东朝西，为对楼，两楼由宽约 2 米的天井分开。

谨慎堂

谨慎堂位于丹阳市云阳镇城南村益民路 85 号。建于清代晚期，占地面积 347 平方米。二进一院，现第一进已残破，第二进保存尚好，为二层楼房。面阔 11.1 米，进深 7.6 米，硬山顶。

敦厚堂

敦厚堂位于丹阳市后巷镇徐巷村。晚清当地徐姓富商建造，建筑占地面积约 700 平方米。三进两院四厢，砖木结构，规模较大。三进建筑通面阔 19.2 米。第一进为平房 5 间，七檩进深 5.7 米。第二进为正厅，进深 8.6 米，抬梁式，前廊有卷棚轩，梁柱用料粗大，梁上部图案描金。第三进为两层跑马楼式住宅，进深 6.3 米。住宅所有地面方砖铺地。院落由青白石板铺成。

敦厚堂是丹阳地区极少数保存完好的晚清大型民居，有较高价值。

大冷家林氏宅

大冷家林氏宅位于丹阳市埤城镇宝山行政村大冷家自然村中部。该建筑建于清代早期。坐北朝南，抬梁式砖木结构，硬山顶，占地面积 1211 平方米，面阔 32 米。第一进现仅存西二间，进深七檩，上下两层，东西山墙保存完好。第二进五开间，进深七檩，穿斗式柱梁结构，上下两层。第三进为七开间，进深七檩，东西厢房，上下两层，天井内有井一口，东西山墙保存完好。

胡桥朱家琦民宅

朱家琦民宅位于丹阳市埤城镇胡桥行政村朱家自然村。该建筑建于清末。坐北朝南，为二进一院砖木结构，硬山式，面阔 18.2 米，占地面积 445 平方米。第一进五开间，进深七檩 7.5 米，保存完好。第二进五开间，进深七檩 8 米，上下两层，抬梁式柱梁结构，椽上铺望砖，柱檩粗大。

王巷王海燕民宅

王海燕民宅位于丹阳市埤城镇尧巷行政村王巷自然村 246 号。该建筑建于清代中期。坐北朝南，为二进一厢房，抬梁式结构，硬山顶，占地面积约 500 平方米。第一进三开间，面阔 12 米，进深 7.8 米，七檩，东西山墙保存较好。第二进现存一间，进深七檩，上下二层，屋脊横梁粗大，木质较好。

常麓朱氏官宅

朱氏官宅位于丹阳市埤城镇常兴行政村常麓自然村。该建筑为朱姓官宦人家住宅，建于清中期。原规模宏大，有三院门、三处五开间四进。现仅存房屋一栋，门楼两座。房屋为五开间，进深七檩，抬梁式木结构，硬山顶，有卷棚轩，走廊上有木雕花纹，廊下有木隔扇，方砖铺地。门楼砖雕石刻精美。

彭安里朱氏民宅

朱氏民宅位于丹阳市埤城镇常兴行政村彭安里自然村 63 号。建于清代。坐北朝南，两进带两厢，占地面积 554 平方米。第一进五开间，进深七檩，上下两层，硬山顶，保存完整。第二进五开间，进深七檩，上下两层，卷棚轩廊，月梁头有木雕痕迹，东厢房三开间，西厢房两开间，保存较好。

老陈街 28 号张氏宅

张氏宅位于丹阳市埤城镇老陈街 28 号。建于清代，坐北朝南，两进带两厢结构，占地面积 460 平方米。第一进为四开间，进深七檩，上下两层。第二进五开间，进深七檩，上下两层，两侧厢房均完好。

尧巷朱家前后院

朱家前后院位于丹阳市埤城镇尧巷行政村朱家自然村北。由当地朱姓富商建于清代中期。由两处大型民居建筑组成，俗称“前七进”“后七进”。建筑坐北朝南。“前七进”现存第四、五进。五开间，面阔18米，四厢房，进深6.6米，七檩，两层楼。第四进门楼上有精致木雕，刻有双喜、牡丹花纹、凤纹，中间为人物故事图案。“后七进”现存五进。第一进为五开间，面阔18.9米，进深7.5米，七檩，上下两层，硬山顶，现存4间，东山墙已塌，穿斗式结构，隔扇砖墙完好。第二进现存三间，上下两层，进深七檩。第三进门楣上有精美石刻，中间为菱形对应相接，上下缠枝牡丹相衬，中间刻有“紫阳世泽”四字，上排为砖雕四组人物画像，工艺精致细腻。第三进为五开间进深七檩，前檐船篷轩，柱梁粗大。第四进上下二层，进深七檩，砖木结构。第五进完好。第六、七进抗战时被烧毁。

嘉山杨氏宅

杨氏宅位于丹阳市后巷镇嘉山行政村韩杨王自然村。建于清代。坐北朝南，硬山式，占地面积297平方米。前进面阔18.5米，进深9米，柱梁粗大。东厢房已毁，西厢房保存尚好。

徐巷徐金顺民宅

徐金顺民宅位于丹阳市后巷镇前巷行政村徐巷自然村。该建筑建于清代。坐北朝南，为二进一院，砖木结构平房，占地面积230平方米。第一进面阔三间，进深七檩。第二进面阔三间，进深七檩，两层小楼。前后进由两厢房连接。

尤区唐氏民宅

尤区唐氏民宅位于丹阳市司徒镇河西行政村尤区自然村。建于清代。坐北朝南，二进一院，梁柱粗大，硬山式，占地面积约250平方米。东西山墙有四峰马头墙。院内青石铺地，门楼上砖雕精美，细刻着人物及花卉纹饰。

荻塘曹氏宅

荻塘曹氏宅位于丹阳市司徒镇荻塘行政村曹甲自然村。前后两进带两厢房，占地面积约411平方米。第一进五开间，两层小楼，三间保存尚可。第二进亦为两层小楼，门楼砖雕人物故事图案。屋内梁柱粗大，院内青石铺地。

下长段王家堂间

王家堂间位于丹阳市开发区陈家行政村下长段自然村。清代建筑。坐北朝南，硬山式，占地面积约459平方米，是王姓支祠。第一进三小间，面阔11.6米，大门口有一对抱鼓石。第二进三开间，进深七檩8米。第三进五开间，面阔17米，进深九檩10.5米，梁柱粗大，抬梁式，留有卷棚式廊痕迹。地面方砖平铺。由该村王姓村民公用，也用于婚丧大事。

秀才楼

秀才楼位于丹阳市延陵镇麦溪行政村麦溪自然村中。晚清时民宅的主人是一名秀才，因此民宅一直被村民称为“秀才楼”。坐北朝南，硬山式。建筑占地面积155平方米，为一进三开间。进深七檩，6.7米，上下二层，门槛石上雕有吉祥物图案，东西山墙完好，西一间前檐及屋面坍塌。现无人居住。

太平天国王府旧址

太平天国王府旧址位于句容市华阳镇立新村18号，为一处民宅。东西两院，共十三间。东院：一进三间，硬山顶，门额和两侧为砖雕，长9.8米，宽约7.5米。西院：共两进，各5间，硬排山，长15.2米，前一进宽10.4米，后一进宽8.2米。前檐口高3.6米，后檐口高3米，脊高约7米。后房较简易。东院长9.8米，宽5米。西院前院长15米，宽4.2米；后院长15米，宽3.5米，东侧顶部有马头墙。相传曾用作太平天国王府。

第五节　塔、牌坊

昭关石塔

昭关石塔位于镇江市区西津渡古街东端。石塔始建于元代，明、清两代先后修治，是江南现存唯一喇嘛塔式过街塔。高约4.74米，用青石分段垒砌合成，由塔座、塔身、塔颈、十三天、塔顶等部分组成。

塔座由四根石方柱、石枋组成梁架结构的台座，东、西、北贯通，南靠观音洞外墙。东西石枋横额镌“昭关”两字，边款刻镇江知府、同知、通判、推官等人名，右刻丹徒知县、县丞、典吏等人名，落款刻“万历十年壬午十月吉日重修”。南北石枋正中镌刻梵文六字真言，北石枋两侧刻“佛日增辉”“法轮常转”；南石枋两侧刻“河清海晏”“天下太平”。塔身由两个相同的须弥座叠成，呈“亚”字平面，须弥座上为覆莲座和扁平形的塔身，上复有一个须弥座及一个仰覆莲座，亦呈“亚”字平面。圆锥形“十三天”之上为一圆仰莲，上置法轮，背刻八宝纹饰，最上是瓶状塔顶。石塔因地处临江险要之地，为守卫之关口，故名“昭关”，又形似瓶，称“瓶塔”，寓平安之意。石塔下可通车辆行人，习呼“过街石塔”。2000年，石塔大修，发现两件曼陀罗铜板等文物。

昭关石塔2006年被公布为全国重点文物保护单位。

甘露寺铁塔

铁塔位于镇江市区北固山后峰甘露寺东侧。原为石塔，由李德裕于唐宝历元年（825年）所建，后人习称“卫公塔”。唐乾符中遭火毁，宋熙宁九年（1076年）至元丰元年（1078年）改建为铁塔，明万历十年（1582年）被狂风刮倒后重修，清光绪十二年（1886年）塔因大风疾雷，倾倒四层，后又迭遭毁坏。1960年进行了整修。

铁塔现存塔基及残塔四层，残高约8米。第一、第二层为宋代原构，第三、第四层为明代补铸。塔形式为楼阁式，每层高约5尺，直径约8尺。塔身八面，四面辟门，铸有佛及飞天，犹存唐风。檐口置斗拱，柱头有卷杀，亦为宋制。铁铸须弥座八面饰海水波浪纹，上铸力士像及龙凤戏珠图。第二层铸楷书“国泰安宁”“法轮常转”及僧人姓名。第四层有“中宪大夫”等明代官名。1960年，对甘露寺宋代铁塔进行修整时，江苏省文物工作队镇江分队和镇江市博物馆共同发掘地宫。出土唐、宋文物2576件，主要有唐代金棺、银椁两副，内储从金陵长干寺移来的舍利11粒、禅众寺舍利156粒，以及润州刺史李德裕重瘗舍利和创甘露寺石刻题记、石函等重要文物。

甘露寺铁塔1982年被公布为江苏省文物保护单位，2013年被公布为全国重点文物保护单位。

僧伽塔

僧伽塔位于镇江市区东南的运河之畔，鼎石山之巅，今宝塔山公园内。该塔原在苏北洪泽湖南岸的泗州城，始建于唐代。南宋绍兴年间，因避战乱，僧人奉僧伽像来到镇江，于寿丘山建造僧伽塔。明万历年间，县学儒士倡议将此塔迁至今址。塔高32米，七级八面，青砖叠砌，塔顶呈伞形，塔轮直指云天。塔地处漕运要津，昔日为船只入城的标志。鼎石山南麓，因建有抗击“安禄山之乱”的唐代名将张巡的纪念庙宇——都天庙，故民间又称僧伽塔为都天庙宝塔。清光绪中叶，塔遭火劫，木质楼梯、楼板和木构件全部被焚，塔顶全部坍塌，塔身仍在。1961年8月，镇江市博物馆在塔底进行发掘，离塔底80厘米处发现地宫，地宫中央有岩石，凿一15厘米×25厘米石函，石函内置两座鎏金的小银塔和珊瑚、玛瑙、玉、玳瑁、珍珠等八宝。1981年塔修复。

僧伽塔 1982 年被公布为镇江市文物保护单位。

万善塔

万善塔位于丹阳市城区万善公园内，原名万寿塔，又称三义阁、城霞阁塔。始建于明崇祯十年（1637 年）。塔高 47.64 米，为砖木结构，平面呈八角形。塔身腰檐由数层砖平斜叠砌，下出木椽，斗拱承托。塔身砖壁由下而上逐渐向内收分，各层均有外廊，内有扶梯按层折上。铁制塔刹，覆钵形刹座上承露盆，并铸造莲瓣纹，上加相轮七道，塔刹柱贯穿其中，顶置铜宝瓶。宝瓶上铭文书“镇江府丹阳县万善塔大明崇祯十年仲春吉日造”。

万善塔 2007 年被公布为镇江市文物保护单位。

报恩塔

报恩塔位于镇江新区大路镇圌山之巅。塔建在基岩上，七层八角仿楼阁式砖塔，通高 29.52 米。下有仰覆莲瓣的白石须弥座，座高 0.92 米，底层直径 7.2 米。塔内有室，四面辟门，其他四面设龛，安佛像，每面转角有半圆倚柱，柱顶悬雀替挑大小额枋，枋间支莲花短柱的装饰，枋上做菊花头承腰檐，用叠涩出挑。柱枋均用磨砖，部分构件有细致纹样。

报恩塔为明崇祯年间陈观阳所建。陈观阳，镇江丹徒人，自幼家境贫寒，经悬梁苦读，终于考中进士，官至吏部主事。为报答家乡父老养育之恩，鼓励后辈认真读书，其倾历年积蓄建成此塔，命名“报恩塔”。后来，此塔成为长江航道上的标志，被誉为“万里长江第一塔”。1961 年 9 月，镇江市博物馆在维修报恩塔时发掘了地宫。地宫内出土有一长方形铜函，铜函盖上有陈观阳造报恩塔的记载，函内放有金、银元宝各一只，水晶一方，玛瑙一方，珊瑚一支，红蓝宝石、珍珠数粒，另有象牙佛珠一串，环放函底。

报恩塔 1986 年被公布为丹徒县文物保护单位，2014 年被公布为镇江市文物保护单位。

正仪坊

正仪坊，又称“黼黻文明”坊，坐落在丹阳市区西门大街。建于明代，为表彰明代尚书姜宝而建。姜宝为丹阳东乡人，明嘉靖三十二年（1553 年）进士，官至礼部尚书。牌坊横跨西门大街，东西向，为三门式。花岗岩石质，面宽约 8.9 米，通高 5.8 米，清代整修时又加青灰石构件，上刻有“黼黻文明”四字，意即经过此坊时要衣冠整齐，肃然起敬，注意礼仪。

正仪坊 1991 年被公布为丹阳市文物保护单位。

眭氏节孝坊

眭氏节孝坊位于丹阳市延陵镇柳茹行政村柳茹自然村。建于清乾隆九年（1743 年）。为旌表贡荫三之妻眭氏而立。朝东向，为三门四柱式，青石质地，面宽 7 米，高约 8 米。中间下方青石横书“旌表处士贡荫三眭氏之坊”，石柱右刻“瑶池冰雪”，左刻“贞明执操”，石额上刻“圣旨”，下刻“节孝坊”。

眭氏节孝坊 1999 年被公布为丹阳市文物保护单位。

束氏节孝坊

束氏节孝坊位于丹阳市访仙镇访南行政村大园自然村。建于清乾隆甲寅年（1738 年）。为旌表束正麒之妻束氏而立。南北向，单门式，砂石质，面宽 3.7 米，高 5 米，梁上刻有“旌表故儒束正麒之妻束氏”。梁上刻有双狮戏球图案。现保存较好。

束氏节孝坊 1999 年被公布为丹阳市文物保护单位。

朱氏先茔牌坊

朱氏先茔牌坊位于丹阳市云阳镇太阳城居委会朱家自然村。建于明万历四十二年（1615 年）。南北向，单门式，青石质地，面宽 3.26 米，现距地表高度 2.87 米，有部分埋入地下，石梁上刻“朱氏先茔”四字，上款“万历甲寅孟冬吉旦”，下款“孝孙文高立”。柱顶部刻有祥云纹及仙鹤，梁下雕有“双狮戏球”。据说朱姓墓主人为明代进士，此牌坊为墓主人孙朱文高所建。该牌坊是丹阳地区发现的极少数墓葬附属建筑，对研究明代官宦葬制、民俗有较高的价值。

朱氏先茔牌坊2007年被公布为丹阳市文物保护单位。

留墅牌坊

留墅牌坊位于丹阳市陵口镇留墅行政村留墅自然村。南北向，单门式，石灰岩石质地，宽4米，通高7米，牌坊曾遭破坏，顶部石匾额被毁，部分被石灰涂抹。据村民介绍，现石灰涂抹部分主要是双龙戏珠纹饰。文字部分尚存。

留墅牌坊2014年被公布为丹阳市文物保护单位。

吴氏贞节牌坊

吴氏贞节牌坊位于京口区大市口街道梳儿巷65号门口，系旌表杨洪彭妻吴氏的节孝牌坊。大理石质，为冲天式牌坊，高3.9米，阔8.3米，坊上浮雕双龙戏珠，门柱厚0.37米。刻联语“茹蘖饮冰奉两代五姑事葬祭都能尽礼”“丸熊画荻历六旬四世子孙曾均作奇男”，落款“嘉庆五年（1800年）六月穀旦建”。

陈氏牌坊

陈氏牌坊位于镇江市南山风景区文苑公园内。牌坊面向东北，为石质冲天式牌坊，高约5米，宽近8米。牌坊正面从左到右依次刻有“得气”“陈氏先茔”“藏神”字样。其中“陈氏先茔”四字为于右任所题。牌坊正面两侧刻有两副对联，一为“颍水支分文物簪缨绵世德，竹林寺近钟声梵韵护幽宫”；另一为“有远山作案白云红树无负名区，与先烈为邻春禴秋尝同垂不朽”。牌坊背面正中为谭泽闿题写的“延釐垂阴”，其左右两侧分别刻有“佳城”“葱郁”两字。牌坊背面立柱上亦刻有两副对联。据说陈氏为蒋介石保姆。牌坊为1936年重建。

田桥赵氏贞节牌坊

赵氏贞节牌坊位于镇江新区大路镇田桥村村口，又名“节孝坊”。清乾隆六年（1740年），恩赐建坊，为旌表“田明阳妻赵氏”所立。四柱三间三层石牌坊，宽5.21米，高5.72米。明间坊阔2.39米，次间坊阔1.41米。一层高3.79米，二层高4.72米，三层高5.72米。明间、两次间分别刻“彤管扬辉”“松柏盟心”“冰壶比洁”字样。三层中间刻“旌表田明阳妻赵氏节孝之坊”字样。1920年左右，当地人倚靠石坊建有小亭，亭深5.45米，面阔5.45米，砖木结构。牌坊顶部原刻“圣旨”二字已遭损坏。

第六节　桥梁、井、泉、池

一、桥梁

开泰桥

开泰桥位于丹阳市城区南门外大街，横跨于东西向的西门运河上。开泰桥又名“草堰桥”，始建于明万历年间（1590年左右）。为花岗岩石质单孔石拱桥，横纵联锁式砌置，桥拱部两侧有“开泰桥”三字。桥体东西明柱各有对联一副，东侧为“束京口潮流，百尺虹腰，高踞迎春以上；枕曲阿塔影，千层雁齿，迤趋萃秀而东”；西侧为“横波激石，峙并雄关，摇揖凤凰山秀；堰水长虹，跨当孔道，旁通香草河流”。桥面石阶，中心线铺条石路，以便独轮车通过。开泰桥下方的西门运河是明万历十六年（1588年）将丹阳县城西、南城壕拓宽浚深后而成，此后，成为大运河主河道，往来船只经此从丹阳城外绕行。

开泰桥 1985 年被公布为丹阳县文物保护单位，2011 年被公布为江苏省文物保护单位。

季河桥

季河桥位于丹阳市延陵镇九里村季子庙南大门外，又名奈何桥。现桥下的九里大塘原为元、明、清时期的香草河故道。季河桥始建于元至正二年（1342 年），由僧法安募建。明景泰二年（1451 年）改建为石拱桥，位于当时的季子庙南门之首。季河桥桥体为青白石石质，单孔石拱桥，纵联分节并列砌置，南北向，高 6. 18 米，长 22. 3 米，宽 5. 5 米。拱桥两侧龙门石上各刻有“季河桥”三字，拱角狮面雕塑为省内罕见。

季河桥 1991 年被公布为丹阳市文物保护单位，2011 年被公布为江苏省文物保护单位。

丁卯桥遗址

丁卯桥位于镇江新区丁卯街道丁卯村。该桥始建于东晋元帝时，丁卯日建成，故名。唐代重建，诗人许浑筑别墅于桥旁，著有《丁卯集》。桥为单孔石拱桥，青石质，南北向，跨大运河，存桥东部分叠石金刚墙和部分拱券石，残长 8 米，宽 6 米，矢高 5. 5 米。1995 年桥遗存因道路建设被拆除，仅存局部残基。

丁卯桥遗址 1987 年被公布为镇江市文物保护单位。

孩儿桥

孩儿桥在镇江市区南门外大街大觉寺东南，原名东鸿鹤桥，建于南宋宝庆三年（1227 年）。因其石柱形似孩童，故名孩儿桥。桥为单孔花岗岩拱桥，高 5 米，跨度 8 米，为镇江现存唯一的宋代石桥。

孩儿桥 2007 年被公布为镇江市文物保护单位。

斩龙桥

斩龙桥位于句容市茅山镇春城太子岗村南。桥下河水自西向东由句容春城流往丹徒宝堰，沟通了秦淮水系和太湖水系。斩龙桥始建于明代洪武年间，现所存桥体重建于清代光绪三十三年（1907 年）。该桥又称赞龙桥，东西向，跨袁相河，单孔石拱桥，青石质。全长 16. 5 米，桥面宽 7. 4 米，净跨 6. 8 米，矢高 3. 6 米。桥体基本保存完整，桥面阶石完好，桥拱上方两侧对称塑有 4 个龙头装饰，桥面两侧栏杆已损。斩龙桥所在地为古破岗渎旧址，在古代交通中有重要作用。相传明朝初年，刘伯温帮朱元璋破除全国之龙脉，来到这里，发现此地龙气很盛，遂拔剑刺向桥所在之地，以斩断龙脉，后在此造桥以断龙脉，起名斩龙桥。

斩龙桥 2007 年被公布为镇江市文物保护单位。

芦江桥

芦江桥位于句容市后白镇淮源村，跨秦淮中河，西通著名的赤山湖。又称芦岗桥，始建于南宋年间，现所存桥体建于清代光绪十三年（1887 年）。南北向，三孔石拱桥，青石质。全长 29 米，桥面宽 4. 7 米，桥孔净跨分别为 6. 4 米、7. 5 米、6. 4 米，中孔矢高 3 米。桥体基本保存完整，桥面阶石部分不存， 桥拱上方两侧对称 4 个龙头装饰，现仅剩 2 个。

芦江桥 2007 年被公布为镇江市文物保护单位。

太平桥

太平桥位于丹徒区宝堰镇老通济河上，又名三圈桥。始建于清咸丰二年（1852 年）。为三孔石桥，南北跨老通济河。全长 39 米，宽 5. 65 米，净跨 29. 5 米，两侧镌刻“太平桥”。该桥为丹徒现存最好的一座清代石拱桥，结构坚固，造型优美，保存完整，对研究丹徒古桥梁的建造历史有着重要的价值。

太平桥 2014 年被公布为镇江市文物保护单位。

官塘桥

官塘桥位于润州区官塘桥路以东，四明河以西。始建年代不详，现桥为清光绪年间重建。桥体为单孔石拱桥，长约 12.25 米，净跨 4 米，净矢高 2.42 米，纵联分节并列式砌筑。桥西石块镌刻“光绪乙未年孟冬月重建”。官塘及桥名最早见于宋《嘉定镇江志》。清《光绪丹徒县志》云：官塘桥在城南十里，为城南驿路。2012 年在官塘桥北侧考古发现唐宋以来历代道路叠压有序，证明了官塘桥是唐宋以来镇江东南出入镇江城的重要交通节点，也是官塘桥地名之由来，与文献记载基本一致，显示了官塘片区丰富的历史文化沉淀，具有重要价值。官塘桥桥体保存完好，历经百年，岿然不动，风貌犹存。

官塘桥 2014 年被公布为镇江市文物保护单位。

通泰桥

通泰桥位于丹阳市区新民东路，东西向跨护城河。又名永泰桥，俗称麻巷门桥。始建于明万历四十七年（1619 年），1919 年（民国八年）重修。为花岗岩质地单孔石拱桥。桥高 8 米，桥宽 8.7 米。桥基座下半部由青石砌成，上半部为花岗岩石，桥面由花岗岩石台阶形铺成。桥面中心有左右两条条石独轮车道，桥栏用花岗岩石砌成。桥拱用青石券砌而成，有对联一副，拱顶部条石上刻有“通泰桥”三字。北面刻有“大明万历己未造，民国八年重建”。

通泰桥 1985 年被公布为丹阳县文物保护单位。

新河桥

新河桥位于丹阳市云阳镇城河路东侧。始建于清代。南北向，为单孔石拱桥。桥长约 29.5 米，宽约 6.9 米，高约 1.5 米。桥基座由花岗岩面砌成。桥两边刻有“新河桥”三字。桥面呈等腰梯形，桥栏为花岗石块单砌而成，约 1 米高。桥原跨越于东西向的护城河上。20 世纪 90 年代初河道被废弃堵塞，今桥坐落于平地之上。

新河桥 1991 年被公布为丹阳市文物保护单位。

三思桥

三思桥位于丹阳市区谷口街东西向的内城河上。又名再思桥，始建于元大德年间（1297 年左右）。桥上原有亭，清乾隆三年（1738 年）知县胡葵重修。为单孔石拱桥，南北向。桥高约 5 米，长 18.4 米，宽 4.8 米。桥面由花岗岩石平铺，桥栏是用青石砌成，桥两边镌刻“三思桥”三字。

三思桥 1991 年被公布为丹阳市文物保护单位。

环青桥

环青桥位于丹阳市城区江苏省丹阳高级中学内。又名来秀桥，始建于明洪武年间，清道光年间重修过。该桥为单孔石拱桥，青石质，坐落在泮池的东面。南北向，连接原孔庙前泮池，南通往笔架山。桥长约 18.2 米，宽 3.2 米，桥栏高 1.1 米，桥面由青石平铺。

环青桥 1999 年被公布为丹阳市文物保护单位。

锁翠桥

锁翠桥位于丹阳市城区江苏省丹阳高级中学内。始建于明洪武年间，清道光年间重修过。桥为青石单孔石拱桥，坐落在泮池的西面，南北向，连接文庙前泮池，通往笔架山。桥长约 13 米，宽 3.6 米，桥柱高 1.8 米，桥面由青石平铺。

锁翠桥 1999 年被公布为丹阳市文物保护单位。

板桥

板桥位于丹阳市云阳镇南草巷。原名孔家桥，始建于宋咸淳九年（1273 年），明成化六年（1470 年），知县荣实重修。桥连接南草巷与小牛场弄。坐落于东西向内城河上。桥长约 14.2 米，宽 4.2 米，高约 2.7 米，桥基座由石灰石块叠砌。桥拱形由长方形青石砌成，桥面及桥栏 2006 年重修过，桥面为柏油路面。

板桥 1999 年被公布为丹阳市文物保护单位。

沈家桥

沈家桥位于丹阳市云阳镇夥巷北端。原名永安桥，始建于宋代，明弘治十二年（1499 年）重修。桥南北向，横跨内城河。为单孔石拱桥，花岗岩石质。桥长 16.4 米，宽 4 米。中心线上压印，为方便独轮车通行而开凿。桥拱南侧内壁刻有“大明弘治十二年次三月”等字。2006 年桥栏杆用青石块重建。

沈家桥 1999 年被公布为丹阳市文物保护单位。

访仙桥

访仙桥位于丹阳市访仙镇。原名博望桥，始建于宋景定年间，清代重修。南北向，横跨老九曲河。为单孔石拱桥，桥长 14 米，宽 4.5 米。桥面由花岗岩条石铺成，桥面呈梯形，桥栏由长方形青石砌成。桥两边有“访仙桥”三字。

访仙桥 1999 年被公布为丹阳市文物保护单位。

荆村桥

荆村桥位于丹阳市云阳镇荆城村，坐落于九曲河上。始建于元至正元年（1341 年），里人束崇文建，明永乐年间僧一慧重建。为单孔石拱桥，东西向。桥长 23.7 米，桥宽 5 米，中间宽 3.7 米。桥拱形顶部刻有“荆村桥”三字，青石桥栏上雕有莲瓣纹。1998 年村民对桥栏修建过，桥面为花岗青石平铺，现桥仍使用。

荆村桥 1999 年被公布为丹阳市文物保护单位。

华甸桥

华甸桥位于丹阳市开发区华甸社区华甸村。始建于宋景定年间（1260—1264），里人华福成建；明洪武十四年（1381 年），里人徐义等重建。1991 年由石板桥面改为混凝土水泥路面。该桥横跨老九曲河上，为单孔石拱桥。桥长 26 米，宽约 4.2 米。桥栏为水泥混凝土浇灌而成，桥拱由花岗岩石圈砌，桥基座由青石错缝砌成。

华甸桥 1999 年被公布为丹阳市文物保护单位。

扈云桥

扈云桥位于丹阳市皇塘镇蒋墅行政村青龙山，建于明代万历年间，清代重建。东西向，横跨吕渎河。为石板桥，桥柱为两组三块长方形花岗岩石竖立。桥面由三组三块长方形花岗岩石平铺成。桥栏用水泥浇灌修建过。桥长 26.5 米，中间宽 2.1 米，两边宽 5 米。现桥保存较好。

扈云桥 2003 年被公布为丹阳市文物保护单位。

老西门桥

老西门桥位于丹阳城西。又名宝成桥，始建于明万历年间，由知县韩万象建造，原为拖板桥。清康熙二十一年（1682 年），宝成桥圮，知县吴之彦重修。清雍正、光绪年间及民国时重修多次。该桥横跨在西门运河上，桥东西向。桥长约 36.6 米，宽约 6.3 米，高约 12 米。桥基由青石块垒砌，民国时期桥栏及桥板用混凝土浇筑重修过。栏高约 1.5 米，桥面为近代用混凝土铺面，该桥现仍为交通要道。

老西门桥 2003 年被公布为丹阳市文物保护单位。

吕渎桥

吕渎桥位于丹阳市皇塘镇藤村自然村。始建年代不详，清同治六年（1867 年）重建。为石板桥，东西向，横跨在吕城通往蒋墅的吕渎河上，是吕城至蒋墅吕渎河上的唯一古桥。桥基座由青石砌成，桥面由五块长方形青石铺成。桥北面有“吕渎河”三字，桥栏为花岗岩，由三块两组砌成。桥长 15.54 米，正桥长 4.7 米，宽 3.1 米。现保存较好。

吕渎桥 2003 年被公布为丹阳市文物保护单位。

符庄桥

符庄桥位于丹阳市吕城镇西符行政村符庄桥自然村东南，坐落在永济河上。始建于清代。单孔石拱桥，花岗岩石质地。桥东西向，桥长约 21 米，宽约 3 米，桥面改建过，加盖方块水泥板，桥身中部南北均有对联一副：“南通大闸千年水，北达长江万里湖”。

符庄桥 2007 年被公布为丹阳市文物保护单位。

葛城桥

葛城桥位于丹阳市珥陵镇祥里行政村南葛城自然村西北。建于清代。平板石梁桥，坐落于南北向的老丁义河道上。桥柱由 6 块花岗岩条石组成。桥面由花岗岩长条石 3 组 9 块铺成，宽度 1.7 米，长度 13.9 米，侧镌“葛城桥”。

葛城桥 2007 年被公布为丹阳市文物保护单位。

望褚桥

望褚桥位于丹阳市皇塘镇下琴行政村绕云岸自然村西，东西向，横跨在南北流向的越渎河上。石板桥，花岗岩石质地。桥两边基座由青石块叠砌而成。桥柱为两组 9 块长条花岗岩石竖立成。桥面由 3 组 3 块长条形大理石平铺成。桥两边镌“望褚桥”。桥长 12.4 米，宽 1.8 米。据《光绪丹阳县志》记载，“望褚桥”桥名为里人怀念唐代中书令、大书法家褚遂良所起。

望褚桥 2007 年被公布为丹阳市文物保护单位。

映月桥

映月桥位于句容市天王镇集镇老街内，桥下河水自东向西流往赤山湖，是秦淮河上游来水之一。清光绪四年（1878 年）建。该桥南北向，跨秦淮南河，单孔石拱桥。全长 19 米，桥面宽 5.4 米，净跨 6.5 米，矢高 4.3 米。2011 年完成全面维修。“映月桥”名副其实，每当月亮东升以后，站在桥西侧就可看见月亮的倒影映在桥中间的水面上。特别是在每月的农历十五，月如银盘，水似明镜，月映桥下，水天一色。

映月桥 2008 年被公布为句容市文物保护单位。

义成桥

义成桥位于句容市后白镇二圣北河桥村西 1 千米处。始建于宋代，原为木桥，清光绪四年（1878 年）被水冲毁，光绪十二年（1886 年），知县张允清、商贾陈鸿春倡捐重修，百姓感念，称为“二圣桥”，是今二圣桥镇名之源。该桥南北向，跨镇北河，三孔石拱桥。全长 28 米，桥面宽 4.4 米，三孔净跨分别为 4.5 米、6.0 米、4.5 米，矢高 4 米。但因年久失修，石质风化严重，栏杆尽失。

义成桥 2011 年被公布为句容市文物保护单位。

善庆桥

善庆桥位于丹阳市开发区石谭行政村东石谭自然村南北向的东石谭沟上。建于清代。为纵联分节单孔石拱桥，桥栏杆、桥面花岗岩石质，桥基由少量石灰石构成。桥长约 16.7 米，桥宽约 3

米，高约4米，桥两面刻有“善庆桥”三字。该桥是清代石潭村村民向东出村的必经之路，桥下的东石潭长沟从北首的丹徒区域一直向南流入丹阳，是河流两岸农田灌溉的主要水源。

善庆桥2014年被公布为丹阳市文物保护单位。

皇甫桥

皇甫桥位于丹阳市导墅镇白庙行政村皇甫庄自然村西，横跨在南北流向的丁义河上。清《光绪丹阳县志》载：皇甫庄为唐代著名诗人皇甫冉、皇甫曾兄弟居住地。皇甫冉（717—770），留有《皇甫冉诗集》3卷，《全唐诗》录多首。皇甫曾（？—785），留有《皇甫孝常集》2卷，《全唐诗》录诗48首。该桥为里人纪念皇甫兄弟而建。桥东西向，两边基座由青石块错缝砌成。桥柱由2组4块长条花岗岩石竖立，桥面由3组3块花岗岩铺成，东边桥面用水泥浇灌维修过，桥长18.9米，宽1.8米。

皇甫桥2014年被公布为丹阳市文物保护单位。

寺前桥

寺前桥位于丹阳市云阳街道办新民西路寺前街，南北向，跨于内城河上。始建于宋代，重修于明代，清道光年间也有修缮。为单孔石拱桥。桥长约16.1米，宽4.3米，高约5米。桥基础与桥拱用青石砌成。桥护栏用红砖水泥修建过，现桥面为沥青路面。

寺前桥2014年被公布为丹阳市文物保护单位。

除此之外，还有多座桥梁遗存，见表3-1。

表3-1 其他桥梁遗存一览表

序号	名称	年代	位置	规格	形制	备注
1	添子桥	清乾隆	京口区谏壁镇雩山村南运河支流上	桥长4米，宽1.1米，厚0.2米	单跨石梁桥，桥面为2块条石，桥两侧分别刻“添子桥”“永安闸”字样	
2	永德桥	清乾隆	润州区蒋乔镇平山行政村板桥自然村	桥长8米，宽约4.5米，净跨2.25米，矢高2米	单孔石拱桥	至今仍沿用
3	仙女桥	清	丹徒区谷阳镇槐荫行政村，跨村河	桥长26米，宽2.7米，矢高3.5米，净跨6米	单孔石拱桥，拱券纵联并列砌置，桥两侧拱券石有龙头雕和汲水兽，已毁	
4	高资街桥	清	丹徒区高资镇老街小河上，跨团结河支流	桥长7米，宽4.2米，矢高2米，净跨3.5米	单孔石拱桥，拱券为纵联分节并列式，桥上有石栏，北侧拱券石上有一尊汲水兽，桥下已干涸，有轻微损坏	
5	姚家桥	清	镇江新区姚桥镇姚镇村老姚桥港	桥长16.1米，宽1.67米，高3.5米	单孔石梁桥，3块石板拼成，桥上有石柱铁栏	原名“匡家桥”
6	忠显桥	明、清	丹阳市珥陵镇中仙行政村太子庙自然村西南角处，横跨于太子庙河上	桥长12.3米，宽2.6米，高约3米	单孔石拱桥	桥面铺石板已不存在，现桥拱部分直接暴露在地表

续表

序号	名称	年代	位置	规格	形制	备注
7	大成桥	清道光	丹阳市界牌镇界北行政村大成桥村中，横跨于老九曲河上	桥长约 20.3 米，宽约 3.3 米，高约 2.9 米	石梁桥，桥面由 9 块大理石组成，两桥墩用花岗岩石堆砌而成	桥面中间 2 块大理石毁于 1978 年。现用水泥浇灌修成
8	永安桥	清	丹阳市界牌镇界北行政村大成桥自然村，横跨于老九曲河分延出的一条通往新桥镇的东西向支流上	桥长约 4.8 米，宽约 1.64 米，高约 2 米	桥面为 3 块长条花岗岩石平铺，桥基座由乱石砌成。桥面两边各有“永安桥”3 字	
9	童家桥	清	丹阳市后巷镇飞达行政村童家桥自然村南废弃河流上	桥长 11.5 米，宽 1.72 米，高约 1.5 米	花岗岩石板桥，桥两墩由花岗岩石柱竖立而成，桥面由 4 组 9 块长条花岗岩平铺而成	保存较好
10	土桥	清	丹阳市区丁巷村后内城河上	桥长约 15.2 米，宽约 2.9 米，高约 2.5 米，桥墩高约 1 米	花岗岩石板桥，桥墩由青石垒砌，桥面用水泥混凝浇灌而成，桥栏由青砖、花岗岩石砌成	现仍使用
11	寺前弄桥	清道光	丹阳市云阳镇新民西路寺前街东西走向的内城河上	桥长约 16.1 米，宽 4.3 米，高约 5 米	单孔石拱桥，桥基座由青石块砌成，桥拱用青石砌成，桥栏杆用红砖加修过	桥面重新修建过，为柏油石子路面
12	板桥（原名孔家桥）	始建于宋咸淳九年，明成化六年重修	丹阳市云阳镇南草巷，跨越在东西向内城河上	桥长约 14.2 米，宽 4.2 米，高约 2.7 米	桥基座由石灰石块叠砌而成，桥拱由长方形青石砌成	桥面及桥栏 2006 年重修过，桥面为柏油路面
13	南马庄太平桥	清	丹阳市陵口镇居庄行政村南马庄自然村东南，横跨在南北面的小河沟上	桥长约 6.3 米，桥两端宽约 2 米，中间宽约 1.3 米	石板桥，桥南边桥面由 3 块青石铺成，中一块为长方形青石，两边为长条青石，桥两端基座用青石块砌成，桥南边石板上刻有“太平桥光绪十六年申冬日”	
14	董家桥	清	丹阳市陵口镇居庄行政村董家自然村西南角	桥长 19 米	花岗岩石质，桥面由 5 组共 25 块长条形花岗岩石铺成，4 桥墩由 4 组共 20 块长条形花岗岩竖立组成，桥梁保存度较好	1949 年后无维修，该桥形制完整，保存完好

续表

序号	名称	年代	位置	规格	形制	备注
15	洪家村太平桥	清	丹阳市陵口镇漕塘行政村洪家自然村，横跨于村东河塘上	桥长约 4.6 米，宽约 1.5 米	石板桥，花岗岩质地，桥面由 3 块花岗岩石板铺成，桥有两柱，柱为花岗岩竖立，桥面石板上刻有“太平桥”3 字	现较少使用
16	罗家桥	清	丹阳市吕城镇虎墅行政村罗家自然村西，横跨于南北流向的吕渎河上	桥长约 23 米，宽约 2.35 米	花岗岩石板桥，桥面由 3 块长方形花岗岩条石铺成，桥基座由青石块砌成，桥两边石板上刻有“罗家桥”3 字	村民在桥两边各加建一块水泥板，现桥仍使用
17	惠民桥	清	丹阳市吕城镇运河留庄行政村张村自然村，坐落在村前水塘上	桥长 10.5 米，桥中宽约 1.77 米	花岗岩石板桥，桥两头基座由花岗岩石块砌成，桥面由 3 块长条形花岗岩石平铺，左右各有“惠民桥”3 字	
18	惠政桥	清	丹阳市吕城镇运河留庄行政村留庄自然村，横跨于东面南北流向的永丰河上	桥长约 17.7 米，宽约 2.55 米	花岗岩石板桥，桥两边基座由方形青石砌成，桥面为花岗岩石平铺，桥柱各用 3 块长条花岗岩石竖立	村民用水泥混凝土对桥面重新修建过，现桥仍使用
19	万安桥	清	丹阳市吕城镇运河留庄行政村大留庄自然村东，横跨于南北流向的老永丰河上	桥长约 9.5 米，宽约 1.26 米	花岗岩石板桥，桥墩由两组 3 块花岗岩石竖立而成，桥面由 3 组 3 块长条石铺成，桥两面有“万安桥”3 字	现桥无人使用
20	马堰桥	清	丹阳市导墅镇白庙行政村雁墩自然村东，横跨于南北流向的老鹤溪河上	桥长 14.5 米，宽 1.8 米	石板桥，桥面由 3 组 2 块花岗岩石铺成，桥柱 2 组 3 块长条形花岗岩石竖立成，桥两边基座由长方形青石块砌成，桥两边有“马堰桥”3 字	现桥仍使用
21	洋西桥	始建于元至正三年，现存桥为清代所建	丹阳市导墅镇白庙行政村洋西桥自然村西，横跨于南北流向的丁义河上	桥长 15 米，宽 2.6 米	石板桥，桥两边基座由长方形青石错缝砌成，桥面由 3 组 3 块长条形花岗岩平铺而成，桥墩由 2 组 3 块长条形花岗岩竖立而成，无桥栏	现仍使用

续表

序号	名称	年代	位置	规格	形制	备注
22	中河阳石板桥	清	丹阳市司徒镇河阳行政村中河阳自然村，横跨于南北流向的老五龙河上	桥长10.9米，宽1.65米	石板桥，桥两边基座及桥柱由青石块错缝顺砌而成，桥面由3块3组花岗岩石平铺，桥西端有2块坍塌。	现无人使用
23	马陵桥	清	丹阳市司徒镇马陵行政村后马陵自然村北，横跨于东西流向的沿湖河上	桥长7.4米，宽5.9米	单孔石拱桥，花岗岩质地，桥面、桥栏杆、加建水泥墩均由民国时期侵华日军改建过	
24	吕陈桥	清	丹阳市司徒镇全州望岸庄自然村西北400米处	桥长12.2米，宽1.33米	石板桥，桥面由3块3组花岗岩长条石平铺而成，桥柱由4块2组花岗岩长条石竖立而成	现无人使用
25	檀树棵桥	清	丹阳市导墅镇东河行政村檀树棵自然村	桥长3.4米，宽1.4米	由3块长条石组成桥面，南北西桥墩由石块砌成	
26	沙碛桥	清光绪	丹阳市埤城镇城中村城北老太平河上	桥长12米，宽3.5米	砖石混结构的平板桥，墩柱共有两组，每组4根，为保护石墩外用青砖加糯米汁、石灰等扁砌而成	桥面原为石板，现加水泥铺面，据村民反映该桥从未维修，至今完好仍然使用
27	东方桥	清	丹阳市埤城镇城中村城北老太平河上	桥长11.7米，宽3.5米	两桥墩石质结构的石梁桥，长条桥花岗岩石铺面	现仍使用
28	坝头桥	清末	句容市宝华镇鲍亭行政村新下坝自然村西300米处，现属新下坝桥村南	桥长13米，宽3.8米，高1.9米，拱高1.4米	单孔石拱桥	
29	扬干桥	清末	句容市黄梅街道东储岗村东营房西30米处，跨沥河	桥长8.5米，宽2米，厚0.3米，拱高1.2米，净跨3.3米	单孔石拱桥	
30	袁家桥	清	句容市黄梅街道新塘行政村姚家自然村西南100米处，跨沥河	桥长11米，宽3.3米，厚1.5米，拱高2.4米，净跨4.4米	单孔石拱桥	
31	村西桥	清	句容市黄梅街道冯岗村西100米处，跨沥河	桥长11米，宽2.5米，拱高1.8米，桥厚40米，净跨4.5米	单孔石拱桥	
32	李家桥	清末	句容市黄梅街道新塘李家村西10米，122省道东北侧30米处，跨沥河	桥长8米，宽2米，厚0.3米，拱高1.5米，净跨1.85米	单孔石拱桥	

续表

序号	名称	年代	位置	规格	形制	备注
33	先子桥	清末	句容市黄梅街道巫墅村南约100米处，跨沥河	桥长8.8米，宽3.4米，厚0.3米，拱高2米，净跨4.6米	单孔石拱桥	
34	同道桥	清	句容市黄梅街道同道桥村南40米处，跨沥河	桥长12米，宽3.4米，厚0.5米，拱高1.65米，净跨4米	单孔石拱桥	
35	西庄桥	清光绪	句容市黄梅街道周家边村琅琊界东北400米处，跨沥河	桥长6.2米，宽2.7米，高2.4米，厚0.55米，拱高1.85米，净跨3.5米	单孔石拱桥	
36	茅庄桥	清末	句容市白兔镇茅庄村南500米处，跨前进河	桥长12.5米，宽2.8米，高2.7米，拱高0.4米，净跨4米	单孔石拱桥	
37	太平桥	清末	句容市开发区侯家边村东南10米处，跨沥河	桥长7米，宽约2.8米，净跨2.4米，拱高1.3米	单孔石拱桥，桥面由石板拼成，无护栏	
38	长安桥	清	句容市天王镇磨盘唐谷长桥村西南100米处，跨南河支流	桥长11.2米，宽1.8米，高1.8米，孔跨度10.1米	五孔石梁桥	
39	乐善桥	清光绪	句容市后白镇夏家边村东约500米处，跨三十河	桥长17.8米，宽4.6米，净跨3.5米，矢高4.3米	单孔石拱桥	又名“六神桥”
40	南新桥	清	扬中市新坝镇立新村		单跨石梁桥，由3块麻石长条面组成	桥面的两块石板在1954年发大水时被冲掉，当地居民将德生桥、福星桥各一块石板抬到此处，建造成现南新桥
41	永乐桥	清	扬中市新坝镇联盟村	桥长约6.6米，跨度超过5米，桥宽3.3米，石面厚0.2米，面积8平方米左右	单跨石梁桥，有3块长条麻石组成桥面，青片石垒桥墩	
42	太平桥	清	扬中市三茅镇德云村		单跨石梁桥，桥面由3块麻石长条组成	
43	中八字桥	清	扬中市三茅镇中桥社区	桥长17.6米，宽1.76米	由3块石条组成，南北分两段，双跨石梁桥，桥面为长条麻石	
44	南平安桥	清末民初	扬中市油坊镇下五圩村，跨长旺港上	桥长5.7米，跨度4.4米，宽1.7米，3块麻石各长5.7米，两边每块各宽0.52米，中间一块宽0.66米，厚均为0.3米。桥墩长2.5米，宽2.4米~3.5米，高3米	单跨石梁桥，青石垒成	

续表

序号	名称	年代	位置	规格	形制	备注
45	笃实桥	清末民初	扬中市油坊镇阳太村，该桥跨六圩港上	桥长5米，跨度3.4米，宽1.45米，3块麻石桥面，宽均0.3米，桥台长3.5米，宽2～3米，高2.8米	单跨石梁桥，桥东侧麻石上刻有“笃实桥”3字，青石垒成	
46	德胜桥	清末民初	扬中市八桥镇德胜村14组，桥跨现德胜港	桥长5.6米，宽1.71米，跨度4.6米	单跨石梁桥，桥面由3块麻石长条组成	现保存较为完好
47	万寿桥	1910年左右	扬中市三茅镇中林村15组，横跨唐加港	桥长12.9米	桥为3截，桥面由3块麻石组成，每块麻石宽0.6米，厚0.3米，有两处桥墩，均由4块麻石竖立而成	

二、井、泉、池

天下第一泉

天下第一泉在镇江金山之西约一里，原名中泠泉。泉水原与金山同在江中，清咸丰、同治年间成陆。泉四周叠石为池，白石栏杆，长宽各为9.7米。池南石壁嵌碑，高0.62米，宽2.15米，楷书“天下第一泉”，为清代镇江知府王仁堪书。泉南有一座重檐攒尖八角亭，名曰“鉴亭”，取“以水为镜，以泉为鉴”之意。泉北有一座两层楼房，一层前壁左侧嵌“中泠泉”碑，为常镇通海兵备道沈秉成于清同治八年（1869年）所书，右侧为清同治十年（1871年）沈秉成撰《中泠泉记》和清同治十一年（1872年）陈兆雄所书《中泠泉辨》两块石碑。此泉唐代时已天下闻名，唐名士刘伯刍分全国水为七等，把中泠泉列为第一，从此被誉为“天下第一泉”。

天下第一泉1982年被公布为镇江市文物保护单位。

紫金泉

紫金泉位于京口区解放路大市口广场西侧人行道旁。因在紫金山（北宋时山已削平）下而得名。宋代因泉凿井，元代重置井栏。泉栏青石呈六角形，底部边长各0.38米，口沿边长0.32米。泉栏东北面上阴刻双勾线，内纵刻两行楷书“至正十年岁次庚寅仲春良日里巷里正卿置”。泉石碑正面刻有“紫金泉”三字，为明万历年间丹徒知县庞时雍题写。

紫金泉1987年被公布为镇江市文物保护单位。

古泮泉

古泮泉在京口区东门坡。北宋元祐年间（1086—1094），润州郡守林希凿井，井栏刻“泮泉”两字，故名。有一对井栏，均呈八角形，一为白大理石井栏，高0.34米，口径0.46米；一为青石井栏，每边长0.18米，高0.44米，口径0.55米。下共一井穴。井西有一方高1.64米、宽0.65米的石碑，楷书“古泮泉”三字，并小楷字14行，行11字，记载泉的历史源流，为明代万历年间丹徒知县庞时雍撰书。“古泮”之名，来源久远，早在西周时，诸侯之学，即有泮官。科举时代称生员入学为入泮。学宫内（府学、县学）的泉、井，多以泮为名。此泉北，直至日精山，原为镇江府学范围。

古泮泉1987年被公布为镇江市文物保护单位。

葛洪炼丹井

葛洪炼丹井位于句容市华阳南路延伸段与建设路延伸段交汇点的东南侧。明《弘治句容县志》记载："青元乃邑之道院，内有石井，泉水清冽。相传葛稚川（葛洪）于此炼丹饮之，可以益寿，故曰青元丹井。"此井曾一度被誉为容山八井之一。唐代任蕃《葛仙井》诗云："古井沉碧碧，分明见百味。味甘传邑内，脉冷应山心。园人月轮净，直涵峰影深。"明代王韶《青元丹井》诗曰："洞天迥寂无尘埃，仙翁凿井连瑶台。碧梧叶蓉秋屡易，红桃春发春几回。金丹炼就光射日，玉液泻来香满怀。何当一浮生羽翰，遨游八极登蓬莱。"井上有石井圈，呈六角形，高 0.4 米，直径 0.48 米，上刻"丹井""灵雨仙泉""道光乙未"字样。

葛洪炼丹井 1999 年被公布为镇江市文物保护单位。

沸井

沸井位于丹阳市延陵九里行政村九里自然村。据方志记载，九里季子庙前有井百口，多数埋废，现仅存沸井六口。2000 年开发季子庙景区，重新在原井处清理恢复，每口井相距尺许，其涌泉三清三浊，四季涌泉不止。井水呈酸、甜、苦、辣、咸、淡不同味道，堪称"天下奇观"。井栏均青石质地，形制不一，保存较好。沸井是丹阳有记载的历史最长的古井，而且三清三浊，具有较高的历史、科学价值。

沸井 2007 年被公布为镇江市文物保护单位。

金家边成化古井

金家边成化古井位于丹徒区高资镇唐驾庄行政村金家边自然村东北。建于明成化二十年（1484 年）。井栏六角形，高 0.35 米，直径 0.55 米，内径 0.35 米。石质为当地所产白大理石，上有三行楷书铭文"大明成化二十年孟冬吉日置造"。井身用块石和青砖垒砌，井至今仍可使用。

金家边成化古井 1986 年被公布为丹徒县文物保护单位，2014 年调整公布为镇江市文物保护单位。

玉乳泉

玉乳泉位于丹阳市云阳镇城河北路砖瓦新村 1 号后院内。始建于南宋乾道六年（1170 年）。井栏为八角形，石灰岩质地。井栏刻"玉乳泉"三字，为宋陈尧佐书。井栏高约 0.5 米，内径约 0.32 米，外径 0.83 米，有提水时吊桶绳索磨损凹槽十余道。井壁由青砖竖砌而成。

玉乳泉 1985 年被公布为丹阳县文物保护单位。

白龙池

白龙池位于丹阳市埤城镇西风行政村白龙寺自然村北 50 米处。据清乾隆《丹阳县志》记载，该泉始建于梁大同年间。传说每逢大旱便会有白龙来此，老百姓向白龙祈祷求雨，结果非常灵验，所以建白龙池。传至宋代，因白龙池而建白龙寺。池本体为八角形，池壁石砌，下用青砖扁砌，池水深约 1 米，面积约 4 平方米。

白龙池 2007 年被公布为丹阳市文物保护单位。

永济泉

永济泉位于丹阳市西门小学内。建于明万历四十三年（1615 年）六月。井栏高 0.5 米，外径 0.6 米，内径 0.33 米，八角瓜棱形，石灰岩质地。井栏刻"喜舍信士张大年同妻殷妙忽长男张学忠次男张学孝万历四十三年六月□日建"。井壁用青砖圈砌。从井栏文字分析，该井由明代佛教信徒捐建。该井是丹阳地区极少数刻有名称、记事、时间款识的明代古井。

永济泉 2007 年被公布为丹阳市文物保护单位。

下蜀井

下蜀井位于句容市下蜀镇南街向西 16 米处。清康熙三十七年（1698 年）十月建。井栏保存良好，附近居民长年使用该井水。

下蜀井2011年被公布为句容市文物保护单位。

东泠泉

东泠泉位于焦山定慧寺大雄宝殿西南角。东汉时期，焦光在焦山隐居，在山中读书、炼丹，炼丹之水传说就来自东泠泉，因此东泠泉又被称为炼丹井。井栏为2002年新建，底座为莲花座，井栏东西两侧各刻“东泠泉”。井栏外径为0.61米，内径为0.5米。

鹿跑泉

鹿跑泉位于镇江南郊兽窟山南麓。池呈梯形，长3.8米，上宽2米，下宽3米。池前竖碑1通，刻“鹿跑泉”三字。

林公泉

林公泉位于镇江南郊夹山竹林寺后。林公指明崇祯年间重建竹林寺的林皋大师，此泉由其所开，故名。整泉倚山崖，泉池呈方形，四周为汉白玉栏杆，边长3米。泉后山崖上刻陆润庠书“林公泉”三字。

莲花泉

莲花泉位于镇江南山莲花洞下。圆形泉池，直径约2.25米，用青石块堆叠，状似莲蓬。

泮池

泮池位于丹阳市城区江苏省丹阳高级中学内。该池始建于明洪武年间（1368—1398）。池在原孔庙南面，现孔庙已毁。池东连市区内城河，西接西门运河，水源循环。东面有环青桥，西面锁翠桥，两桥呈南北向，并列在池的左右。池形呈半圆形，池体由长方形青石块堆砌而成。

西来泉

西来泉位于丹阳市埤城镇祁钦行政村夏墅自然村西南。井栏为圆锥形，花岗岩石质。井栏内径0.4米，外径0.6米，井栏厚0.08米。井壁用青砖竖砌而成。清《光绪丹阳县志》记载：“大同寺有古井三，南斗井，北斗井，西来泉。”该井原位于大同寺中，大同寺毁于抗日战争时期。西来泉在丹阳清代县志中有明确记载，是西晋始建的大同寺历史的旁证，具有一定的价值。

除上所述，其他古井概况见表3-2。

表3-2　其他古井一览表

序号	名称	位置	时代	井栏材质	规格	形制	现状
1	“张庆善堂”古井	京口区石头巷38幢院墙边		汉白玉	井栏高0.35米，井口内直径为0.3米，井口外沿为等边六角形，每边长0.26米，井栏厚0.1米	井栏西刻有“张庆善堂”四字，井栏东刻有“癸丑年”	
2	染坊巷古井	润州区小街染坊巷		青石	井栏高0.33米，直径0.62米，井口直径0.35米	井壁甃砖	井水清冽
3	天后宫井	润州区山巷底17号对面	清康熙	青石	井栏高0.3米，口径0.4米	圆形井栏，沿口呈红色，边沿为灰色，上镌刻楷书“天后宫题”4个大字，口沿有绳索磨出的多道凹槽	现仍使用

续表

序号	名称	位置	时代	井栏材质	规格	形制	现状
4	千尺井	润州区五洲山东麓净因寺北侧坡下沟南			直径约 1.5 米		20 世纪 80 年代初，众人集资重新修葺
5	贾家巷洪海偏堂井	润州区贾家巷 54 号居民家中		白石	井深 6 米以上	井栏上刻有“偏海洪堂”4 个大字，具体顺序读法无从考证，井内部用砖叠砌	使用时间较长，井壁长满青苔
6	吉瑞里西街古井	润州区吉瑞里	1914 年	石质	井栏内直径为 0.36 米，外直径为 0.5 米，高 0.4 米	井栏原为六边形，“文化大革命”时期换成水泥井栏，2007 年换成圆形石质井栏	井内壁长有青苔，井水清澈，现仍使用
7	西津渡古井	润州区西津渡街 16 号北侧		石质	井栏外直径为 0.5 米，内直径为 0.32 米，井栏高 0.3 米	井栏内侧有 5 道深深的凹槽	井水清澈
8	西长安里 4-1 号古井	润州区西长安里 4-1 号民居院内		石质	井栏外直径为 0.6 米，内直径为 0.34 米	井较深，井栏南北两侧各有一个直径约 2 米的小孔，井栏内侧有儿道较浅的凹槽	
9	西长安里 12 号北侧古井	润州区西长安里 12 号民居北侧		石质	井栏外直径约 0.55 米，内直径约 0.32 米，高 0.41 米	表面风化严重	井水污浊，已经不能使用
10	官舍古井	丹徒区荣炳镇曙光行政村官舍自然村内	明	青石	井栏高 0.18 米，外径 0.6 米，内径 0.5 米	井栏呈圆形，井栏上有绳索磨出的多条凹槽，井身用青砖垒砌	现仍使用
11	八福古井	丹徒区宝堰镇前隍行政村八福自然村内	清	青白石	井栏高 0.2 米，外径 0.56 米，内径 0.35 米	井栏呈鼓形，井栏上有绳索磨出的多条凹槽，井身用砖石垒砌	现仍使用
12	森林村古井	丹徒区荣炳镇胜利行政村森林自然村东南	清	火山石	井栏高 0.28 米，直径 0.53 米，内径 0.32 米	井栏呈八角形，井内用青砖垒砌	现仍使用
13	唐驾庄古井	丹徒区高资镇唐驾庄	清	白矾石/麻石	第一座井栏高 0.33 米，直径 0.58 米，内径 0.4 米；第二座井栏高 0.4 米，直径 0.53 米，内径 0.38 米	第一座井栏为八角形，井身用青砖垒砌；第二座井栏为六角形，井身用青砖垒砌	现仍使用
14	炭渚老街古井	丹徒区高资镇炭渚村	清	白矾石	井栏高 0.37 米，直径 0.66 米，内径 0.45 米	井栏呈不规则六边形，井栏上有绳索磨出的多条凹槽，井身用砖石垒砌	现仍使用

续表

序号	名称	位置	时代	井栏材质	规格	形制	现状
15	禹王古井	镇江新区姚桥镇华山村十六队				井栏上有被绳索磨出的几道凹槽	
16	华山村南宋古井	镇江新区姚桥镇华山村断山墩东北100米处	南宋		直径1米左右，井深10米	井壁由特制弧形青砖相互咬合砌成	
17	南斗井	丹阳市埤城镇祁钦村夏墅自然村中部	西晋	花岗岩石	井栏直径0.5米，内径0.32米	井栏为圆柱形，井壁由青砖砌成	
18	北斗井	丹阳市埤城镇祁钦行政村夏墅自然村中部	西晋	石质	井栏外径0.54米，内径0.41米，高0.29米	井栏为圆柱形，井壁由青砖砌成	
19	张巷古井	丹阳市埤城镇张巷大队张巷自然村中部		青石	井内径为0.4米，井栏上口厚0.37米，外径为0.67米	井栏为八角形，井壁由青砖砌成	现仍使用
20	王巷街古井	丹阳市埤城镇尧巷行政村王巷自然村老街268号东3米处	宋		井口直径0.5米	原井栏于20世纪90年代毁坏，井壁由青砖砌成	
21	夥巷丁氏古井	丹阳市云阳镇新民中路夥巷15号民房院内	民国	青石	井占地面积约1平方米，井栏高约0.33米，厚约0.09米，内径为0.34米	井栏外呈六角形，内圆，井栏内口有凹槽，井壁用青砖叠砌，井基座由长方形青石凿成	现无人使用
22	埤城镇中路古井	丹阳市埤城镇埤城村		石质	井栏内径0.4米，外径0.57米，高0.57米	井栏为圆形，下有花岗岩基座，井壁由青砖砌成	
23	埤城益民路古井	丹阳市埤城镇埤城村		石质		井壁上沿由红砖及石质井基座组成，下面由青砖砌成	原井栏近年已失，井栏为新砌
24	埤城老城南街20号古井	丹阳市埤城镇埤城村		石质	井栏内径约0.33米，外径约0.58米	八角形井栏，井壁为青砖砌成	
25	埤城老城南街36号古井	丹阳市埤城集镇		石质	井栏内径0.3米，外径0.4米	圆锥形井栏，地面基座为石砌，井壁上沿3圈为红砖砌成，其下由青砖砌成	
26	埤城老城南街42号古井	丹阳市埤城镇埤城村	明清	石质	井栏内径0.32米，外径0.4米	井栏为四角方柱形，下为石质基座，井壁由青砖砌成	

续表

序号	名称	位置	时代	井栏材质	规格	形制	现状
27	埤城老城南街80号古井	丹阳市埤城镇埤城村		石质	井栏内径0.3米，外径0.38米	圆锥形井栏，井壁上沿几层由红砖砌成，往下由青砖砌成	
28	埤城老城南街102号古井	丹阳市埤城镇埤城村		石质	井栏内径0.3米，外径0.51米	圆形井栏，井壁由青砖砌成	
29	埤城老城南街160号古井	丹阳市埤城镇埤城村			井口直径0.4米	井栏已失，剩余花岗岩石质基座。井壁上沿10层左右为红砖砌成，以下又有石质基座，往下为青砖砌，井壁上沿口已被抬高一次	
30	埤城益民路80号古井	丹阳市埤城镇埤城村		石质	井栏内径0.33米，外径0.55米	六角形井栏，下有石质基座，井壁由青砖砌成	井栏北侧部分由上而下已开裂
31	埤城益民路138号古井	丹阳市埤城镇埤城村	明清	石质	井栏内径0.3米，外径0.42米	井壁上沿有石质基座，基座下4～5层由红砖砌成，往下由青砖砌成	原石质井栏外沿被水泥涂抹改造过
32	埤城益民路190号古井	丹阳市埤城镇埤城村	明清	石质	井栏内径0.3米，外径0.52米	圆锥形井栏，井壁由青砖砌成	
33	埤城益民路200号古井	丹阳市埤城镇埤城村	明清	水泥	井栏内径0.3米，外径0.45米	现地面上井栏为水泥砌成，下部老井栏仍在，老井栏下部3～4层由红砖砌成，再往下由青砖砌成	
34	西巨东古井	丹阳市埤城镇西巨自然村	明清	石质	井栏内径0.38米，外径0.5米	井栏为圆形，井栏下为圆形平于地面的花岗岩基座，井壁由青砖砌成	
35	西巨西古井	丹阳市埤城镇西巨自然村	明清	石质	井栏内径0.33米，外径0.55米	圆形井栏，井壁由青砖砌成	村民为生活方便加了水泵设施
36	城中村郑家巷路古井	丹阳市埤城镇城中村	明清	石质	井栏内径0.33米，外径0.43米	圆形井栏，下有花岗岩基座，井壁由青砖砌成	
37	城中村郑家巷西路古井	丹阳市埤城镇城中村	明清	石质	井栏内径0.33米，外径0.42米	圆锥形井栏，井壁由青砖砌成	

续表

序号	名称	位置	时代	井栏材质	规格	形制	现状
38	城中村郑家巷东路古井	丹阳市埤城镇城中村	明清	石质	井栏内径0.3米，外径0.4米	圆锥形井栏，井壁由青砖砌成	
39	城中村老陈街古井	丹阳市埤城镇城中村	明清	石质	井栏内径约0.35米，外径约0.54米	八角形井栏，井壁由青砖砌成	
40	固家古井	丹阳市埤城镇固家村	明清	石质	井栏内径0.5米，外径0.9米	圆形井栏，较为粗大，井壁由青砖砌成	井壁内有新建抽水管
41	杨家村15号古井	丹阳市埤城镇杨家村	明清	石质	井栏内径0.3米，外径0.6米	圆形井栏，井台两端有抱鼓石一对，井壁由青砖砌成	
42	杨家村18号古井	丹阳市埤城镇杨家村		石质	井栏内径0.35米，外径0.5米	八角形井栏，下有石质基座，井壁下部由青砖砌成	
43	白马岗古井	丹阳市埤城镇白马岗村		石质	井栏内径0.27米，外径0.4米	圆锥形井栏，下沿位于水泥路面中，井壁由青砖砌成	
44	杏塘路王家古井	丹阳市埤城镇杏塘路自然村		石质	井栏内径约0.3米，外径约0.35米	四角方锥形井栏，井壁由青砖砌成	
45	杏塘路王家北古井	丹阳市埤城镇杏塘路自然村北农田之中		石质	井栏内径约0.3米，外径约0.52米	圆锥形井栏，井壁由青砖砌成	
46	新民中路37弄7号古井	丹阳市云阳镇新民中路37弄7号民房东侧		青石	井占地面积约2平方米，井栏高约0.43米，厚约0.14米，内径为0.4米	井栏呈圆鼓形，内圆留有24条绳索凹槽，井壁用青砖砌成	
47	新民西路167号古井	丹阳市云阳镇新民西路167号民房西侧		青石	井栏高约0.4米，厚约0.75米，内径约0.44米	井栏为八角形，内侧留有多条绳索凹痕，井壁用青砖砌成	井水清澈，现仍使用
48	陈山古井	丹阳市后巷镇建山行政村陈山自然村		青石	井栏内径为0.4米，外径为0.55米，高0.56米	井栏为圆锥形质，井壁用青砖叠砌	上半部村民用碎石修建过，现仍使用
49	管山村古井	丹阳市后巷镇建山行政村管山自然村		青石	井栏内径0.34米，外径0.5米，高0.38米	井栏为圆柱形，井壁为青砖叠砌，近代井壁加建过，井上半部用红砌扁砌1米左右	现仍使用

续表

序号	名称	位置	时代	井栏材质	规格	形制	现状
50	玉乳流泉井	丹阳市开发区瓜渚行政村胡家自然村	清嘉庆六年（1802年）	青石	井栏高0.45米，直径为0.58米，内径为0.23米	瓜棱形八角井栏，井栏边镌有“玉乳流泉”“大清嘉庆六年立”等字，井壁为青砖叠砌	
51	前隍村古井	丹阳市开发区前进行政村前隍自然村	清	花岗岩	井栏高0.4米，内径为0.32米，外径为0.55米	井栏为圆锥形，井壁为青砖叠砌而成，上半部近代人用红砖重建过	现仍使用
52	三思桥汤家井	丹阳城区三思桥街东侧		青石	井栏内径0.35米，外径0.48米，高约0.35米，井深约12米	井栏为圆柱形，井壁为青砖叠砌	该井所在地原有汤姓富户房屋四进，毁于侵华日军战火
53	谷口街潘家井	丹阳城区谷口街		青石	井栏高约0.35米，内径为0.33米，外径为0.44米	井栏为六边形，花岗岩石基座，井壁用青砖叠砌	现仍使用
54	谷口街张家井	丹阳城区谷口街		青石	井栏高0.33米，内径为0.34米，外径约0.5米，井深约15米	该井栏为八角形，井基座用八角形花岗岩石砌成，井壁为青砖叠砌成	该井所处位置原为丹阳清末名中医张少白私宅内，该私宅大部毁于抗日战争，现无人使用
55	谷口街冷家井	丹阳城区谷口街		青石	井栏高0.3米，外径为0.43米，内径为0.3米，井深约12米，井直径约0.8米	井栏为圆柱形，井壁用青砖叠砌	该井原为谷口街清代冷姓大户宅中，房屋毁于1937年侵华日军战火，现仍使用
56	谷口街17号古井	丹阳城区谷口街17号民房内		青石	井栏被市民抬高加红砖叠砌0.4米，井栏高约0.32米，内径约0.37米，外径为0.45米	八角形井栏，井壁用青砖叠砌	现仍使用
57	丁巷52弄12号古井	丹阳城区谷口街丁巷内		青石	井栏高约0.37米，内径0.34米，外径0.5米，井深约13米	井栏为圆柱形，井壁用青砖竖砌	井内水清，现为居民生活用水
58	西门大街查家井	丹阳城区老西门大街南侧		青石	井栏高约0.38米，内径约0.36米，外径约为0.54米	井栏为六角形，井座用青砖叠砌，井栏被村民修过，用红砖砌0.5米再加井栏	
59	胡家场16号古井	丹阳城区胡家场弄16号民房西6米处		花岗岩	井栏高约0.56米，内径约为0.35米，外径约为0.52米	井栏为圆柱形，井壁用青砖叠砌	现市民生活用水仍用此井

续表

序号	名称	位置	时代	井栏材质	规格	形制	现状
60	三板桥西36号古井	丹阳市三板桥36号院内		青石		井栏为圆柱形，井壁用青砖圈起，井座为花岗岩石质地	现仍使用。该井所处位置是明清时法华庵所在地，法华庵于清晚期被改造为丹阳县育婴堂
61	三板桥西51号古井	丹阳市云阳镇三板桥西街		青石	井栏高约0.4米，内径0.32米，外径0.62米	井栏为圆鼓形，井壁用青砖圈砌而成	现仍使用
62	新桥西颜家井	丹阳市区新桥西弄内		青石	井栏高约0.38米，内径约0.35米，外径约为0.56米	井栏为圆柱形，井栏被市民抬高，井壁用红砖加砌过，井栏下半部用青砖叠砌成	该井原在新桥西清代颜姓大户宅院内，宅院毁于1937年侵华日军战火
63	新桥西吕家井	丹阳市云阳镇新桥西街		青石	井栏高约0.35米，内径0.33米，外径0.56米	该井栏为圆柱形，井体为青砖叠砌成	该井所在地原为吕姓宅院，1937年毁于日军战火
64	公园后7号古井	丹阳市云阳镇公园后弄7号		青石	井栏高约0.39米，内径0.3米，外径0.48米	井栏为圆柱形，井栏基座为圆形花岗岩质地，井体用青砖叠砌而成	现仍使用
65	府官巷古井	丹阳市云阳镇西门大街府官巷内		青石	井栏高约0.4米，内径为0.35米，外径为0.52米	井栏为圆柱形，井壁用青砖叠砌，井栏口留有绳槽痕迹，共有10余条	井栏已存裂痕，现居民仍使用
66	北草巷3号古井	丹阳市云阳镇北草巷3号院内		青石	井栏高约0.72米，内径约为0.33米，外径为0.54米	井栏呈腰鼓形，正方形青石为基座，井壁上沿2米由红砖圈砌	近代居民对井重修过，现井仍然使用
67	小桥街25号古井	丹阳城区小桥街		青石	井栏高0.33米，外径为0.5米，内径为0.32米	井栏为圆柱形，井壁为青砖砌成	
68	小桥街27弄16号古井	丹阳城区小桥街		青石	井栏高0.4米，外径为0.53米，内径为0.34米	该井栏为圆鼓形，井座为圆形花岗岩石，圆形井台为近代改建	现仍使用
69	新桥南17弄4号古井	丹阳城区新桥南街		青石	井栏高0.38米，外径为0.49米，内径为0.32米	该井栏为圆柱形，井壁改建过，上半部可见红砌加建过，下半部由青砖砌成	现仍使用

续表

序号	名称	位置	时代	井栏材质	规格	形制	现状
70	北草巷董家井	丹阳城区北草巷21号		青石	井栏高0.38米，外径为0.55米，内径为0.38米	该井栏为八角瓜棱形，井壁为青砖竖砌而成	现仍使用
71	小牛场5弄5号井	丹阳城区大南门小牛场5弄		青石	井栏高约0.4米，内径为0.37米，外径为0.6米	井栏为八角瓜棱形，井栏上有绳索凹槽十余条。井栏中部有对称圆孔，直径约0.15米，应为居民锁井而凿。原井壁为青砖叠砌而成，现用红砖加砌过	现仍使用
72	小牛场11弄6号井	丹阳城区大南门小牛场11弄		青石	井栏高约0.37米，外径为0.56米，内径为0.3米	井栏为圆柱形，井栏外壁粗糙，井壁用红砖加砌过，下半部为青砖砌成	现仍使用
73	张甲村古井	丹阳市云阳镇横塘张甲村		青石	井栏高0.46米，外径为0.61米，内径为0.35米	井栏为圆鼓形，井壁用红砖重建过	
74	大尹甲古井	丹阳市云阳镇永福行政村大尹甲村		青石	井栏高0.41米，外径为0.6米，内径为0.32米	井栏为圆柱形，井壁用青砖砌成	现仍使用
75	东洋桥古井	丹阳市云阳镇新民行政村东洋桥粮管所仓库院内		青石	井栏内径0.37米，外径0.48米，高0.6米	井栏为圆鼓形，井体由青砖扁砌而成	现仍使用
76	东李戴村古井	丹阳市东李戴村	明清	白色石灰质	井栏外径0.59米，内径0.36米，高0.43米	井栏为圆形，井体由青砖圈砌而成	
77	吕城新街古井	丹阳市吕城镇河南圣旨西路新街		青石	井栏高约0.38米，外径0.46米，内径0.32米，厚0.14米，井深8米，井壁内径约2米	井栏为八角瓜棱形，该井有上下两井栏，井体用青砖扁砌	据附近居民介绍，该井原为吕城新街老当铺中水井，当铺毁于1937年侵华日军纵火
78	蔡塔古井	丹阳市吕城镇运河蔡塔行政村王家自然村		花岗岩	井栏外径0.47米，内径0.3米，高0.28米	圆形井栏，井壁用青砖竖砌	现仍使用
79	张官渡井	丹阳市练湖管委会张官渡社区张官渡村	清中期	砂石	井栏高0.35米，厚0.11米，内径0.32米	井栏为圆锥形，井壁用青砖砌成	现保存较好
80	张官渡魏家井	丹阳市练湖管委会张官渡社区魏家村	清中期	青石	井栏高0.67米，厚0.28米，内径0.39米	井栏为圆柱形，井座为花岗岩砂石，井壁用青砖横砌	现仍使用

续表

序号	名称	位置	时代	井栏材质	规格	形制	现状
81	前东岗古井	丹阳市练湖管委会东岗社区前东岗村		花岗岩	厚0.1米，内径0.34米，井深约10.5米	井体中上部由三只井栏相叠砌，井栏呈圆柱形，并有绳索磨出的凹槽，井壁用青砖砌成	现仍使用
82	龙城古井	丹阳市练湖管委会龙城社区龙城村		石灰石	井栏高0.38米，厚0.27米，内径0.33米	井栏为圆鼓形，基座为正方形青石块，井栏有小部分残缺，井壁用青砖叠砌	现仍使用
83	丁家庄古井	丹阳市练湖管委会龙城社区丁家庄村		青石	井栏高0.43米，厚0.12米，内径为0.38米	井栏为六角形，内圆，留有绳索磨槽10余处，井壁用青砖叠砌	现仍使用
84	西茆村井	丹阳市访仙镇双茆行政村大西茆自然村路边		花岗岩	井栏高0.32米，厚0.05米，内径0.33米	井栏为圆柱形，井壁用青砖侧砌	
85	大庄里北井	丹阳市访仙镇独山行政村大庄里自然村		青石	井栏高0.3米，厚0.11米，内径0.33米	井栏为圆柱形	
86	大庄里南井	丹阳市访仙镇独山行政村大庄里自然村		青石	井栏为0.71米见方，其中圆孔井口直径为0.36米	井栏为正方形，井壁用乱石块叠砌成六角形	
87	藤村古井	丹阳市皇塘镇藤村行政村藤村自然村		青石	井栏高0.43米，厚0.11米，基座1米见方	井栏内圆，与井座连体，石质风化，部分残缺，井壁用青砖砌成	
89	夥巷22号古井	丹阳市云阳镇新民中路颗巷22号民房院内	清咸丰	青石	占地面积约3平方米，井栏高约0.2米，厚约0.06米，内径约0.37米	井栏为八角形，井栏小部分石质风化、残缺，井壁用青砖叠砌	现仍使用
90	旧县古井	丹阳市延陵镇旧县行政村旧县自然村		砂石	井占地面积约3平方米，井栏高0.27米，厚0.07米，内径0.32米	井栏为圆柱形，井栏内侧有绳索磨出的凹槽，井壁用青砖叠砌，井栏下用红砖加高修建过	现仍使用
91	西庄湖古井	丹阳市延陵镇庄湖行政村西庄湖自然村		青石	井占地面积约3平方米	井栏与井座连体，村民用水泥加建过，井栏上加建压水阀	现仍使用
92	韦昭井	丹阳市延陵镇延陵行政村季子东街60号院内	明	青石	井占地面积约3平方米，井栏高约0.39米，厚约0.09米，内径0.36米	井栏为圆柱形，井壁用青砖叠砌	现仍使用

续表

序号	名称	位置	时代	井栏材质	规格	形制	现状
93	中松卜古井	丹阳市延陵镇麦溪松卜行政村中松卜自然村		砂石	井栏高约0.42米，厚0.1米，内径0.3米	井栏为圆鼓形，村民用红砖抬高井栏0.5米	现仍使用
94	前松卜古井	丹阳市延陵镇麦溪松卜行政村前松卜自然村		青石	井栏高约0.5米，厚约0.08米，内径约0.38米	井栏为六角瓜棱形	现仍使用
95	东厚诚村古井	丹阳市司徒镇全州厚诚行政村东厚诚自然村		青石	井栏高约0.35米，厚约0.06米，内径约0.43米	井栏为圆鼓形，井栏内侧有20余条绳索凹槽	现无人使用
96	后张寺村古井	丹阳市司徒镇张寺行政村后张寺自然村		青石	井栏高约0.35米，厚约0.11米，内径约0.33米	井栏为圆柱形，井壁用青砖叠砌	现仍使用
97	前姜堰村古井	丹阳市司徒镇张寺行政村前姜堰自然村		花岗岩	井栏高约0.3米，厚约0.09米，内径约0.32米	井栏为圆柱形，井壁用青砖叠砌	现仍使用
98	屯甸古井	司徒镇全州屯甸行政村屯甸自然村老街中			井栏高约0.42米，厚约0.1米，内径约0.33米	井栏呈八角形，内圆，井壁用青砖叠砌	1970年重修过，现仍使用
99	画院路46号古井	丹阳市云阳镇画院路46号民房南		青石	古井占地面积约3平方米，井栏高约0.38米，厚约0.085米，内径约0.34米	井栏为六角形，井栏内口留有多条绳索凹槽，井壁用青砖叠砌	现仍使用
100	沈家桥北河沿8号古井	丹阳市云阳镇沈家桥北河沿8号民房西侧			井栏高约0.33米，厚约0.1米，内径约0.36米	井栏呈圆鼓形，井壁用青砖叠砌	现仍使用
101	沈家桥北河沿9号古井	丹阳市云阳镇沈家桥北河沿9号民房院内		青石	井栏高约0.5米，内径约0.35米	井栏为八角形，内侧留有10余条绳索磨出的凹槽	现仍使用
102	沈家桥北河沿36号古井	丹阳市云阳镇沈家桥北河沿36号民房内		花岗岩	井栏高约0.34米，厚约0.06米，内径约0.38米	井栏呈圆鼓形，内侧留有10余条绳索磨出的凹槽，井栏口沿下方8米处有锁井用的对称的两只孔眼	
103	大卓井	句容市华阳街道大卓行政村电影院北墙外	明万历	青石	井栏高0.42米，直径0.75米，内径0.52米	井栏呈圆形，上镌铭文“大明万历十八年”等字	现仍使用
104	后莘古井	句容市开发区石狮后莘村南约200米处		麻石	井栏直径为0.8米，高0.6米	圆形井栏	现处在水田中，井内已淤塞
105	惠泉古井	丹阳市吕城镇吕城中心小学院内	清	青石	井栏外径约0.54米，内径约0.35米，高0.5米	井栏呈八角瓜棱形，刻有“惠泉”两字，井壁用青砖叠砌	现无人使用

第七节 其 他

铜钟

铜钟位于丹阳市人民公园内。钟连钮通高2.19米，外径1.4米，厚0.11米。截面为圆形，唇六曲，口沿铸以宽郭，钟体分三段浇铸。钟钮铸相背连体双龙，为传说中的龙第五子蒲牢。钟上铭文清晰可见："女弟子王十四娘请镌智炬如来破地狱真言……敕于本□建铸铜钟一口重五千五百斤……维唐中和三年岁次癸卯九月甲子朔十三丙子润州丹阳县朝银青大夫……"钟铭记载了铜钟于唐中和三年（883年）由信女王十四娘捐资首倡以铸的历史资料。

铜钟原在丹阳城内南大街普宁寺。据《普宁寺重建钟楼记碑》载："唐中和间信女王氏行十四娘捐资首倡以铸，构阁悬之。"寺始建于东晋咸康五年（339年），初名显阳，唐更名昭阳，宋祥符间赐额普宁，清咸丰十年（1860年）寺毁废，楼毁钟亦坠地。中华人民共和国成立后，钟置于丹阳县人民医院院内，1983年迁至现址建亭保护。经测定钟重3012.5千克。

铜钟1982年被公布为江苏省文物保护单位。

救生会旧址

救生会旧址位于镇江市西津渡古街昭关石塔旁。清康熙四十二年（1703年），京口蒋元鼐、朱用载、蒋尚忠等15人"劝邑中输钱，救涉江复舟者"，共捐白金若干，在西津渡观音阁成立"京口救生会"。清康熙四十七年（1708年），救生会购得西津渡昭关晏公庙旧址，建屋作为会址，即现址。旧址临街为砖木结构二层小楼，正门上置"救生会"石额，为清光绪二十一年（1895年）立石。朝北有院落和连廊。

救生会是古代救护各种船只和渡江人员的社会慈善机构。京口救生会专司打捞沉船和江上救生事宜，其影响遍及大江南北。江西、湖北、安徽各省纷纷仿效京口救生会，打造救生红船，实施救生事宜。该会成立后持续活动长达200年之久，在中国水上救生史上及古代民间慈善事业中均堪称奇迹。京口救生会比美国马萨诸塞州救生组织要早84年，较英国皇家救生会要早188年，堪称世界上最早的救生组织。

小码头遗址位于西津渡蒜山游园东侧两百米处，清康熙年间始筑。清同治至光绪前期，随着江淤上涨，码头改向上发展。1900年前后，码头被淤填成陆地。据考证，该码头是清代救生会、义渡局的专设码头。2008年4月，小码头遗址经考古发现。9月，镇江市建设局、城投公司修复小码头并对外展示。

2011年救生会旧址连同考古发现的小码头（救生码头）被合并公布为江苏省文物保护单位。

唐老一正斋膏药店旧址

唐老一正斋膏药店旧址位于京口区中山东路五条街口。前为石库门式门楼，后有东西大院。门楼现为二层，一层大门立两根罗马柱，上承拱券，二层挑出两露台；两旁磨砖分别嵌方石刻隶书"起首一正斋唐家老店""工商部注册万应灵膏"。店门内右侧墙上嵌有清同治八年（1869年）丹徒县正堂奉宪勒石永禁碑（永禁假冒一正膏）和民国初年唐萼楼所立店史纪要碑。老店创建于清康熙初年（1662—1663年），以秘制主治跌打损伤等病症的"一正膏"而著称于世。

唐老一正斋膏药店旧址1982年被公布为镇江市文物保护单位。

瓦木公所旧址

瓦木公所位于镇江市京口区拖板桥小学内。原为前后两进两厢，中为天井，现存后进正屋，面阔五间16米，进深8米，高7.5米，硬山顶，上有月梁、瓜柱等，均雕花叶纹。内有碑2通，一为青石，一为白石质，分别为光绪晚年所立，记载物价上涨，瓦工罢工，公所出面，议加工钱，请丹徒正堂定夺后，今后不得滋事事宜。

瓦木公所旧址 1982 年被公布为镇江市文物保护单位。

育婴堂旧址

育婴堂旧址在京口区大市口东梳儿巷。现存房屋三进，硬山式。大门上石额刻“育婴堂”三字。第一进面阔三间，进深五檩。第二、三进均面阔三间，进深七檩。大门北面专设一窗门，给弃婴者投放婴儿之用。育婴堂始建于清康熙年间，嘉庆年间重建，历史悠久，记事碑石尚存。

育婴堂旧址 1987 年被公布为镇江市文物保护单位。

老存仁堂药店

老存仁堂药店位于润州区大西路 476 号。该店是镇江百年以上老字号药店，由浙江余姚大族许氏创于清同治十三年（1874 年），初名“诚仁堂施药店”。现店仍在经营。原前后共有房屋三进，占地面积 406 平方米，今存店面。额刻有“老存仁堂”四大字。

老存仁堂药店 1993 年被公布为镇江市文物保护单位。

华阳书院

华阳书院位于句容市崇明街道葛仙湖公园内，故址在现第二中学内。状元李春芳于明万历二十三年（1595 年）创建。清咸丰年间毁于战火。清同治四年（1865 年），知县周光斗于城西（今市人民政医院内）购民宅，改为书院。清光绪二十九年（1903 年）秋天，在华阳书院创办了句容官立第一高等小学堂。2003 年按“修旧如旧”的原则，整体搬迁至葛仙湖公园。前后共三进，一进为平房，后门有砖雕，梁上施青绿彩画，硬山顶；第二、三进为二层楼房。

华阳书院 1996 年被公布为句容市文物保护单位。

陈巷更楼

陈巷更楼位于句容市天王镇磨盘孙岗陈巷村。建于清末，作巡夜打更之用。全用砖砌，平面呈方形。顶平，下部大，有收分。底每边长 4. 1 米，高约 13 米。顶部部分砖块脱落。

陈巷更楼 2008 年被公布为句容市文物保护单位。

贡氏书院

贡氏书院位于丹阳市延陵镇柳茹村贡氏宗祠西南方 150 米处。始建于明万历年间。砖木结构，硬山式，五开间面阔 16 米，进深八檩 12. 8 米。建筑物所用木材讲究，梁柱极为粗大，前檐有卷棚轩结构，宽度达 1. 6 米，有明代建筑的明显特征。贡氏书院原为贡氏宗祠的分祠堂，明、清时期供柳茹村贡氏子弟免费读书，所需费用由宗祠义田承担，其教育功能一直延续至民国时期。

贡氏书院 2014 年被公布为丹阳市文物保护单位。

吸江楼

吸江楼原址在焦山山顶，1981 年重修，2000 年左右搬迁至现址，用原材料重建。为二层建筑，八角亭。楼南面悬两方匾额，一书“吸江楼”，一书“江山胜概”。碑刻为李宗海书《重建吸江楼记》：焦山西侧古有吸江亭，明弘治中移建于西峰顶。亭后废，嘉靖十年，郡守刘可重建，明万历间山僧觉周重修。清乾隆二十六年（1761 年）名四面佛亭，同治年间翻成八角二层，1979 年因危房拆除。

凌云亭

凌云亭位于镇江北固山后峰多景楼之东，又名祭江亭。明崇祯年间建。为木构歇山顶方亭，清道光年间更为花岗岩四石柱，间距 3. 55 米，亭高 5 米。柱刻二联，一为“客心洗流水，荡胸生层云”；一为“此身不觉出飞鸟，垂手还堪钓巨鳌”。

文昌阁

文昌阁位于镇江焦山东侧。阁三层，三重檐歇山顶，平面方形。边长 6.1 米，东西有券门，券门之间为青石板、小青砖，砖木结构，木质楼梯上下，屋脊为罗汉钱式。三层通高 12.05 米，底层西北墙面嵌碑两方。

观澜阁

观澜阁位于镇江市焦山定慧寺东。建于清道光二十七年（1847 年），原为乾隆行宫旧址。为重檐歇山二层楼阁，面阔三间 9.7 米，进深 7.3 米，高 9.05 米。上层四面辟窗，用于欣赏江景。阁楼东有一株 400 余年的枫杨，冠如华盖。

板桥读书处

板桥读书处位于镇江市焦山别峰庵内。现建筑为晚清所建。砖木一层结构，面阔三间 9 米，进深 6.2 米，高 7.1 米，硬山顶，屋前有一小院，院内有花台。郑板桥，兴化人，著名书画家，扬州八怪之一。清雍正十三年（1735 年），郑板桥在焦山读书，乾隆元年（1736 年）中进士。

壮观亭

壮观亭位于镇江市焦山西半山腰。始建于明天顺八年（1464 年），取李白“登高壮观天地间”诗意。清乾隆年间重建。亭平面六角形，边长 2 米，通高 5 米，六角攒尖顶，石柱上镌“金山共此一江水，王母来寻五色龙”，“江天共一览，心迹喜双清”。

三诏洞

三诏洞位于镇江市焦山西崖，又名焦公洞。建于晚清，清光绪二十四年（1898 年）重修。洞高、宽各 4 米，深 6 米，洞前有屋，歇山顶，面阔三间 6.3 米，进深 4.6 米，汉献帝三诏隐居在此的焦光不就，故称其隐居处为“三诏洞”，门额上刻“三诏洞”，边款为“光绪戊申秋八月穀旦”“裔孙焦尔昌重修”。

芦州会馆

芦州会馆位于润州区芦州会馆巷 35、37、39、41、43 号。43 号为进口，41 号为出口，前有堂屋，后为主房。43 号为原来的总大门，进去后有一过道，左拐 41 号内为办公处。庭院中有一口水井，现今仍在使用。41 号为五开间平房。前一进为小五架梁结构，后一进为七架梁结构。

第四章 摩崖、石刻、碑刻

镇江自然风光雄秀，历代文人到此多留下墨迹，六朝之后尤甚。文人作品多刻于山崖或立碑勒石，其中以焦山最多，书体真、草、隶、篆俱全。此外，还有南朝陵墓石刻、丹阳延陵季子碑等存世。

第一节 摩 崖

华阳洞摩崖石刻

华阳洞摩崖石刻位于句容市茅山华阳洞口外岩体上。华阳洞是一个天然溶洞，与玉柱洞、仙人洞相连。《茅山志》载："此洞极深远，有五便门达于洞外……" 洞口上方"华阳洞"三字传为苏轼所书。清康熙皇帝南巡时曾在此题"华阳洞天"四个大字。由于茅山洞壑幽奇，历代游人纷至沓来，寻胜探幽，故洞壁上留有唐代以来许多文人的题词石刻，十分珍贵。

华阳洞摩崖石刻2006年被公布为江苏省文物保护单位。

观音洞摩崖题刻

观音洞摩崖题刻位于镇江北固山后峰五圣岩下。观音洞高、宽各丈余，洞口外石壁上有明万历年间丹徒县令庞时雍所题行书"云房风窟"四字，总长2米，宽约0.6米。"云房风窟"上有"笑啼巖"题刻。此外，附近还有"勒马""钓鲈处""秋月潭"等题记。

康有为摩崖题刻

康有为摩崖题刻位于润州区南山竹林寺后林公泉向东50米处的山坡上，离地面约6米。题刻为两字楷书"碧岩"。字宽70厘米，高40厘米，边款纵刻"丙辰（1916年）九月南海康有为"。

第二节 南朝陵墓石刻

丹阳南朝陵墓石刻

南朝陵墓石刻位于丹阳市和句容市，分布在丹阳的有胡桥狮子湾、仙塘湾、建山烂石陇、水经山、前艾、三城巷等11处，另在句容也有一处。

南朝陵墓石刻上承秦汉，下启隋唐，与同时代的北朝石窟艺术遥相媲美，是中国古代石刻艺术的珍品。

齐宣帝萧承之永安陵石刻位于丹阳市胡桥北狮子湾。陵营建于南齐建元元年（479 年），为南朝帝王葬于丹阳最早的一座。萧承之是齐高帝萧道成的父亲，死于刘宋元嘉二十四年（447 年）。萧道成即位后追尊父为宣帝，母陈氏为孝皇后。陵前存石兽二。东为天禄，保存较好。身长 2.95 米，高 2.75 米，颈高 1.40 米，体围 2.75 米，昂首挺胸，形象威严。双角，今已残断。颔下有卷须垂于胸际。有翼，翼面作卷云纹，中有细鳞，后为长翅。身上长毛卷曲似流苏，垂尾内收回右外旋，足四爪，左前足攫一小兽。西为麒麟，头不存，余部尚完好。身长 2.9 米，体围 2.4 米，通高 2.42 米，颈高 1.38 米。东兽于 1979 年 8 月向南平移 1 米，提升安放在混凝土基座上。

齐景帝萧道生修安陵石刻位于丹阳市胡桥仙塘湾鹤山坳的山冈中部。陵前一对石兽，保存尚完好。东为天禄，身长 3 米，高 2.75 米，颈高 1.54 米，体围 2.52 米，双角残断。西为麒麟，身长 2.9 米，高 2.42 米，颈高 1.38 米，体围 2.4 米，独角，角上缀满鳞纹。两兽均胸突腰耸，瞋目张口。两兽相对，动势协调对称，天禄迈左足，麒麟迈右足，均四爪攫一小兽；天禄头略向北斜，麒麟头略向南倾；两兽长尾均垂于趾间，内收后，天禄迴折左旋，麒麟迴折右旋。两兽均短翼，翼膊有鳞纹，鳞纹中均缀有小花一朵，但两兽翼膊缀花瓣数不同，花形也略有变化。腹部复衬有修长羽翅纹，与短翼连成一体，显得羽翼厚大。两兽颔下长须均呈蔓草状。1979 年 8 月，将两兽向南平移 1 米，提升安放在混凝土基座上。1985 年 5 月，按原样复制的天禄，参加了在中国历史博物馆举办的“镇江文物精华展”，并一直存放在该馆。

齐武帝萧赜景安陵石刻位于丹阳市前艾田家村南。萧赜，齐高帝萧道成的长子，继萧道成即皇帝位，改元永明。萧赜是齐朝第二代皇帝，于永明十一年（493 年）七月卒，谥武皇帝，九月丙寅葬景安陵。陵前存石兽一对。东为天禄，身长 3.15 米，高 2.8 米，颈高 1.55 米，体围 3 米，其造型、雕饰及神情动态均与萧承之永安陵前的天禄相仿。西为麒麟，四足已失，身长 2.7 米，残高 2.2 米，颈高 1.4 米，体围 2.51 米，形体略小于天禄，风化剥蚀严重，两翼仅余大体形貌。

齐明帝萧鸾兴安陵石刻位于丹阳市三城巷东北，北距梁文帝建陵约 60 米。萧鸾是萧道生的儿子、齐高祖萧道成的侄子。建武五年（498 年）七月卒，与敬皇后合葬于兴安陵。陵前存有石兽一对。北为天禄，残存部分前躯。南为麒麟，四足全失，独角已残，身长 3.02 米，残高 2.7 米，颈高 1.35 米，腰围 2.78 米。兽身雄健，颈项短肥，头上昂，颔下有垂胸长须，大翼由四小翼组成，其形与胸前长毛浑然一体，由头至尾雕饰连珠，口角有齿状茸毛。1957 年，南兽麒麟扶正入座。1982 年冬，将天禄残躯部分从深埋的地下发掘出来，向东北方向平行移动 12.5 米，安放在混凝土基座上。

梁文帝萧顺之建陵石刻位于丹阳市三城巷东北，在齐明帝兴安陵、梁简文帝庄陵、梁武帝修陵之间。萧顺之，字文伟，齐高帝萧道成的族弟、梁武帝萧衍的父亲，生前并未做过皇帝，梁天监元年（502 年）被追尊为文皇帝，庙号太祖，与妻张皇后合葬于建陵。陵前神道依次陈列有石兽、方型石础、石柱、石龟趺各一对。石兽南为麒麟，北为天禄，两兽相距约 16 米。麒麟，独角残缺，四足已失，身长 3.05 米，残高 1.25 米，体围 2.7 米；天禄，双角及四足尽失，身长 3.1 米，残高 2.3 米，颈高 1.5 米，体围 2.76 米。两兽均挺胸昂首。麒麟上颚已残，颔下长须蔓卷，垂至胸际，两翼微翘，翼面雕饰与其他陵前石刻大体相似，唯翼膊的细鳞中饰有五瓣小花，兽脊作通贯首尾连珠饰纹。两兽于 1957 年被提升安放在混凝土基座上。方型石础，边缘有“T”形榫眼，础上结构已无存。神道石柱，柱础上圆下方，方面上雕有一对环绕相对的螭龙，头有双角，口内衔珠，四足修尾，柱圆顶雕有莲花纹饰。南柱自上而下裂为二，一半尚挺立，北柱已倾圮，柱顶覆莲状圆盖散落田间。1990 年两石柱按原址修复，并将早年移至他处的两块神道碑石额安装在神道石柱上端原位。柱上石额隶书其文曰“太祖文皇帝之神道”，一正书顺读，一反书逆读。

梁武帝萧衍修陵石刻位于丹阳市三城巷刘家庄附近，南距其父梁文帝建陵约360米，北毗其子萧纲庄陵。萧衍（464—549）是南朝梁代的建立者，曾任齐雍州刺史，镇守襄阳，后乘齐内乱，于公元502年起兵夺取帝位，改元天监。太清三年（549年）被侯景幽死，后追尊为武皇帝，庙号高祖，葬修陵。此陵为梁武帝及郗后的合葬陵寝。郗后讳徽，武帝为雍州刺史时殂，年32岁，归葬东城里山（即今三城巷北）。陵前石刻仅存一天禄，是丹阳齐梁陵墓石刻中最完整的一只。身长3.32米，高2.7米，腰围2.4米，颈高1.45米。姿势昂首挺胸，欲进不前，雄武有神韵。双角顺颅顶后伏，两角中部起节。颌下长须卷曲，垂于胸际。有双翼。足趾五爪。左前足下有小兽，尾长曳地。1957年从田中扶正，安放在混凝土基座上。

梁简文帝萧纲庄陵石刻位于丹阳市三城巷，南距梁武帝萧衍修陵约60米。萧纲（503—551）为梁武帝子，梁太清三年（549年）侯景叛军攻破台城，梁武帝卒，萧纲即位，于大宝二年（551年）为侯景所杀。次年，元帝萧绎即位，改元承圣，追崇萧纲为简文帝，庙号太宗。四月，简文帝与简皇后合葬庄陵。陵前石刻存一天禄。现存前躯及左前足，身高3.16米，左前足五爪上张，足下连有石板残部，厚0.26米。天禄双翼，扬颈昂首，翼膊上方有两片羽翅向前翘起。1982年扶正安放在混凝土基座上。

陵口石刻位于丹阳市陵口镇，有天禄、麒麟在萧梁河东西两岸隔河相对。东为天禄，西为麒麟。清《乾隆丹阳县志》载：萧港在皇业寺前，直入陵口大河，梁时公卿谒陵，由南京方山下秦淮河直达丹阳运河。经萧港口，直达建陵、庄陵。故名此为萧港（现称萧梁河）。因此特于萧梁河与运河交接处，在萧梁河东西两岸设置两只石兽作为陵墓入口的标志，陵口亦因此得名。天禄身长4米，腰围3.9米，高3.6米。因长期浸泡在水塘中，左半身已严重腐蚀风化，花纹不清。麒麟身长3.95米，腰围3.6米，残高2.9米。石兽体态动势与南朝其他陵墓石刻基本相似，但琢刻精工，遍体纹饰华美，两翼造型巧丽，鳞纹形如珠如玑，粒粒突出翼面。1973年，萧梁河拓宽拉直，将西边麒麟西移70米，仍保持与河东的天禄在一直线上。陵口石兽是丹阳现存石兽中最大的两只。

金家村南朝佚名陵石刻位于丹阳市建山金王村附近。东为天禄，西为麒麟。两兽相距32米。天禄，双角，身长2.38米，高2.25米，颈高1.2米，体围2米，头部已残，三足失去，身上雕饰已漶漫不清。麒麟，独角，身长2.13米，高1.9米，颈高1.05米，体围1.65米，吻部及左右足已失。两兽体形略修长，张口吐舌，昂首挺胸，显得矫健灵动。1977年4月，分别将沉于水塘的天禄和没于土中的麒麟清出，提升安放在混凝土基座上。经专家论证，有齐废帝东昏侯陵寝之说。

水经山南朝佚名墓石刻位于丹阳市水经山村南。墓前存有石辟邪两只，较完整，南北相对而立，仰首张口，伸舌下垂。两兽作蹀躞状，造型体长而颈短，动作对称。两翼短小，身无纹饰，尾失，足四爪。南辟邪身长1.85米，高1.45米，颈高0.65米，体围1.62米；北辟邪身长2米，高1.51米，颈高0.73米，体围1.65米。由于辟邪的东边近靠水库，为了不使石兽受损，1977年冬将两只辟邪向西高地移动2米，将石兽起吊上座。此陵经专家考证，可能是齐前废帝郁林王萧昭业陵寝。

梁南康简王萧绩墓石刻位于句容市开发区石狮沟村。萧绩（505—529）是梁武帝萧衍的第四子，梁天监八年（509年）受封为南康郡王，中大通元年（529年）因病死于任上，谥号“简”，又称“南康简王”。萧绩墓现存辟邪、石柱各一对。两辟邪东西相向而立，相距16.8米。东辟邪身长3.85米，高3.4米，颈高1.4米，体围4.2米；西辟邪（雄性）身长3.75米，高3.33米，颈高1.45米，体围4.28米。石柱在辟邪以北21米处，柱身高5.5米，石柱基座高1.3米，柱盖和小兽高1米，柱围2.81米。

丹阳南朝陵墓石刻1988年被公布为全国重点文物保护单位。1996年句容萧绩墓石刻并入丹阳南朝陵墓石刻。

烂石陇南朝佚名墓石刻

烂石陇南朝佚名墓石刻位于丹阳市后巷镇建山烂石陇村北。现存石辟邪南北相对。南辟邪已碎成数块。北辟邪较完整，长1.58米，高1.54米，颈高0.75米，体围1.7米。1977年5月，就地将石辟邪提升，安放在水泥基座上。据墓前之石辟邪判断，应为南朝王侯墓，亦有齐废帝萧昭文墓一说。

烂石陇南朝佚名墓石刻1995年被公布为江苏省文物保护单位。

第三节　碑　刻

焦山碑林

焦山碑林位于AAAAA级风景旅游区焦山，镇江焦山碑刻博物馆是其管理部门。碑林由摩崖石刻和碑刻陈列两部分组成。

摩崖石刻位于镇江焦山西侧浮玉岩、观音岩、罗汉岩、雷轰岩、栈道岩一带峭壁上，绵延200余米。有六朝以来刻石百余方，真、草、隶、篆俱全。其中著名的有《金刚经偈句》："一切有为法，如梦幻泡影，如露亦如电，应作如是观。"书法出于唐代贞观和尚手笔，苍劲有力，字迹清晰。宋代四大书法家之一的米芾，仿《瘗鹤铭》书体，题刻于浮玉岩前，文曰："仲宣、法芝、米芾元祐辛未孟夏观山樵书。"宋代诗人陆游与友踏雪观看《瘗鹤铭》，写了一篇短文，以记其事，后来刻之于石："陆务观、何德器、张玉仲、韩无咎，兴隆甲申（1163年）闰月二十九日，踏雪观《瘗鹤铭》，置酒上方，烽火未息，望风樯战舰在云霭间，慨然尽醉。薄晚，泛舟自甘露寺以归。明年二月壬午，圜禅师刻之石。务观书。"短短74个字，被时人誉为最短最美的一篇散文。

焦山碑林中最著名的碑刻是《瘗鹤铭》，原刻于焦山之西的雷轰岩，后因山石崩塌，坠落江中。清康熙五十二年（1713年），陈鹏年募人从江中捞出残石5方，置于焦山定慧寺大殿左侧，建亭保护。碑刻博物馆设立后，建专室展陈。《瘗鹤铭》石高2.35米，宽2.04米，今存93字，其中11字不全。内容为悼念鹤之作，书法艺术代表南朝风格，是隶书向楷书过渡的代表作。宋代欧阳修赞之为"世以其难得，尤以为奇"，黄庭坚推崇为"大字之祖也"。

2008年10月、2010年5月，镇江市文化局先后组织两次《瘗鹤铭》打捞行动。其中，自焦山西麓江底打捞出水的三块残石发现疑似为"鹤"（50厘米×35厘米）、"化"（15厘米×35厘米）、"之遽"（8厘米×15厘米）等残字。经与前人考定著录的《瘗鹤铭》铭文对照，内容相吻合，字形大小、文字式样、笔画形态都已经具备了东晋六朝由隶至楷的书写特点，也与《瘗鹤铭》书风相一致。

碑刻陈列位于焦山东麓的碑刻博物馆内，珍藏碑刻400余方，现碑林陈列主要分为史料类、文苑类、书法类。著名碑刻有唐《魏法师碑》《宋故光禄卿致仕章公墓志铭》、明刻宋米芾临《兰亭禊帖》及清《澄鉴堂法帖》等。

焦山藏碑，历史悠久。北宋庆历八年（1048年），焦山建宝墨亭，开始收藏碑刻。明代扩建为宝墨轩，收藏的碑刻益多。自清代以来，碑刻不断充实，蜚声江南。后屡遭兵燹，碑刻毁失严重。新中国成立时，宝墨轩已是一隅蒿庐，环堵萧然了。1962年，镇江市政府为抢救历史文化遗产，寻找散失残碑，征集四乡刻石，建立焦山碑林。1988年扩修，1991年设碑刻博物馆，2002年再次维修、扩建。

焦山碑林 1988 年被公布为全国重点文物保护单位。

延陵季子碑

延陵季子碑位于丹阳市九里季子庙。季札，吴泰伯之十九世孙，曾效仿先贤数让君位，后受封于延陵，称延陵季子。原碑相传为孔子所书，已佚。季子碑圆首，高 2.34 米，宽 1.06 米，厚 0.12 米。碑文古篆“呜呼有吴延陵君子之墓”，史称“十字碑”。碑下端载有唐大历十四年（779 年）润州刺史萧定重刻、张从申题字 20 行，行 5 字。碑文两旁空白处刻有唐建中元年（780 年）八月树碑建堂及贞元三年（787 年）、宋元祐三年（1088 年）、明正德四年（1509 年）、嘉靖六年（1527 年）五处款识，字已漫漶不清。碑阴刻有“改建吴延陵季子庙记”，系后人据拓本重摹上石。碑尾有清初丹徒人张孝思题识。碑右侧为“延陵巡检供奉官张从应监制”，左侧刻有“明嘉靖癸未四月二十三日武进段金、赵翱，丹阳、无锡王辉敬观”字样。1980 年 10 月将碑扶正入座时，又将每行最下二字嵌入碑座。今建有仿古四角亭保护。

延陵季子碑 1982 年被公布为江苏省文物保护单位。

“天下第一江山”石刻

“天下第一江山”石刻嵌于镇江北固山甘露寺山门前东侧长廊墙壁上。南朝大同十年（544 年）三月，梁武帝游北固山即兴赐书“天下第一江山”六个大字，刻于山崖，久已风化无存。现存石刻为南宋书法家吴琚书，清康熙四年（1665 年）镇江府通判程康庄重摹勒石。石刻高 1 米，长 4 米，上款刻“延陵吴琚书”。

“天下第一江山”石刻 1982 年被公布为镇江市文物保护单位。

清真寺石刻

清真寺石刻原位于京口区剪子巷 150 号内，现迁移至京口区学府路古润礼拜寺，现存《古润礼拜寺记》石碑等。据明万历二十四年《镇江府志》载：“古润礼拜寺始建于唐朝贞观二年（628 年），坐落在仁安坊阜民街。”后于明万历三十年（1602 年）迁至剪子巷内，20 世纪 70 年代剪子巷清真寺被拆毁，留下《古润礼拜寺记》石碑。碑额高 0.65 米，厚 0.25 米，宽 0.9 米。碑身高 1.48 米，宽 0.81 米，厚 0.25 米。四周刻云纹，碑文为李一阳撰写。李一阳为明万历年间进士，曾任江西按察使等职。“清真寺”门额刻石，高 0.25 米，宽 0.5 米，横刻楷书。上款为“光绪三十年重修”。另有两刻石，一刻楷书“道光三十年四月重修”，一刻“宣统元年四月复重修”。

清真寺石刻 1982 年被公布为镇江市文物保护单位。

节孝祠堂牌坊及碑刻

节孝祠，清雍正元年（1723 年）始建于银山之麓，后建于润州区山巷后宝盖路 244 号，清同治九年（1870 年）落成。另穆源小学校园外墙还有碑石 80 多块。每一碑上刻一节孝妇，记载孝女姓氏及旌表的时间，字多楷书、阴刻。

节孝祠堂牌坊及碑刻 1993 年被公布为镇江市文物保护单位。

云阳驿季子碑

云阳驿季子碑位于丹阳市云阳镇乔家巷老中医院内。立于明正德四年（1509 年）。青石制成，圆首方座，碑高 2.4 米，宽 1.03 米，厚 0.22 米。系按九里村唐刻季子碑摹刻，原置于丹阳城区云阳驿供过客观赏。1915 年移至丹阳公园内，新中国成立后丹阳公园改建成中医院。

云阳驿季子碑 1985 年被公布为丹阳县文物保护单位。

御制平定准噶尔告成太学碑

该碑位于江苏省丹阳高级中学内。立于清乾隆二十年（1775 年）。碑高 2.95 米，宽 1.76

米，厚0.49米。碑文自右向左用满汉两种文字，右侧约三分之二为汉文楷书，24行，每行88字；左侧为满文，26行。碑文记叙了清康熙年间平定蒙古准噶尔部叛乱事。

御制平定准噶尔告成太学碑1985年被公布为丹阳县文物保护单位。

石曼卿神道碑

石曼卿神道碑位于丹阳市云阳镇乔家巷东端老中医院内。立于明万历四十年（1612年）。碑正面朝西，青石制成，高1.98米，宽1.03米，厚约0.15米。碑文阴刻楷书“先贤石曼卿神道”，下款“明万历壬子岁苏州旷鸣鸾立石”。石曼卿为北宋著名诗人，性滑稽，善戏谑，曾客居丹阳，后病死京师。此碑是丹阳知县旷鸣鸾所立，以示纪念。现石质风化，碑面已部分剥落。

石曼卿神道碑1985年被公布为丹阳县文物保护单位。

陀罗尼石经幢

陀罗尼石经幢又称尊胜石幢，建于唐开元十四年（726年）。经幢原在云阳桥（贤桥）高陵寺放生池前，民国时移至丹阳老公园，1972年移至丹阳市文化馆内，2004年移入丹阳市博物馆。经幢为青石质，高2.5米，围长1.6米，呈八角形，每面宽0.2米，阳刻陀罗尼经文，各面上端浮雕佛像装饰，已漫漶不清。陀罗尼经幢是丹阳唐代大型寺庙高陵寺的直接见证，雕刻精美，具有重要的价值。

陀罗尼石经幢1985年被公布为丹阳县文物保护单位。

无字碑

无字碑位于丹阳市延陵镇九里季子庙内。碑青石质地，碑高2.67米，宽1.2米，厚0.22米。碑无文字，高大厚实，光滑照人，似镜子一般，民间称“阴阳碑”。无字碑由来亦说季札从小聪明才智，知礼讲德，一生的功过由青石无字碑留给后人去评说，无字碑胜于有字碑。

无字碑2007年被公布为丹阳市文物保护单位。

大运河义渡碑

大运河义渡碑位于丹阳市陵口镇上栅口村南，京杭大运河北河堤上。碑高2米，宽0.95米，厚0.36米，青石质地。碑首刻有“捐造义渡碑”字样，碑左下方刻“嘉庆二十一年仲冬上浣”字样。碑文记载京杭大运河上栅口渡口在清康熙五十年（1712年）已存在，历时百年至嘉庆年间老渡船损坏不能使用，由僧普信从南至存心观、北至龙庆寺百余村庄化缘，村民捐资修缮渡口、渡船的历史和捐款人名、钱款等。

大运河义渡碑2007年被公布为丹阳市文物保护单位。

九里功德碑

九里功德碑位于丹阳市延陵镇九里季子庙内。碑青石质，高3米，宽2.87米，厚0.22米。正反面碑文记载清道光八年（1828年）季子庙大殿廊房倒塌，因季札德行感人，季子庙周边三县（丹阳、丹徒、金坛）官员民众捐款修缮之事。

九里功德碑2007年被公布为丹阳市文物保护单位。

敬节会碑

敬节会碑，两块，位于丹阳市吕城中心小学内。两碑碑首分别刻有“吕城敬节堂仿行彭氏恤会碑记”“敬节会碑记”，清乾隆五十六年（1801年）卢云路撰、姜日新书。碑文主要记录了当时由乡绅、邑人发起捐钱和田产等财物，在现吕城中心小学内建立吕城镇“敬节堂”，用以抚养丧夫守节的妇女及其子女，记录中有抚养年限及每月具体钱粮数额。两碑青石质，碑高1.52米，宽0.78米。

敬节会碑2007年被公布为丹阳市文物保护单位。

“宏开鹫岭” 刻石

“宏开鹫岭”刻石位于镇江北固山后峰凌云亭南廊壁上。刻于明代。刻面总宽 5.01 米，高 1.03 米，横嵌于墙壁上。“宏”字一方，高 1.03 米，宽 0.92 米；“开”字一方，高 1.03 米，宽 0.85 米；“鹫”字一方，高 1.03 米，宽 0.85 米；“岭”字一方，包括落款高 1.03 米，宽 1.34 米，落款为“出寰上人修甘露寺书此赠之　米万钟”。“宏开鹫岭”为佛家语，其书法苍劲刚健，深厚庄重。

北固山御制碑

北固山御制碑位于镇江北固山甘露寺大殿西侧。碑圆首方座，通高 1.9 米，宽 0.89 米，厚 0.4 米。碑两面刻文，为清光绪皇帝于光绪二十七年（1901 年）表彰两江总督彭五麟与陕甘总督杨岳斌的功绩碑，两江总督刘坤一恭摩上石。

柳氏宗祠刻石

柳氏宗祠刻石原在剪子巷中段，现已迁往水陆寺巷。长 1.86 米，宽 0.55 米，厚 0.08 米。碑身上刻有篆体“柳氏宗祠”四字。

天王殿乾隆御碑

天王殿乾隆御碑位于镇江焦山定慧寺天王殿东南角碑亭内。碑螭首篆额，龟趺座，通高 4.5 米。碑阳刻乾隆十六年（1751 年）所作《游焦山歌》，碑阴刻有乾隆二十七年（1762 年）所作《游焦山歌叠旧韵》，乾隆四十九年（1784 年）所作《游焦山作歌四叠旧韵》。

龙飞凤舞刻石

龙飞凤舞刻石位于镇江焦山华严阁之东北山壁上，“龙”“飞”“凤”“舞”四字均为草书体，分别横嵌于山壁上，每方高 1.32 米，宽 0.65 米，青石质。上款为“丙午孟冬写于焦山”，额首有朱文“提督江南总兵官印”，满汉文合璧。

吸江楼乾隆御碑

吸江楼乾隆御碑位于镇江焦山万佛塔以西。现存残碑一块，高 2.1 米，宽 1.2 米，厚 0.29 米。碑上方有缺失，缺失部分长 0.88 米，宽 0.7 米。碑下方垫有双龙戏珠基座，长 1.3 米，宽 0.4 米，高 0.4 米。

三诏洞乾隆御碑

三诏洞乾隆御碑位于镇江焦山西三诏洞下的道路旁。碑高 1.27 米，宽 2.3 米，厚 0.28 米。碑座高 0.3 米，宽 2.5 米，厚 0.45 米。碑阳刻乾隆三十年《自丹徒跋马至象山渡江驻焦山》七律一首，碑阴刻同年所作《清寄堂》五绝一首。

《重修镇江内外城记》碑

《重修镇江内外城记》碑原在京口区四牌楼街道钓鱼巷东，今嵌北固山东廊壁上。刻于清同治年间。仅存碑身，高 1.9 米，上款为“三品御补用道四川夔州府知府前署江苏镇江府事”，下款为“同治十三年（1874 年）俞德模撰并书”。内容记修筑镇江内外城情况。

“千古雄观”碑

“千古雄观”碑位于镇江金山慈寿塔之东。碑整体长 3.78 米，高 1.32 米，李建补篆，每字高、宽各为 0.54 米。

“民不能忘”碑

“民不能忘”碑嵌于镇江金山江天禅寺牌坊旁边的墙上，上书“民不能忘”四个大字，左书“月楼郭大公祖观察大人德政”，右书“镇江绅董商民敬上　光绪三十有二年岁次丙午年正月”。

“江天一览”碑

“江天一览”碑位于镇江金山之巅妙高峰上，清康熙帝巡镇江时题“江天一览”四字碑，字纵书楷体。碑通高2.95米，宽0.89米，厚约0.2米。清同治年间建碑亭，名江天一览亭，亭六角形，边长3.5米，高6.5米，花岗石柱，攒尖顶。亭1966年毁，1977年重建。

“天地同庚” 碑

天地同庚碑位于镇江金山慈寿塔之东墙内，碑刻于清光绪年间，整体长5.23米，高1.45米，“天地同庚”每字高0.7米，宽0.62米，石四周有镂空雕花砖。款为“光绪丙午十月朔湘郡八龄童子李远安”。

大港街道育婴堂碑

大港街道育婴堂碑位于镇江新区大港街道文昌宫27号。房屋已破坏，内有一碑。碑上刻有“光绪玖年陆月拾壹日示”“钦命江南苏州等处承宣布政使司布政使谭”。

铁舟海和尚德行碑

铁舟海和尚德行碑位于镇江新区绍隆禅寺。该碑文由曹雪芹祖父曹寅篆额、署名、钤章。碑文记述金山监院铁舟海和尚的生平经历。碑为青石质地，通高2.5米，宽0.85米，厚0.2米，已断为两截，镇江新区社发局拨款修复后立于后山塔林。

解氏宗祠祠堂碑

解氏宗祠祠堂碑位于镇江新区葛村解氏宗祠正厅内。原在宗祠大厅左边，后建学校，作垫脚石放在厕所里。2006年由修祠委员会立于原处。有碑文，据碑文记载推算，祠堂年代距今550年以上。建筑共49间，大厅为楠木结构。

解氏册分祠碑

解氏册分祠是解氏宗祠分祠，建于乾隆年间。在主殿有碑文石刻作证，该祠原貌保存完好。

育婴堂记碑

育婴堂记碑现砌嵌在丹阳市三板桥卫生学校围墙上。为清光绪年间丹阳知县凌焯重修育婴堂所制。碑文主要记载修育婴堂的善举，有乡民绅商多人捐款。该碑现位置正北路对面就是明清时代的一座庵堂，后庵堂在清中期改造为育婴堂。该碑现已残缺，碑下部三分之一处已残缺。

新建南门闸西门桥记碑

新建南门闸西门桥记碑位于丹阳市老西门桥东8米处。碑文刻有“丹阳县知县”五字，右上方刻“新建南门闸西门桥记碑”，左方为“万历四十三年六月□日”，碑正面朝西，青石质地，方形，高1.20米，宽1.1米，厚0.4米，现保存较好。

旷侯重建先贤昭公祠记碑

旷侯重建先贤昭公祠记碑位于丹阳市延陵镇昌园中路供销社院内。青石质地，碑高1.8米，宽0.83米，厚0.19米，为三国时东吴名臣韦昭第48世孙为纪念先祖韦昭所立。韦昭（204—273），字弘嗣，丹阳延陵人，曾任三国时东吴尚书郎、太子中庶子，封为高陵亭侯，中书仆射侍中，为历史上儒林名士，于公元273年被吴主孙皓杀害。

重建大圣禅院记碑

重建大圣禅院碑位于丹阳市延陵镇麦溪下方便自然村北排水沟上。青石质地。碑首刻有“重建大圣禅院碑记”，左上刻有“中华民国九年仲秋”。碑文记载了重建大圣禅院捐田亩者姓名，字迹清晰，保存较好。

阴功桥闸记碑

阴功桥闸碑位于丹阳市延陵镇乐村行政村姚圩自然村。刻于民国时期。青石质地。碑首刻有“阴功桥闸碑记”六字，左边刻有“丹阳县政府令重建阴功桥闸捐款碑记”，右边为“民国二十二年季春立”。碑文记载了当年修建阴功桥闸事宜及附近村民捐款姓名。

重建高桥小引记碑

重建高桥小引记碑位于丹阳市后巷镇高桥行政村三队 20 号民房中。碑为青石质，长方形。碑首刻有“勒石永贞碑”五字。碑文为清光绪三十一年（1905 年）冬月刻。碑文记载了重建高桥捐资款情况。

南水龙碑

南水龙碑位于丹阳市吕城中心校内，平躺于地上。碑共两块，青石质地。碑高 1.63 米，宽 0.78 米。碑文主要记载清代吕城镇邑日益繁华，商铺林立，经常发生火灾，乡绅带头发起捐款建造“南水龙”水枪 5 座，用于城镇的防火事宜，以及发起人及全部捐款人的姓名及捐款数额。

一都八图义谷记碑

一都八图义谷记碑位于丹阳市云阳镇龙城社区龙城自然村南道边，横卧于地面。碑为石灰岩质地，高 2.5 米，宽 0.87 米，厚 0.3 米。碑文记载社会大众向同济庵捐献各种粮食钱财，由寺院安排救济饥民等事项，以及人名、数量。根据碑文及清丹阳县志分析，该碑原位于该村老同济庵前（俗称泄桥庵，今已毁）。该地域是清代丹阳练塘乡第一都八图所在地。

潘家村土地庙碑

潘家村土地庙碑位于丹阳市陵口镇卢家行政村潘家自然村中。碑为青石质地，面朝南，高约 1.6 米，宽约 0.65 米，厚约 0.18 米。碑首刻有“当境土地”横行四字，中间纵刻“清穆圣帝夫人”六字，左边刻“康熙五十一年桂月吉旦”。村民用砖砌基座，有小部分被砌入。村民在农历七月十四日祭拜。

重修慈云禅寺功德碑

重修慈云禅寺功德碑位于丹阳市陵口镇新陵行政村东庄自然村前池塘边上。碑为青石质地，高 2.1 米，宽 0.89 米，厚 0.28 米。碑平躺在池塘边上。碑右上方损毁小部分。碑文记载慈云禅寺修建捐款者姓名，清康熙二十六年岁次三月吉旦立碑。碑文字清晰。慈云禅寺原为丹阳著名寺院，规模宏大，有御赐匾额并颁布《大藏经》。民国时全毁。

重建文昌阁碑

重建文昌阁碑位于江苏省丹阳高级中学内。建于清乾隆十九年（1754 年）。碑高约 2.7 米，宽 1.1 米，厚约 0.22 米。碑文记载了邑宰赵任健在乾隆年间重修孔庙文昌阁之史实。

挑河记碑

挑河记碑位于丹阳市后巷镇五星村大海集团宾馆院内。刻于清道光十六年（1836 年）。碑青石质地，高 1.8 米，宽 0.8 米，厚 0.25 米。碑文记载清道光年间丹阳县疏通马嘶港工程事宜。

第五章 近现代重要史迹及代表性建筑

镇江扼水陆交通要冲，历来是兵家必争之地。自第一次鸦片战争至1949年4月23日镇江解放，镇江作为江防要地留下了众多江防工事遗存。清咸丰八年（1858年），镇江被辟为通商口岸，沦为英租界，工商业一度繁荣，出现了很多中西风格结合的建筑，主要分布在西津渡、伯先路和大龙王巷三个历史文化街区。大西路、中华路一带也留下了这一时期大量的民居和商业建筑遗存。1929年（民国十八年），镇江成为国民政府江苏省省会，一批公共建筑及工商业留存至今。1938年（民国二十七年）6月，新四军先遣支队挺进苏南敌后开展战略侦察，并在韦岗首战告捷。新四军第一、第二支队随后跟进，创建以茅山为中心的苏南抗日根据地。在艰苦卓绝的抗日斗争中，新四军在镇江留下了丰富的红色文化遗产。

第一节　江防工事及军事设施

圌山炮台遗址

圌山炮台遗址位于镇江新区大港街道五峰山下二矶头。该炮台建于1840年。炮台依山面江，地势险要。阵地分两处，一处在山脚，凸出江面，暗堡式；另一处位于山中部斜坡下靠江处。1842年英军发动扬子江战役，攻陷吴淞炮台后，直逼镇江。炮台军民同仇敌忾，英勇奋战，值得永远纪念。

圌山炮台遗址1982年被公布为江苏省文物保护单位。

焦山炮台遗址

焦山炮台遗址位于镇江焦山的东北麓。始建于清道光二十年（1840年）。炮台遥对松寥山，与象山隔江对峙，位置险要，是控制镇江江面的重要防地。炮台基地呈扇形，长约80米，宽约55米，有暗堡式炮位8个，炮位进深12米。系用大木、方石为基，以黄泥、石灰、细砂三合土，配以糯米汁用模板层层夯实筑成。另有大的弹药库一座，内层为水泥砂石材料，外层为黄泥石灰材料。1842年，英侵略者直逼镇江和南京，侵入长江，遭到圌山和焦山炮台守军英勇的抵抗和沉重的打击。副都统海龄率领青州兵和旗兵奋力抵抗，猛烈炮击，但因寡不敌众，炮台失守，焦山守军全部壮烈殉国。

焦山炮台遗址1982年被公布为江苏省文物保护单位。

太平天国堑壕遗址

太平天国堑壕遗址位于镇江南郊招隐山顶，现残存百余米。该堑壕为太平军1853年攻克镇江后所筑，用以驻兵布防。1854年，太平军在此与驻守在九华山的清军多次激战，以反击清军的进攻，屡次获胜。

太平天国堑壕遗址1982年被公布为镇江市文物保护单位。

焦山顶快炮台

焦山峰顶有炮台二，一在西峰，一在东峰。

西峰炮台，建于清光绪二十六年（1900年）。洋务运动中清政府推行“新政”，加强武备，由两江总督张之洞于山之西峰削平原峰上行宫故址，建炮台一座，设炮两尊，均为45磅阿姆斯托朗快炮，每分钟可击发炮10发，并可四面旋击。兵房、弹药库皆仿地营式。台座为混凝土所筑，直径4.8米，横径6.8米，呈椭圆状。掩护墙前高后低，前半圆高度和壁厚均为0.8米，后半圆掩护墙为0.2米。炮台西南留一通道，以青砖砌筑，长达5米，可通向西、南两侧地营式弹药库。

东峰炮台，混凝土结构，呈圆形，低于山地，内径6米，掩护墙高1米，前半圆厚0.6米，内壁设有12弹龛，后半圆厚度逐渐减薄，炮台后设口出入，逐级而下，与掩蔽体堑壕相通，壕长4.5米，南侧设有2米高的地营式子药库。

焦山顶快炮台1982年被公布为镇江市文物保护单位。

太平天国新城与清军水师标统署旧址

太平天国新城与清军水师标统署旧址位于润州区小营盘。1853年，太平军占领镇江，在旧城的西北沿江筑新城。新城从十三门起，经北固山沿江向西至运河入江口，再沿运河向南，到现在的老西门桥为止，长六里多，该城到光绪末年方基本拆除。城墙今残存一段，长约40米，高约2米，东西向，系用不太规则大小条石砌成，内夹杂乱砖石等。城墙南侧为清军扎营处，是清军水师标统署衙门，今存砖木结构二层楼房两幢，西面有拱券形大门楼，上嵌“树德兹培”额，前有台阶。在大门楼前约30米南侧原设有牌坊券门，今已无存。

太平天国新城与清军水师标统署旧址1987年被公布为镇江市文物保护单位。

合山快炮台遗址

合山快炮台遗址在京口区合山顶峰上，面对长江。炮台一组4座，呈南北偏东向并列。全长近90米，相邻两座间隔27米，均为圆形明台式。每台直径约6米，内壁有15个炮弹龛。台后有台阶，通地营式弹药库。该炮台是镇江至今保存较完好、规模较大的江防工事之一。

合山快炮台遗址1992年被公布为镇江市文物保护单位。

镇江近代江防工事遗址

镇江近代江防工事遗址位于镇江焦山、金山、北固山及象山等处。有洋务运动时期张之洞修筑的新式炮台，有民国时期的快炮台和碉堡，有解放战争时期国民党军队修筑的江防工事。1948年冬，国民党政府经历了辽沈、淮海、平津三大战役以后，主力损失殆半，面临绝境，幻想阻止中国人民解放军横渡长江解放全中国，以达到其隔江而治的目的，在长江南岸加派重兵把守，并增筑碉堡多达10余处。碉堡均为钢混结构，就地捣制，且非常隐蔽。但此防线未经交战，镇江城就宣告解放，国民党守军溃逃。现遗存碉堡9座，分别为：象山西峰制高点悬崖处1座、焦山顶北部和西北巨公崖西悬崖处5座、北固山后峰2座、金山西北角1座。

镇江近代江防工事遗址1999年被公布为镇江市文物保护单位。

赤山停机坪及碉堡

赤山停机坪及碉堡位于句容市赤山湖管委会赤山顶部。建于新中国成立后。停机坪面积约

200 平方米，碉堡 20 平方米，为当时国家备战之用。碉堡高约 4 米，有 4 个机枪孔。碉堡内有通道通向另外一个碉堡，现无人使用。

赤山停机坪及碉堡 2011 年被公布为句容市文物保护单位。

第二节　租界史迹及工商建筑

镇江英国领事馆旧址

镇江英国领事馆旧址位于润州区五十三坡南，西津渡古街、伯先路和大西路交汇处，西依云台山。第二次鸦片战争后，镇江被辟为通商口岸。英国在镇江设立租界，并于清同治三年（1864 年）在云台山麓建立领事馆。当时建有主楼和附属房各一幢，共有西式楼房、厨房、门房、马房和其他生活用房计 37 间。其中主楼为领事馆办公地，主体两层、局部三层，以方石为基，青砖砌筑，夹以红砖，白色灯草灰勾缝墙，铁皮瓦楞屋面，三面走廊，楼上下均设有弧形券门，内部地板、门窗采用洋松木制作，壁间设有壁炉。整体建筑分筑于三个不同层次的台基之上，依山而建，西高东低，面宽各层不同。附属房在主楼西侧，为一幢平房，北半面局部为二层，其建筑形制与主楼相同。领事馆占地 17 亩 6 分 1 厘 2 毫，合 11400 多平方米。

清光绪十五年（1889 年），租界内英巡捕殴打无辜小贩致死，镇江人民举火焚毁领事馆。事后，清政府屈辱赔偿，于次年按照原样重建，迄今楼上仍嵌有大理石横额，上镌“1890”，以示复建落成之期。1927 年，汉口数十万群众涌上街头，在北伐军积极支持下收回了租界。在此影响下，镇江人民也纷纷集会游行。英国领事馆迫于形势，函请镇江商会会长陆小波接管租界，并于 3 月 24 日巡捕缴械，撤岗交接，英领事馆人员悄然离开。1929 年 11 月 15 日，英国大使与中国国民党外交部部长就取消租界问题互换照会。至此，英国殖民主义者霸占了 69 年的镇江租界宣告正式收回。事后，英国总领事波朗特又将原英国领事馆全部房屋以折价 29067 元，售于赵启騄开设的怀德堂。1962 年，江苏省政府同意省人大代表将原英国领事馆给镇江市博物馆作为馆址的提案。同年 12 月 10 日，镇江市博物馆从金山公园迁至小码头街 1 号原英国领事馆旧址。1965 年春，赵启騄子女将领事馆的房地契约等一并赠送给博物馆，还捐献了 3300 多件珍贵的古籍图书、碑帖和地图。

镇江英国领事馆旧址 1996 年被公布为全国重点文物保护单位。其范围还包括英国领事馆主楼南侧仅一墙之隔的美国领事馆旧址和两幢传教士住宅，以及云台山下昔时租界行政机构的工部局及其所属的巡捕房（今长江路 209 号），总计为 6 幢建筑。

镇江商会旧址

镇江商会旧址位于润州区伯先路 73 号。1929 年由陆小波用北伐军归还镇江商会的 20 万借款中的 4 万元建造而成。该建筑前后三进，有房屋 70 多间，占地面积约 1891 平方米。整个建筑呈长方形，外墙全部青砖叠砌，四坡顶屋面，红色平瓦覆顶。正门朝南，迎街面东另造一大门楼。南面门楼为西式墙面，砌 8 个方形砖柱，中部大门上凸出，砖砌券形门洞，上有逐层向内凹的圈带状装饰，券底落在圆白石柱上，门上嵌白石横额，上镌刻“镇江商会”四个大字，落款为“于右任题”。其内部为中式三进。第一进为走廊、天井。中为大厅，面阔三间，迎面朝南采用中式隔扇，两旁为厢房，内部多为木立柱式，水磨石子地面，平顶天花。第二进为二层楼，走廊、天花、地面均西式。第三进由东大门通道进入，设有楼梯，进入天井为一座三层楼房，有走廊与第二进相通，屋顶为平瓦，坡度较缓。镇江商会旧址门楼造型为巴洛克式，整幢建筑中西合璧。该建筑后进曾租作中央银行镇江支行。抗日战争期间，商会为日军宪兵队侵占，日军投降后，又改作善后救济总署苏宁分署。现为镇江工商联办公场所。

镇江商会旧址 2006 年被公布为江苏省文物保护单位。

广肇公所

广肇公所位于润州区伯先路82号。广肇公所由卓翼堂主持，于清光绪三十三年（1907年）由广东、肇庆两府等地区旅镇经商的同乡会筹资建筑，是为会议洽谈业务之用，故名。建筑坐东朝西，有大门楼、厅房正屋、厢房、偏屋共20余间，占地面积600余平方米。正门楼的石额上刻有“广肇公所”四字，落款为“前护川督陈熽书”。四周磨砖上浮雕五蝠盘寿和琴棋书画，以及福禄寿三星和樵、渔、耕、读等花饰。四面墙面高大，大门楼系磨砖雕饰，比较精致。在厅房南侧厢房墙壁嵌有一石碑，上书“京江广肇公所记”，记载公所之历史。孙中山于民国初到镇江视察时曾在此住过。1989年正厅失火被毁。2011年进行维修，恢复了原貌。该建筑为中国传统风格建筑，正门为磨砖、雕花，仿石库门。

广肇公所2011年被公布为江苏省文物保护单位。

镇江合作蚕种场旧址

镇江合作蚕种场旧址位于镇江城西四摆渡原镇江蚕种场内。民国期间，中国合众蚕桑改良会为繁育优良蚕种，推广新法养蚕，提高丝绸产品的质量，促进全国蚕业经济的发展，于1926年（民国十五年）在镇江四摆渡创建镇江蚕种制造场。该场创办伊始，成绩斐然，其繁育的优良蚕种深受江浙一带蚕农欢迎。在其影响下，地方贤达相继创办民营的裕民、明明、益民、瑞昌、均益、永泰、三益、永安、女职等10多个蚕种场，这些民营蚕种场在公办镇江制种场的指导和大力扶持帮助下迅速有了提高和发展。后来为扩大优良蚕种的供应范围，大力推广和普及科学养蚕，又将镇江民营的10多个蚕种场和苏州、南京的部分蚕种场联合起来，以镇江蚕种制造场为核心，成立了合作蚕种场，成为全国优良蚕种生产中心基地，其产品从江浙扩至皖、鲁、晋、陕、鄂、川、粤等地并远销国外。同时，爱国民主人士冷御秋、黄炎培等有鉴于“育蚕必需育人”的旨意，在镇江蚕种制造场和西府街创办了女子蚕桑学校，培养了大批优秀的蚕桑专业人才。抗日战争时期，镇江被日本侵略军侵占，所有蚕种场均遭到严重破坏，有的荡然无存。抗战胜利后，镇江蚕种场改作丝绸研究所，裕民、明明、益民等部分蚕种场力求复业，但景气不佳，难与昔比，且处于风雨飘摇之状。新中国成立后，镇江蚕桑事业倍受重视，将合作蚕种场核心的合众制种场和民营的裕民、明明蚕种场合作，并吸收了苏、锡、沪三地的蚕桑专业人员组成蚕业研究所。1957年改隶中央，更名为中国农业科学院蚕业研究所，成为以桑、蚕、茧为主要研究对象的全国科技中心，也是国内外蚕业科技交流的窗口。该所成立之初就倍受党和国家领导的关怀和重视，朱德副主席曾专程来此视察并和场内科技人员座谈，共议蚕业发展大计，王震副主席亦曾致函该所。

合作蚕种场在四摆渡五州山脉余支的公时山尚有21幢蚕种场各类建筑。山麓东部有1952年建的江苏省蚕种场，其内有原益民一场和二场及明明蚕种场，存有工字楼式蚕室9幢，还有储茧室、检验室、水塔、办公室业务大楼和桑园1000余亩。山麓西部为中科院蚕研所，中国合众蚕桑改良会镇江制种场和民营裕民蚕种场，存有缫丝试验室、冷藏库、第四蚕室、第五蚕室，以及护场所设的两座碉堡式岗楼。这些建筑保存现状基本完好，制种流程配套亦十分齐全，实属罕见。它见证了镇江蚕业发展的历史，成为中国蚕桑史中不可缺少的重要组成部分。

镇江合作蚕种场旧址2011年被公布为江苏省文物保护单位。

税务司公馆旧址

税务司公馆旧址位于润州区长江路南、迎江路西侧，今西津渡历史文化街区内。该建筑为砖木结构二层西式楼房，南面楼上有小阳台，楼下中部南北各有对称券拱大门，面北有玻璃窗瞭望北面大江，可以监视船舶往来。整座楼房基本保持完整，占地面积300余平方米。税务司是操纵关税的机关。1858年，镇江被辟为通商口岸。1865年设镇江关署，清政府按《通商约章》规定任命英国人赫德为中国海关总税务司，由其遴派洋员邦办关税，称镇江关税务司。东自南通狼山，西到南京江面轮船归其稽查。中国产品出口或外国货物入关除缴纳50%税外，需再缴2.5%的子口税，美，英商人以镇江为立足点，向沿江和内地销售外国货物。1912年，南京临时政府成立，镇江关由中国自己管理。

税务司公馆旧址1982年被公布为镇江市文物保护单位。

亚细亚火油公司旧址

亚细亚火油公司旧址位于润州区长江路南、迎江路西侧，今西津渡历史文化街区内。清宣统二年（1910年），英、荷商在镇江建立亚细亚火油公司。公司建筑为砖木结构二层西式楼房，占地面积约400平方米。正面北向迎江呈凸形，朝北下层正中为大门，上有门檐，檐下设置有一对火炬形灯装饰，两边墙面伸出雕花支架衬托。楼房迎江两层上下各有相对称的5个铁框架的玻璃窗。在楼身腰部墙面塑有6个立体空十字，四面有圆饼状图案。由大门入内为明间，楼上下间数相同，合计36间。楼东端后身有楼梯通向南面空地。曾一度为长江旅社所在地，现用作镇江民间文化艺术馆馆舍。

亚细亚火油公司旧址1982年被公布为镇江市文物保护单位。

德士古火油公司旧址

德士古火油公司旧址原位于江边荷花塘132号，镇江市区原苏北路钛白粉厂大门东侧。德士古火油公司是美国加利福尼亚—德克萨斯石油公司的简称，清光绪二十八年（1902年）在镇江设支公司。旧址为二层美式楼房，面阔三间14.3米，进深8.3米，高9米，底层用青砖砌成，间加红砖装饰，二层一色红砖。面东上下有廊，楼内有精制壁炉，上有雕花装饰。共有房间8间。新中国成立后，改作钛白粉厂办公室，1999年在镇江市长江路拓宽改造一期工程时被拆除，后异地复建于西津渡历史文化街区。

德士古火油公司旧址1982年被公布为镇江市文物保护单位。

伯先路近代建筑群

伯先路近代建筑群位于伯先路一条街至京畿岭，街旁建筑形式多样，有仿欧洲古典式建筑、西方教会式建筑、中西合璧式建筑、中国传统古典民居、民族风格式建筑等。现有蒋怀仁诊所、屠家骅公馆、镇江老邮政局、世界红卍字会江苏省会旧址等颇具特色。昔时该路由江边码头途经银山门、英国领事馆由北向西南，至伯先路经京畿岭，沿云台山脚下通往沪宁铁路的镇江火车站，为交通要道。

世界红卍字会江苏省会旧址位于京畿路82号。始建于1923年9月，1931年改现址扩建，规模宏大。整座建筑二层，占地面积约930平方米，全用青砖叠砌。中央大门凸出，门楼采用磨砖券门，券底有一对巨型圆白石柱承托，门上嵌横额石刻“世界红卍字会江苏省会”大字。大门平台向上后，建筑分为两个单元：东面有中式磨砖门进入有二层回廊的楼房。西面有一磨砖砌置的八角门，进入小天井，迎面为二层平顶西式楼房，采用方砖柱券拱门。二层上为平顶阳台，四面有围栏，上砌置攒尖顶二层八角亭一座，高约5米。

镇江老邮电局旧址位于京畿路80号，由当时政府主建，为一级邮政局，民国十年（1921年）落成，占地面积约384平方米。临街迎面有高层台座，用花岗石叠砌而成，在前面两面低处置门，有阶梯进入券廊式楼内平台，再进入二层楼内邮政办公大厅。楼房为红砖叠砌墙面，底层为地下室。迎街及南北墙面皆装置高直长方形带铁栅栏的玻璃窗。正面门楼及檐口砌有山花装饰，屋面为铁皮顶。内天花地板与其他西式楼房相同。

屠家骅公馆位于伯先路29号。建于1927年。四开间，中两间为四层，两侧三层，青砖叠砌，平瓦屋面，边门上有于右任书“楚径”石额一块。临街三楼设有挑式凉台，围以铁栏，为中西合璧建筑。这里曾是国民政府苏浙皖邮政受理处处长屠家骅的公馆。新中国成立后，原作为人民旅社，后改为江南旅社。

蒋怀仁诊所旧址位于伯先路35号。蒋怀仁，浙江宁波人，原为内地会医院医师，基督教徒，后独立开诊所，专治花柳病。他累积资金，于光绪三十三年（1907年）建成医院。医院坐西朝东，占地面积286平方米。建筑形制采用欧洲古典建筑设计，楼房三层是以红砖为主的砖木石结构，在楼的中部，门楼凸出直至楼顶。券拱门窗，有花饰砖檐，门窗及墙角间夹青砖砌成“隅石纹”，三层门前皆有雕花柱头的白石立柱，墙面上还砌成空心十字作为医院标志。门楼上中间墙上嵌有白、绿、黄等彩色圆雕花砖。

伯先路近代建筑群1992年被公布为镇江市文物保护单位。

美孚火油公司旧址

美孚火油公司旧址位于润州区迎江路东侧。约建于1894年以后，系美国洛克菲勒石油垄断集团于光绪年间在镇江设立的支公司，是当时镇江最大的一家火油公司。该公司主营火油，兼营汽油、沥青、机器油、润滑油、白蜡、矿烛等。该建筑为西式三层楼房，占地面积约328平方米。整座楼为曲尺型，高度约为14米，正楼南北向，面西，长约29米，宽11米，裙楼呈东西向，长约9米，宽11米，面北。每层隔间有突出的通天柱突出墙面，墙以红砖叠砌平顶式周围栏杆。1937年10月被敌机轰炸起火，楼内木结构被毁。新中国成立后，按原貌恢复，总体建筑坚固、庄重、美观。

美孚火油公司旧址1992年被公布为镇江市文物保护单位。

省庐

省庐位于京口区中山路京口饭店内。1929年2月，江苏省会迁于镇江，“省庐”是专为省主席建造的住所，陈果夫、王懋功等任省主席时曾在此住过。该楼为别墅式楼房，三层，砖木石结构，占地面积约300平方米。新中国成立后改为市人民政府招待所。

省庐1999年被公布为镇江市文物保护单位。

镇江自来水厂旧址

镇江自来水厂旧址位于镇江市区迎江路和长江路交叉口北侧。1924年建。初名镇江第一救火会自来水厂，设备简陋，设于江边的取水口，仅搭有一间芦席工棚，内置小马达，用木质小板凳垫高使用。当时专供救火消防用水。江苏省会迁至镇江后，于1934年4月，在洋浮桥小江边街临江处重建镇江自来水厂，占地11.36亩，为一座现代化的自来水厂，厂区内建有平流沉淀池、清水池、进水间和加矾间等。1937年，日本侵略者占领镇江，主要供驻镇日军及其家属用水，酌情供应本市茶水炉、旅馆、浴室所用，全城日常供水显著下降。日军还掠走了厂区内的设备和物资，水厂濒临关闭的困境。抗战胜利后，自来水厂恢复正常供水。现在该水厂已停止使用，仅剩出水间、水泵房、办公楼和滤水间等建筑。

镇江自来水厂旧址2004年被公布为镇江市文物保护单位。

春顺园包子店旧址

春顺园包子店旧址位于润州区西津渡小码头街161—169号。建于民国初年。现存门面、厅堂，结构完整，楼上设书场，富有特色。该建筑为此街道上较为有名的店铺，也是观音洞一条街建筑群的组成部分。

春顺园包子店旧址2007年被公布为镇江市文物保护单位。

交通银行旧址

交通银行旧址位于润州区迎江路东，美孚火油公司旧址北。三层西式洋楼，青砖砌筑，外墙水泥抹面，内壁粉草灰泥，石灰粉面。面宽20米，进深18米，高18米，平顶四周筑有80厘米的矮墙，外饰图案，简洁大方。1915年正式对外营业。1949年4月镇江解放后，交通银行为人民政府接管，经清理后复业。1983年后并入建设银行镇江中心支行。

交通银行旧址2007年被公布为镇江市文物保护单位。

江苏省公路局旧址

江苏省公路局旧址位于京口区健康路与解放路交会处西北。1935年（民国二十四年）建。建筑坐北朝南，为砖木结构三层楼，青砖清水砌筑，四坡顶屋面，东南墙角嵌奠基碑一块，沈百先题写。旧址原为江苏省长途电话交换所。抗日战争胜利后，江苏省公路局在此办公。新中国成立后，为镇江地区长途汽车公司办公大楼。旧址是镇江民国江苏省会期间公共建筑的历史见证。

江苏省公路局旧址2014年被公布为镇江市文物保护单位。

大兴池

大兴池位于润州区伯先路与京畿路路口西侧。正门为两边立柱的西式门楼，上有“大兴池”石额，上款“丙寅年菊月立”，下款“顾湘泉书”。建筑由青砖砌成，面阔24米，纵深17.9米，大兴池格局及内部设施保存完好，是全市现存唯一的洗浴业历史遗存。

大兴池2014年被公布为镇江市文物保护单位。

布业公所

布业公所位于润州区布业所巷26号。建于清光绪十三年（1887年）。建筑两进，南为院落，三间两厢二层楼房。磨砖雕花门楼存“布业公所”石额。布业公所是当年镇江布业行业经商者会商的场所，是镇江清代商贸流通的重要见证。

布业公所2014年被公布为镇江市文物保护单位。

沪宁铁路镇江火车站旧址

沪宁铁路镇江火车站旧址位于镇江城西朱方路，包含宝盖山隧道、碉堡、工务段旧址、办公房旧址。宝盖山隧道始建于清光绪三十一年（1905年），是当时沪宁铁路镇江火车站建设中耗银最多的一项工程，也是沪宁铁路线上建设的第一座隧道。隧道入口两侧立柱上分别刻有“1905”和“1908”字样，字迹清晰。碉堡位于宝盖山隧道西侧北坡，高约5米，平面呈六角形，钢筋混凝土结构。工务段旧址建于1918年，砖木结构仿西式建筑。办公房旧址平面呈曲尺形，二层楼房，北侧设通廊。清光绪三十四年（1908年），沪宁铁路通车，镇江站列为大站。民国期间，镇江旗站改称镇江南站，此站习称镇江西站。1978年沪宁铁路复线竣工后，宝盖山隧道所在线路改为支线，其作用逐渐下降，于2004年停用。沪宁铁路镇江站旧址是镇江乃至中国近现代交通运输业发展的重要历史见证。

沪宁铁路镇江火车站旧址2014年被公布为镇江市文物保护单位。

原中国人民银行旧址

原中国人民银行镇江分行旧址位于润州区长江路北。中国人民银行于1949年4月在扬州组建，4月23日进驻镇江，接管旧银行。银行办公楼是在民国时期旧银行的基础上新建而成，坐北朝南，砖混结构，立面呈长方形，平顶，二层楼加地下室，地下室为金库。1999年公布为镇江市文物控制单位。2012年实施了维修。

原中国人民银行旧址2014年被公布为镇江市文物保护单位。

官酱园

官酱园位于丹阳市访仙镇仙桥南路1巷。店铺初称“太和坊”，清中叶曾被巡抚盐漕部院授予“官酱园”称号，清末民初生产厂名叫“恒升酱醋厂”，是清代访仙乃至镇江地区酿制酱、酒、醋等产品的老字号，产品曾远销全国及南洋地区。清宣统年间，其香醋曾获得南洋劝业会颁发的奖章。现存民国时店铺一处，三开间，面阔 11.5 米，砖混结构。“官酱园”清代木牌，现仍保存完好。

官酱园 2007 年被公布为丹阳市文物保护单位。

海关宿舍

海关宿舍位于润州区西津渡古街，原第二人民医院内。建于清同治四年（1865 年），为英国人控制的镇江海关职员宿舍。二层西式楼房，以青砖为主，间灰红砖叠砌，有装饰性纹饰，屋面为铁皮顶，室内有壁炉，平顶天花，企口木地板，整体为 14 开间，上下层为砖柱通廊。

海关宿舍 1993 年被公布为镇江市文物控制单位。

包氏钱庄

包氏钱庄位于润州区小街 115 号。包氏钱庄为包姓办的钱庄，建于清末。共两进，均面阔三间，两厢二层楼，砖木结构，前有高大的风火墙，形成一个院落，通面阔 12.3 米，通进深 28.85 米，风火墙高达 8.5 米。前后各有一个院子，中有天井，两进后有小三间正房。后两进中有水井一口。

包氏钱庄 1993 年被公布为镇江市文物控制单位。

清代海关道台沈公馆

清代海关道台沈公馆位于润州区迎江路社区盆汤巷 35 号。清代建筑。坐北朝南，砖木结构，一进，面阔四间，三厢，前有天井，二层小楼。现迁移至大西路与迎江路口。

清代海关道台沈公馆 1993 年被公布为镇江市文物控制单位。

宴春酒楼

宴春酒楼位于润州区金山街道鱼巷社区人民街 15 号。创办于 1936 年。前身是创办于 1890 年的“中华园”，主要经营镇扬风味菜肴点心，其中“镇江三怪”之一的水晶肴肉就出于宴春酒楼。该幢建筑临街而筑，二层，为砖木混凝土结构，椽檐向四周翘起，内部装饰古色古香。

宴春酒楼 2004 年被公布为镇江市文物控制单位。

新中旅社旧址

新中旅社旧址位于润州区三元巷 10 号、12 号。二层，砖木结构，从东至西 6 开间。分两部分。大门朝东，门首上“新中旅社”四字虽然剜除，仍可辨。进门后，有内天井，顶为两坡水，以透光。对门西边有楼梯上下，登楼左转二层有栏杆，四面围合，栏杆 1 米高。右转向西可通至西面外天井，现三面有栏杆，经廊可通北边房屋。栏杆上有雕花木块。第一层层高约 3.8 米，整体高约 9 米。

新旅社旧址

新旅社旧址位于润州区日新街 27 号。大门朝南，面阔三间，整体三层，局部四层。层高约 3 米，通高约 20 米。第一层为大厅，门房北部有石膏线条吊顶，东有楼梯拾阶而上，中间有内天井，以供采光通风之用。第二层、三层各有 10 间大小不等的客房，其中南客房 3 间，各有外挑阳台，阳台用铁艺作栏杆，挑出部分为水泥钢筋浇筑，挑梁向外呈弧形逐步收减，十分秀美。北为卫生间。第四层东、西、北面有客房五间，南为带栏杆平台，栏杆现为水泥浇筑。靠西有小屋一间。屋外有天沟作集水排水之用。第四层上顶四面为木质玻璃换气窗。屋顶为四坡水，上盖弧形玻璃瓦。现迁移至大西路北，同仁堂东侧。

苏北公寓旧址

苏北公寓旧址位于润州区万家巷 45 号。原为旅社，现住多户居民。砖木结构，主体三层，乱砖叠砌到顶。东部现浇筑有结构钢梁，应为后加。前部设木楼梯拾阶而上至二楼，有一廊，廊北设房间，东部又设楼梯可上三楼，又有廊通各房间。墙立面已经维修，原水磨石地面改为水泥地，屋面也经维修。其南有内天井，直通，有通风采光之用。

诚仁堂分局旧址

诚仁堂分局位于润州区节约巷45号，系镇江“老存仁堂药店”的前身。清末建筑。老存仁堂药店在大西路建店后，此处为其分局。1931年前一度为镇江商会办公用，后为商界“义塾”。坐南朝北，三间两厢式结构，中有天井。面阔10.8米，通进深18米。建筑北侧原大门在大龙王巷，原名商会街，上有“诚仁堂分局”门额，内有“义塾”碑。新中国成立后原为居委会，后做过食堂、图书室。

大照电气公司成立三十周年纪念塔

大照电气公司成立三十周年纪念塔位于京口区电力路182号供电公司内。碑质汉白玉，呈方柱形，尖顶。碑西面刻“大照电气公司成立三十周年纪念塔”。碑南为碑文（简介），碑北为敬贺者姓名（40人），碑东刻“中华民国二十五年　旦”。

万家巷典当铺

万家巷典当铺位于润州区金山街道三元巷社区万家巷2号。原为典当铺，现为镇江市医药公司职工宿舍。建筑两栋。南部建筑坐西朝东，面阔11.8米，通进深18米。大门朝东，面阔三间，一共两进两厢，为二层楼房，分为两部分，前一部分由大厅北部楼梯上下楼，后部由北部楼梯上下楼，回马楼结构，由天井通道进入北部建筑。墙面青砖清水叠砌。北部建筑为三间二层楼房，面阔11米，通进深5.8米。东为楼梯，西为回廊，用走廊相通，走廊设高约1米的栏杆，为方形预制或现浇水泥栏。北部局部为四层，顶部有平台。该建筑建造用材和工艺考究，保存完整。

京江旅社旧址

京江旅社旧址位于润州区京畿路201号。建于民国期间（约1937年）。面阔三间，砖木二层。有内天井，朝西可以上二楼。东、南、北设房间若干，由于房子布局不规则，房间大小不一。

镇江公寓旧址

镇江公寓旧址位于润州区魏同兴巷41号。原为戏班子登台演出之所，后改成旅馆，起名为“镇江公寓”。二层跑马楼，四间两厢，风火墙屋脊上有龙凤雕刻。门板上刻有花卉图案，厅堂地面为水磨地，上有彩绘图案，图案至今较为清晰。木质栏杆上有装饰图案，大门有白石门罩，侧门门板下面用白石勒脚，上有花纹。

魏同兴巷当铺

魏同兴巷当铺位于润州区魏同兴巷26号。当铺之前原为鱼行，后为当铺。建筑为小瓦，硬山顶，外墙青砖叠砌。建筑前后三进，每进明三暗四结构，均为二层小楼。第一进外有一通道，通道尽头有一厢房。

高资驿站旗杆座

高资驿站旗杆座位于丹徒区高资镇炭渚村。清道光十一年（1831年）于此建驿站，今驿站已毁，尚存旗杆座。青石质，圆形，高0.65米，中间插孔，孔径0.2米，石座上刻文。上款“大清道光十一年菊月□日立”，下款“炭渚驿子菊月铭”。

天和永号

天和永号位于镇江新区姚桥镇华山村龙脊街中间（八队）。该店房屋两进，一个天井，计五间，现保存基本完好。清末民初时原有冷清荣开的杂货店，牌号为：华山天和永号（隶书）。现牌号及印章，由冷新元保存。

郦德兴木器店

郦德兴木器店位于丹阳市吕城镇新街。木器店为一间上下两层楼房，建筑面积为22平方米，坐西朝东，原为木板门面，现居民用砖改建。楼上木板上留有“郦德兴”横写三字，左面竖写“各式家俱”。据居民讲，此处原为郦德兴木器店，是吕城老街上颇有名气的木器店。老街自明清以来就较为繁华，1937年全毁于日军纵火，现木器店为1937年重建。

蔡义兴粮食行

蔡义兴粮食行位于丹阳市吕城镇新街。为一进二开间砖木结构楼房，占地面积约48平方米。进深七檩，原为上下木板门面，现居民用砖改建。楼上木板仍留有“蔡义兴”三字，据居民讲原为老街蔡义兴粮食铺。吕城新街在明清时就是吕城古镇的繁华商业区，1937年由于侵华日军纵火全毁，蔡义兴粮食行于1937年重建。现为私人住宅。

丹阳纱厂旧址

丹阳纱厂旧址位于丹阳城区阜阳路北侧。丹阳纱厂由民国时期丹阳民族资本家束云章于1946年创办。现存当时纱厂总经理办公楼1座，南北向，上下两层，砖混结构，九间面阔32米，进深11.5米；高级职员宿舍1座，东西向，上下两层，砖混结构，4开间面阔15米，进深7米；水塔一座。束云章（1887—1973），丹阳人，民国时工业巨子，曾担任民国中国银行郑州分行行长、民国纺织建筑公司总经理，曾创办豫丰纱厂，以及上海、天津、青岛等地多家企业。在当时中国金融实业界极有声望。丹阳纱厂1947年投产，有纱锭1.1万锭，生产产品为20支棉纱，1949年被人民政府接管，并成立丹阳棉纺织厂。该企业在江苏棉纺织企业中享有盛誉，而且一直是丹阳国营企业中的领头羊。

珥陵老浴室

珥陵老浴室位于丹阳市珥陵镇珥城行政村河滨北路。始建于20世纪30年代，为当时珥陵四位富户合资兴建的浴室，外观及内部均采用民国时期流行的西洋风格建筑。建筑为大门朝东南，5间面阔15米，进深9.4米，金字梁式砖混结构。门窗均为欧式风格。该建筑是丹阳市仅存的民国时西洋风格建筑，极为少见。

潘义和糟坊旧址

潘义和糟坊旧址位于丹阳市里庄村天河南路。里庄在明清历史上就是丹阳的著名酿酒地。潘义和糟坊在民国时是一个前店后坊的小作坊，享有盛名。新中国成立被人民政府改造成里庄酒厂。现存民国时糟房厂房一进5间，面阔15.8米，砖混结构，现仍使用清代酿酒的榨缸等用具。酒厂现已改制为私营。

麦溪染坊

麦溪染坊位于丹阳市延陵镇麦溪行政村麦北自然村。建于清代。坐东朝西，为硬山式砖木结构。建筑占地面积约80平方米，一进三开间，面阔10米，进深七檩8.1米，上下二层是麦溪染布、纺织绸缎的地方。

第三节　公共建筑

五卅演讲厅

五卅演讲厅位于镇江城西伯先公园内云台山东麓。该厅于 1925 年 8 月奠基，1926 年竣工。为仿古重檐歇山式建筑，四角上翘，全长 28 米，宽 19 米。底层四面有环廊，廊柱高 3.7 米，廊宽 2.2 米。厅内正中为讲台，楼上下约有 500 个座位。墙基南北两面各有白石题刻一方，上刻“中华民国十四年八月镇江各界纪念五卅惨案建筑此厅永示不忘”。整个建筑古朴庄重、典雅大方。1925 年 5 月 30 日，上海发生日本帝国主义枪杀纱厂工人代表顾正红的“五卅”惨案，之后，镇江 3 万余人集会、游行，并成立了“镇江外交后援会”。同时，镇江各界掀起了抵制日货的活动，对藏有日货的奸商进行罚款，得罚金数万元，经各界会商，决定用该款建造“五卅”演讲厅，亦为日后作爱国宣传的场所。

五卅演讲厅 1982 年被公布为江苏省文物保护单位。

江苏省立镇江图书馆

江苏省立镇江图书馆位于京口区解放路 17 号院内。1929 年，江苏省省会由宁迁镇。1931 年秋，省教育厅决定筹建省立镇江图书馆。1935 年 1 月开始建新馆。同年 9 月竣工，10 月迁入并对外开放。1937 年春，在该楼之南建景贤楼为宿舍。图书馆坐西朝东，两层楼房，中间为三层书库，占地面积 634 平方米，总建筑面积 1000 平方米，由钢筋水泥耐火砖砌成，具有防火、防潮、防震功能。当时该馆在全国图书馆界知名度很高，收入《中国省市图书馆概况》。新中国成立初该楼为部队所用，1986 年发还市图书馆使用。

江苏省立镇江图书馆 2006 年被公布为江苏省文物保护单位。

“五卅” 运动镇江外交后援会旧址

“五卅”运动镇江外交后援会旧址位于京口区仙鹤巷原第十五中学后院。原是清代万寿宫后殿，砖木石结构，面阔三间，硬山式，正立面朝南，中央有一大券拱门，前有廊檐台，殿内铺有罗地砖。1925 年“五卅”惨案后，镇江人民掀起如火如荼的声援活动。6 月 3 日，各学校、工商民众团体代表 54 人在省立第九师范开会，决定成立“镇江外交后援会”，选择万寿宫后殿做会址。他们在这里制订行动纲领、计划，起草声援上海工人、学生的通电，印刷标语口号、传单，积极领导各界民众进行反帝斗争。

“五卅”运动镇江外交后援会旧址 1982 年被公布为镇江市文物保护单位。

伯先公园

伯先公园位于润州区云台山。1926 年（民国十五年）冷御秋为纪念辛亥革命先烈赵声（伯先）发起建造，由陈植教授设计，于 1931 年（民国二十年）落成。伯先公园占地约 120 亩，园门朝东，东门柱上嵌有 1979 年宋庆龄题写的“伯先公园”四字，左门柱上嵌有田桓在辛亥革命 70 周年前夕撰写的“伯先传略”刻石。入园台阶之上的平地正中是赵伯先的全身站立铜像，安在 3.5 米高的花岗岩台座之上，戎装远望。山上有五卅演讲厅、绍宗藏书楼，山巅原有伯先祠，1967 年拆毁，现已修复。

伯先公园 1982 年被公布为镇江市文物保护单位。

基督医院

基督医院位于镇江市第一人民医院内。基督医院原占地面积 16 亩多，有建筑 9 幢，主要有病房、门诊部，4 幢小楼分别为职工宿舍和院长室。现保留 4 幢，即沿新马路南面 2 幢二层为门诊楼，呈长方形；后 1 幢二层为医务楼，呈正方形，上述 3 幢楼呈“山”字形；南 1 幢二层为院长楼，呈正方形。基督医院由基督教会于1922年创建，现镇江市第一人民医院就是在此基础上发展起来的。

基督医院1982年被公布为镇江市文物保护单位。

中山纪念林塔

中山纪念林塔在镇江北固山中峰，塔基为正方形，大理石混凝土结构。塔高3.56米，四周分别刻有“总理遗训”及“中山纪念林”等文字。1930年春天，镇江各界人士在革命先驱孙中山逝世5周年时，组成数万人种植了大片树木。为了纪念这次植树活动，牢记中山先生关于植树造林的号召，特建塔，以志不忘。

中山纪念林塔1986年被公布为镇江市文物保护单位。

崇实女中旧址

崇实女中旧址位于润州区风车山路26号，今镇江崇实女子中学（镇江市第二中学）校园内。崇实女中前身是1884年美国美以美会在镇江银山门创办的寄宿学校镇江女塾，为长江流域最早的女塾。1888年迁至镇江市风车山现址，1931年始称“镇江私立崇实女子中学校”，简称“崇实女中”。自设立以来，学校培养了唯一同时获得诺贝尔文学奖和普利策文学奖的赛珍珠，第一位获得美国博士“金钥匙”奖的中国女性王素意（崇实女中第5任校长，亦是该校第一位中国籍校长），三获美国博士“金钥匙”奖、被誉为“中华第一女学人”的南京师范大学李美筠教授等一大批杰出的女性人才。另外还有卫立煌夫人朱韵珩（崇实女中第10任校长）、碳酸盐岩油气地质专家方少仙教授、国内育成第一个冬小麦品种“鲁麦15号”的农学专家孙兰珍教授等。1934年五十周年校庆时，国民政要林森、蒋介石、吴铁城、孙科、戴季陶等纷纷题词，盛赞崇实女中为“女学前锋”“南国女宗”。现校园内存有原学生宿舍楼（三号楼、今教学楼）1幢、原西人教习宿舍楼3幢（六、七、八号楼）、原华人教习宿舍楼（四号楼）1幢、原镇江妇孺医院1幢（九号楼）等6栋建筑。

崇实女中旧址1987年被公布为镇江市文物保护单位。

老气象台旧址

老气象台旧址在镇江北固山中峰小山丘上。占地约160平方米，坐北朝南，立面呈凸字形，平顶，主体为二层楼，中间另为二层向上凸出。底层嵌石刻“中华民国二十三年十月七日江苏省建设厅北固山气象台奠基”“中华民国三十六年七月重修”字样。

老气象台旧址1987年被公布为镇江市文物保护单位。

绍宗国学藏书楼

绍宗国学藏书楼位于润州区伯先公园山上。现存大门及主楼。大门两侧嵌有石刻“绍宗国学藏书楼”，“中华民国二十二年立”，东面墙角嵌有“上海扬子建业公司设计及承造，中华民国二十一年二月”石刻。主楼为西式二层楼房，面阔五间22.1米，深9.6米，中间顶部有阁楼。藏书楼为藏书家吴寄尘等人于1932年（民国二十一年）创建，是镇江近代较大的私人藏书楼，曾藏书9万余册，有120余部列入全国善本书目。现藏书已移交镇江市图书馆保存。

绍宗国学藏书楼1992年被公布为镇江市文物保护单位。

原镇江“五三”图书馆

原镇江“五三”图书馆位于镇江市第一人民医院内，现作办公楼使用。1928年5月3日，济南发生了震惊中外的“五三”惨案，镇江各界掀起反对日本帝国主义暴行的游行示威活动，并抵抗日货，查封了镇江元生东糖号所贩日货，罚款2万元，于1930年建成公共图书馆，命名为“五三”图书馆，以昭示国人“不忘国耻”。该建筑原为二层，坐北朝南，采用砖木钢筋混凝土结构，建筑立面除大门立柱有雕饰外，其余较简朴、庄重，内部结构也基本符合近代公共图书馆功能的要求。

原镇江“五三”图书馆1993年被公布为镇江市文物保护单位。

私立京江中学旧址

私立京江中学旧址位于京口区中山路东端大学山。初建于1937年（民国二十六年）4月，创始人有陆小波、冷御秋、严惠宇等。学校董事会推荐陆小波为董事长，张海澄为校长。是年8月，经省教育厅立案批准开办，9月开学，12月镇江沦陷，学校辗转江都、上海，一路艰辛办学。1941年（民国三十年），太平洋战争爆发，学校停办。抗战胜利后复校，严惠宇任校长。1952年学校由人民政府接管，改为公立镇江市第三中学。1953年3月，改为镇江市第一中学。大学山保留原私立京江中学校舍3栋，均为砖木结构，青砖叠砌，西式平房。

私立京江中学旧址1999年被公布为镇江市文物保护单位。

江苏省镇江潮水位站

江苏省镇江潮水位站位于镇江北固山观音洞前长江岸边，原名镇江自计水位计台，又称北固山水文站，由扬子江水利委员会建。1934年（民国二十三年），上海浚浦局采用了世界先进的做法，在吴淞口和江阴两处设置了水位计台，可自动记录水位变化，准确完整，效果良好。扬子江水利委员会鉴于镇江地处江河交汇处，水位变化兼关长江和运河，至关重要，拨款4000元，决定在镇江设置自计水位计台。原选定在元兴码头，人工观测的水位尺处为台址，事因该处离岸长达数十米之遥，引桥工程浩大，经费不敷。因此另选中北固山后峰五圣岩下观音洞北侧建造，由上海扬子建筑公司以3691.99元中标施工，1936年2月11日正式开工，历时4月有余，于当年6月27日建成。计台位于江中，上置方形小屋，内置自计水位计台，采用钢筋混凝土结构，四周设有走道环廊，可以眺望江景。距江岸16米处架设引桥，外有栏杆围护，利于通行。自计水位计台由四柱支撑，柱础伸入江岩6.71米，中设交叉拉结梁柱承载整体计台。台高8.5米，高出历年最高水位0.68米。自计水位计台建成后，结束了长期以来土法观测水位尺的历史。

江苏省镇江潮水位站2004年被公布为镇江市文物保护单位。

中华三育研究社旧址

中华三育研究社旧址位于句容市下蜀镇桥头江苏财经大学红山分院西北两座小山上。1923年，基督教安息日会在桥头购买了750亩山地建造校舍，1925年竣工，将上海的三育大学迁至现址，更名为中华三育研究社，后又名为中华三育学校。该校系安息日会的最高学府，办学目的是为安息日会培训人才，学生来自各方，亦有少量外国学生。其半工半读的办学方式及成效，引起国内外关注，宋美龄曾派员前往调研，还从学校借用人员至南京担任遗族学校的监事。1937年抗日战争全面爆发，学校西迁，校舍遭毁。1947年，学校从重庆回迁重建校园。新中国成立后历经变迁，现为江苏财经大学红山分院，尚有原中华三育研究社房屋21幢。

中华三育研究社旧址2007年被公布为镇江市文物保护单位。

警钟楼

警钟楼位于丹阳市三思桥街（西门大街东首），正式名称为城西救火会，俗称警钟楼。1930年（建于民国十九年），坐西朝东。原有五层，现仅存两层，大门上有“城西救火会”五字，墙基座有块石碑，刻“民国十九年建警钟楼城西救火会”。该建筑具有欧式风格，砖木结构，占地面积约37.8平方米，警钟楼主要用于民国时期城内消防报警和火灾扑救。第一层停放救火装备，第二层是救火人员办公和更衣之用，第三、四层四面有窗，用于瞭望，顶层挂有警钟，用于报警。

警钟楼1991年被公布为丹阳市文物保护单位。

赤山闸

赤山闸位于句容市赤山湖管委会街道毛家村北约50米。1936年（民国二十五年）建造。闸长16米，宽4米，高11米，有3个闸口，闸的西顶部有1碉堡。

赤山闸2011年被公布为句容市文物保护单位。

内地会医院旧址

内地会医院旧址位于润州区小街41号。建于清末。内地会为基督教的一个差会组织，英国传教士戴德生创立于清同治七年（1868年），随之建立医院。该建筑处于坡地，坐北朝南，地上二层，地下一层，砖木结构，整体青砖叠砌，西立面和北面第二层为石灰抹面。建筑南面有券拱大窗，铁艺栏杆，阳台栏杆有“卫生”二字；南面正中开宽敞走廊，长3米，供人进入。建筑内房间南北分设，中间为过道，在过道中部设木质楼梯供上下。

敏成别墅

敏成别墅位于解放路小学内。歇山顶，青砖小瓦，砖木一层结构。七架梁，大门朝北。房子建在台基之上，台基高0.5米。建筑东南角嵌有石碑一方，从右至左刻有“敏成别墅”四字，为张大千的师傅曾熙所题。现为解放路小学校史陈列室。

毕尔素医院

毕尔素医院位于润州区宝盖路314号，原为西方人毕尔素所设眼科医院。具体建筑年代不详，20世纪30年代被火焚毁，后侯牖才医师在原址复建。坐北朝南，一进，二层，中设过道，两旁有大小房间，楼梯在东上二楼。青砖叠砌，硬山顶，每间加垛。南部为六开间，二层东设梯木小晒台，晒台上有水泥栏杆围合。西坡为四坡顶，东部为人字顶。西立面是不规则阶状。上下计有30间房间。

私立达仁学校石碑

私立达仁学校石碑位于润州区中华路小学内。碑身正面为周佛海题“私立达仁学校”，题签为“镇江煤铁业公会”。背面为苏润宽题记。字迹清晰，碑身较完整。碑质为白石。

江苏省立实验小学校舍奠基碑

江苏省立实验小学校舍奠基碑位于京口区实验小学电工房内。大理石质地。碑长0.7米，宽0.4米，厚0.1米，右书正楷“江苏省立实验小学”，中为隶书大字“校舍奠基纪念”。边款为楷书“中华民国二十四年六月三日周佛海立”。

穆源学校毕业纪念碑

穆源学校毕业纪念碑位于润州区杨家门32号。1936年（民国二十五年）十二月学校六年级两个班的杨朗望、张大德、王古蒙等102人立，大理石质地，四边形，尖顶。碑身高1.7米，底边宽0.33米，面南上书“民国二十五年十月”，篆体大字“穆源学校三一级纪念碑”，落款为“道能述题”。东西两面刻六年级两个班学生姓名（各51名），北面记叙了学生对学校的感激之情。碑置于四方形白大理石座上，座高0.6米，边宽0.57米。

蔡塔里学校三十周年纪念塔

蔡塔里学校三十周年纪念塔位于丹阳市吕城镇运河中心校院内。建于1946年。为一石塔，呈四面方锥形，高2米，塔身四面刻着文字，南面篆书“蔡塔里小学校三十周年纪念塔”及行书“中华民国三十五年五月庞子建”，东面草书“树人之基，刘峙”；西面草书“英才系育张轸”。北面塔刻文大意是：抗日战争胜利，恰建校三十周年，因校庆民国三十五年全校校友纪念建塔。塔现已折断为两部分，中间损缺小部分。

河头闸坝

河头闸坝位于丹阳市导墅镇蔡巷行政村河头自然村东。坝为东西向，与鹤溪河平行，是调节附近鹤溪河南部农田水系水位高度、向鹤溪河排水的水利设施。该坝宽2米余，长度近20米。由石块垒砌而成。坝身类似于石板桥，上部为道路，底部由石块砌成，约1米。

珥陵电力灌溉站

珥陵电力灌溉站位于丹阳市珥陵镇。1952年9月筹建，1953年6月竣工。该工程分为8个水泵机站，分别坐落于现今丹阳市云阳镇、珥陵镇境内的丹金溧漕河东西两岸。河东岸为一、二、三、四站，河西岸五、六、七、八站，由苏联技术人员设计，全国各地区水利工程技术人员参与施工。渠道共分为干渠8条，分渠62条，支渠460条，大小渠道总长400余千米。工程建成后，灌溉面积11.49万亩。建成时，傅作义及中央水利部和地方水利厅领导等来视察，当时由丹阳艺术家绘制的油画“珥陵灌区”曾长时间悬挂在周恩来总理办公室。

栏杆桥闸

栏杆桥闸位于扬中市新坝镇华威村新坝大港最南面，连接新坝大港与长江，是一座通江大闸。主闸口长7.5米，宽13米，高10米。

铁匠港码头遗址

铁匠港码头遗址位于扬中市八桥镇红旗村东三组。筑于清朝末年（约1890年）。起初为私人木船渡运，是扬中通往江北的最早渡口，也是解放军过江的重点登岸地。新中国成立后经改造为集体营运，直到20世纪80年代才停运。现整个遗址淹没在芦苇、树木丛中。

头墩子码头

头墩子码头位于扬中市油坊镇头墩子村西四组。始建于清末。现占地面积（包括滩涂）约13000平方米，最早的码头已坍入江中。该码头曾多次运送新四军过江。码头改建后还在继续使用之中，为两岸人民的交通提供了便利，但客流稀少，即将停运。

第四节　名人故（旧）居及墓

赵伯先墓

赵伯先墓位于镇江南郊竹林寺东文苑景区内。1912年为纪念辛亥革命烈士赵声（伯先）而建。占地50亩，由牌坊、石桥、墓道、坐雕石狮、墓冢、陵园和纪念亭构成，四面环水，遍植荷柳。石牌坊为四柱冲天式，上额镌有“浩气长存”四字，石柱上镌有“巨手劈成新世界，雄心恢复旧山河”和“绿竹径回环劲节雅似君子德，黄花岗缥缈忠魂是有故人游”两副对联。石牌坊前有三座石拱桥跨水渠而立，由此进入陵园。墓冢建于圆形台基之上，墓以四层弧形石块建造，上层封土，通高2.7米，墓前置有供桌，墓迎面正中立有“大烈士赵百先之墓”的巨大墓碑。林木郁葱，庄严肃穆。陵墓前方约一里许有一水池，水中央土丘建有纪念亭，亭中置巨碑，镌刻赵声骑马戎像。今该亭位于碧榆园内。

赵伯先墓1982年被公布为江苏省文物保护单位。

冷遹旧居

冷遹旧居位于丹徒区辛丰镇黄墟东侧。冷遹（1882—1959），原名晓岚，字御秋，丹徒人。家境清寒，13岁出外学徒。20岁考入安徽武备学堂，结识柏文蔚、陈独秀等共同组织岳王会。毕业后，他到南京新军第九镇第三十三标第二营任右队队官，在管带赵声领导下从事革命活动。次年，参加同盟会。先后参加武昌起义、二次革命、护法运动、护国运动。后参加中华职业教育社，回到家乡兴办实业和教育。抗日战争开始，他担任江苏省省会民众组织委员会主任委员，领导抗日救亡活动，支援前线，后赴四川等地。1945 年，冷遹与褚辅成、黄炎培等 6 人飞往延安，与毛泽东、周恩来商谈国是。新中国成立后，他历任华东军政委员会委员兼水利部长，江苏省副省长、省政协副主席，第一届全国政治协商会议委员，第一、二届全国人民代表大会代表，中国民主建国会中央常务委员兼民建江苏省工委主任委员等职。

旧居为民国建筑，坐北朝南，砖木结构。主楼建于 1917 年（民国六年），面阔五间（内有 2 通道廊至后门），占地面积约 180 平方米。楼房东西两端凸出，顶部为两砖柱夹圆弧形的墙面。中部凹入，上下两层有走廊。通道门额首砌成券拱形，各房间多置高直形窗。楼背两窗有阳台伸出，室内铺木地板，石灰抹面平顶天花，楼顶面覆小瓦。中央开一老虎窗。后面两侧为厢房。2004 年，丹徒区政府在原旧居建筑内筹建冷遹纪念馆，2005 年正式对外开放。

冷遹旧居 2002 年被公布为江苏省文物保护单位。

赛珍珠旧居

赛珍珠旧居位于润州区西北登云山上。旧居改建于民国初年。西式别墅式的砖木结构两层楼房，占地约 259 平方米。屋内中轴设楼梯，每层均有会客室、卧室，南北两侧有门或凉台。另在地下有半人高地下室，从东边入口。赛珍珠（1892—1973）出生于美国，四五个月时即被身为传教士的双亲带到中国，在中国生活了近 40 年，在镇江生活了 18 年。她把中文称为“第一语言”，把镇江称为“中国故乡”。曾著《大地》一书介绍中国，1938 年获诺贝尔文学奖。1992 年 10 月 31 日，赛珍珠故居被命名为“镇江市友好交流馆”。

赛珍珠旧居 2002 年被公布为江苏省文物保护单位。

张云鹏旧居

张云鹏旧居位于京口区仓巷内。建于清光绪年间，江南园林式建筑。旧居前后四进九间，有庭院、回廊、腰门、亭台、月洞门等，占地近 600 平方米。张云鹏（1900—1958）出生于中医世家，为镇江名中医。1994 年张氏后人自筹资金对旧居进行修缮。2000 年旧居被联合国教科文组织授予亚太地区文化遗产保护杰出项目奖。

张云鹏旧居 2006 年被公布为江苏省文物保护单位。

陆小波故居及墓

陆小波故居位于润州区原打索街 68 号。陆锡庚（1882—1973），字小波，镇江人。生于泰州，世代经商。15 岁习业于镇江元同钱庄。1912 年（民国二年）任镇和钱庄司账，后任慎康钱庄经理。1925 年（民国十四年）后，任镇江商会会长、钱业公会理事长，后又担任江苏省商会联合会理事长。新中国成立后，陆小波长期担任镇江市工商业联合会主任委员，并历任全国工商联常委、江苏省人民政府委员、省人民代表、省政协副主席、省民建和工商联副主委。20 世纪 60 年代陆小波在任镇江市文物管理委员会副主任期间，动员各界人士，将收藏的珍贵文物捐献给国家。

陆小波故居为清代传统民居建筑，坐北朝南，前后共四进，沿中轴线排列，最北附厢房。第一、二进为平房，第一进东为大门。第二进门上为八仙上寿磨砖雕花图案，较为精致。第三进为对合大厅。第四进为三间两厢二层小楼。东部有小巷一条，内有水井一眼。2007 年，陆小波故居被公布为镇江市文物保护单位。2007 年 12 月，陆小波后人将故居捐赠给镇江市人民政府。2008 年，镇江市人民政府出资，镇江市文化局和文物管理委员会办公室按照“修旧如故，以存其真”的原则对故居进行了落架式修缮，恢复了其原有风貌。

陆小波墓位于丹徒区高资镇夹山村后头山，南距 312 国道约 2000 米，为陆小波与其妻吴夫人合葬墓。2008 年，镇江市政府对墓地进行了修缮。现墓地占地 70 平方米，居中为墓冢，四周石栏和松柏相围，肃穆庄严。

陆小波故居及墓 2011 年被公布为江苏省文物保护单位。

赵伯先故居

赵伯先故居位于镇江新区大港东街。赵伯先（1881—1911），原名赵声，字伯先，又作百先，化名宋王孙、葛念慈。丹徒县大港人。其父赵蓉曾，是当地名儒。赵声幼年聪慧过人，富有正义感。14 岁时，闯进大港关押人犯的地方救出一名被拘无辜乡民。17 岁考取秀才。21 岁到南京，先后在江南水师学堂、陆师学堂学习，开始接触民族民主革命思想。清光绪二十八年（1902 年）陆师学堂毕业后东渡日本考察军政，结识了不少革命志士。回国后首先在家乡创办洪溪阅书报社、体育会及小学堂等，宣传新知，启发民智。后应南京两江师范学堂之聘担任教员，匿名作《保国歌》七字唱本，宣传革命。光绪二十九年（1903 年）发生拒俄反法运动，和章士钊等在北极阁召开大会，号召人民起来革命救国，遭清吏通缉。后在保定、南京、广东等地新军任职。光绪三十一年（1905 年），他在南京加入同盟会，并在新军中发展会员。清宣统元年（1909 年）因身份暴露不能存身，应孙中山之召到香港参加同盟会的领导工作，筹划在广州起义。次年应孙中山电召到槟榔屿参加同盟会首脑会议，被推为内部总长，积极进行第二次广州起义的准备。宣统三年（1911 年）三月起义爆发，他与黄兴分任正、副总指挥。起义失败，因懊丧过度又积劳成疾，于 1911 年 4 月 19 日病逝于香港，年仅 31 岁。辛亥革命成功后，孙中山为表彰赵伯先的功业，追赠他为陆军上将军。赵伯先故居系晚清传统民居建筑，前后三进，大院前有门楼，内有明间过道、天井。前进两旁有厢房，中进为三间敞厅，天井内种植黄杨树。后进二层小楼为卧房，中为堂屋，赵伯先青少年时住在东屋。后院为厨房。2008 年，镇江新区实施了维修，恢复了原貌。

赵伯先故居 2011 年被公布为江苏省文物保护单位。

王宗培烈士墓

王宗培烈士墓在镇江北固山中峰，南距中山纪念林塔 30 米。墓冢高 1 米，直径 3.6 米，墓前有白云石墓碑，上刻“王宗培烈士之墓”。王宗培，镇江西牌岗人，小学教员。1925 年上海发生“五卅”惨案，他投身镇江的反帝爱国运动中，鉴于对当局无能感到失望，为振兴民族精神，遂于 1925 年 7 月 20 日投江自尽，并给镇江父老乡亲写下遗书，以期唤醒民众一致抗日。这一举动掀起了镇江反帝斗争的又一浪高潮。

王宗培烈士墓 1987 年被公布为镇江市文物保护单位。

柳诒徵墓

柳诒徵墓原在润州区官塘乡严岗村朱家岗，柳诒徵与其父母等葬在一个墓群中，现已迁至南郊赵伯先墓毗邻处。柳诒徵（1880—1956），字翼谋，号劬堂，镇江人，中国现代著名文学家、史学家、图书馆事业家。当今著名的史学家蔡思尚称他有四个“最”：担任图书馆长时间最久，编出的大图书藏书总目最先，培养的著名专家最多，编著的多种历史专著最早。

柳诒徵墓 1992 年被公布为镇江市文物保护单位。

箴庐

箴庐位于京口区健康路 4 号。该建筑是为纪念镇江女子蚕桑职业学校的创办人之一唐儒箴女士而建。为西式别墅二层小楼。20 世纪 20 年代，镇江受五四运动影响，提倡女子解放，男女平等，推广新文化。唐儒箴捐地创办女子学校，作为桑蚕科养蚕实习桑园。招收初级蚕桑科女生两班，学制 3 年。到抗战开始，毕业 10 个班，计 324 名学员，这些人后来都成为我国蚕桑事业发展的骨干。1937 年日寇入侵镇江，学校停办。

箴庐 1993 年被公布为镇江市文物保护单位。

茅谦墓

茅谦墓位于润州区蒋乔镇大华山村西南的麻雀凹山东麓。茅谦（1848—1917），清末举人，已故著名桥梁专家茅以升祖父。茅谦也是一名水利建筑专家，有遗著《水利刍议》等书。现墓封土底径约4米，高约2米。

茅谦墓1999年被公布为镇江市文物保护单位。

吕凤子故居

吕凤子故居位于丹阳市城区新桥西街。吕凤子（1886—1959），丹阳人，原名吕浚，中国近代著名书画家、美术教育家。1912年创办正则女校。曾任教于上海美专、南京国立中央大学艺术系国画组教授，担任过国立艺术专科学校校长。新中国成立后任教于江苏师范学院，故居原有平房四进24间，1937年毁于日军炮火。现存平房16间，为1946年重建。最北侧两间吕凤子先生生前曾居住过。

吕凤子故居2004年被公布为镇江市文物保护单位。

郭礼征旧居

郭礼征旧居位于镇江市区东荷花塘102号。旧居建于1920年前，作为生活用房。现存建筑前后两进，均为回廊式二层砖木结构楼房，五峰码头墙，西边楼梯；南面有砖砌花窗。整个建筑保存完好。郭礼征，即郭鸿诒（1875—1953），字礼征，安徽亳县人，近代民族资本家。1903年至镇筹建大照电灯公司，1905年10月正式发电，清光绪三十一年（1906年）取得清政府商部公司注册局颁发的执照，成为江苏省第一家民营电业公司（1923年改名为大照电气公司）。大照电灯公司是清代开始实行工商注册制以来的第一个登记注册公司，是江苏省第一家民营电气公司，国人自营的第三家电灯公司，被誉为“开民营之先河”，是全国民营电业的先驱。张謇称此为“江南要事之一”。

郭礼征旧居2007年被公布为镇江市文物保护单位。

大康新村

大康新村位于京口区健康路9号。原有三幢建筑，分别是镇江知名人士严惠宇、李轫哉、赵棣华三人于1935年所建。建筑均为西式别墅式两层楼房，砖木结构，四坡水平瓦屋面。今李轫哉一处不存。

大康新村2007年被公布为镇江市文物保护单位。

张鹏故居

张鹏故居位于镇江市第四人民医院内。张鹏（1876—1966），字翼云，镇江人。曾留学日本，习法政，参加同盟会。回国后，在宁镇一带参加赵声推翻清廷的活动。辛亥后，任江苏都督府警务处处长。后历任丹徒县知事、溧阳县知事、镇江县长、江苏省第一区行政督察专员兼镇江县长。抗日战争期间到重庆，胜利后，镇江水电事业整理委员会聘其驻会主持日常工作。新中国成立后任镇江市政协委员、常委，为民革党员。张鹏主持镇江县政时，注意保护风景名胜区域。当时有向建设厅承包工程之营造厂倪玉记，在南郊风景区开山取石。张鹏禁止，不听，即签票拘倪，建设厅训令释放，并派员到县府解释。张鹏则认为包工应自行解决工料，不能任其破坏山林，最后坚持由倪具结保证不在名胜区域采石，方准交保释放。1959年镇江博物馆创立不久，张鹏即将所藏大批文物悉数捐献。张鹏故居坐北朝南，占地约6亩。为两层砖木结构中西合璧式楼房，平面呈“凹”字形，由两组三合院房屋组成，面阔35米，进深20米。整个建筑青砖叠砌，红砖装饰，四坡水、平瓦屋面，建筑规整。西侧二楼凸出一四方凉亭，可观赏四周景色，又能纳凉。抗战期间曾被汪伪官员占用。

张鹏故居2007年被公布为镇江市文物保护单位。

刘景韶旧居

刘景韶旧居位于京口区永安路30号。旧居为民国建筑，三间两厢及院落，占地约1亩。刘景韶，字琴子，原籍江苏建湖，古琴演奏家。师从“梅庵琴派”第二代著名琴家徐立孙。新中国成立后，曾在上海音乐学院教授古琴20年，1986年发起成立镇江梦溪琴社，对古琴艺术的发展做出了突出贡献。

刘景韶旧居2007年被公布为镇江市文物保护单位。

徐宝山墓

徐宝山墓位于润州区韦岗镇。徐宝山（1866—1913），因生肖属虎，原名徐老虎。降清改名怀礼，字宝山。自幼不喜读书，以勇悍称。后加入青帮，自为首领，占据对江六、七濠口，贩运私盐。两次被捕，两次逃走。由是党徒日众，成为有名的“镇江巨枭”。清光绪二十六年（1900年），受清廷招抚，得到五品顶戴，任新胜营管带，统率炮船巡弋长江。清宣统三年（1911年）九月，革命党人李竟成通过徐老虎的帮友王子南等，争取徐老虎参加光复镇江的工作。镇江光复，他回师扬州，驱杀革命党人孙天生而代之，取得盐库款甚巨。后虽参加了光复南京之役，但仍与革命党人格格不入，截夺了林述庆的军火装备，扩编部队为两个师，成立第二军，自任军长，将其势力推进至淮海之间，并与徐州张勋暗中勾结。袁世凯曾召他入京。1913年（民国二年）5月，革命党人陈英士等愤其曾残杀党人、投靠袁世凯，遂派人以赠送古董为名，以木盒装古瓶，内实炸药，徐开启时被炸死。墓前现有两块石碑尚存，墓圹基本完好。

徐宝山墓2007年被公布为镇江市文物保护单位。

嵇直故居

嵇直故居位于润州区布业公所巷8号、10号。故居为四间两厢式二层小楼。嵇直（1901—1983），1921年在镇江创办宣传社会主义思想的《新镇江周报》。1922年，参加中国社会主义青年团，后转为共产党员，时为镇江第一位共产党员。嵇直被誉为“镇江第一个马克思主义传播者”。

嵇直故居2014年被公布为镇江市文物保护单位。

李竟成故居

李竟成故居位于镇江新区大路镇小桥头村39号。李竟成（1880—1935），原名良波，丹徒人。出生于农民家庭，幼年从大港赵蓉曾读书，与其子赵声交好。清光绪三十二年（1906年），李竟成应征入伍，一直追随赵声从事革命活动。武昌起义后，李竟成受同盟会中部总会之命，与洪承点、赵念伯、赵光等在沪宁线策动革命。他以镇江三益栈为据点，协助林述庆策动镇江新军三十五、三十六标武装起义，又派人联络炮台和兵舰官兵，并设法筹集军费；同时和地方人士联系，争取他们去做清方官吏的工作，迫使副都统载穆缴械投降。镇江军政府成立后，任参谋总长，接着又改任军务部长。民国初年，曾任镇军江北支队司令、十六师参谋长和镇江卫戍司令等职。在此期间，他发起修筑镇江京畿路，通到车站。1915年（民国四年）袁世凯称帝，李竟成通电反对，遭到袁的通缉。袁世凯垮台后，李竟成归乡耕田烧窑。故居为砖木结构平房，3间正房，1间厢房，内有1个天井。

李竟成故居1988年被公布为丹徒县文物保护单位，2014年被公布为镇江市文物保护单位。

吕澂故居

吕澂故居位于丹阳市城区新桥西街。吕澂（1895—1989），字秋逸，吕凤子三弟，后过继给堂叔。毕业于南京民国大学经济系。1914年到南京金陵刻经处供职，进行佛学研究，师从中国近代著名佛学大居士欧阳竟无。吕澂通晓藏、梵、巴利文，费十余年心血编写《藏要》。故居原有平房四进24间，1937年毁于战火，1946年重修平房16间，最西侧2小间为吕澂居住。

吕澂故居2003年被公布为丹阳市文物保护单位。

吕叔湘故居

吕叔湘故居位于丹阳市城区新桥西街。吕叔湘（1904—1998），丹阳人，中国杰出的语言学家、语文教育家、翻译家，与吕凤子、吕澂号称丹阳“吕氏三杰”。故居与吕凤子、吕澂故居隔墙相望。吕叔湘故居原有四进三院，前二进及后一进毁于抗日战争，现有第三进及两厢房，占地面积约160平方米。

吕叔湘故居2003年被公布为丹阳市文物保护单位。

华罗庚故居

华罗庚故居位于丹阳市访仙镇东街。始建于晚清。坐北朝南，为一间两进两层楼，面阔3.1米，进深19米，占地面积约为57平方米。1910年，华罗庚生于此屋。幼年时因父亲在金坛经商，便迁移金坛生活求学。华罗庚为数学事业的发展做出了巨大贡献，被列为世界88位数学伟人之一。现房屋有华氏后人居住。

华罗庚故居2007年被公布为丹阳市文物保护单位。

丁甘仁墓

丁甘仁墓位于丹阳市后巷镇高桥北凤山北坡半山腰处。现存水泥墓冢、墓碑1块、墓志铭1块。墓碑首刻有“孟河丁公甘仁墓志”字样。丁甘仁（1865—1926），字泽周，常州孟河人，中国近代中医史上著名的“孟河医派”四大家之一，近代著名的中医临床家、中医教育家。早年师从孟河医派大家马培之，学成后行医于苏州、上海，名震大江南北。1917年创办上海中医学校，造就大批中医人才，1920年发起成立“国医学会”，对近代中医学的研究发展做出过重大贡献，曾被孙中山先生赠以“博施济众”金字匾额。参加他的殡礼者除各界知名人士外，还有六国公使的代表。

丁甘仁墓2014年被公布为丹阳市文物保护单位。

慈舟和尚墓

慈舟和尚墓位于句容市宝华山隆昌寺北面半山腰。慈舟和尚（1915—2003），江苏兴化人。1934年在宝华山隆昌寺受具足戒，1946年任金山寺监院，1984年任方丈，晚年兼任宝华山隆昌寺住持。墓园花岗岩墁地，汉白玉栏杆，占地面积468平方米，建筑面积96平方米。

慈舟和尚墓2011年被公布为句容市文物保护单位。

马贡芳墓

马贡芳墓位于京口区禹山西麓高家湾段。马贡芳（1847—1939），原名马锦春，江苏丹徒人。早年东渡日本学习军事，结识著名民主革命家黄兴并经其介绍加入同盟会。后与赵伯先奉命回国赴广东参加新军。黄花岗起义失败后遭逮捕，后获救出狱。武昌起义爆发后，在广州担任广东北伐军副总司令，参加了光复南京之役。1913年孙中山发动“二次革命”，与黄兴等6名陆军将领通电讨袁，并出任长江下游宁、镇、澄、淞四路要塞司令。奉系军阀从江苏撤退时，受家乡父老的邀请，先后出任镇江商埠警察厅长等职。镇江沦陷后，他隐居于山巷，并3次拒绝汪伪政府的收买，1939年病逝。现存墓冢，封土直径约11米。

马贡芳墓2004年被公布为镇江市文物控制单位。

严惠宇故居

严惠宇故居位于润州区九如巷66号。严惠宇（1895—1968），名敦和，号篴斋，镇江人。幼年到扬州钱庄习业，后回镇江在交通银行任职，又转到上海金城银行，得到老辈实业家胡笔江、徐静仁等的赞赏和提携，先后担任金城银行副总经理、溥益纱厂经理。后来自己创办大东烟厂，接办贾汪煤矿。与冷遹、陆锡庚合作，在镇江先后创办高资均益蚕种制造场、桥头三益蚕种制造场、四摆渡益民蚕种制造场和京江中学。抗日战争前，严惠宇曾当选为制宪国民代表大会代表、镇江县参议会参议员。抗日战争期间，他蛰居上海，拒绝参加日伪政权的一切活动。抗日战争胜利后，他回到镇江，把几个蚕种场合并成立四益农场，自己担任总经理，并创办维生油厂、北固建筑公司、源泰丰米厂、鼎昶钱庄等。在此期间，曾任江苏省临时参议会参议员。他曾在上海开设“云起楼”字画古玩店，收集到大量文物，新中国成立后大部分捐赠给上海和镇江博物馆。1986 年，其女严忠婉遵照其生前遗愿把书画 170 余件捐赠给镇江博物馆。严惠宇故居建于清末至民国间。前后两进，面阔三间 13.4 米，通进深 19.1 米。门楼石额镌“露兰风菊”，系晚清状元陆润庠书。正房四间两厢，堂前置落地长窗六扇，束腰、裙版雕吉祥花卉图案。

严惠宇故居 2004 年被公布为镇江市文物控制单位。

丁传靖墓

丁传靖墓位于镇江南郊招隐景区。丁传靖（1870—1930），字秀甫，号闇公，镇江人。其诗文负有盛名，尤工戏曲，其中《沧桑艳》写陈圆圆事，尤为著名。民国后，曾任冯国璋幕僚。所辑《宋人轶事汇编》搜集 600 多位名人遗闻轶事，每条都注明源出何书，比同类书籍高出一筹。

丁传靖墓 2004 年被公布为镇江市文物控制单位。

解朝东故居

解朝东故居位于镇江新区丁岗镇葛村东头，又名勤怡堂。解朝东（1879—1949），丹徒丁岗乡人，出生于葛村，1901 年随赵声去宁，入江南陆师学堂，后赴德留学五年。镇江光复的主要领导人之一。辛亥革命后，任江苏都督府军务司副司长，被授予少将军衔。1915 年 12 月，袁世凯称帝，他与李竟成、黄兴、柏文蔚、纽永建、马贡芳、赵驭六等联名反袁。此后，担任陆军第二预备学校校长。现该堂正厅基本保存完整。

马相伯故居

马相伯故居位于丹阳市埤城镇大贡行政村马家自然村。建于清代。南北向，原有建筑物 7 座。联排式上下二层砖木结构房屋，四周均有院墙，开有东西南北四门，马氏族人聚族而居。现存南北东三个门，由南向北。第一进残存一门及房屋三间，第二进已毁，第三、四进破损严重，第五进已毁，第六、七进保存相对完好。第一、四、六、七进进深七檩，每排有房屋 12 间，上下两层，第三进进深六檩、五檩混合。整个建筑破旧，只有一家居住，其余已迁出，现存放杂物。马相伯（1840—1939），中国近代史上杰出的教育家、爱国民主人士，于清光绪二十九年（1903 年）在上海创立震旦学院，光绪三十一年（1905 年）又创办复旦公学（现复旦大学前身）。

第五节　传统民居

王家花园

王家花园位于镇江市京口区谏壁镇月湖村。原名“爱吾庐”，曾是上海金融巨子王耀宇的住宅。王家花园始建于 1930 年（民国十九年），落成于 1933 年（民国二十二年），是一座清末民初具有徽派风格的民居建筑。建筑面积约为 3835. 68 平方米，共有 79 间房屋，南为道路，三面环水，环境优雅，建筑讲究，是镇江近现代私家园林住宅之代表。现存东路、中路住宅三进及西路花园，东路和中路之间有宽大石板铺设火巷分隔，住宅部分两侧各有高大风火墙。大门位于东路西侧，有样式简洁的青砖门楼。大门内为门厅及天井，天井西侧为进入中路的高大砖细门楼。中路建筑为传统中式砖木结构厅堂，有前厅、正厅及后厅，雕梁画栋，颇为精巧。燕誉堂为正厅，前厅有雕刻着“树德润身”四字和牡丹图案的砖雕门楼。东路三进为二层楼房，有东、西厢楼，二楼设置铁制镂空花纹栏杆。西路花园现仅存残损混凝土戏台、水池遗迹及月洞门。王家花园布局规整，构筑精良，小木作装饰奢华，“元宝式”斗拱、混凝土框架式戏台的做法极具个性，对研究宁镇地区民国传统建筑的发展具有一定研究价值。

王家花园1999年被公布为镇江市文物保护单位。

朱氏住宅

朱氏住宅位于镇江新区姚桥镇儒里。建筑前后三进，坐北朝南，北临儒里西街。南北长38.6米，东西宽20米。第一、第二两进为面阔五间的平房，第三进为二层楼，进深9米，均有长方形天井。其中第二进正厅的门楼及照壁墙刻有寿字和鸟兽图案，为清中晚期建。后进二层楼为民国时期建。

朱氏住宅作为儒里明清古建筑群的一部分2004年被公布为镇江市文物保护单位。

厚角贾氏民居

贾氏民居位于镇江新区大港街道厚角村217、219号。建于1932年（民国二十二年）左右。现存建筑前后三进，西侧为厢房，中为正厅名存德堂，第三进为二层楼房。该民居的建筑风格体现了镇江东乡民居的特色。

厚角贾氏民居2007年被公布为镇江市文物保护单位。

周少彭公馆

周少彭公馆位于润州区宝塔路横街97号。该公馆为太古洋行买办周少彭宅，建于清宣统二年（1910年）。面阔三间，四进穿堂式建筑，硬山顶，五峰山墙连接，面阔三间11.2米，通进深44米。正厅为两层楼，内有雕花栏杆，各边门上有石刻门额。

周少彭公馆1993年被公布为镇江市文物控制单位。

李公馆

李公馆位于润州区宝盖路119号，原为恒顺老板李皋宇的房产。李皋宇，又名高裕，浙江省镇海县人，1925年盘下朱恒顺糟坊，改名为镇江恒顺源记酱醋糟坊，即恒顺酱醋厂的前身。建筑现有上下两层，砖木混凝土结构，整体建筑为西洋风格。

李公馆1993年被公布为镇江市文物控制单位。

丁志莹公馆

丁志莹公馆位于润州区平安巷8号。建于民国时期。为面阔三间两层小楼一幢，西有小花园。

丁志莹公馆1993年被公布为镇江市文物控制单位。

林家大院

林家大院位于丹阳市西门大街65弄。林姓大户于1929年（民国十八年）修建。坐南朝北，前后三进，占地面积约384平方米。第一进为三开间平房。第二进为三开间二层楼房，西一间有一米宽过道。第三进为三开间二层楼房，带两厢。三进通面阔11.4米，东西山墙为五峰马头墙。院内青石铺地。

林家大院1999年被公布为丹阳市文物保护单位。

张家大院

张家大院位于丹阳市云阳镇中新路4号。建于民国早期。为三进三院五间二厢结构。通面阔19.5米，进深10.2米。第一进为平房，第二、三进为两层楼房。第二、三进间砖雕门楼有“竹苞松茂“四字。院内青石铺地。第三进后门外有井一口，井圈为六角形，井壁用青砖叠砌，井圈刻有“东井银泓”四字。建筑占地面积约1000平方米。

张家大院2003年被公布为丹阳市文物保护单位。

梅花巷许氏民居

许氏民居位于润州区梅花巷5号。民国建筑，为许姓居民祖宅。坐北朝南，砖木结构，一进，三间两厢两层。面阔13.3米，进深10.3米。东边有平面梯形附楼。青砖清水叠砌到顶，有高大风火墙，南有三个砖砌镂空花窗。

梅花巷9号（-1号）民居

民居位于润州区梅花巷9号。坐北朝南，砖木附带钢混结构。三间两厢两层楼房，中设天井，顶部有平台。面阔11米，通进深11.8米。外墙用乱砖叠砌到顶。二层及三层有砖砌腰线，顶部平台设砖砌花格。

东麒麟巷毛氏民居

毛氏民居位于润州区东麒麟巷12号。建于20世纪30年代。毛家驷祖宅，保存较完整。共有建筑三组，东西并排相连，占地约550平方米。西部两组建筑并排而立，中有备弄。一进，三间两厢砖木结构二层楼房。东部再接一西洋风格二层建筑，面阔两间，原为住宅客厅、餐厅的公共空间。大门朝东南，青砖门罩。屋顶为小瓦，硬山顶，西部两组山墙顶设观音兜。前后都设有院落，内设天井，前部院落平面呈梯形。

宝塔路横街37—43号民居

民居位于润州区宝塔路横街。坐北朝南。砖木结构平房，小七架梁，硬山顶。东西各为前后三进三间两厢穿堂式民居，中间为一通道，组成一个规整的群落。两进之间各有天井。通道北临街有门启闭以供出入。建筑面阔21.2米，通进深35.5米。初步调查为毛家驷老宅，房屋保存一般。

杨家门南巷贾氏民居

贾氏民居位于润州区杨家门南巷9号。据初步调查始建人姓贾。坐西朝东，砖木结构，三间两厢二层楼，西附设一楼。面阔10.2米，通进深15米。东为天井，北临街开北门。外墙用青砖清水叠砌到顶。东天井顶部山墙设砖砌花格窗。

杨家门4号民居

民居位于润州区金山街道杨家门社区杨家门4号。据初步了解，原主人姓陈，为江边路上某一银行行长。房屋为一幢二层楼房，四周为院落。整体砖木结构，二楼前后挑檐平台为钢混，二楼附阁楼，朝北有钢混露台，北面木楼梯上下。内部结构改动较大，房屋较破旧。

杨家门6号民居

民居位于润州区金山街道杨家门社区杨家门6号。房屋一进，坐北朝南，砖木结构二层楼房。面阔12米，通进深8米。进门后为天井。每层三间两厢，房间隔板为板壁，二楼地板为原地板，较破损。其他内部结构有变化，一楼天井搭建房屋。

杨家门40、20、42号民居

民居位于润州区金山街道杨家门社区杨家门40、20、42号。整体房屋五进，三间两厢，穿堂式民居建筑。面阔11米，通进深33.5米。第一进为五架梁，第二进至第五进为小七架梁。经调查第一进、第二进约在新中国成立后倒塌，后重新砌造。现外墙中已夹有不少红砖。第三进至第五进约3米以下均为乱砖墙。

杨家门南巷汪氏民居

汪氏民居位于润州区杨家门南巷11号，据调查原主人姓汪。房屋现已交归国家所有，现内有住户多户。坐南朝北，前后两进，内有庭院，占地面积约390米。每进均为二层砖木结构楼房，单独成一单元。建筑外墙采用青砖清水叠砌到顶，中设腰线，二层略收分，北部临街设磨砖门罩。

九如巷19号民居

民居位于润州区九如巷19号。坐北朝南，砖木结构，前后三进，占地面积约203平方米。第一进三间，第二、三进为三间两厢，小七架梁，硬山顶，各进之间设天井。每进东设边门出入。门窗及整体结构尚存。

九如巷50—52号民居

民居位于润州区杨家门社区九如巷50—52号。房屋原有8进，现存5进，坐北朝南。面阔约12米，通进深47.8米。据住户反映为协和祥米厂潘志中购买。现房屋部分归国家，部分为私有。第一进大门向东，为磨砖外八字大门，青砖叠砌。第二进至第五进均为三间两厢，小七架梁。从第三进开始东有火墙凸突，一直延伸到第五进。第二进至第五进下部为乱砖，上为空斗子墙。第三至五进建筑东部有宽1.3米火巷通道。第一进后檐与第二进前檐挑梁耍头有简单雕刻，第二进前檐下挂板图案保存较好。制作较精细。

大夫桥兰氏民居

兰氏民居位于润州区三元巷社区大夫桥16号。据初步了解，为兰氏住宅，现产权为国家所有。坐北朝南，砖木结构，共三进，为穿堂式民居。面阔10.3米，通进深21.2米。第一进为门房，第二进为正房，面积最大。各进之间设天井。每进为三间两厢，七檩。两侧山墙有风火墙。

大夫桥18号民居

民居位于润州区三元巷社区大夫桥18号。据初步了解，原主人姓吕。坐北朝南，前后两进。第一进为五架梁，第二进为七架梁，中设天井。面阔11.2米，通进深14米。外部青砖叠砌，内部结构变化很大。屋面已有部分改为大瓦。大门上方有八卦图案石额，内部搭建多且杂。

大夫桥20号民居

民居位于润州区三元巷社区大夫桥20号。一进，南面进大门即一小天井，三间两厢，砖木结构二层楼房。面阔10.4米，通进深10.3米。现部分交公，部分私房。外墙青砖叠砌，屋面小瓦。南大门上方有石刻八卦，东立面石灰抹面，南立面水泥抹面至腰线。西南由于临街巷，因此外墙后缩呈弧形。堂屋地面为红色水磨石地面，中间有黑色“寿”字，“寿”字四周有五只姿态各异的蝙蝠纹。现堂屋屋顶为石膏吊顶，木质楼梯上下。

皮坊巷24、26号李氏民居

李氏民居位于润州区三元巷社区皮坊巷24、26号。镇江南洋鞋帽商店老板李雨金住宅。坐北朝南，大门在东，进入照壁间，有照壁墙，墙上有砖雕。再进入正门后进入主建筑。前后两进，砖木结构二层楼房。每进前为天井，三间两厢走马楼。面阔10.5米，通进深25.7米。外墙用青砖清水叠砌，选材及工艺精细。

爸爸巷1号民居　（李陇西堂）

民居位于润州区三元巷社区爸爸巷1号。据住户介绍，该建筑为其祖父建造，其祖父是做百货生意的商人。坐西朝东，砖木结构平房。前后两进，明三暗四结构，穿堂式民居。青砖小瓦，硬山顶，有部分屋面已换成大瓦。大门朝东，青砖门罩。照壁墙上有“鸿禧”砖雕。第一进东面照壁墙上有“福”字砖雕，部分被砂石覆盖。第一进为五架梁，第二进为七架梁。面阔15.7米，通进深19.7米。

爸爸巷3号张氏民居

民居位于润州区三元巷社区爸爸巷3号。始建于清末民初，原在镇江市上河边46号，1958年拆除并用原房材料在此重建。主人姓张，现第四代子孙在此居住。坐西朝东，前后两进，三间两厢砖木结构平房。七檩，硬山顶，前后共两个天井。面阔10.8米，通进深16.7米。

爸爸巷4号民居

民居位于润州区三元巷社区爸爸巷4号。坐南朝北，砖木结构。前后共两进，三间带两厢，二层楼房，前后进各带天井。外墙系青砖清水叠砌到顶。面阔10米，通进深21.4米。

爸爸巷21、23号笪氏宅

民居位于润州区三元巷社区爸爸巷21、23号。该房屋为笪姓所建，据初步调查，主人原在南京做百货批发生意，其家在镇江。前后三进。面阔9.6米，通进深24.6米。第一进为大七架梁，屋架较高。第三进为花园及厨房、厢房等。大门朝南，角砖精致，且保存完好，东为鹤，西为鹿。第一、二进为三间加上两边一厢，中间为天井，东部有门，进门上有防雨棚，为钢混制作，较为少见。天井内四周墙均磨制，工艺较精。第二进上有吊顶，虽经改造，但四边的石膏线条依然十分完整，应为当时之物。第三进为花园及厨厢房，向西为小腰门，上有石额，镌“馀趣”二字，颇有雅韵。房屋东南及西南墙角各镶有一块界石，标堂为“笪氏箴堂”及四至与建造年月。

同鑫里1、3、7号于氏宅

民居位于润州区三元巷社区同鑫里1、3、7号。坐北朝南，前后三进，明三暗四式砖木结构民居。第一、二进为平房，第三进为两层楼房。面阔15.8米，通进深32.5米。建筑较考究，两侧山墙均设高大风火墙，组成一个封闭的建筑群。原主人姓于，现住户姓邱，20世纪50年代购买此宅。

同鑫里6号杨氏宅

杨氏宅位于润州区三元巷社区同鑫里6号。前后两进，砖木结构，第二进设天井。面阔10.8米，通进深16米。东进为七架梁三间，西进为五架梁三间。现东西两进已用隔墙隔开，前后不通。南北各五峰马头墙。据初步调查，此处原为杨氏住宅，杨氏经营洋碱、洋火等日杂百货，现房屋第一进已交给国家，第二进卖给了他人。

同鑫里10、12号张氏民宅

张氏民宅位于润州区三元巷社区同鑫里10、12号。前后三进，共三进加院子，四间两厢，具有四合院特点。面阔16米，通进深30.2米。第一进木梁云头雕如意纹。第一、二两进之间天井有砖雕门楼，附有龙凤图案门枕石一对。东侧第一、二进之间侧门进入有小天井，西为砖雕门楼，砖雕十分细致，顶部有砖斗拱；东有照壁墙，现已毁，仅余上边角花两块。据调查，第二进原为七架梁，现已改造成小二楼，第二、三两进之间有券拱门通道，券拱门为欧式风格，中间用红砖装饰，在民居中十分罕见，具有镇江民国建筑的典型特点。第二进后有附楼，已改造。第三进为二层楼，东南角有平台。据初步调查，此处为张氏住宅，张氏过去做布庄类杂货生意。

三多巷1号民居

民居位于润州区杨家门社区三多巷1号。整体两进，都是三开间，小七架梁，梁柱用材一般。面阔12.3米，通进深22米。第一进北为天井，第二进南为天井，两进天井中间有墙相隔，设磨砖门相通。现仅存东边一门，第二进北边无门。第一进保存相对完好，只是在天井西侧建红砖小二楼一座。第二进保存一般。

三多巷10号民居

民居位于润州区杨家门社区三多巷10号、曹家坡134号。砖木结构一层，大门朝南，整体为三进。面阔11.5米，通进深34.2米。第一、二进均为三间两厢。第一进为门厅，第二进为正厅，中为天井，天井比较大。第三进后两侧分设厢房。第一、二进均为大七架梁，两边山墙均为五峰墙。第二进地面为类似现代地砖带组合图案，估计为当时预制构件拼装而成，较少见。北面屋架下有制作精美的神龛，带望柱、望板，在镇江较少见。

三多巷11号民居

民居位于润州区杨家门社区三多巷11号。共两进，三开间，砖木结构。面阔11米，通进深20米。第一进为小七架梁，第二进为大七架梁。第二进北屋架下口有神龛，雕刻较精致。与隔壁三多巷10号的神龛的形制十分相似。梁柱用材一般。第一进前有小天井，西南角有水井一眼，井水清澈，有井栏，呈六角形，井栏高约38厘米，直径约44厘米，白石质地，素面无字。房屋窗格图案简洁大方。

三多巷15号民居

民居位于润州区杨家门社区三多巷15号。整体一幢，三开间，砖木结构。面阔10.4米，通进深10米。南有天井，后为二层跑马楼，后部有楼梯供上下。大门向北开。天井前墙壁高耸，约4米，但无透光砖砌花格。天井东边有小井一口，无井栏。二层小楼雕栏样式简单，其下尚存部分挂板，图案较细致。地面虽已破损，但仍可看出原为红色带黑图案的水磨石。山墙为观音兜样式。

篾篮巷31号民居

民居位于润州区金山街道火星庙社区篾篮巷31号。原房主姓眭。坐北朝南，南北二进，砖木结构二层楼房，中间设一天井。面阔11.6米，通进深15.8米。墙全部水泥抹面加固，屋面改为大瓦。

篾篮巷35号民居

民居位于润州区金山街道火星庙社区篾篮巷35号。据初步了解，原主姓梁，开理发店。三间两厢砖木结构平房。面阔10.3米，通进深7.3米。从南面进户有一小天井，正房五架梁。南立面全部水泥抹面加固，屋面已有部分改为大瓦。现在有两门，东为正门，南为副门。

寿康里1号民居

民居位于润州区金山街道三元巷社区寿康里1号。砖木结构二层楼房，三间两厢。面阔13.8米，通进深9米。门向东，进入为天井。东南角临街处呈圆弧形，临街二楼窗户有铁艺护栏，二楼顶原为平台，现建有房屋。

寿康里4号民居

民居位于润州区金山街道三元巷社区寿康里4号。据初步了解，原房主为李雨金（皮坊巷24、26号李氏住宅）。此处原为南洋鞋帽商店作坊，现房屋交公。一进，砖木结构，三间两厢一门房。面阔10米，通进深13米。西进门后，有一照壁间，现改造成小厨房，南面正门现已封闭，从北面门进出。

民国春街1号民居

民居位于润州区金山街道三元巷社区民国春街1号。砖木结构楼房，明三暗四形制。面阔13米，通进深12米。大门向北，进入为天井。最南原有楼梯。院内地下有一块刻有“三茅行宫”的石碑，被水泥挡住。

民国春街2、4号杨氏民居

民居位于润州区金山街道三元巷社区民国春街2、4号。据调查为杨希安所建。房屋二幢，均为砖木结构三间两厢二层楼房。面阔14.9米，通进深9.8米。一楼用墙相互隔断，二楼可以相通，从民国春街4号楼梯上下。进门有小天井，前面原透墙砖围墙已重新砌过，下降约有1.5米。西边为4号，三间两厢；东边为2号，两间一厢。

民国春街万氏宅

万氏宅位于润州区金山街道三元巷社区民国春街13号。据调查，原主人姓万。为砖木结构二层小楼一栋。三间两厢式结构。面阔10.4米，进深8米。外墙用石灰涂砌，屋顶为硬山顶，木制门窗和二楼木质栏杆尚存。

民国春街17、19号民居

民居位于润州区金山街道三元巷社区民国春街17、19号。据初步了解，原主人姓陈。前后两进，砖木结构平房。面阔11.2米，进深23.7米。为大七架梁，大门向北，中为天井院落，中间用墙隔断。北立面水泥抹面。

民国春街张氏宅

张氏宅位于润州区金山街道三元巷社区民国春街25、27号。最初为照相馆，后卖给镇江市“口腔科第一人”张子彬，其在镇江开设牙病防治所，并在南京下关、市府路、迎江路开设分店。前后两进，三间两厢式结构，两层小楼，中有天井。外墙均用石灰涂砌，屋顶为硬山顶，上覆小瓦，二楼木质栏杆尚存。

民国春街30号民居

民居位于润州区金山街道三元巷社区民国春街30号。房屋两进，三间两厢结构，中部为天井。面阔10.9米，通进深约14米。两厢房已改造，水泥抹面。铁皮包钉大门保存完好。

民国春街邱氏宅

邱氏宅位于润州区金山街道三元巷社区民国春街26、28号。原为邱凤仪家宅。前后两进，两层小楼。面阔9米，通进深9.8米。26号为两间一厢式结构，28号为三间两厢式结构。屋顶为硬山顶，上覆小瓦，外墙均被石灰涂抹。

民国春街42号民居

民居位于润州区金山街道三元巷社区民国春街42号。三间两厢式结构，前后两进，前一进中间为过道，两旁为厢房，后一进中为正房，两旁为厢房，中有天井。外墙为乱砖墙，门罩周围为青砖，大门上方有一白石门罩，硬山顶，单峰马头墙。

民国春街陈氏宅

陈氏宅位于润州区金山街道三元巷社区民国春街46号。陈文庆于1947年建造，陈氏世代卖肉为生。两进，砖木结构平房。面阔6.3米，通进深13.3米。原前一进为长通道，进门为狭长天井。前一进为三间正房，后一进两间正房，两进中间有一庭院，庭院左侧有一间厢房，原为杀猪使用。大门口门当所用白石上刻有4个圆形图案、1个八卦图案。屋顶为硬山顶，上覆小瓦。

万家巷4号民居

民居位于润州区金山街道三元巷社区万家巷4号。据初步调查，该民居原为刘立仁律师住所，又曾用作典当铺。为二层独立小楼，立于大院落中，院四周皆为花墙，占地389平方米。院中原有水井一口，现已填没。三间二层小楼。面阔10.8米，通进深9.4米。墙壁均青砖清水叠砌，十分考究。入户前为过道。第一层原为大厅。屋顶为四坡水。原建筑有地下室，后地下通道口封闭。

万家巷 7、9、11、13、15 号民居

民居位于润州区金山街道三元巷社区万家巷 7、9、11、13、15 号。面阔六开间，作为一个整体，砖木二层临街楼房。大门朝西。面阔 19 米，进深 9.1 米。每间南部设楼梯以供上下，7、9 号仍为木质楼梯。建筑经过整修，外部水泥抹面，7—13 号屋面已改为大瓦，15 号屋面仍为小瓦。

万家巷 35 号王氏民居

王氏民居位于润州区金山街道三元巷社区万家巷 35 号。主体砖木结构，一进，三间两厢。面阔 8.7 米，进深 14 米。前有天井，后有院子。房屋屋架矮小，用料较细。顶部已改用大瓦。后院增建生活用房。

万家巷 40 号民居

民居位于润州区金山街道三元巷社区万家巷 40 号。据初步了解，此处原为荣美居饭店。砖木结构二层楼房一栋，层高较矮。南为通道，进入往北为三间带一厢楼房。外墙全部水泥抹面，木质楼梯上下，内部结构改动大。

万家巷 42 号李氏民居

民居位于润州区金山街道三元巷社区万家巷 42 号。民居原主人为李允真，现其子孙居住在内，据介绍，李氏原做钱庄生意。坐北朝南，砖木结构三间两厢楼房。面阔 10.5 米，进深 10.4 米。大门朝东。天井内原有小井一口，现已填没。

万家巷 47 号民居

民居位于润州区金山街道三元巷社区万家巷 47 号。坐北朝南，砖木结构，二层半小楼。面阔 11.5 米，进深 6.3 米。前设天井，顶为阁楼，第二层朝南为大窗户。新中国成立前这里曾办过一个小印刷厂。

万家巷 48 号民居

民居位于润州区三元巷社区万家巷 48 号。前后三进，三间两厢砖木结构穿堂式民居。面阔 11 米，通进深 24.8 米。第一、二进为小七架梁，中间为过厅，用料一般。前设天井。第三进为附属用房。现第二进顶部已改为大瓦，墙面水泥全抹。山墙为单峰马头墙。

万家巷 49 号民居

民居位于润州区三元巷社区万家巷 49 号。坐北朝南，三间两厢，砖木结构。前设天井。东面两边有阁楼。现整体出新，全部用水泥抹面加固，屋面已经全部改为大瓦。内部改动大，部分挂落仍保存，保存一般。

大杨家巷 2、3、4、5、6 号民居

民居位于润州区姚一湾社区大杨家巷 2、3、4、5、6 号。与大杨家巷 11—14 号、7—10 号为一整体。前后四进，三间两厢，为砖木结构平房。面阔 10.2 米，通进深 44.7 米。每进前设天井。外墙石灰抹面，屋面部分小瓦改为大瓦。

大杨家巷 7、8、9、10 号民居

民居位于润州区姚一湾社区大杨家巷 7、8、9、10 号。与大杨家巷 2—6 号为一整体，此处为第二排。据住户介绍，原主姓杨。砖木结构，四进。三间两厢一层，乱砖叠砌，外墙已整体用石灰抹面。现内部仍保存部分木结构门窗扇，堂屋内为小条砖。10 号内堂屋已被隔成二层，西侧房屋仍为木地板。

大杨家巷11、12、13、14号民居

民居位于润州区姚一湾社区大杨家巷11、12、13、14号。前后四进，砖木结构平房。面阔16.3米，通进深44米。每进五间两厢，七架梁。现在每进东西两间各增设阁楼，设老虎窗。

小杨家巷4号民居

民居位于镇江市润州区姚一湾社区小杨家巷4号、中华路85号。砖木一层，三进，每进四间。第三进临街，二层。乱砖至3米，上为空斗墙。外墙乱砖叠砌，北立面水泥抹面加固。

小杨家巷5、6号民居

民居位于润州区姚一湾社区小杨家巷5、6号。坐南朝北，砖木结构平房。前后三进，每进四间。面阔14.3米，通进深30.7米。西边三间为一路，三间两厢，前各设天井。东边一间为一路，前各设天井。外墙乱砖叠砌，水泥抹面加固，封火墙已经被拆除。6号堂屋内为罗地砖，5号保存较好。木板壁隔墙仍存，木质雕花槅门保存较好，七架梁。

小杨家巷柳氏民居

柳氏民居位于润州区姚一湾社区小杨家巷17、18、19、20、21号。据初步调查，原主姓柳。坐北朝南，前后五进，砖木结构平房。面阔五间18.2米，通进深52.3米。每进中间三间为一路，前设天井。东西两侧各一路，前各设天井。外墙乱砖叠砌，水泥抹面，小瓦屋面，20号木质雕花门窗完好，木质板壁隔墙仍存。

小杨家巷22、23、24、25、26、27、28号民居

民居位于润州区姚一湾社区小杨家巷22、23、24、25、26、27、28号。坐南朝北，前后六进，砖木结构平房，是镇江现保存进数较多的民居。面阔四间。东边三间为一路，西侧一间为一路，前各有天井。每进东侧临巷都设一边门。墙壁下为乱砖墙，上为斗子墙。第一进为五架梁，后五进为七架梁。

小杨家巷28号民居

民居位于润州区姚一湾社区小杨家巷28号。前后二进一院，砖木结构平房。面阔16.6米，通进深18.2米。外墙乱砖叠砌，石灰抹面，水泥加固至腰线，现内部改动较大。

京畿路1号邱氏宅

邱氏宅位于润州区金山街道京畿路1号。据初步了解，原为镇江侦缉队邱凤仪住宅。邱氏宅东至福寿巷，西至东大院，北临京畿路。砖木结构二层，占地面积约350平方米。东西设天井，天井部位二层砖砌花格镂窗东3个、西1个。外墙青砖清水叠砌，二层带腰线。西侧外墙随巷道变化，平面不规则。改造较多，西立面尚见原貌。

京畿路86、88、90、92、94号民居（瑞芝里1、2、3号）

民居位于润州区金山街道京畿路社区京畿路86、88、90、92、94号。面阔八间，砖木二层。依山坡而建。一层为门面用房，面阔26.8米，进深6.7米。沿中间通道拾阶而上，通道上门有"瑞芝里"石额。曾为徐成记营造厂，该厂曾承建镇江英国领事馆。

西大院3号欧阳氏宅

欧阳氏宅位于润州区金山街道京畿路社区西大院3号。坐南朝北，砖木结构二层楼房。三间两厢三合院形制。面阔10.3米，进深10.2米。青砖门罩，外墙为乱砖叠砌，屋面大部分仍为小瓦。西立面二层已全用水泥抹面，北立面及南立面二层有部分用水泥及石灰抹面。

西大院7号民居

民居位于润州区金山街道京畿路社区西大院7号。砖木二层楼房，面阔9.4米，通长18.8

米。磨砖大门面北。进深6间，中部4间设大天井，两侧为房间。外墙青砖清水叠砌，中有腰线，二层略带收分。建筑做工精细。

东大院5号秦氏民居

秦氏民居位于润州区金山街道京畿路东大院5号。据初步调查，原为京戏班头秦慧兰住宅。大门向北，二层面北有砖砌花格墙，青砖清水叠砌到顶。三间两厢，一进。正厅水磨地面，五蝠盘寿图案，大门五蝠盘寿包钉门。水波纹护栏挂板。一层为40厘米厚墙，单腰线，二层带收分。四坡顶。

东大院11号民居

民居位于润州区金山街道京畿路社区东大院11号。据了解原为清末税务局或海关职员宿舍。民居南依山坡，为一院落，东设院门。北侧另有院落大门，磨砖如意门头。西部为主屋，坐西朝东，面阔三间11.1米。宽大外廊，设方罗马柱，外墙青砖清水叠砌到顶，歇山式四坡水顶，出檐约40厘米。内设壁炉。

东大院16号民居

民居位于润州区金山街道京畿路社区东大院16号。砖木结构二层楼房。面阔四间15.8米，进深9.8米。依地势，带地下一层。二层有腰线，二层顶再设腰线。大门朝西，外墙青砖叠砌到顶，层高较高，屋面为大瓦，四间北侧均设有木质楼梯上下，屋内仍为木质地板。

魏同兴巷2号民居

民居位于润州区金山街道三元巷社区魏同兴巷2号。据住户介绍，原房主姓如。坐北朝南，三间两厢，砖木结构二层楼房一栋。面阔9.8米，进深14.3米。内、外墙已整体水泥抹面。前带天井，正房堂屋北设木楼梯。建筑大门朝南，屋面已改为大瓦。现属公房。

魏同兴巷4号民居

民居位于润州区金山街道三元巷社区魏同兴巷4号。坐北朝南，三间两厢砖木结构平房。面阔9.6米，进深11.2米。外墙乱砖砌筑，屋面已换为大瓦，内部用水泥改造。

魏同兴巷5号民居

民居位于润州区金山街道三元巷社区魏同兴巷5号。据周围住户介绍，原户主姓董。前后两进，砖木结构二层楼房，明三暗四结构。面阔13.5米，通进深15.9米。北部外墙水泥抹面，南面转砖叠砌，保持原风貌。前进天井门上方砖砌花格镂窗3个。

魏同兴巷10号民居

民居位于润州区金山街道三元巷社区魏同兴巷10号。据初步了解，原主人姓苏。三间两厢，砖木结构二层楼房。面阔11.4米，进深8.4米。五蝠盘寿包钉大门风貌尚存。内部曾在20世纪80年代大修一次。

魏同兴巷14号民居

民居位于润州区金山街道三元巷社区魏同兴巷14号。据初步调查，原主人姓王，曾在蒜山附近开米行。三间两厢一院结构，大门朝东。面阔11.6米，进深9米。门头上有砖砌镂空花窗。内部木结构保存较好。

魏同兴巷16、18号民居

民居位于润州区金山街道三元巷社区魏同兴巷16、18号。据初步调查，原主人姓谢。坐西朝东，四间两厢，砖木结构二层楼房。面阔13.2米，进深7.6米。楼下南北隔断，内部改动较多。

魏同兴巷 28 号民居

民居位于润州区金山街道三元巷社区魏同兴巷 28 号。砖木结构二层楼房一栋，明三暗四形制。面阔 13.9 米，进深 10.6 米。楼房内部改动较多，外墙水泥抹面。

魏同兴巷 31 号民居

民居位于润州区金山街道三元巷社区魏同兴巷 31 号。砖木结构二层楼房。前后两进，中部为天井。面阔 10.2 米，进深 15.4 米。坐南朝北，大门朝东，磨砖门罩。外墙青砖叠砌，屋面已全部改为大瓦。木质楼梯已改为水泥楼梯，内部有搭建。

魏同兴巷 40 号民居

民居位于润州区金山街道三元巷社区魏同兴巷 40 号。吴姓老太 1949 年买的他人房子。二层楼，三间两厢式结构。面阔、进深均为 9.4 米，前设天井。建筑为小瓦，硬山顶。外墙青砖叠砌到顶，现水泥涂抹至腰线。大门两边辟邪牛角一对，较为精致，房屋内部木质板壁保存完好。

魏同兴巷杨氏宅

杨氏宅位于润州区金山街道三元巷社区魏同兴巷 74 号。原主人姓杨。坐南朝北，砖木结构二层小楼，三间两厢。面阔 9.6 米，进深 9 米。内部木楼栏杆、窗户、挂板保存较好。

魏同兴巷 66 号民居

民居位于润州区金山街道三元巷社区魏同兴巷 66 号。曾为妓院，徐姓者从他人手中购得。最早叫“万年春”8 号。建筑呈“对合子”状，进门有一小天井，上有厢房。整个建筑为二层小楼，明三暗四结构。面阔 10.8 米，进深 14 米。

魏同兴巷江氏民居

江氏民居位于润州区金山街道三元巷社区魏同兴巷 64 号。主人祖上姓江，原来是银行职员。为三间两厢式结构，二层小楼。前后两进，中为天井。面阔 10.4 米，通进深 12.7 米。磨砖门罩，铁皮包钉大门，做工精致。

魏同兴巷徐氏宅

徐氏宅位于润州区金山街道三元巷社区魏同兴巷 45 号。据调查为徐姓在 1897 年建造，徐姓者原在芜湖开木行为生。前后两进，二层楼，三间两厢式结构，中设天井。面阔 10.5 米，进深 13.8 米。外墙已用水泥抹面，内部有改造。

魏同兴巷 72 号民居

民居位于润州区金山街道三元巷社区魏同兴巷 72 号。原主人姓杨，与魏同兴巷 74 号是兄弟俩的房产。二层小楼一进，三间两厢式结构。20 世纪 50 年代部分墙面重砌。

支水巷 1、3、5、7 号民居

民居位于润州区金山街道三元巷社区支水巷 1、3、5、7 号。砖木结构平房，前后三进。面阔 16.2 米，通进深 27 米。分为两路，西为三间两厢，东为两间一厢。各进之间设有天井。东西房屋隔断。外墙青砖叠砌，东部外墙水泥抹面。主结构尚存。第二、三进屋内隔板尚存，其余保存一般。

贾家巷贾氏民居

贾氏民居位于润州区金山街道小街社区贾家巷 32 号。据住户介绍，原主人姓贾，现内有四户居民。坐西朝东，砖木结构二层小楼一栋。三间两厢，前一天井。面阔 10.8 米，进深 8.7 米。

贾家巷马氏民居

马氏民居位于润州区金山街道小街社区贾家巷 36 号。据初步了解，原房主姓马，开镇江志丰米厂。现为马氏后人居住。坐西朝东，三间两厢，砖木结构。面阔 10.8 米，通长 19.2 米。前有大院落，后为正房。门槛石上刻有如意云水图案。

贾家巷 40 号民居

民居位于润州区金山街道小街社区贾家巷 40 号。前后三进，砖木结构，七架梁平房。每进三间两厢，第一进后带天井，其他前设天井。第一进与第二进天井之间由隔断院门分为两部分。面阔 10.2 米，通进深 27.7 米。主结构尚存，木质门、窗扇仍为原物，第一进地面保留罗地砖。

贾家巷朱氏宅

朱氏宅位于润州区金山街道小街社区贾家巷 42 号。建于 1942 年，朱姓房产。坐西朝东，前为房屋，后为院落。北面为主房三间两厢，前有天井。南有三间披屋。主屋与披屋间有过道。外墙青砖叠砌。建筑结构完整，围板、地板仍保持原貌，堂屋地面仍为原罗地砖，保存完好。

贾家巷 48 号民居

民居位于润州区金山街道小街社区贾家巷 48 号。坐西朝东。砖木结构二层楼，三间两厢，面阔 10.4 米，进深 10.8 米。

贾家巷 54 号民居

民居位于润州区金山街道小街社区贾家巷 54 号。三间两厢。面阔 10 米，进深 10.3 米。院内一老井，上刻“洪偏海棠”四字。主结构未改，顶部建有平台。外墙水泥抹面，内部也有改造。

贾家巷 56 号民居

民居位于润州区金山街道小街社区贾家巷 56 号。二层小楼，三间两厢。面阔、进深均 10.8 米。外部水泥抹面至顶，内部也有改造。仅二楼西厢房檐口下约 20 厘米高木窗格保持了原貌。

贾家巷李氏宅

李氏宅位于润州区金山街道小街社区贾家巷 57 号。为李氏私产。坐北朝南，三间两厢，砖木结构平房。七架梁，前带天井。面阔 9.4 米，进深 9.3 米。外墙仍为青砖叠砌，主结构尚存，铁皮包钉大门保存完好，内部改造出新。

贾家巷 58 号民居

民居位于润州区金山街道小街社区贾家巷 58 号。据初步了解，原主人为徐姓盐商。砖木结构二层小楼一栋。面阔 14 米，进深 10.1 米。青砖叠砌，三间两厢（明三暗四）结构。现一楼已改造，水泥抹面。二楼外墙部分仍为青砖。二楼木窗扇仍保持原貌，但较破损。

贾家巷 60 号民居

民居位于润州区金山街道小街社区贾家巷 60 号。砖木结构，三间两厢，大门朝东，进门为南厢（实为披间），天井东墙有照壁墙，现水泥涂抹，仅余上部左右角花。青砖叠砌，有高大风火墙，大门两侧门枕石完好。堂屋和北屋有老虎窗。

小白龙巷 4 号民居

民居位于润州区金山街道小街社区小白龙巷 4 号。据住户介绍，原主人姓罗，开“天一泉”浴室。前后两进，三间两厢。面阔 10 米，通进深 16.8 米。第一进五架梁，第二进七架梁。2007 年大修，现外部整体水泥抹面加固。建筑内部全部改造。

小白龙巷 6 号李氏宅

李氏宅位于润州区金山街道小街社区小白龙巷 6 号。据住户介绍，原房主姓李，新中国成立前以裱画为业，1947 年建成此房。现产权归私人所有。砖木结构七架梁平房，三间两厢，前有天井，后设院落。面阔 10 米，通进深 18 米。外墙仅存青砖门罩可辨识，其余全部水泥抹面加固。堂屋和房间隔板下部改砖砌。后院在 20 世纪 60 年代搭建房屋。

小白龙巷谈氏宅

谈氏宅位于润州区金山街道小街社区小白龙巷 7 号。据住户介绍，此建筑有 100 多年以上的历史，曾是“谈森和酱园店”老板谈先生住宅。砖木结构二层楼房两进对合，中为院落。面阔 7 米，通进深 15.9 米。第一进为二间一厢结构（堂屋和北屋），后一进仅两间。后进堂屋后由一后门通贾家巷。前后进楼梯分设在前后门边。外墙青砖叠砌到顶。堂屋仍为小条砖，二楼雕花木质栏杆及檐扣两侧的挂板尚存。

小白龙巷 9 号民居

民居位于润州区金山街道小街社区小白龙巷 9 号。砖木结构二层小楼一栋。面阔 11.6 米，进深 11.4 米。三间两厢（明三暗四）结构。外墙全部乱砖叠砌。主结构尚存，木质门扇存在，一楼堂屋保留木地板，板壁隔墙尚存部分。

小白龙巷 8、10 号民居

民居位于润州区金山街道小街社区小白龙巷 8、10 号。据初步了解，原主人姓时，开“时庆纪铜器店”，此房作住宅。8 号为原 10 号披屋（灶间），一层。10 号为砖木结构两层楼两进，面阔 9.9 米，通进深 18.3 米。二楼木窗扇保留，但较破损。

小白龙巷 12 号民居

民居位于润州区金山街道小街社区小白龙巷 12 号。砖木结构二层小楼，两间一厢。面阔 6 米，进深 7.8 米。外院墙青砖叠砌，内部已经改造。

大孙家巷 1、3、5 号民居

民居位于润州区金山街道小街社区大孙家巷 1、3、5 号。原为天主教工作人员住所。三组并排相连，每组为前后两进，三间两厢，中设天井。后进随巷道呈梯形。通阔 28.8 米，通进深约 15 米。外墙乱砖叠砌，石灰抹面。

大孙家巷 8 号民居

民居位于润州区金山街道小街社区大孙家巷 8 号。户主名为李清斋。坐北朝南，砖木结构二层楼，三间两厢。面阔 10.1 米，进深 8.4 米。外墙青砖叠砌，建筑所用梁柱较小。

大孙家巷 10 号民居

民居位于润州区金山街道小街社区大孙家巷 10 号。坐北朝南，前后共两进，均为三间两厢，砖木二层，硬山顶，前后均有天井。面阔 10.6 米，通进深 21 米。第一进天井内麻石铺地，主体结构完整。

大孙家巷 12 号民居

民居位于润州区金山街道小街社区大孙家巷 12 号。前后三进，各进前带天井。面阔 10.1 米，通进深 33.9 米。第一、二进为平房，第三进为二层。2008 年整体大修。现内外墙壁均为水泥抹面。

大孙家巷 17 号民居

民居位于润州区金山街道小街社区大孙家巷 17 号。砖木结构二层小楼，两间一厢。面阔 6.8 米，进深 9 米。外墙乱砖叠砌，石灰抹面，面貌改变较大。

大孙家巷 21 号民居

民居位于润州区金山街道小街社区大孙家巷 21 号。据住户介绍，此房原为经营茶叶店、木行、炭行的蔡氏所有。砖木结构平房，面阔五间，一为三间两厢，一为两间一厢。面阔 16. 2 米，进深 9. 7 米。大门朝西，门额上有一八卦图案，青砖叠砌门罩。其余墙面乱砖叠砌到顶。

大孙家巷 49 号民居

民居位于润州区金山街道小街社区大孙家巷 49 号。据居民称该房屋有 100 多年历史，原主人为一任姓中医。砖木结构二层楼房，三间两厢。面阔 9. 1 米，进深 10. 3 米。外墙青砖叠砌，内部破旧，保留一小部分花窗。

大孙家巷 61 号民居

民居位于润州区金山街道小街社区大孙家巷 61 号。据初步了解，原主人姓夏，其父原在安徽蚌埠开银楼，名“宝庆银楼”。三间两厢，砖木结构平房，七架梁。面阔 10. 1 米，进深 10. 8 米。外墙青砖叠砌。

大孙家巷 65 号民居

民居位于润州区金山街道小街社区大孙家巷 65 号。砖木结构二层楼房一栋，三间两厢。面阔 10. 6 米，进深 8. 1 米。外墙乱砖叠砌，石灰抹面，内部破旧。一楼堂屋屋顶部分板材石灰剥离，二楼地板保存完好。

大孙家巷 71、73 号民居

民居位于润州区金山街道小街社区大孙家巷 71、73 号。前后共两进，砖木二层，均为三间两厢，两进前各带天井。面阔 10. 7 米，通进深 22. 2 米。大门朝北，北进有过门楼。硬山顶。木构梁柱较小。

大孙家巷 75、77、79 号（小街 70 号） 徐氏宅

徐氏宅位于润州区金山街道小街社区大孙家巷 75、77、79 号。曾做过裁缝铺、木匠铺、香烟店等，现为居民生活居住。砖木二层，上下共五间，进深 4 米。新中国成立后，小街 70 号作老虎灶，现仍在使用。

板壁巷 1 号民居

民居位于润州区金山街道三元巷社区板壁巷 1 号。一进，三间两厢式结构，中有天井，两层小楼。外墙为乱砖墙，大门处用砖砌成拱门状。

板壁巷伍氏宅

伍氏宅位于润州区金山街道三元巷社区板壁巷 25 号。原主人姓伍，开酱园。二层小楼，三间两厢式结构，中有天井。大门上留有砖雕、匾额。外墙为乱砖墙，大门上方有过门白石，上刻有八卦图案。

板壁巷 54 号民居

民居位于润州区金山街道三元巷社区板壁巷 54 号。据初步了解，该房曾为朱氏当铺，20 世纪 30 年代建造。砖木结构三层楼房，三间两厢。面阔 10. 4 米，进深 11. 8 米。外墙青砖清水叠砌到顶。大门朝南，砖细门罩，做工精细，保存完好。进门内天井顶部有人字天窗。大厅有石膏吊顶。每层内栏杆为铁艺造型，下部镶有木质雕花护板，保存完好。大门上方砖砌镂空花窗一个，现改造为红砖。

吉康里 6 号民居

民居位于润州区金山街道三元巷社区吉康里 6 号。大门朝西，为二间一院普通民居。面阔 6 米，通长 10. 7 米。外墙石灰抹面，内部结构尚存。

吉康里 14 号民居

民居位于润州区金山街道三元巷社区吉康里 14 号。约新中国成立前后建造。砖木结构二层小楼。面阔 3.8 米，进深 10.5 米。外墙乱砖叠砌，水泥涂抹至腰线加固。内部结构简单，楼上下均为两间结构，屋南墙边木质楼梯上下。

吉康里 16、18 号民居

民居位于润州区金山街道三元巷社区吉康里 16、18 号。前后两进，砖木结构二层楼。三间两厢结构，前各带天井。面阔 10.3 米，通进深 18.2 米。外墙乱砖叠砌，石灰抹面。青砖叠砌门罩，角花尚存，大门上方嵌一八卦图案石额。

吉康里 17、19、21、23、25 号民居

民居位于润州区金山街道三元巷社区吉康里 17、19、21、23、25 号。砖木结构二层楼房，两栋对合，中有院落。每栋分两组，均为两间一厢。通面阔 16.4 米，通进深 21.8 米。23、25 号门额上有八卦石刻，青砖叠砌门罩，外墙石灰抹面。

吉康里 20、22 号民居

民居位于润州区金山街道三元巷社区吉康里 20、22 号。前后两进，砖木结构二层，二间一厢，前各带天井。面阔 6.7 米，通进深 17.5 米。外墙乱砖叠砌，石灰抹面，房屋破旧，堂屋东部木楼梯上下。

小街 31 号民居

民居位于润州区金山街道小街社区小街 31 号。坐西朝东，砖木结构二层，前后二进，中有天井。面阔 10.7 米，通进深 16.4 米。第一进厅还存水磨石地面，临街立面已由市房管局维修，砂浆抹面。上楼楼梯在天井南厢。二层木雕栏样式好，清末民初风格，保存较好。

小街 90－1、90 号于氏宅

于氏宅位于润州区金山街道小街社区小街 90 号。坐东朝西，三进，全部砖木二层，南为院落厢房。面阔 17 米，通进深 26.8 米。外墙青砖清水叠砌。大门制作考究，砖细门罩，风火墙高大，楼房层高约 4 米。南大院内有井一口，井栏直径 44 厘米，高 41 厘米，井口直径 28 厘米。白石六角井栏，有“于”“宝”“善”“堂”四字，“丁卯年立”。

小街 100、102、104、106 号民居

民居位于润州区金山街道小街社区小街 100、102、104、106 号。据初步了解，原为同春药铺，新中国成立后还曾持续营业。原主人姓徐，和陆小波有亲属关系。坐东朝西，共二进，均为砖木二层结构。第一进临街，为门面，三间，楼上两间临街木板墙。第二进为三间两厢，南为过门。

染坊巷 20 号民居

民居位于润州区金山街道小街社区染坊巷 20 号。坐西朝东，砖木结构二层楼一栋。面阔三间 11.7 米，进深 5.4 米。乱砖叠砌到顶。

东长安里 25 号民居

民居位于润州区金山街道小街社区东长安里 25 号。砖木结构平房，三间两厢，面阔 10.6 米，进深 10.1 米。青砖清水叠砌到顶。大门朝南，铁皮五蝠盘寿图案较完整。

雁儿河巷 11 号民居

民居位于润州区金山街道火星庙社区雁儿河巷 11 号。据说原为陆小波的房产之一。前后两进，砖木结构二层小楼，三间两厢，每进前各有天井。面阔 10.1 米，通进深 21.8 米。外墙为乱砖墙，屋顶为硬山顶。格局基本完整。

雁儿河巷12号民居

民居位于润州区金山街道火星庙社区雁儿河巷12号。二层小楼，三间两厢式，中有天井，楼下正中为厅堂。七架梁，厢房为长厢房。硬山顶，整体结构保存较好。

雁儿河巷惠氏民居

惠氏民居位于润州区金山街道火星庙社区雁儿河巷14号（大龙王巷85号）。祖上为生意人惠晁阚（音译）。前后三进，二层小楼，三间两厢式结构。中有天井，天井中有一口防火井，现井栏已经移位。外墙上为乱砖墙，下用水泥加固，南侧二楼处木质栏杆向外突出。

生产巷孙氏民居

孙氏民居位于润州区金山街道火星庙社区生产巷25号。据传祖上姓孙，后从国民党侦缉队队长包含声手中购得。砖木结构，三间两厢民居，中有天井。天井中有一照壁。外墙为乱砖墙，门头上有白过门石，中刻八卦图案。五峰马头墙高大。

布业公所巷徐氏宅

徐氏宅位于润州区金山街道火星庙布业公所巷14号。原主人为徐家驹，原在中华路开铁器行“五洋店”。砖木结构平房一进，前有大庭院，三间两厢式结构。外墙为乱砖墙，庭院中一过道为青砖铺筑，屋内用青色方砖铺筑。

布业公所巷许氏宅

许氏宅位于润州区金山街道火星庙社区布业公所巷12号。原主人姓许，原来在山巷广场附近开“采芝斋”。平房，前后两进。第一进明三暗四结构，第二进明三暗五结构，中有天井。外墙为青砖叠砌，门头上有白过门石，单峰马头墙。硬山顶。屋顶上覆小瓦。

东山五组罗氏宅

罗氏宅位于润州区蒋乔镇乔家门社区东山五组20号。仅一进，面阔三间。外墙上半部分为垛子墙，下半部分为乱砖墙，屋顶为硬山顶，东侧屋顶上有方形烟囱，造型较为独特。所有窗户上均有砖雕，其中有两个六角形砖雕。大门向东，门头上有白过门石。

小码头街80、82、84、86号民居

民居位于润州区金山街道西津古渡社区小码头街80、82、84、86号。砖木结构平房，大门朝南，小瓦，外部已整修过，84、86号上有老虎窗。此处曾是小码头街的临街商铺，共四开间。

小码头街66、68、70号民居

民居位于润州区金山街道西津古渡社区小码头街66、68、70号。砖木结构平房，共三开间。大门朝南，南临小码头街，外部已整修。此处曾是小码头街的临街商铺。

小码头街97号民居

民居位于润州区金山街道西津古渡社区小码头街97号。青砖小瓦，砖木结构，五架梁平房。大门朝北，门前有一对抱鼓石，南接一新建二层小楼。

小码头街101—113号民居

民居位于润州区金山街道西津古渡社区小码头街101—113号。砖木结构二层楼房，面阔七间。坐南朝北，北临小码头街，临街石灰抹面，外部已整修，内部结构未变。

小码头街159号民居

民居位于润州区金山街道西津古渡社区小码头街159号。砖木结构二层楼房，青砖小瓦，面阔四间，层高较高。二层为回廊式结构，中部有楼梯上下。2008 年整修一新，主结构未变，门窗全部更换，并漆成红色。

南星巷 34、35 号民居

民居位于润州区金山街道西津古渡社区南星巷 34、35 号。民国建筑。据初步了解，此民居为开木行的余姓在中华人民共和国成立前所购。位于云台山下，坐北朝南。大门朝东，砖木二层，层高较高。外墙整体水泥砂浆抹面，内部主结构尚存，堂屋保留原木质门扇。二楼西厢房已改造，前面抹石灰，东巷仍为板壁。北面三间为平房，原作厨房和堆柴火之用。

利商街 21、23、25、27、29 号民居

民居位于润州区金山街道西津古渡社区利商街 21、23、25、27、29 号。砖木二层，三间两厢结构，硬山顶，小瓦。21、23、25、27 号外墙乱砖叠砌石灰抹面，大门朝东，内部有木质楼梯上下，29 号已整体修缮过，大门朝北。

西津渡街 9、15 号民居

民居位于润州区金山街道西津古渡社区 9、15 号。据了解原主姓蒋，是一名医师。砖木结构平房，七架梁，现院子被一堵墙从中间隔成 9 号、15 号两家，东西都靠民居，外墙水泥抹面，小瓦。

西津渡街 11、13 号民居

民居位于润州区金山街道西津古渡社区 11、13 号。原主是王祥泰，开粮食行。大门朝北，砖木结构平房，小瓦，七架梁。2007 年外部改造，东立面青砖叠砌，其余为水泥抹面。房屋主结构未变，内部的板壁、木质门窗扇已全部改成砖墙，屏风已拆，东边两个侧门为后开。

乔家门乔氏宅

乔家门乔氏宅位于润州区蒋乔镇乔家门社区乔东组 67 号。为乔姓建造。三间两厢式结构，二层小楼，小七架梁，外墙上半部分为斗子墙，下半部分为乱砖墙，屋顶为硬山顶，上覆小瓦。木质门窗上的木雕花纹仍留存。

乔东组 27 号民居

乔东组 27 民居位于润州区蒋乔镇乔家门社区乔东组。中华人民共和国成立前建造。前后两进，二层小楼，三间两厢回马楼。外墙上半部分为斗子墙，下半部分为乱砖墙，大门上方有白过门石，天井后有水井一口。建筑上木质门窗尚存，地上铺有小条砖。

高资王家民居

高资王家民居位于丹徒区高资镇高资行政村高资自然村北。民国时期建筑。砖木结构平房，一进三间两厢，中为天井。

高资李氏民居

高资李氏民居位于丹徒区高资镇高资行政村高资自然村北。民国时期建筑，保存较为完整。砖木结构，三进两厢，中为天井，院内有水井一口。

高资杨家民居

高资杨家民居位于丹徒区高资镇高资行政村高资自然村北。民国时期建筑，保存较为完整。砖木结构，构造为一进三间两厢，中为天井。

高资巫家民居

高资巫家民居位于丹徒区高资镇高资行政村高资自然村北。民国时期建筑，保存较为完整。砖木结构，一进三间两厢，中为天井。

高资张氏宅

高资张氏宅位于丹徒区高资镇高资行政村高资自然村南。清末建筑，保存较为完整。现存三间两厢，中为天井，天井四周墙体皆为木结构，雕刻精美。

高资胡家民居

高资胡家民居位于丹徒区高资镇高资行政村高资自然村北。民国时期建筑，保存较为完整。砖木结构，一进三间两厢，中为天井。面阔 11.9 米，进深 12.6 米。

高资成家民居

高资成家民居位于丹徒区高资镇高资行政村高资自然村北。民国时期建筑，保存较为完整。砖木结构，一进三间两厢，中为天井。

高资沙家民居

高资沙家民居位于丹徒区高资镇高资行政村高资自然村北。清末建筑，主体保存较为完整，现存一进三间两厢，砖木雕刻精细。

康家湾丁家民居

康家湾丁家民居位于丹徒区高桥镇康太行政村康家湾自然村东。民国时期建筑，保存基本完好。砖木结构，一进三间两厢，中为天井。

康家湾薛氏民居

康家湾薛氏民居位于丹徒区高桥镇康太行政村康家湾自然村东。民国时期建筑，保存较为完整。前后两进，前有天井，中为院落。砖木雕刻精细。

唐驾庄唐家民居

唐驾庄唐家民居位于丹徒区高资镇唐驾庄行政村唐驾庄自然村东。民国时期建筑，保存较为完整。砖木结构，一进三间两厢，前为院落。

大宅门

大宅门位于镇江新区丁岗镇葛村村委会向东 100 米。建于民国初年。三进两天井四厢房，两扇大门铁皮包裹，铆钉固定，上有“尚义在此”四字。门上有蝙蝠图案，中间为寿字，下方是如意造型。

爵家王氏民宅

爵家王氏民宅位于镇江新区姚桥镇爵家村 181 号。据墙体材料、框架结构、屋檐造型等综合因素推断，该民居应为清末民初建筑。外墙下部 1.2 米部分用城砖砌筑。城砖的长、宽、厚分别为 0.4 米、0.2 米和 0.13 米。共前后两进，砖木结构平房，占地面积约 220 平方米。屋顶为竖排瓦造型，第一进门楼砖雕“积厚流光”四字，檐头材质精致，刻龙雕凤，中间暗八仙图案栩栩如生。

大港街道赵大兴宅

大港街道赵大兴宅位于镇江新区大港街道大港村双十里 61 号。清代晚期建筑。砖木结构，前后四进，三个天井。

大路镇大路村苏宅

大路镇大路村苏宅位于镇江新区大路镇大路村 7 组。由苏姓建造。苏家祖上经商，经济实力比较强，在大路镇上买地建造。用糯米浆灌填，门楼砖比较考究，排水系统通畅。无论下多大的暴雨，苏宅都是雨停水干。据说当初曾建有男花厅、女花厅，其规模可见一斑。后由于大火烧了许多建筑，现仅有大院外墙、部分门楼雕花及少量的残屋。

六都陈氏宅

六都陈氏宅位于丹阳市埤城镇祈钦村六都自然村。建于民国时期。坐北朝南，三合院，跑马楼式建筑，上下二层，硬山顶砖木结构，建筑占地面积158.7平方米，房屋为三开间。面阔11.5米，进深13.8米。明间后有木质楼梯，院内有水井一口。

夏墅尹氏宅

夏墅尹氏宅位于丹阳市埤城镇祁钦村夏墅自然村夏墅小学操场南5米处。由尹氏先人建于清光绪年间。坐向朝东南，共有前后四进，砖木结构，硬山顶，占地面积1171平方米。通面阔31米。第一进，九间，二层楼房，东西山墙及屋面保存较好。第二进九间，下门门楣上有“五子登科”四字，屋内梁柱粗大。第三进九间，二层楼房。第四进为七间，二层楼房。

后王徐氏宅

后王徐氏宅位于丹阳开发区后王行政村赵家自然村西南角。建于1900年，为徐姓祖先早年经营油坊后建造。坐南朝北，两进一院，有一东院门。两进均面阔五间19.8米，进深7米。二层楼房，两进均有廊。南院墙边有一棵同年栽种的黄杨树，院内青砖铺地。该民居具有典型清末民居特征。

西周刘氏宅

西周刘氏宅位于丹阳市埤城镇张巷村西周自然村，为刘姓太公在清光绪年间所建。刘姓太公是丹阳前艾人氏，因经商致富，后在丹阳县城内开设大同丝绸庄。坐北朝南，砖木结构，占地面积2784平方米。第一至四进都是八间，上下两层，进深七檩。第五进为13间，进深七檩，上下两层。第六进现代建房被拆毁，现残存北墙体部分。

门楼郦氏宅

门楼郦氏宅位于丹阳市埤城镇门楼村彭家自然村。建于1946年。坐西朝东，砖木结构，硬山顶面阔22米，建筑占地面积528平方米。第一进五开间，进深七檩7.6米，上下两层。第二进为五开间，进深11.6米，上下两层。屋内柱梁粗大，楼板楼梯木质较好，二进正面墙是木板结构，左右各有一厢房。院内左右对称水井各一口。

门楼束氏兄弟宅

门楼束氏兄弟宅位于丹阳市埤城镇门楼行政村门楼下自然村45号。建于1925年，为束氏水根、遗根兄弟所建。面积316平方米，砖木结构，一进联排两层住宅，五开间。面阔23.8米，进深七檩7.7米。院内原有东、西两厢房，东厢房已拆，现余西厢房。结构保存完好，有大门两个，两大门中间墙上有砖刻一块，记此房“为1925年束氏兄弟所建，告诫子孙后代勤俭持家”。

宝山徐达豪宅

宝山徐达豪宅位于丹阳市埤城镇宝山行政村徐家自然村48号。建于清代晚期。坐北朝南，建筑占地面积86.25平方米。抬梁式砖木结构，硬山顶，现存为一进两间，进深七檩，上下两层。现存门楼有残缺砖雕，屋内木质楼板完好。

宝山徐金荣宅

宝山徐金荣宅位于丹阳市埤城镇宝山行政村徐家自然村中部。建于清末。坐北朝南，砖木结构，前后两进，占地面积265平方米，硬山顶。房屋面阔13米，进深约7.6米。第一进三开间，进深七檩，上下两层。第二进三开间，进深七檩，上下两层，西侧厢房一间。

宝山徐福临兄弟宅

宝山徐福临兄弟宅位于丹阳市埤城镇宝山行政村徐家自然村。建于清晚期。坐北朝南，占地面积为193平方米，三间两厢房。砖木结构，二层楼房。面阔12.4米，进深15.6米。硬山顶，保存完好。

宝山徐氏宅

宝山徐氏宅位于丹阳市埤城镇宝山行政村徐家自然村。建于清晚期，坐北朝南，占地面积为204平方米。房屋五间一厢，砖木结构，二层楼房。面阔17.8米，进深7.5米。硬山顶，保存完好。

宝山王氏宅

宝山王氏宅位于丹阳市埤城镇宝山行政村王家自然村。建于民国，坐西朝东，三合院走马楼式民宅。三开间，硬山顶。面阔10.6米，进深10.4米。上下两层，占地面积120平方米。

宝山吴氏兄弟宅

宝山吴氏兄弟民宅位于丹阳市埤城镇宝山行政村吴家自然村。建于民国早期，坐西朝东，占地面积为421平方米。一进九间，上下二层楼房，硬山顶。面阔38米，进深13米。

大冷家林建山宅

大冷家林建山宅位于丹阳市埤城镇宝山行政村大冷家自然村。建于清末。坐北朝南，抬梁式，硬山顶，占地面积178平方米。一进四间，进深七檩，上下二层。面阔12米，进深15米。东西山墙保存较好。

胡桥朱氏民宅

胡桥朱氏民宅位于丹阳市埤城镇胡桥行政村朱家自然村中部。建于1948年。坐北朝南，砖木结构，硬山顶，占地面积600平方米。第一进仅存西边两间，进深七檩，东西山墙保存较好。第二进五开间，进深七檩，二层楼房。西厢房一间，第三进为七开间，两层楼房。面阔21.6米，进深8.4米。东西各带厢房。

王巷38号民宅

王巷38号民宅位于丹阳市埤城镇尧巷行政村王巷自然村中部。建于民国时期。坐北朝南，一进二厢房，砖木结构，占地面积216平方米，房屋四间。面阔13.2米。进深16.4米。上下两层楼房，硬山顶。院内有挂落，雕有精美花纹。

常麓朱氏民宅

常麓朱氏民宅位于丹阳市埤城镇常兴行政村常麓自然村88—90号。由朱氏先人建于清代晚期。为二进二厢，上下两层，砖木结构跑马楼，占地面积212平方米。第一进三开间，进深七檩，上下两层，硬山顶，东西山墙，隔扇保存完好。第二进三开间两厢，上下两层，四周回廊，明间后有木楼梯，罗地砖铺地。现保存完好。

洪家埭朱氏民宅

洪家埭朱氏民宅位于丹阳市埤城镇常兴行政村洪家埭自然村。建于晚清。坐北朝南，前后两进，五开间四厢房，占地面积约421平方米。通面阔18.4米，两进进深均7.4米。第一进五开间，进深七檩，上下两层，硬山顶，整体保存完好。第二进五开间，进深七檩，上下两层，硬山顶，隔板为木板拼制，西二开间屋面塌陷，西厢房倒塌。

益民路王氏宅

益民路王氏宅位于丹阳市埤城镇益民路91号。建于民国。坐北朝南，砖木结构，为二进一院，占地面积约208平方米。第一、二进五开间，面阔19.5米，进深7.2米。上下两层，单峰马头墙，东西山墙及屋面保存较好。门楼有精美砖雕，工艺精细。

老陈街郑建林民宅

老陈街郑建林民宅位于丹阳市埤城镇老陈街17号。建于民国，坐北朝南，走马楼式，占地面积124米。一进三开间二层小楼，后有两厢房一院。方格门窗，罗地砖铺地。

老陈街戴氏宅

老陈街戴氏宅位于丹阳市埤城镇老陈街。该建筑建于民国，坐北朝南，砖木结构，三峰马头墙，占地面积305平方米。第一进三开间，面阔10.3米，进深8.1米，上下两层。第二进三开间，进深七檩，上下两层，左右厢房保存完好。方格门窗。

老陈街27号杨氏宅

老陈街杨氏宅位于丹阳市埤城镇老陈街27号。建于民国。坐南朝北，房屋前后五进，厢房三间，占地面积684平方米。第一进三开间平房，东西二厢房。第二、三进为三开间平房。第四、五进均为四开间二层小楼。杨氏宅较残破，改造较大。

长春聂氏宅

长春聂氏宅位于丹阳市新桥镇长春行政村聂家自然村。建于清末时期。坐北朝南，为一进一院。一进三间平房，进深七檩。西山墙五峰马头墙保存较好。院内长方形青石铺地，东一间及东面院墙已毁。建筑占地面积约367平方米。

长春陆氏宅

长春陆氏宅位于丹阳市新桥镇长春行政村陆家自然村。建于清代末年。朝向正南，前后二进，二厢一院，另在正房西山墙外砌有六间东西向平房，有单独院门与正房夹一弄堂。二进正房三开间七檩，进深6.4米。

钱家湾吴氏宅

钱家湾吴氏宅位于丹阳市新桥镇滨江行政村钱家湾自然村。建于清代。坐北朝南，一进一院，五峰马头墙。大门过门石雕有八卦图案。院内青石铺地，东有一厢房。占地面积约267平方米。

新南陆氏宅

新南陆氏宅位于丹阳市新桥镇新南行政村陆家自然村西。建于清代末期。坐北朝南，为一进两厢上下二层楼房，建筑面积450平方米。前有门楼，正面有砖刻“河南世泽”四字，背面有精致砖雕，砖刻有“鱼耀于飞”四字，隐约可见。房屋为硬山顶，五开间面阔26.5米，门窗、隔扇有木雕花卉纹饰，有精美木雕牛腿。东西山墙有六峰马头墙。

新弄陈氏宅

新弄陈氏宅位于丹阳市后巷镇新弄行政村倪陈家自然村。建于民国时期。坐北朝南，一进一院，占地面积292平方米。院墙壁上有两组三峰马头墙。房屋为五开间，面阔20米，进深七檩7.3米，上下两层。左右厢房，梁柱细小。

陈山唐氏宅

陈山唐氏宅位于丹阳市后巷镇建山行政村陈山自然村。建于清末。坐北朝南，前后两进，硬山式，占地面积约390平方米。第一进五开间，中一间为正门。进深七檩，上下两层。第二进五开间，进深七檩7米，上下两层，方格子门窗。东面有一厢房，院内青石铺地。

晓星步氏宅

晓星步氏宅位于丹阳市开发区晓星行政村步家自然村。建于清末。坐西朝东，前后两进，占地面积约323平方米。第一进五开间，面阔17.5米，上下两层，进深7.3米。第二进五开间，上下两层，进深七檩。厢房两间较完整。

晓星罗氏宅

晓星罗氏宅位于丹阳市晓星行政村罗家自然村。建于民国时期。坐西朝东，二进一院，占地面积约255平方米。第一进为三开间，面阔12.6米，进深七檩，7.3米，上下两层，硬山顶，走马楼式住宅。第二进三开间，进深七檩，上下两层，厢房左右两间，第一进内厢房连楼，楼上有走廊一圈。院内天井有方形井台，由青砖铺成。

土桥巷1号民宅

土桥1号民宅位于丹阳市西门土桥巷1号。林姓大户建于民国早期。林姓所建共有3处，另两处为土桥巷3号和西门大街65弄2号林家大院。坐北朝南，五开间前后三进，占地面积约355平方米。第一进五开间，进深六檩，地面罗地砖平铺，大门上下有石雕。第二进五开间，进深七檩，上下两层，西一间有1米宽过道，东三间为木雕窗。院内青石铺地，南面墙已用红砖修建过。第三进已改造成现代建筑。

土桥巷3号民宅

土桥3号民宅位于云阳镇西门大街土桥巷。林姓大户于民国早期建造。坐北朝南，前后四进，硬山式，占地面积约520平方米。第一进三开间，面阔12.7米，进深七檩，深8米，上有阁楼，地面罗地砖斜铺，门上石雕有鹤、鹿、喜鹊登梅图案。第二进三开间，进深七檩，柱梁粗大，地面罗地砖铺地。第三进进深七檩，上下两层，罗地砖铺地，院内青石铺地。第四进进深七檩，上下两层，方格子门窗。东西山墙完好，其余墙体现代重修过。

西门大街查氏民宅

西门大街查氏民宅位于丹阳市西门大街109号。建于清末。坐北朝南，硬山式砖木结构二层楼。一进三开间，上下两层，面阔12.4米，进深15.8米，占地面积195平方米。屋内柱梁粗大，地面铺罗地砖。方格门窗，雕有人物图案。院内青石铺地。东西山墙有单峰马头墙。

留庄张氏宅

留庄张氏宅位于丹阳市吕城镇运河留庄行政村张村自然村。建于清代晚期。硬山式砖木结构楼房，坐北朝南，一进四间。面阔16.2米，进深9.5米。上下两层。东西山墙有对称五峰马头墙。东面留有门楼一座，现仍有人居住。

后东岗任氏宅

后东岗任氏宅位于丹阳市练湖管委会东岗社区后东岗自然村。建于民国时期。坐北朝南，硬山顶，走马楼式，占地面积约161平方米。一进三开间二厢房，规模较大，上下两层，进深七檩，东西厢房完好。天井内青石铺地，门楼上隐约可见砖刻四字，落地方格子门窗，木雕精美细刻，部分被毁。

后东岗朱氏宅

后东岗朱氏宅位于丹阳市练湖管委会东岗社区后东岗自然村。建于民国初期。坐北朝南，建筑占地面积约266平方米。第一进五开间，面阔18米，进深七檩7.1米，上下两层，院内青砖铺地。第二进院内青石铺地，三开间，进深8.2米，上下两层，一层落地门窗，前檐牛腿木雕雕刻精美。

龙城前朱氏宅

龙城前朱氏宅位于丹阳市练湖管委会龙城社区龙城自然村。建于民国时期。坐北朝南，硬山式三开间楼房，占地面积约148平方米。面阔12.7米，进深七檩，深8.3米。上下两层，现保存完好。

龙城后朱氏宅

龙城后朱氏宅位于丹阳市练湖管委会龙城社区龙城自然村。建于民国时期。坐北朝南，前后两进，占地面积约 204 平方米。通面阔 12.7 米。第一进三开间，进深六檩 6 米，上下两层，西一间楼梯已拆。第二进进深七檩，上下两层，东厢房已毁。现仍有人居住。

山南萧氏宅

山南萧氏宅位于丹阳市访仙镇山南行政村萧家自然村。建于 1934 年，现房主人萧礼泉的爷爷及父亲均是名中医，师出常州“孟河医派”名医丁甘仁门下。坐北朝南，硬山式砖木结构，占地面积约 451.8 平方米。二进二院，第一进五开间，面阔 18 米，进深八檩 7.8 米，前檐方格子门窗，左右厢房后修建过。前檐有船篷轩。东西山墙有对称的五峰马头墙。第二进上下两层，荷花梁头，木雕精美细刻，前墙已用塑钢门窗重建。地面用现代瓷砖重铺过。

访仙汤氏宅

访仙汤氏宅位于丹阳市访仙镇访东行政村访仙西路 1 巷。建于民国时期。两进一院，砖木结构。第一进三开间，面阔 10.5 米，进深七檩 7.3 米。第二进面阔 12.5 米，进深 9.1 米，为两层楼房。主人汤铭新是民国时期访仙富商，平素热心公益，在抗日期间，主动与抗日武装联系，提供财物、枪支。1939 年，陈毅同志在此留宿，为其孙汤通庆题词留念，题词现藏于镇江博物馆。

延陵丁氏宅

延陵丁氏宅位于丹阳市延陵镇延西庙巷 21—25 号。建于清代晚期。建筑面积约 246 平方米，三进二院，每进三开间。面阔 8.8 米，进深七檩 7.4 米。上下二层，院内青石铺地，保存完好。

宾村王氏宅

宾村王氏宅位于丹阳市延陵镇麦溪宾村行政村宾村自然村。坐北朝南，占地面积为 108 平方米，一进三开间。面阔 12.5 米，进深 9.4 米。上下二层，东西山墙有单峰马头墙，后有东西二厢房，水磨砖雕门楣。

皇庄邹氏宅

皇庄邹氏宅位于丹阳市延陵镇麦溪皇庄行政村皇庄自然村。建于 1931 年。坐北朝南，占地面积 200 平方米。一进五开间二厢房，进深七檩，上下二层。后院内有古井一口，井栏青石质地，圆柱形。1988 年，东面二间厢房拆除，东一开间前墙用红砖修建过。该建筑前墙木质结构，木雕有草叶牡丹、凤凰、人物故事等图案，木雕细刻精制。现有人居住。

下前庄郑氏宅

下前庄郑氏宅位于丹阳市司徒镇前岗行政村下前庄自然村。坐北朝南，占地面积约 194 平方米，一进五开间。面阔 16.9 米，进深 11.5 米。上下二层。现有人居住。

谭巷钱氏宅

谭巷钱氏宅位于丹阳市司徒镇谭巷行政村钱甲自然村。坐北朝南，建筑面积约 250 平方米。一进三开间，上下二层，进深七檩。现有人居住。

谭巷殷氏宅

谭巷殷氏宅位于丹阳市司徒镇谭巷行政村殷巷自然村。坐北朝南，占地面积约 289 平方米。一进五开间，上下二层楼房，两厢房。现有人居住。

蒋甲张氏宅

蒋甲张氏宅位于丹阳市司徒镇杏村行政村蒋甲山自然村。建于民国时期。坐北朝南，硬山式，占地面积约350平方米。二进一院二厢房，方格子门窗，进深七檩，上下二层楼房，前一进围墙用红砖修建过。现有人居住。

固城夏氏宅

固城夏氏宅位于丹阳市司徒镇固城行政村后固城自然村中。硬山式，砖木结构，占地面积约420平方米。五开间前后两进，进深七檩，上下二层，方格子门窗，牛腿雕有精美人物图案。东西山墙及屋面完好。

天王潘氏宅

天王潘氏宅位于句容市天王镇老街内。天王镇潘姓大户的家宅，建于清末民初。南北向，硬山顶，空斗墙，二层楼阁式建筑。正房上下各三间，厢房东西各一间，上下各两间，南有青砖扁砌围墙。

天王高氏宅

天王高氏宅位于句容市天王镇老街西段。天王镇高姓大户旧宅。东西向，砖木结构，面阔两间，二层楼阁式硬山顶建筑。建筑保存基本完好，楼上的阳台木构栏杆保存原样，楼下的门窗改动较大，楼后门砖雕保存较好。

天王施氏宅

天王施氏宅位于句容市天王镇老街东段。天王镇施姓大户家宅，建于清末。南北向，面阔三间，二层楼式硬山顶建筑，空斗墙，有风火墙。保存状况较差，西山墙北部坍塌。

天王戴氏宅

天王戴氏宅位于句容市天王镇老街北段。天王镇戴姓大户家宅，建于清末民初。该建筑东西向，前后两进，有风火墙。西面墙体改动较大。

西来村孙氏民宅

西来村孙氏民宅位于扬中市西来桥镇西来村。一间二层小楼房，青砖小瓦。

唐氏老宅

唐氏老宅位于扬中市油坊镇会龙村11组。建于20世纪20年代左右。原有正、厢房五间，因建房拆除一间厢房，现存四间。原门窗、立柱均有雕花，后被铲除很多，仅存大门上的雕花。

第六节　红色文化遗产

新四军四县联合抗日会议会址

新四军四县联合抗日会议会址位于丹徒区宝堰镇东南部的通济河南端。原为张洪年开设的“怡和酒行”及其宅院，其中，东大院建于1921年，西大院建于1927年。主体为砖木结构楼阁建筑，内设暗道、哨楼、空中通道等，防卫能力异常强大。1938年6月，陈毅率新四军第一支队抵达宝堰，曾住于此，并在此召开镇（江）、句（容）、金（坛）、丹（阳）四县各界人士代表会议，筹备成立茅山地区第一个带有准政权性质的行政机构——镇、句、金、丹四县人民抗敌自卫委员会（简称四县抗敌总会）。四县抗敌总会成立后，委聘区长，并辖群众性抗日组织，领导人民开展抗日救亡活动，征税征粮，动员参军，募集军需，有力支援了新四军主力部队，为茅山抗日根据地的创建、发展、巩固做出了贡献，更为正式建立县以上抗日民主政府做了准备。

总前委、三野司令部驻地旧址

上海战役总前委旧址位于丹阳市云阳镇宝塔弄5号。原为民国戴则钧私人住宅，俗称“戴家花园”。主楼建于1934年。坐北朝南，砖木结构，二层三间楼房，建筑面积168平方米。青砖墙体，平瓦屋顶，室内地板，楼板为木质。1949年4月24日，由刘伯承、陈毅、邓小平、粟裕、谭震林五人组成的上海战役总前委从南京到达丹阳。新解放的丹阳，当时会聚了中共七届中央委员6人、候补委员2人；会聚了总前委、华东局、华东军区和上海局等领导机关及主要领导干部；会聚了党、政、军、财、文各界精英，总人数达3万多人。1949年5月6—26日，陈毅、邓小平一直住在这里主持全局工作，组织和指挥了上海战役，并从思想上、组织上、物资上、事务上为接管上海进行了紧张的准备。上海首届市政府、上海市总工会、上海市军事管制委员会在丹阳成立。总前委运筹丹阳，决胜上海，取得了军事上和政治上的双丰收，为江苏革命史增添了史无前例的壮丽篇章。

第三野战军司令部旧址位于丹阳市城区东门外大街。旧址原为民国时丹阳乡绅胡尹皆私宅，建于1932年，现存一进三开间平房。1949年渡江战役胜利后，第三野战军司令部随总前委迁至丹阳。第三野战军司令部主要领导人饶漱石、粟裕、张鼎臣、舒同、唐亮、刘晓等在该旧址办公及居住，指挥解放上海战役及做好接管上海的准备工作。5月26日上海解放后，第三野战军司令部随总前委撤离丹阳。

总前委、三野司令部驻地旧址1995年被公布为江苏省文物保护单位。

新四军江南指挥部旧址

新四军江南指挥部旧址位于丹阳市界牌镇。建于1934年春。传统木结构楼房，前后两进加厢房共14间，建筑面积共1300平方米。该地曾作为新四军江南指挥部和中共京沪路北特委驻扎地，陈毅、粟裕、谭震林等领导人在此开辟了丹北革命根据地；该地是苏南、苏中、淮南路东三大抗日根据地之间的重要战略联络地区，是中国共产党党政军南来北往的战略通道，在抗日战争和解放战争期间发挥了极其重要的作用。

新四军江南指挥部旧址2002年被公布为江苏省文物保护单位。

培根师范旧址

培根师范旧址位于扬中市油坊镇长旺村，原为庆善公所。1939年江南抗日义勇军挺进纵队管文蔚部进驻扬中，在长旺村恢复“扬中师资训练班”。1945年秋，抗日战争胜利，为纪念扬中抗日民主政权缔造者之一、扬中县抗日民主政府第一任县长李培根烈士，在此创办了“扬中县培根简易师范学校”，简称“培根师范”。学员为乡村基层干部及社会知识青年，到当年11月初新四军北撤时结业。当时培养了一批革命骨干。旧址保留完整，为砖木结构四合院式平瓦房。培根师范旧址是扬中市纪念革命烈士、培养革命骨干的实物见证。

培根师范旧址2011年被公布为江苏省文物保护单位。

苏南抗战胜利纪念碑

苏南抗战胜利纪念碑位于句容市茅山西侧的望母山巅。为纪念在苏南抗战中牺牲的革命先烈，缅怀陈毅、粟裕、谭震林等老一辈无产阶级革命家，镇江市发动全市3.13万名党员干部捐资兴建。1995年9月1日，为纪念中国人民抗日战争胜利50周年，江苏省委举行了隆重的庆祝抗战胜利50周年暨苏南抗战胜利纪念碑落成仪式，新四军老领导、老同志，以及南京军区首长与省市领导及社会各界人士千余人参加。纪念碑碑名由原国防部部长张爱萍上将题写。纪念碑宽6米，高36米，须弥座高3.13米，碑身高28米，碑前有317级宽16米台阶，空心碑体用钢筋混凝土浇筑，碑阴刻有114字碑文。整个纪念碑由纪念碑体、台阶、胜利广场、陈毅粟裕铜像、新四军小号手铜像、将军陵园、观景亭、牌坊等7部分组成。

苏南抗战胜利纪念碑2011年被公布为江苏省文物保护单位。

烈士纪念塔

烈士纪念塔，即烈士纪念碑，坐落于镇江市烈士陵园纪念广场中央。烈士纪念塔两侧，置有各长26米、高3.2米的巨型革命历史浮雕，显示了在中国革命历程中，无数先烈经过不同的历史时期英勇奋斗、前仆后继的光辉业绩和动人形象。烈士纪念碑前长眠着为民族独立、人民解放和社会主义事业而英勇献身的163位烈士，东区92位，西区71位，其中，有中国工农红军第十四军军长李超时，有省委、团省委巡视员卢世芳、周振国，还有武进、丹阳、无锡、南通、常熟、松江、涟水、如皋、泰县、泗阳等地的县委书记，以及不辱使命牺牲在国外的许杏虎、朱颖烈士。陵墓呈月牙形，掩映在绿草丛中，象征着烈士精神与日月同辉，与大地永存。

烈士纪念塔1982年被公布为镇江市文物保护单位。

韦岗伏击战战场遗址

韦岗伏击战战场遗址位于镇句公路韦岗段，在镇江西南约30里，南距句容40余里，是镇江、句容两地的交界处。1938年6月，粟裕率新四军先遣支队到达苏南，行至韦岗与日军展开伏击战，取得胜利。韦岗战斗的胜利是新四军挺进江南敌后抗击日寇取得的第一仗胜利，威震江南，挫敌凶焰，鼓舞士气，振奋民心，为之后江南千百次战斗和建立以茅山为中心的苏南抗日根据地揭开了序幕，在新四军的历史上占有重要地位。1939年粟裕在《先遣队的回忆》一文中指出，这一仗“不仅打击了敌人之横行，而且振奋了广大人民的抗战情绪，提高了他们胜利的信心”。1985年，镇江市政府为了纪念抗日战争胜利40周年和韦岗伏击战的胜利，在韦岗伏击战旧址高骊山建立“韦岗战斗胜利纪念碑”。纪念碑巍峨耸立在高骊山上的青松翠柏之中，象征着中华民族敢于抗御强敌、不屈不挠、一往无前的斗争精神，这种精神与镇江的山水、祖国的河山永世长存。

韦岗伏击战战场遗址1992年被公布为镇江市文物保护单位。

前隍村新四军一支队驻地旧址

前隍村新四军一支队驻地旧址在丹徒区宝堰镇前隍村。1938年6月14日，陈毅率新四军一支队挺进茅山地区抗日，驻扎在宝堰镇前隍村，司令部设在丁家祠堂。祠堂建于民国初年，占地面积202.74平方米，坐北朝南。前进为3间小平房，砖木结构；后进为3间大间敞屋，罗地砖铺地，前后都有围墙，墙高8米，形成一个55.6平方米的小院。1938年9月10日，日军2000人分5路包围宝堰。一支队击退敌人后，从宝堰移驻溧阳县前马村。1986年秋，全国人大常委会副委员长、原新四军一支队老六团团长叶飞，亲笔为新四军一支队驻地旧址题写“新四军一支队司令部旧址”，刻成大理石碑，树立在前。

前隍村新四军一支队旧址1999年被公布为镇江市文物保护单位。

新丰车站抗日战斗旧址

新丰车站抗日战斗旧址位于丹阳市开发区晓星行政村蒋家自然村西400米处，是民国时沪宁铁路上的新丰老火车站。侵华日军于1937年至1938年建成。建筑由二层楼房及2间平房、1处暗堡组成，二层楼房屋顶设有瞭望塔，整组建筑由西向东高度依次渐低。建筑为砖石结构，欧式风格，外墙为石砌。1938年7月1日夜，新四军一支队二团一营在丹北抗日游击队及群众配合下，突袭新丰火车站。经两小时激战，全歼日守军十五师团木公野联队庆江中队40余人。此次战斗是新四军历史上首次夜战，使南京至上海铁路交通一度中断，是新四军抗战史上一次较大规模的战斗，极大鼓舞了抗日士气。

新丰车站抗日战斗旧址1999年被公布为镇江市文物保护单位。

贺甲战斗旧址暨烈士碑亭

贺甲战斗旧址暨烈士碑亭位于丹阳市延陵镇九里行政村贺甲自然村中。原为贺姓祠堂，建于民国初年。存二进建筑。通面阔 11.5 米，进深 8.1 米，占地面积约 235 平方米。1939 年 11 月，日军调动丹阳县城、金坛县城、丹阳珥陵、丹徒宝堰四股兵力 1000 余人，分四路合击扫荡丹阳延陵地区。其中，日军第 15 师团池田联队的一个加强中队约 160 余人，在大队长武村指挥下，来延陵地区大肆烧杀扫荡。11 月 8 日上午 8 时，该日军加强中队在返回宝堰途中经过九里村时遇到丹阳独立支队的伏击，日军在死伤二三十人后向贺甲村溃逃。新四军老二团、新六团部分兵力及丹阳独立支队将日军包围在贺甲村中。同时新四军江南指挥部调集其余部队及各路游击队在延陵方向警戒，以伏击从丹阳、金坛方向妄图增援的日军。上午 11 时，围歼战打响，日军以贺甲祠堂为防御重点负隅顽抗，战斗极其惨烈。战斗共经历两天一夜，历时 28 个小时，至 11 月 9 日中午 12 时，新四军将祠堂内最后抵抗的日军全歼，俘敌 3 名，毙敌 168 余名，包括大队长武村在内日军佐官 4 人。贺甲战斗是陈毅、粟裕领导下的新四军江南指挥部在反扫荡时期战斗时间最长、歼敌最多、动用自身兵力最多、影响力最大的一次战斗，延安总部通电表扬，誉其为“延陵大捷”，并作词作曲成《反扫荡》战歌广为传唱。当时，上海等地的报刊以“伟大胜利在江南”的醒目标题争相刊载，戳穿反动派污蔑新四军“游而不击”的谎言，引起全国舆论的广泛关注。

贺甲战斗旧址暨烈士碑亭 1999 年被公布为镇江市文物保护单位。

近月轩惨案旧址

近月轩惨案旧址位于丹阳市访仙镇。一进三开间，上下两层楼房。近月轩紧靠九曲河，是访仙镇民国时期最大的茶馆。1940 年（民国二十九年），靠近镇区的夏家村驻有日军。6 月 24 日，抗日游击队派 1 名战士侦察敌情，遇上日军 3 人，便将手榴弹向日军投去，日军未伤。9 时许，日军全副武装窜向近月轩门口，架起机枪封锁街道，向近月轩茶馆内手无寸铁的群众扫射，杀死 83 人，在桥上、河里枪杀 25 人。

近月轩惨案旧址 1999 年被公布为镇江市文物保护单位。

华东财经委员会旧址

华东财经委员会旧址位于丹阳市区城河路 61 号。原为清代陆姓大户私宅，原名“崇本堂”。由两进两层互通的走马楼组成，两进房屋通面阔 12 米，各有一小天井。1949 年 3 月，中共中央华东局财经委员会在徐州成立，财经委员会由邓小平、曾山、方毅、刘岱峰、骆耕漠五人组成，邓小平兼财委会书记，曾山为副书记，方、刘、骆为委员，骆兼秘书长。1949 年 5 月初，财经委员会随总前委、中共华东局、第三野战军司令部进驻丹阳，在该旧址办公，在总前委、华东局的领导下，为解放并接管上海做准备工作。1949 年 5 月 25 日，上海解放后，华东财经委员会随总前委、华东局机关离开丹阳去上海。

华东财经委员会旧址 2007 年被公布为镇江市文物保护单位。

新四军一支队司令部、政治部驻地旧址

新四军一支队司令部、政治部驻地旧址位于句容市茅山风景名胜区的柏枝洞、三官洞、老君洞。三洞沿山分布，皆为天然洞穴，洞顶镌刻洞名。据《句容茅山志》记载，柏枝洞、三官洞、老君洞原为茅山道教最古老的发源地。1938 年 6 月，新四军一支队司令员陈毅率部到茅山时开辟抗日根据地，当时条件艰苦，为不扰百姓，陈毅决定将紧靠乾元观、位置隐蔽性强又便于转移的柏枝洞、三官洞、老君洞作为新四军一支队司令部、政治部的临时驻地。此三洞见证了新四军始终保持和发扬革命优良传统，宁愿露宿野外、坚决驻军不扰民的严明纪律和优良作风，是陈毅领导茅山军民抗战艰苦岁月和光辉历史的重要遗存。

新四军一支队司令部、政治部驻地 2014 年被公布为镇江市文物保护单位。

大韩民国临时政府活动地遗址

大韩民国临时政府活动地遗址位于润州区杨家门 23 号。1910 年，韩国被日本吞并，成为日本附属国，大批进步青年和爱国志士流亡海外，其中以到中国者居多。1919 年 4 月，韩国爱国志士在上海正式成立大韩民国临时政府，这是一个在中国长期坚持反日独立运动的流亡政府。从成立到日本投降后回国，临时政府驻中国长达 26 年。1935 年 11 月，临时政府整体迁至当时的江苏省省会镇江，并在镇江活动整整两年。经调查考证，临时政府在镇江的驻所及活动场所共有 6 处，现仅存穆源小学这一处。1937 年春，镇江抗日救亡宣传演出队邀请大韩民国临时政府国务委员金九到穆源小学大礼堂演讲。大韩民国临时政府活动地遗址是镇江对外交流的重要历史遗存，也是日本侵略战争的历史见证。

大韩民国临时政府活动地遗址 2014 年被公布为镇江市文物保护单位。

黄竞西故居

黄竞西故居位于丹阳城区新民中路宗家巷。黄竞西（1897—1927），丹阳人，曾化名黄丽华、吴福民。1924 年加入国民党。1925 年经恽代英、刘重民介绍加入中国共产党，同年 9 月任丹阳独立支部书记。1927 年 6 月 26 日，中共江苏省委在上海史高塔路恒丰里 104 号开会，因叛徒告密，黄竞西不幸被捕，7 月遇难。故居现存房屋一间，砖木结构。院墙外有古井一口。

黄竞西故居 1991 年被公布为丹阳市文物保护单位。

夏霖故居

夏霖故居位于丹阳城区新民中路百合苑小区内。夏霖（1895—1927），字雨人，化名林雨人、余仁、宋时雨，丹阳人。1925 年 4 月经恽代英等人介绍加入中国共产党，是丹阳最早的中共党员之一。1926 年 4 月任中共丹阳独立支部书记。1927 年 10 月在无锡领导农民暴动时由于泄密不幸被捕。11 月 13 日，被国民党反动派杀害，年仅 32 岁。故居原有三进，现仅存一进四间，为硬山式砖木结构平房，坐北朝南。面阔 14.2 米，进深七檩 7.3 米。

夏霖故居 1991 年被公布为丹阳市文物保护单位。

夏霖烈士墓

夏霖烈士墓位于丹阳市司徒镇联观行政村寺基岗自然村东北约 400 米的农田中。该墓为一水泥混凝土坟包，墓前立碑，上书“烈士夏霖同志之墓”。该碑立于 1954 年，碑阴有烈士生平。

夏霖烈士墓 1985 年被公布为丹阳市文物保护单位。

巴斗山战斗遗址

巴斗山战斗遗址位于丹阳市界牌镇界西行政村巴斗山自然村巴斗山下。1940 年 11 月 10 日，日军袭击新四军江南指挥部和老四团三营驻地，在二十七圩发生激战。1942 年 4 月 30 日，日军出动千余人部队包围中央路北特委和新四军 51 团驻地，双方在窖坝及巴斗山发生 7 小时激战。在这两次战斗中，我军共击毙日伪军 40 多名，新四军梁照、刘培坤、陈金根等 20 名同志献出了宝贵生命，当时就埋在巴斗山下。1985 年，界牌乡政府在巴斗山建立烈士公墓及烈士纪念碑，碑正面题有“死难烈士万岁”大字。

巴斗山战斗遗址 1999 年被公布为丹阳市文物保护单位。

解放日报社旧址

解放日报社旧址位于丹阳市开发区荆林。1949 年 4 月下旬，总前委、华东局驻丹阳期间，集中了 5000 多名干部，进行接管上海的各项准备工作，其中《解放日报》发刊词《庆祝大上海的解放》就是在丹阳起草、审定的。1949 年 5 月 26 日，解放日报社迁至上海。

解放日报社旧址 1999 年被公布为丹阳市文物保护单位。

许杏虎烈士故居

许杏虎烈士故居位于丹阳市司徒镇杏虎村。建于 20 世纪 80 年代。砖混结构，二层楼房。许杏虎（1968—1998），从江苏省丹阳市高级中学考入北京外国语大学，毕业后任光明日报社国际部编辑。1998 年 7 月 8 日凌晨，以美国为首的北约悍然用导弹袭击中国驻南斯拉夫大使馆，许杏虎与夫人朱颖壮烈牺牲。

许杏虎烈士故居 1999 年被公布为丹阳市文物保护单位。

中共丹阳第一个支部旧址

中共丹阳第一个支部旧址位于丹阳市西门小学内。民国时期该地为县第二高等小学。第一次国共合作时，中共派恽代英、侯绍裘、刘重民等来丹宣传革命思想。1925 年 4 月，经恽代英介绍，戴盆天、黄竞西、夏霖、钱正表、吴起文五人在该旧址加入中国共产党，并建立了第一个支部，由戴盆天任书记。旧址为平房 1 间，砖混结构，面阔 10.8 米，进深 3.95 米。

中共丹阳第一个支部旧址 2007 年被公布为丹阳市文物保护单位。

新四军修械所遗址

新四军修械所遗址位于句容市茅山管委会磨盘山区苏家大凹村。修械所由 1941 年 5 月成立的新四军六师军实科骨干组成，当时只有十几个人。苏剑雄任所长，程远任指导员，修理机枪、步枪、打不响的子弹等，并试造手榴弹。1942 年夏，军工人员不断增加，最多时有一百二三十人，相应机构也逐步健全。1943 年 3 月，修械所全体人员和设备通过敌方封锁线，从丹阳、武进、金坛三县交界处秘密转移到句容磨盘山地区。

新四军修械所遗址 2008 年被公布为句容市文物保护单位。

新四军医疗所遗址

新四军医疗所遗址位于句容市茅山管委会磨盘山区苏家大凹村。1942 年 1 月，新四军六师十六旅成立了卫生部，为了医治伤病员，在芦深汊多、水网交错的圩里成立了第三医疗所，由朱潮兼同志任所长。医疗所选择毛竹林和松树密布的磨盘山作为固定的重伤组，重伤组由一个医生、两个护士、一个炊事员和一个招呼员负责。医疗所吃的用的依靠群众支持，在茅山战斗的干部、战士、地下党的同志和许多老百姓都在这个医疗所看过病、养过伤，大家又把这里叫“竹林医院”。

新四军医疗所遗址 2008 年被公布为句容市文物保护单位。

新四军水坝

新四军水坝位于句容市茅山管委会磨盘山区陈庄村西 150 米处。1938 年 6—7 月，陈毅、张鼎臣、粟裕率领新四军第一、二支队进入茅山地区。部队为解决军民在山区用水的困难，利用战斗间歇在现在的李塔村陈庄、老人山等地修建水坝蓄水。现在还在使用的陈庄坝就是那时候修建的，群众称其为“新四军坝”“抗日坝”。

新四军水坝 2008 年被公布为句容市文物保护单位。

肖国生烈士墓

肖国生烈士墓位于句容市白兔镇郑庠村北 150 米处。肖国生（1917—1939），湖南浏阳人，1930 年参加红军，1938 年任茅山抗日根据地二团政治部主任，1939 年 3 月在白兔镇下荣庄与日军作战中阵亡，年仅 22 岁。墓原为土堆，中华人民共和国成立后改作水泥结构，1973 年前后整修过。

肖国生烈士墓 2011 年被公布为句容市文物保护单位。

巫恒通旧居

巫恒通旧居位于句容市白兔镇行香前柘溪村。巫恒通（1903—1941），曾任新四军第三团团长，苏南行署第五行政区督察专员。1941 年 9 月在句容县与日军战斗中负伤被俘，坚贞不屈，绝食 8 天后牺牲。旧居建于清光绪二十九年（1903 年）。现存三间砖木结构瓦房。

巫恒通旧居 2011 年被公布为句容市文物保护单位。

徐明烈士墓

徐明烈士墓位于句容市白兔镇行香中心村北塘庄东山头村南 500 米。1945 年 10 月新四军北撤后，徐明担任茅山工委书记兼新四军茅山留守处政委，坚持同国民党反动派进行顽强斗争。1946 年 4 月 17 日于行香中心村东山上遭敌重兵包围，率部队突围时不幸牺牲，被悬首于句容城门门头上，时年仅 26 岁。徐明烈士对党无限忠诚，其革命精神彪炳千古，永世长存。

徐明烈士墓 2011 年被公布为句容市文物保护单位。

“挺进”“江抗”会师合编广场

“挺进”“江抗”会师合编广场位于扬中市八桥原广善堂广场，现为扬中市八桥中学操场。会师广场长 30 丈，宽 22 丈。1939 年 11 月，管文蔚率领的江南抗日义勇军挺进纵队和叶飞率领的江南人民抗日义勇军在此会师。1986 年在此立纪念碑，即“会师合编纪念碑”。

“挺进”“江抗”会师合编广场 1985 年被公布为扬中县文物保护对象。

前进印刷厂旧址

前进印刷厂旧位于镇江西津渡历史文化街区内，亚细亚火油公司旧址东。红砖混凝土结构建筑，坐南朝北，共二层，每层 12 个房间。前进印刷厂建于中华人民共和国成立初期，由市军管会接管多家印刷单位后组建，初名为《前进日报》印刷厂，1952 年更名为前进印刷厂，并于 20 世纪 50 年代初期开始面向社会承接印刷业务。前进印刷厂曾先后承印过《前进日报》、《前进》党刊、《大众日报》等党报刊，并从 1957 年起承印《镇江日报》。经过几十年不断发展，至 20 世纪 80 年代，前进印刷厂已成为省内书刊印刷的主要基地之一。该建筑 2007 年经整体修缮，外部保持了原风貌，内部整治出新，现改作镇江画院的办公场所。现一楼为画院展览厅，二楼为画院办公室。

梅嘉生故居

梅嘉生故居位于丹阳市后巷镇嘉山戎梅马村中。朝向西南，一进三开间，砖木结构平房。原有三进二院，现仅存残存门楼及房屋 3 间。梅嘉生（1913—1993），1938 年参加革命，1939 年加入中国共产党。抗日战争时期，梅嘉生任丹阳游击纵队大队长、新四军挺进纵队第三团团长等职。解放战争时期，梅嘉生任苏中军区副参谋长，第三野战军二十三军副军长。新中国成立后任海军副司令员。1955 年被授予少将军衔。

中共地下镇丹县委旧址

中共地下镇丹县委旧址位于丹阳市司徒镇荻塘村。民国时期民居建筑。中共镇丹县委设立于 1939 年，是地下秘密县委，由中共苏南特委领导，所辖为镇江南部、京沪铁路以南的丹阳西部地区。1940 年 6 月改建镇丹金县委，胡荣佳任镇丹县委书记。该旧址对研究中共抗战时期地下党组织的构成、活动等情况有较高的价值。

丹阳抗日自卫总团成立旧址

丹阳抗日自卫总团成立旧址位于丹阳市访仙镇后册村。1938 年，在管文蔚同志的发起号召下，丹阳的胡家、周麓、后朱巷、镇西、麒麟、袁巷、许巷等抗日自卫团在后册村集会成立丹阳抗日自卫总团，由管文蔚担任总团长。共有自卫团 80 余个，团员 2.5 万人，其中武装基干团员 3000 余人。自卫总团成立旧址原为后册村戎姓祠堂，由三进房屋及几十间附房组成，原有高墙封闭，东、南、西、北四个门出入，占地面积 1200 平方米。现仅存残破旧房三四栋。

侵华日军屠杀魏家村同胞殉难地

侵华日军屠杀魏家村同胞殉难地位于丹阳市云阳镇张官渡社区魏家自然村北。此处为一岗地，东西长150米，南北宽约60米，高度4~5米，原魏家村居民大都居住在岗地上。1937年12月3日，日军由沪宁线南下进入魏家村，对当地群众进行残酷屠杀，将村民80余人赶至空地用机枪射杀，又将躲在房内的居民40余人用刺刀杀死，后放火烧毁所有房屋200余间，共杀死村民120余人，是丹阳地区侵华日军制造的杀人数最多的惨案。

将军墓

将军墓位于句容市茅山新四军纪念馆内。共4位将军，分别是：段焕竞、吴仲超、王必成、江渭清。他们四位都是中华人民共和国成立前就参加革命的老红军及新四军，为中国的解放事业立下了不朽的功勋。

巫恒通烈士墓

巫恒通烈士墓位于句容市开发区三台阁社区兆文山烈士陵园内。巫恒通墓原为土堆，中华人民共和国成立后改为水泥结构，墓直径2.5米，高1.5米。墓前立有“巫恒通烈士墓”碑。墓地原址在句容市白兔镇行香下王庄村东约100米处，后迁至兆文山。

王妞妞、周宜顺烈士墓

王妞妞、周宜顺烈士墓位于句容市郭庄镇葛村墓东村北约100米处。王妞妞，女，1920年生于句容磨盘下的白杨村，1940年参加革命，同年加入共产党，曾在四区区政府担任秘书和妇女干部。1943年1月23日，因叛徒出卖，王妞妞被捕，2月2日夜被国民党特务杀害于葛村黄木岗，年仅23岁。周宜顺，生于1949年3月，句容市葛村五渚坊村人，农民。1991年6月13日在与洪涝灾害搏斗中为保卫西河大堤不幸牺牲。

兆文山烈士陵园

兆文山烈士陵园位于句容市开发区三台阁社区兆文山顶部。巫恒通、郭纲琳等烈士墓就安放在这里，有纪念碑一座。兆文山烈士陵园是镇江市爱国主义教育基地，每逢清明节都会有群众或学生前去扫墓，祭奠革命先烈。

白沙惨案纪念碑

白沙惨案纪念碑位于句容市天王镇袁巷白沙村西250米处。1943年5月，反动武装汪伪自卫团句容第六分团余兴德等人为向侵华日军邀功请赏，将在梅庄、青杆、下张等地被捕的新四军十六旅供给部长涂风初，以及新四军联络站长刘超、通讯员陈永清等6人，还有两名参加抗日的国民党军人，用烧红的铁丝刺穿锁骨串连在一起押至袁巷，将他们集体活埋于白沙村毛沟洼中。8位壮士视死如归，铁骨铮铮，为中华民族的解放事业献出了宝贵生命，虽死犹荣，英名千古。1998年句容市政府在此地立碑纪念。

李培根、张日化烈士墓

李培根、张日化烈士墓位于扬中市油坊镇头墩子村，烈士墓两座，掩映在翠柏丛中。李培根，兴隆镇和合村人。1938年春，他在泰兴秘密组建了苏南抗日同盟会，不久参加江南抗日义勇军挺进纵队，同年11月加入中国共产党，先后任挺纵一支队政治处民运股长、挺纵战地服务团团长、扬中县抗敌委员会主任。1940年4月，扬中县抗日民主政府建立，李培根任县长。他坚持原则，爱憎分明，大义灭亲，将为非作歹的堂弟正法，在干部群众中享有盛誉。当地群众赠给他银盾一面，上镌“廉直可钦”4字。1941年1月25日，因汉奸告密，李培根在镇江伏元乡富贵墩子被伪军包围，突围中壮烈牺牲。张日化，浙江省诸暨县唐山乡俞张村人。1938年参加革命，并加入中国共产党，1939年9月，任中共扬中地区工作委员会组织科长。1940年2月中共扬中县委成立，担任县委组织部长。1940 年 6 月 4 日，在丁家埭（今油坊镇四墩子村境内）被日伪军逮捕。敌人用铁丝穿过他的手心，把他拉到三茅镇据点，先对他施以种种酷刑，后又许以高官厚禄逼他说出党的机密，均一无所获。同月 18 日，张日化与范敏等 3 人被日伪军杀害。

王子清烈士墓

王子清烈士墓位于扬中市八桥镇幸福村。墓为土墓，墓前立有纪念碑。碑底座 4.2 米见方，分别以高 0.14 米、宽 0.23 米收缩增方为 5 层台阶式，碑文阳刻。

贾奶奶烈士墓

贾奶奶烈士墓位于扬中市八桥镇。贾奶奶原名严桂珍，1940 年日军大举进犯扬中，贾奶奶多次不顾个人安危，巧妙掩护新四军过封锁线，把受伤的新四军战士藏在家中。为克服经济上的困难，她将两个女儿送给别人当童养媳，把儿子送上海当学徒，把新四军战士的名字换成自己儿子的名字，直到伤愈归队。1946 年为掩护地下党安全撤退，贾奶奶不幸被捕，3 天受刑 13 次，她始终坚贞不屈，视死如归，丝毫没有暴露党的机密。敌人见逼不到口供，在 7 月 31 日下午，用草绳扎住贾奶奶的嘴，将她押到老郎街和合桥乱葬坑。贾奶奶就义前咬断草绳，高呼“共产党万岁！”“毛主席万岁！”敌人向贾奶奶刺了七刺刀。贾奶奶牺牲后，葬于扬中市八桥镇同胜村贾家祖茔。1981 年，为方便大众凭吊，扬中县八桥人民公社将墓移葬于八桥镇倒石桥公路旁。1987 年，为纪念这位深受人们爱戴的革命母亲，八桥镇人民政府又将墓迁建于安息堂前北侧。贾奶奶烈士墓坐西朝东，占地 30 多平方米，5 棵柏树掩映着墓冢。墓为长方形，砖混结构，高 2 米，墓正面 5 级踏坡上，竖一块高 2.4 米的水泥混凝土墓碑。现为扬中市爱国主义教育基地。

印世庸烈士墓

印世庸烈士墓位于扬中市西来桥镇北盛村第 10 村民组，坐北朝南，墓区面积 40 平方米。印世庸（1914—1948），扬中县西来桥镇北胜村人。1939 年参加扬中县青年抗日团，曾化名姚平，1940 年 4 月加入中国共产党，先后任扬中县抗日民主政府新六区军事助理、第二区区长。1941 年 8 月任扬中县政府军事科科长，后兼任县警卫营营长。1945 年 9 月任扬中县独立团参谋长，11 月北撤。次年春回江南坚持斗争。1948 年任镇江县副特派员，协助镇江县特派员戎政工作。4 月 17 日夜晚，印世庸与戎政等 4 人在丁岗开会，因奸细告密，被敌人包围，激战中壮烈牺牲。印世庸牺牲后，遗骨即安葬于北盛村，为一圆形土墓。1987 年，扬中县民政局出资由原幸福乡民政所负责修葺烈士墓，在原墓培土被覆，并加土垫高墓基。墓区四周植古柏 8 棵，土墓高 1.6 米，墓周建砖混结构护墓墙，上铺砂石，为凭吊烈士时绕墓一周的道路；路边再建砖混结构墙体，以防水土流失。现墓为土墩尖顶圆墓。20 世纪 80 年代重修，现为扬中市爱国主义教育基地。

第六章 其他

华山银杏树

华山银杏树位于镇江新区姚桥华山村入口处，是华山千年古村的重要标志。传说是道人张天师所植，树高38.8米，直径1.86米。《镇江果树志》记载：树庙同年，与张王庙同年。庙为南朝梁时所建，抗战以来受到多方影响，遭受损坏。

华山银杏树1986年被公布为丹徒县文物保护单位，2014年被公布为镇江市文物保护单位。

三茅银杏树

三茅银杏树位于扬中市三茅镇建设社区。该树处于原三茅庵中，现庵已不存，仅留一棵古银杏树。树为夏姓寡妇（名不详）栽于1750年左右。1940年，日本侵略军占据扬中后，几次派人砍伐未果，后被翟公盛等用钱赎下。树高约12.5米，主围3.8米，树冠约22米。此树几经抢救性保护，现枝繁叶茂，长势良好，现置身于数千平方米的绿化带之中，为城区一景。

三茅银杏树1985年被公布为扬中县文物保护对象。

普济银杏树

普济银杏树位于扬中市三茅镇长江村。该树原位于普济庵中，现庵已不存，仅存一棵古银杏树。大约栽植于1835年。当时4株，现剩1株。树高14米，树围2.3米，树冠直径约15米。

普济银杏树1985年被公布为扬中县文物保护对象。

兴隆银杏树

兴隆银杏树位于扬中市兴隆红星村红星中学内。树高约13米，主围3.4米，树冠直径约20米。

兴隆银杏树1985年被公布为扬中县文物保护对象。

马家坟

马家坟位于润州区蒋乔镇南山社区南郊夹山南坡，是马家贾淑媛老太太之墓。贾老太自丈夫马掣才去世后，含辛茹苦将儿女抚养成人。清光绪二十二年（1896年）贾老太去世时，家中一贫如洗，其子只得以一领苇席将其母草葬于东林寺陈家坟旁的荒野中。贾老太长子马席珍勤于读书，恪守孝道，后留学日本成为巨贾。1936年马席珍重回故里，在八公洞附近花巨资为马母建造坟墓，从此马席珍被公认为孝子。现马家坟为20世纪80年代镇江市有关部门用水泥重新浇筑复原过的，一层台高1.4米，二层台高3米。

第七章 文物保护管理

镇江历史悠久，古迹众多。抗日战争前，镇江曾建立文物保护机构，名为江苏省会名胜古迹保护委员会。民国时期的文保工作，先后由民政、教育部门兼管，但成效不大。中华人民共和国成立以后，文物保护工作不断得到加强。1986 年 12 月，镇江被国务院命名为第二批国家历史文化名城。文物保护工作逐步走上规范化、法制化的轨道。

党和政府高度重视文物工作。从 1996 年起，由常务副市长担任文物管理委员会主任，分管副市长任第一副主任。多年来，镇江市人民政府相继出台一系列加强文物保护的规范性文件，改善文物保护工作的法制环境。文物保护机构不断建立健全，文物保护网络不断完善系统，大量文物得到抢救、保护。截至 2014 年年底，全市共有全国重点文物保护单位 13 处，省级文物保护单位 42 处，市（县）级文物保护单位 211 处。

在保护地面文物的同时，地下文物保护工作也得到了加强。几十年来，全市配合城市建设，依法对市内上百处工地进行抢救性考古勘探发掘，获得了大量珍贵文物和地下文物遗迹分布资料，深化了对镇江城市发展演变的认识。

第一节　文物保护管理机构及队伍

一、机构

1950 年 7 月，市人民政府成立市风景名胜管理委员会，1952 年改称市文物保管委员会（以下简称“文管会”），下设办公室。翌年，该办公室撤销，1956 年 10 月恢复。1959 年文管会办公室与市博物馆合署办公。1963 年撤销市文管会办公室编制，与市博物馆两块牌子、一套班子进行工作。“文化大革命”中，文管工作中断。1978 年后，由市博物馆代行文管工作。1985 年 4 月 23 日，镇江市编制委员会核定镇江市文物管理委员会办公室事业编制 4 人。1985 年 4 月 26 日，镇江市文物管理委员会恢复。镇江市文物管理委员会成员根据人事变动数年进行一次调整。2006 年，召开市文管会全体成员会议，会议通过《镇江市文物管理委员会成员单位工作职责》。2012 年，修订《镇江市文物管理委员会成员单位职责》，在成员单位中新增各辖市区政府，并将市规划和住建部门的主要领导列为副主任，分管领导列为办公室副主任。

2010 年 2 月，根据《中共镇江市委镇江市人民政府关于印发镇江市人民政府机构改革实施意见的通知》，组建市文化广电新闻出版局，将市文物管理委员会办公室的职责，整合划入市文化广电新闻出版局，挂文物局牌子，不再保留市文物管理委员会办公室。2010 年 5 月 27 日，根据《关于印发镇江市文化广电新闻出版局主要职责内设机构和人员编制规定的通知》，设立市文化广电新闻出版局，为市政府工作部门，挂市文物局牌子，内设文物处。文物处主要职责为：拟订实施文物事业发展规划和政策措施；负责文物保护和管理工作；推荐、申报各级文保单位，审核、报批各级文保单位维修方案；指导博物馆、纪念馆体制机制改革、业务建设和文物安全工作；会同市规划部门做好历史文化名城、名镇和历史文化保护区的相关管理工作；指导市级以上文物保护单位档案工作；组织考古项目和抢救性考古项目的实施。

二、单位

镇江博物馆 1958 年 12 月，镇江市博物馆成立。1982 年 2 月，镇江市博物馆更名为镇江博物馆。2011 年 3 月 7 日，镇江博物馆调整为副处级规格，市梦溪园沈括纪念室、赛珍珠故居管理处并入镇江博物馆。撤销市梦溪园沈括纪念室、赛珍珠故居管理处。调整后，镇江博物馆事业编制 47 名。

茅山新四军纪念馆 1978 年 4 月，成立镇江地区茅山革命历史纪念馆筹备小组办公室（1983 年体制改革后改称镇江市茅山革命历史纪念馆筹备小组办公室）。1981 年 5 月，与中共镇江地委党史资料征集办公室合署办公。1982 年 11 月，经中共江苏省委同意，先在句容县茅山乡南镇街筹建新四军茅山抗日斗争历史陈列馆。1985 年 9 月，建成对外开放。1986 年 4 月，核定编制 8 人。1993 年 4 月，更名为茅山新四军纪念馆。2005 年 5 月，镇江市韦岗战斗遗址管理所从镇江革命历史博物馆整建制划出（同时划出事业编制 1 名），由茅山新四军纪念馆管理。划拨后茅山新四军纪念馆编制为 11 名。

镇江市梦溪园沈括纪念室 1986 年 2 月 20 日，设立“镇江市梦溪园沈括纪念室”，核定事业编制 4 人。1986 年 4 月 7 日，增加市文物保护管理委员会办公室事业编制 2 人，具体负责韦岗战斗胜利纪念碑的管理工作。

镇江焦山碑刻博物馆 1988 年 1 月，成立镇江市焦山碑林和抗英炮台保管所，核定编制 5 名。1991 年 7 月，建立镇江焦山碑刻博物馆，与镇江市焦山碑林和抗英炮台保管所合署办公。2012 年，镇江焦山碑刻博物馆划入镇江市金山焦山北固山风景区管委会。

镇江革命历史博物馆 1991 年 5 月 30 日，建立镇江革命历史博物馆，暂核编制 18 名。6 月 27 日，镇江革命历史博物馆开馆。2007 年 8 月，镇江革命历史博物馆撤销并入镇江博物馆，镇江博物馆增挂“镇江革命历史博物馆”牌子。原镇江革命历史博物馆 15 名编制中的 12 名划拨镇江博物馆。

各辖市、区文物保护机构也得到充实和加强。除京口区、润州区外，各辖市也相继成立文物管理委员会，下设办公室。

京口区　京口区由京口区文体局承担文物管理职责。

润州区　润州区由润州区教育局下设润州区文体局承担文物管理职责。

丹徒区　丹徒文物工作在中华人民共和国成立后由丹徒县文教局兼管，1980 年 4 月成立丹徒县文物管理委员会，初由分管文教的副县长兼任主任。后文教分设，丹徒区文体局成立后（2010 年变更为丹徒区文广体局），由文化科行使文物管理职责。

镇江新区　镇江新区自 1998 年以来，由镇江新区社会发展局承担文物管理职责。

丹阳市　丹阳市文物管理委员会最早成立于 1961 年，初由县委书记兼任主任，由文化馆馆长担任副主任，后由分管副市长兼任主任。1998 年 6 月，核给丹阳市文物管理委员会办公室全民事业编制 1 名，隶属丹阳市文化局（2010 年变更为丹阳市文化广电新闻出版局）。1994 年 4 月，设立文物科，编制核定为 1 人。

句容市　20 世纪 70 年代初，句容县文化馆曾确定一名干部兼管文物工作，1980 年起，配备专职文物干部，设立文物陈列室。句容市文管办与句容市博物馆合署办公，履行文物管理职责。

扬中市　扬中县文物管理委员会在 1980 年成立，并建立文物陈列室 3 间。后一度由扬中市图书馆代管文物工作。现由扬中市文广体局文化科承担职责。

三、队伍

文物保护管理队伍不断发展壮大。至 2013 年年底，全市文物系统干部职工 236 人，其中正高职称 2 人，副高职称 13 人，中级职称 39 人。

针对文物面广量大、分布分散的特点，各级文物部门建立群众性组织，聘请业余文物保护员进行巡查。1994 年文物部门聘请 60 位镇江市业余文物保护员。1997 年又对一批文物保护员进行重新续聘。2006 年，重新聘请全市文物保护员并组织培训。2012 年，重新聘请镇江市业余文物保护员 141 名，制定《镇江市业余文保员管理办法》，并组织培训。几年来，通过考核、发放补贴、年度表彰“十佳业余文保员”的形式，动态调整，激发活力，使业余文物保护员队伍成为文物保护的一支重要力量。

为加强队伍建设，文物部门经常性开展各类培训。1993 年 11 月 8—17 日，市文化局、市文管办在茅山宾馆组织举办镇江市文博干部、职工岗位培训班，参加培训的有来自本市文博系统的青年干部、职工 20 余人，课程有文物法规、博物馆学、考古学通论、古代陶瓷等。2004 年，组织举办市文化局文物法规培训（研讨）班。2005 年 4 月，江苏省文物局率先在镇江举办第一期全省文物法制培训班，全市文博干部大多参加培训。

四、经费

自 1985 年以来，市本级文物保护经费逐年增加。国家和省相关专项补助经费也间有下拨。1993 年 7 月 28 日，镇江市人民政府第 10 号令颁布《镇江市文物保护办法》。根据此办法，镇江市文物保护初始经费 40 万元。1995 年后该办法逐步得到落实，市级专项经费下拨趋于正常，后文物保护经费逐年递增。2013 年，镇江市文物保护专项经费接近 200 万元。

第二节　文物调查

一、专题调查

1934 年 9 月，中央古物保管委员会朱希祖、滕固、罗香林、黄文弼、侯绍文、朱偰和裘善文等学者陆续 14 次调查南京附近及丹阳六朝陵墓，1938 年 5 月调查结束，1935 年 8 月专辑出版《六朝陵墓调查报告》。1936 年 2 月，朱偰著《建康兰陵六朝陵墓图考》，记录位于丹阳之齐梁陵寝 10 处，位于句容石狮 1 处，并详测石刻之间距、高、长等数据，绘石刻之分布。

1957 年 3—7 月，江苏省文管会组织普查，南京博物院尹焕章、张正祥等对宁镇山脉及秦淮河地区新石器时代遗址进行调查，形成并发表《宁镇山脉及秦淮河地区新石器时代遗址普查报告》。调查工作共发现遗址 152 处，其中，在镇江现地域境内共发现台形遗址 71 处：句容四郊 6 处，郭庄庙一带 9 处，葛村一带 8 处，天王寺一带 2 处，宝堰河区 1 处，高资河区 3 处，镇江区 7 处，上党区 1 处，辛丰区 3 处，谏壁大港沿江区 16 处，太平河区 10 处，九曲河区 5 处。

1987 年年初，华东师范大学地理系、遥感所，与镇江博物馆、镇江市文管会联合运用遥感技术对镇江地区的台形遗址与土墩墓的分布及数量进行调查，这也是对整个江南（包括苏南、皖南、浙北、上海等地）台形遗址与土墩墓遥感调查的试点工作。调查工作时间为 1987 年 6 月至 1988 年 1 月。此次对全区台形遗址与土墩墓航片判释的结果，共查出台形遗址 185 处、土墩墓 3134 座，编制出《镇江商周台形遗址与土墩墓分布图（1/5 万）》《镇江商周台形遗址与土墩墓分布影像图》《镇江地区吴文化台形遗址、土墩墓分布规律遥感研究报告》和《验证报告》。

1992 年 9 月，市文管会办公室对市区部分地方的古、近代建筑进行实地调查，普查出陈庆年故居、鲍皋故居、张云鹏故居、陶氏花园及建筑群、旗人武官住宅与潘氏住宅、蒋氏住宅花园、吴氏贞节牌坊等 7 处古建筑，以及袁氏住宅楼、四箴里住宅群、桐封里住宅楼、原镇江江苏省公共体育场健身房等 10 处近代建筑。

1996 年，市文管会办公室组织对境内各级文保单位的现状进行全面调查。调查共发放现状调查表和文保单位居民住户登记表近 200 份。初步调查统计，市区尚有 12 处（组）文保单位仍作民居使用，住户约 492 户，人口 1439 人，居住面积 16749 平方米。其中，小码头一条街沿街面有住户 187 户，面积 5415 平方米；伯先路近代建筑群有住户 86 户，人口 342 人，面积 3942 平方米；梦溪园有住户 101 户，人口 317 人，面积 3491 平方米。

1998 年 4 月，市文管会办公室对苏南运河镇江段沿线文物资源情况分市区京口闸到谏壁闸段、谏壁闸到丹阳吕城段进行调查。同年 8 月对全市石质文物保护单位现状进行调查。

1999 年 3—4 月，市文管会办公室对大港镇即将被开发的东街片区进行实地调查。发现伯先里 28 号赵甫琪住宅、旌德里 9 号赵颂平塾师先兄住宅、旌德里 53 号冷德成住宅、东街 12 号西南赵定邦住宅、太平里 44 号赵子云住宅及古银杏树 4 株，石碑 3 方，古井 2 口。

2005 年 6—9 月，按照上海同济大学城市规划设计研究院制作的《镇江市古城风貌区控制性详细规划》方案中的有关具体意见，市文管会办公室对宝塔路以西、宝盖路以北、伯先路以东、大西路以南范围和中华路两侧范围内的古民居建筑、文物资源进行重点调查。此次调查共普查出 240 处有价值的民居古建筑，作为尚未公布为文保单位的不可移动文物，市政府印发《关于公布老城区不可移动文物名录的通知》，将其列入保护。

二、第二次全国文物普查

1984 年 12 月至 1985 年 7 月，在全市 4 县 2 区范围内全面开展文物普查。市县区培训普查骨干 1432 人，共印发各种宣传材料 24620 份。普查中共获寻报文物线索 4594 条、文物 14033 件（处）。其中：古动物化石 54 件，古遗址 105 处，古墓葬和土墩墓 281 个，古建筑 256 处，古井、古桥 209 个，石刻碑碣 1058 块（件），名人旧居和纪念建筑 90 处，革命文物 142 件，古树名木 373 棵，其余为流散文物和古钱币等。1985 年 7 月，举办“文物普查成果展览”。同时召开文物普查总结表彰大会，市政府共表彰文物普查和文物保护的先进集体 42 个、先进个人 93 名。连同县区表彰数，全市共表彰先进集体 110 个、先进个人 365 名。

三、第三次全国文物普查

2007 年 4 月至 2011 年年底，根据国务院统一部署，开展第三次全国文物普查。普查分为三个阶段：准备、实地调查登记、验收总结。

2007 年 8 月 21 日，市政府成立镇江市第三次全国文物普查领导小组。10 月 11 日，市政府下发《关于做好镇江市第三次全国文物普查工作的通知》。11 月 9 日，市政府召开第三次全国文物普查工作会议。11 月 13 日，镇江市第三次全国文物普查领导小组印发《镇江市第三次全国文物普查实施方案》和《镇江市第三次全国文物普查宣传工作方案》。2007 年 11 月 13 日，市普查办制发《镇江市及各辖市区第三次全国文物普查工作分工》，明确采取县域为主、市县联动的方式，即各辖市区负责本辖区内的各项实地调查任务，镇江博物馆负责新区新发现的古墓葬、古遗址的实地调查任务，镇江市文管办协助润州区开展老城区的实地调查任务。同时，为提高市普查办及普查队的工作效率，制订《镇江市第三次全国文物普查领导小组办公室及工作队成员工作分工》，明确普查办各位人员，一人定点负责一个辖市区，具体负责督察和协调定点单位的普查工作。2007 年 11 月 16 日，镇江市普查办召开第三次全国文物普查工作推进会议，对第二阶段工作进行部署推进。2008 年 7、8 月份为全市第三次全国文物普查强势宣传月。全市累计悬挂横幅标语 15 条；发送普查短信 1 万条；发放并张贴宣传画 1200 张、普查通告 1200 张；在《京江晚报》刊出一版专栏；在 My0511 和金山网发布普查信息 19 条次，点击次数达 7000 余次。这些宣传活动产生了良好的推动作用。广大人民群众积极来电来访，踊跃提供普查线索。2010 年 10 月 26 日，市政府召开全市第三次全国文物普查领导小组第三次全体（扩大）会议。

2007 年 10 月至 2009 年 12 月，全市 60 余名普查员深入千家万户、大街小巷、田野村庄进行实地调查登记。2009 年 8 月，丹阳市作为省级验收试点通过验收。从 2009 年 12 月至 2010 年 2 月上旬，分别对剩下的 6 个普查单元进行验收。全市 7 个普查单元，按照国家规定的流程和要求，实地文物调查行政村（社区）、自然村覆盖率和《普查数据校验软件》校验通过率均为 100%，全部通过验收。

第三次全国文物普查，全市境内调查登录文物 1427 处，其中新发现 711 处。同步建设镇江市文物普查数据库，收录普查文物点 1427 处（单体数量 3983 个）、照片 3450 张、图纸 2208 张、标本 219 件，以及其他资料 1220 份。

2010 年 11 月，镇江市第三次全国文物普查领导小组、镇江市文广新局印发《关于公布保护三普新发现文物的通知》，将京口、润州、丹徒和镇江新区的三普新发现公布保护。2010 年 12 月，句容市政府印发《关于公布句容市不可移动文物保护名录的通知》，公布 295 处不可移动文物名录。2010 年 12 月，丹阳市第三次全国文物普查领导小组、丹阳市文广新局印发《关于公布保护三普中发现的不可移动文物的通知》，公布 377 处普查新发现名录。2009 年，将 4 处普查新发现申报全国重点文物保护单位；2010 年，将 7 处普查新发现申报江苏省文物保护单位。

2008 年 5 月 23 日，江苏省第三次全国文物普查工作现场会在句容召开。2009 年 8 月 27—28 日，江苏省级验收试点工作现场观摩会在丹阳举行。2008 年，句容城上村遗址入选国家文物局主编的《2008 年第三次全国文物普查重要新发现》，全省总共入编 3 处。2010 年，丹阳市普查组被国务院普查领导小组表彰为实地文物调查阶段突出贡献集体奖，是全省获奖的三个县市级普查组之一。2011 年 6 月，镇江市普查办、句容市普查办荣获省级普查档案管理工作先进单位称号，4 人获普查档案管理工作先进个人称号。2011 年 11 月，镇江市普查办遴选 100 处重要新发现，汇编出版《镇江市第三次全国文物普查重要新发现》。2012 年 6 月 7 日，市普查办召开镇江市第三次全国文物普查表彰会，表彰先进集体 17 个、先进个人 28 名和特别贡献奖 12 个。

第三节　考　古

考古是文物工作的重要内容，是抢救保护地下文物的重要手段，是博物馆文物征集收藏的重要途径。1958 年，镇江市博物馆成立，设立考古部，承担全市考古工作。1992 年，古城考古所成立，分管城内部分考古任务。至 2000 年，古城考古所并回镇江博物馆考古部。在此期间镇江博物馆考古部分管城外部分考古任务。镇江博物馆在承担全市考古工作的同时，还间或参加国家和省重大工程的考古工作。如 2001—2004 年，参与三峡工程重庆万州、云阳抢救性考古工作；

2009 年，参与配合溧阳天目湖抽水蓄能电站，考古发掘门口田土墩墓、庙山土墩墓；2009 年，参与配合宁杭高铁建设，考古发掘溧水秀才墩土墩墓；2011 年，参与配合盐城泰东河疏浚工程，考古发掘陶庄四组遗址；2012 年，参与配合南水北调工程，发掘盱眙泗州城遗址。

一、旧石器时代考古

丹阳白龙洞

1937 年 3 月，在丹阳北乡白龙寺北、上湾山南坡，乡民用钢钎开山取白云石烧石灰时发现一更新世洞穴白龙洞。当年，实业部中央地质调查所派员前来收集大量化石。白龙洞动物化石，经杨钟健、裴文中专家鉴定，除两栖纲蛇属椎骨外，余皆为哺乳动物化石，有哺乳纲 6 目 15 种之多。1940 年，裴文中撰文《江苏丹阳洞穴内之哺乳动物化石》，在中国地质学会主编的英文版《中国地质学会志》上发表，引起学术界的重视与关注。

句容春城放牛山

1999 年，南京博物院、镇江博物馆、句容市博物馆等单位对位于句容春城史村南侧的春城第二砖瓦厂放牛山进行抢救性发掘。发现的石制品出自地层的 16 件，采集品 39 件，共 55 件。石制品的种类有石核、石片、砍砸器、刮削器、石球、石镐、薄刃斧等，其文化面貌与中国南方的砾石石器砍砸器传统基本一致。石器地点的性质为古人类临时性停留地。初步推断，放牛山第 6～9 层出土的石制品是旧石器时代早期的产物，绝对年代可能大于距今 30 万年；第 2 层出土的石制品稍晚，绝对年代距今 10 万年左右。

二、新石器时代考古

金坛白渚荡遗址

1973 年 10 月，镇江市博物馆对位于金坛县东村南侧的白渚荡遗址进行调查试发掘。出土斧、刀、凿等石器 28 件，釜、壶、罐等陶器 12 件，时代相当于马家浜文化晚期。

大港磨盘墩遗址

1982 年，为配合长江航运管理局镇江建港指挥部在大港镇东兴建港口，南京博物院、丹徒县文教局对位于大港镇东的磨盘墩遗址进行了发掘。发掘面积 88 平方米，其第 5 和第 4 文化层相当于崧泽文化中晚期和良渚文化早期。出土物中除少量磨制石器和陶器外，主要为大量的打制石制品和一些玉制品。打制石制品原料主要是摩氏硬度为 7 的黑色燧石，少数为硬度相当的玛瑙，最突出的石器是 442 件长石片制成的石钻，许多标本上具有明显的可供装柄用的钻柄。其次有 129 件各式刮削器，与石钻关系密切，被认为是修理钻杆最适宜的工具。结合遗址中发现大量的石核、石片、废石料，以及成堆分布的修理燧石石器剥落下来的碎屑，这里应是制作石钻的专门场所。同时发现的玉制器有数十件，第 5 层有璜 1 件、圭 1 件、系璧 3 件。第 4 层有圭 1 件、系璧 1 件、锥形器 1 件、柱形器 1 件。这些玉制品有的接近于成品，有的为半成品，有的为残废品。上面一般都有锥形钻孔，有两面钻、一面钻和钻而未透。此外还见有两面管钻后形成的璧芯料 1 件、大小厚薄不一的玉料 10 件。玉料有的保留石皮，色为黄、绿、棕、褐相间。有的面上留有高低不平的抛物线状切割痕迹，有的留有多次垂直切割的痕迹和断裂面。由此判断，磨盘墩遗址是一处主要制作石钻等制玉工艺的地点，同时也是玉器的专业加工制作场所。

丹阳西沟居遗址

1988 年，南京博物院、镇江博物馆对位于丹阳导墅乡留干村的西沟居遗址进行试掘。试掘面积 52 平方米。发现灰坑 1 个、墓葬 1 座，出土遗物有陶器、石器、玉器等。该遗址位于宁镇地区与太湖地区的分野之处，时代为良渚文化时期，某些文化因素与宁镇地区新石器文化体系有着一定的内在联系，又表现出更多的从属于太湖流域新石器时代文化的倾向。

华山十亩山遗址

2006年，因窑场取土，镇江博物馆对位于镇江新区姚桥镇华山村十七队窑场北侧的十亩山遗址进行发掘，发掘面积120平方米。发现新石器时代的灰坑、灰沟，出土遗物主要为新石器至商周时期的石器、陶器，时代从崧泽晚期至良渚文化早期，一直延续到商周时期。

谏壁仲家村遗址

2012年，为配合中储粮项目建设，镇江博物馆对位于谏壁镇东北的仲家村遗址进行发掘。主要清理灰沟一条，出土物多为陶器。时代相当于马家浜文化中期偏早。

三、商周考古

1954年，南京博物院华东文物工作队对原丹徒县（现镇江新区大港街道）烟墩山宜侯墓的发掘，出土了西周早期青铜器宜侯夨簋和一批具有地方特色的青铜器，拉开了镇江地区商周考古的序幕。几十年来，镇江地区发掘了大量商周土墩墓及遗址，在商周考古方面取得了许多重要成果。

1. 土墩墓

土墩墓是商周时期江南地区独有的墓葬形式，主要分布于宁镇地区、皖南地区、浙皖交界区的新安江流域、太湖流域和宁绍平原地区。土墩墓多分布在海拔10～30米的黄土岗地上，常沿岗埠走向排列，地势高爽而又开阔。在宁镇地区，土墩墓以茅山山脉的坡麓地带为密集中心，向外扩散，数量递减。在茅山以东河网平原区，土墩墓分布在河网、水塘之间，也具有比较明显的集群性，但密度、数量不及茅山坡麓区。在镇江以东的丹徒大港街道、谏壁镇、丹徒镇沿江地带的低山丘陵上，分布着一些大型土墩墓，多沿山脊分布，每个土墩墓都占据山顶位置，面对长江，形势壮观。镇江作为土墩墓的主要分布地区，清理发掘的土墩墓数量多达几十座。

溧水柘塘蔡家山土墩墓

1972年，镇江市博物馆、溧水县文管会调查清理溧水县柘塘镇的蔡家山土墩墓，清理出墓葬4个，出土鼎、盘、罐、盆、豆等56件。

溧水乌山土墩墓

1975年5月，镇江市博物馆、溧水县文管会调查清理溧水县乌山公社秧田大队林业队西山的一座土墩墓，发现夹砂陶鬲、印纹硬陶坛、黑陶盘、黑陶罐4件残器，器物下有石块铺垫。7月，调查清理位于乌山公社徐母塘大队徐母塘村中心的山个头土墩墓，发现随葬品残存陶瓷器32件、器盖5件。

溧水乌山岗沿山土墩墓

1975年，镇江市博物馆、溧水县文化馆在溧水县乌山公社的岗沿山发掘清理一号、二号西周墓。出土鼎、提梁卣、盘、戈等青铜礼器和兵器，以及几何印纹陶坛和原始青瓷器。1976年，清理发掘乌山岗沿山土墩墓三号墩。1978年，又对四号墩进行发掘，发现墓葬2个，出土夹砂红陶、印纹硬陶、原始瓷等陶瓷器24件。时代约为西周前期。

金坛鳖墩

1975年，镇江市博物馆、金坛县文化馆对位于金坛县城东公社电力大队的鳖墩进行清理发掘，发现墓葬2个，出土陶瓷器72件、蚌壳5件、青铜块230块70余千克（盛放于一陶罐内）。

时代约为西周中晚期。

丹阳司徒青铜器窖藏

1976年，镇江市博物馆对丹阳县司徒公社砖瓦厂取土发现的青铜器窖藏进行清理，出土一批西周时期青铜礼器，计有鼎、簋、尊、盘、瓿等26件，其中的凤纹尊代表了江南青铜铸造的最高水平。

丹阳司徒大仙墩

1977年，镇江市博物馆对位于丹阳司徒公社距发现西周窖藏的地点东南约100米的大仙墩进行发掘。出土印纹硬陶坛和原始瓷等器物35件。时代约为西周前期。

丹徒谏壁粮山土墩墓

1979年3月，镇江市博物馆在丹徒县谏壁公社粮山清理发掘粮山土墩墓一号墓，出土鼎等青铜器和几何印纹陶罐。后经清理确认是一座东周时期的墓葬。同年，又清理粮山二号墓，墓葬凿石为坑，有殉人、殉马，出有青铜盂、工具、玉器及原始青瓷器等。时代约为春秋晚期。

溧水洪兰凤凰井土墩墓

1980年，镇江市博物馆、溧水县图书馆对位于溧水县洪兰公社胜利大队凤凰井村的土墩墓进行清理发掘。发现墓葬4个，出土文物58件，另外征集农民挖出保存的文物19件，其中夹砂红陶15件、印纹硬陶19件、泥质陶器21件、原始瓷器21件、青铜矛1件。时代约为春秋中期。

武进孟河战国墓

1980年，镇江市博物馆在武进县孟河镇南的徽州山清理战国墓1座。发现鼎、壶、勺、带勾、剑、弩机、盘等铜器，以及陶俑、玉璧等。时代为战国。

丹徒三山石家墩土墩墓

1981年，镇江市博物馆清理发掘位于丹徒县三山公社湖滨大队的石家墩土墩墓。出土原始瓷罐、豆18件。时代约为西周中晚期。

溧水和凤宽广墩

1981年2月，溧水县和凤公社黄家村生产队在村东宽广墩发现一批青铜器、印纹硬陶和原始青瓷器，镇江市博物馆、溧水县图书馆随后进行调查和征集。出土器物有青铜匜1件、印纹硬陶坛1件、原始青瓷7件。时代约为西周晚期至东周早期。

大港磨盘墩遗址春秋墓

1982年，南京博物院、丹徒县文管会在发掘位于镇江新区大港街道磨盘墩遗址的过程中，发现周代墓葬1座。出土青铜尊1件、匜1件、车马器甲乙两组，共计76件；几何印纹硬陶3件；原始瓷罐、豆、盘共计13件；海贝178枚。时代约为春秋早期。

大港母子墩

1982年，镇江市博物馆、丹徒县文管会对位于镇江新区大港街道乔麦山的母子墩土墩墓进行发掘清理。该墓时代约为西周早中期，出土随葬品数百件，主要有青铜礼器鼎、鬲、簋、尊、卣、壶等，青铜兵器矛、叉、镦、箭镞等，青铜车马器軎、辖、衔、镳及铜泡等。

大港祝赵双墩

1984年春，江苏省丹徒考古队对位于镇江新区大港街道西肖家村东边的大港沿江土墩墓群中的祝赵双墩土墩墓一号墓进行发掘。2007年4—9月，为配合科莱恩项目建设，镇江博物馆、南京博物院对双墩二号墓进行发掘。一号墩墓室发现长3.6米、宽1米的石床，石块形状不一，墓东向西；二号墩墓向南北向，呈凸字形，由墓道、墓室两部分组成，无石床。两座墓均遭盗扰，墓室内未见随葬品，在封土及盗洞中出土少量石器等器物。年代约为西周晚期到春秋时期。

谏壁北山顶春秋墓

1984 年，镇江博物馆、中山大学考古专业、丹徒文物管理委员会组织发掘位于丹徒县谏壁镇北山顶部的墓葬。墓坑平面呈刀形，南北两面各有祭祀土台，台上各有一殉人，并有少量随葬品。墓室被盗劫，残余大铜矛、黑陶鼎足、鼎盖、盆口沿等。墓道内随葬器物可分三层：上层为青铜盖弓帽、盖斗帽等；中层为一附葬人，随葬纺轮 2 件、黑陶盆 1 件、硬陶罐 1 件、灰陶壶 1 件；下层随葬最为丰富，有青铜礼器、乐器、兵器、车马器、工具等，计有鼎 3 件、缶 2 件、勺 1 件、编钟 12 件、编磬 12 件，以及车马器、矛、戈、戟、矢、斧、斤等计数百件，另有原始青瓷器和陶器，计有盆、罐等 8 件。时代约为春秋晚期。

谏壁王家山春秋墓

1985 年，因江苏省电力建设三处在丹徒县谏壁镇东南的王家山施工，镇江博物馆清理发掘了王家山春秋墓。墓室为长方形竖穴土坑，墓内东部为生土二层台，台以西为一方坑。二层台上发现有人牙及人骨。二层台上器物主要是青铜器；方坑内出土的器物主要为陶器。清理出土器物 80 件，征集器物 52 件。青铜器计 镈于、虎子、鉴、炉、勾镙、戈、矛、戟剑、镞、辖、锯、锛、凿、削等 102 件。时代约为春秋末期。

谏壁青龙山春秋墓

1987 年春夏，南京博物院、镇江博物馆、中山大学考古专业、丹徒文物管理委员会联合发掘位于丹徒县谏壁镇新竹村北的青龙山墓。墓葬竖穴墓室带斜坡墓道，墓穴凿岩而下。墓道口左右两侧各凹入形成一小二层台，上各有一殉人，为一男一女。该墓早年被盗，墓主尸骨支离破碎，身首不全，墓室中大量的礼乐器均遭毁劫。精致的鼎、盘等青铜器碎片及编磬残件散布于整个墓室内，墓底残留有青铜兵器剑、矛、戈及马衔、马镳等计 80 余件，还有一鸠杖首，墓室中有三匹马殉，并随葬有千余枚海贝。在墓道内，随葬有形制巨大的硬陶罐、灰陶盆。内装有牛、羊、鱼、鸟等禽兽之骨。另外在主墓东侧十余米处，有一小土墩墓，为石块垒成长方形墓室，随葬有青铜剑、戈、矛、斧。此当为一附葬墓，可能是墓主的近侍。时代约为春秋晚期。

丹阳青墩山土墩墓

1989 年，镇江博物馆对位于丹阳凤凰山遗址西南的青墩山土墩墓进行清理发掘。出土器物 10 余件，主要有泥质黑陶、印纹硬陶和原始瓷。时代约为西周后期。

荣炳南岗山土墩墓群

1990 年，南京博物院、镇江博物馆、丹徒县文教局对位于丹徒县荣炳乡茹墅大队西棚村北的南岗山土墩墓进行发掘。累计发掘土墩 14 个，出土器物有几何印纹硬陶、泥质陶和原始瓷等 118 件。时代约为春秋早、中期。

大港横山馒儿墩

1990 年秋，南京博物院、镇江博物馆、丹徒县文教局对位于大港镇东横山的馒儿墩土墩墓进行考古发掘。出土随葬品有原始瓷罐、豆、碗、盏、盂，以及印纹硬陶罐、泥质陶罐、陶纺轮、石磬等。年代约为西周晚期至春秋早期。

丹徒华山大笆斗、小笆斗土墩墓

1990 年秋，南京博物院、镇江博物馆、丹徒县文教局对镇江新区姚桥镇华山村北的大笆斗、小笆斗（位于大笆斗东南）土墩墓进行考古发掘。大笆斗以生土台为棺床，棺床四周分布有柱洞，应属建筑遗迹。大笆斗出土原始瓷、青铜器等随葬品。小笆斗出土原始瓷、陶器等随葬品。大笆斗年代约为西周前期偏晚，小笆斗年代约为西周后期偏早。

句容后白鹅毛岗土墩墓

2011年，为配合104国道改线，南京博物院、镇江博物馆、句容市博物馆发掘位于句容市后白镇曹村的鹅毛岗土墩墓一号和二号墩。二号墩内发现墓葬22座、器物群4处、坑2个、红烧土面多处。一号墩内发现墓葬5座、器物群5处及红烧土面2处，出土夹砂陶器、泥质陶器、硬陶器和原始瓷器共393件，另有孔雀石块1件。时代从西周晚期延续至春秋中期。鹅毛岗土墩墓位于土墩墓分布较为密集和最为典型的茅山以西地区，其发掘为江南土墩墓的研究提供了新的资料。

姚桥华山马脊墩

2013年，镇江博物馆对位于镇江新区姚桥华山村南部的马脊墩进行抢救性发掘。墓葬形制为长方形的土坑竖穴墓，墓坑周围有二层台，中心有长方形棺床，棺床上有木质棺板痕迹，出土器物共计98件，包括原始瓷、印纹硬陶、铜车器等。该墓葬年代约为西周晚期。

2. 台形遗址

宁镇地区台形遗址几乎全部分布在近水源处。丘陵地区大部分台形遗址坐落在河流干道或溪流的河漫滩上，有的遗址位于两条河流的交汇处，有的遗址利用原岗地的突出部分，人为挖断岗地形成独立的台形遗址。丹阳等地湖沼平地上的大部分遗址也处于近河流处，有少数遗址在其周围人工挖河，形成屏障。台形遗址有单个分布，也有彼此相望、成组分布的。

葛村癞鼋墩和文昌阁遗址

1956年，南京博物院、江苏省文管会结合苏南新石器时代遗址调查，对位于镇江新区丁岗镇葛村西侧的癞鼋墩遗址和葛村东、镇常公路南侧的文昌阁遗址进行试掘。癞鼋墩遗址试掘面积155平方米，出土石器、陶器、骨器等重要遗物135件。文昌阁遗址试掘面积78平方米，出土石器、陶器、骨器等较完整遗物11件，另发现鱼骨刺、龟甲及1件长30厘米的完整鹿角。

丁卯马迹山遗址

1980年，镇江市博物馆对位于丁卯戴家巷南镇江市冷库东侧的马迹山遗址进行发掘，发掘面积90平方米。该遗址遗存较为丰富，发现灰坑3个、红烧土块堆积和红烧土面等遗迹，出土斧、刀、犁、矛等石器140余件，修复完整的陶器68件。此外，该遗址还含有较多的岳石文化因素。年代约为商代晚期至西周初期。

高资赵家窑团山遗址

1987年，南京博物院、南京大学和镇江博物馆对位于丹徒高资的赵家窑团山遗址进行了科学发掘。出土鼎、鬲、罐、瓮、簋、盆、豆、钵，以及石矛、锛、戈、凿和青铜炼渣等丰富的文化遗物。赵家窑团山遗址的发掘第一次从考古地层学上证实湖熟文化和点将台文化的早晚关系，同时也是第一次以地层叠压为依据从考古类型学上证实湖熟文化的直接来源是点将台文化。团山遗址的发掘又一次证明在宁镇地区普遍存在着以点将台下文化层为代表的文化遗存，因而在团山遗址的报告中，第一次提出这类文化遗存似可命名为“点将台下层文化”。

大港乌龟墩遗址

1993年，因大港经济开发区建设，镇江博物馆对位于大港镇东的乌龟墩遗址进行抢救性发掘。此次发掘面积200平方米，发现灰坑6个。出土遗物有夹砂陶、泥质陶、硬陶和原始瓷等。该遗址是典型的湖熟文化遗址，年代约为西周晚期至春秋早期。

月湖乌龟山遗址

1998年11月至1999年2月，为配合镇江至大港一级公路建设，镇江博物馆对位于谏壁镇月湖村李严生产队东南的月湖乌龟山遗址进行抢救性发掘，发掘面积140平方米。发现红烧土面、灰坑、灰沟和柱洞等遗迹。出土遗物有夹砂陶、泥质陶和印纹硬陶，以及原始青瓷、石器、小件青铜器等。该遗址是一处比较典型的湖熟文化台形遗址。

郭庄东岗头遗址

2005年，为配合沪瑞国道主干线溧水至南京段公路建设，南京博物院、镇江博物馆、句容市博物馆发掘了位于句容市郭庄镇甲山行政村东岗头自然村的东岗头遗址。发掘面积约3000平方米。遗迹主要有属于新石器时代和西周时期的古河道2条，在古河道间残存的土墩墓1座，土筑遗迹及5座墓葬。出土的新石器时期的遗物有夹砂陶器、泥质陶器及石器等；西周至春秋时期的遗物有夹砂陶器、泥质陶器、硬陶器、原始瓷、石器、玉器和铜器。东岗头遗址为一处重要的古代聚落遗存，内涵丰富，包括新石器时代、西周、春秋、六朝至北宋时期。

官塘桥鬼山遗址

2007年，为配合京沪高铁建设，镇江博物馆对位于镇江市南郊官塘桥镇山头上村东北的鬼山遗址进行发掘。发掘面积457平方米。发现灰坑5个、壕沟1条及柱洞等遗迹。出土遗物中最多的是陶器，另有少量原始青瓷器、少量石器和铜器。时代约为春秋时期。

留村东神墩遗址

2010年，为配合万顷良田建设，镇江博物馆对位于镇江新区丁岗镇小留村东、大留村北的东神墩遗址进行发掘。发掘面积400平方米。发现灰坑8个、墓葬1座、房址11座、灰沟2条等遗迹。出土遗物主要为陶器，夹砂陶较多，泥质陶次之，另有少量硬陶器及原始瓷、少量铜器和石器。时代约从西周中期延续至春秋中期。

蜘蛛墩遗址

2010年，因万顷良田建设，镇江博物馆对蜘蛛墩遗址进行了抢救性发掘。蜘蛛墩遗址位于镇江新区丁岗镇留村庄房自然村东，东距太平河夜兴桥150米，西北距东神墩约300米。漫坡状，顶部高出地表2.5米，平面大致呈圆形，直径约50米。上有较多的现代坟墓和菜地。遗物尚可，但不甚丰富，采集到的标本有泥质灰黑陶器底、鼎足，几何印纹硬陶片等。

四、汉至六朝考古

中华人民共和国成立以来，在市郊丹徒镇及城外山冈发现众多汉代墓葬。20世纪70年代，在丹徒农机学院（今江苏大学）基建工地抢救发掘3座砖室汉墓。1975年10月，在句容葛村曾出土铸造有“大泉五百”“大泉当千”的古钱币及铸芯等遗物。1980年，在丹徒镇医院附近金家山发现一座西汉墓，出土“丹徒右尉”铜印一方。90年代在左湖村虎头山，清理发掘6座西汉土坑木椁墓。市郊花山湾、桃花坞、黄山园艺场桃树山、虎头山、镇江冷库工地、谏壁等地均有汉墓发现，部分为东吴时期的墓葬。六朝时期，镇江为一大都会，市郊及郊县等地六朝时期墓葬等遗迹分布广泛。中华人民共和国成立以来，清理发掘大量六朝时期墓葬。重要发现如下：

东晋刘尅墓

1962年12月，镇江市博物馆在市郊镇江砖瓦厂清理东晋砖室墓。出土青瓷碗、青瓷碟、三足砚、滑石猪等文物21件，并出有2方砖刻墓志。方砖正面刻“东海郡郯县都乡容丘里刘尅年廿九字彦成”18字，另一方砖正面刻“晋故升平元年十二月七日亡”12字。

修安陵

1965年，南京博物院发掘位于丹阳胡桥乡鹤仙坳的齐景帝修安陵。墓前有石辟邪、天禄各一。墓全长15米，宽6.2米，高4.5米。由排水沟、封门墙、甬道、墓室等组成，墓室全用花纹砖砌成。甬道内设石门二重，石门上浮雕人字拱。该墓早年被盗、破坏严重，遗物仅存陶、瓷、石、铁物等，均不完整。但墓壁上存有较完整的壁画，主要有“竹林七贤”“骑马乐队”“羽人戏虎”“骑马武士”“执戟侍卫”“执扇盖侍从”等。结合文献记载，该墓被认为是齐景帝萧道生修安陵。萧道生是齐高帝萧道成的次兄、齐明帝萧鸾的父亲，卒于刘宋时。他生前并未做过皇帝，齐明帝建武元年（494 年）追尊其为景皇帝，妃江氏为懿后，合葬陵寝曰修安。

焦湾六面印墓

1966 年 4 月，在丹徒县焦湾侯家店发现南朝墓 1 座。出土一道教六面铜印及青瓷鸡首壶、虎子、铜铎等文物。印为方形，正面文为“南帝三郎”，侧面文为“三五将君”“大一三府”“东治三师”“□□王氏”，顶面文为“民侨”。

东晋“徐司马”墓

1967 年 3 月，镇江市博物馆在市郊阳彭山清理发掘东晋砖室墓。出土铜刀、铜镜、青瓷碗、青瓷砚、滑石猪、金饰片等文物 13 件，另有“徐司马”刻文砖。

吴家村大墓

1968 年 8 月，南京博物院发掘丹阳胡桥乡吴家村大墓，为平面呈凸字形的砖室墓。全长 13.5 米，其中墓室长 8.2 米，宽 5.19 米，残高 5.1 米。墓室全用各种图案花纹与壁画装饰，壁画内容有“太阳与月亮”“竹林七贤及荣启期”“车马出行”“羽人戏龙和羽人戏虎”等。墓中出有石器、陶瓷器、铜器等物。该墓可能是齐宣帝萧承之永安陵或齐高帝萧道成泰安陵。

建山金王陈村大墓

1968 年 10 月，南京博物院发掘丹阳建山乡金王陈村大墓，为平面呈凸字形的砖室墓。墓全长 13.6 米，其中墓室长 8.4 米，宽 5.17 米，残高 5.3 米。墓室也以壁画装饰，题材与吴家村大墓基本相同，出土器物种类与吴家村墓相近。该墓可能是齐东昏侯萧宝卷墓或齐和帝萧宝融恭安陵。

句容晋元康五年墓

1971 年上半年，镇江市博物馆在句容县郭庄公社清理砖室墓。出土文物有青瓷罐、碗、双鱼铜洗、双耳铜鉴，另有“晋元康五年”“晋元康乙卯”两块文字砖。时代为西晋时期。

高淳东吴时期多室墓

1972 年，镇江市博物馆在高淳县化肥厂清理东吴时期砖砌多室墓。该墓由甬道、前室和二后室组成。出土文物有青瓷盘口壶、铜熨斗、铁剑、金顶针、银叉等 59 件。

市郊“隆安二年”画像砖墓

1972 年 3 月，镇江市博物馆在南郊池南山南麓畜牧场二七大队发掘东晋隆安二年（398 年）画像砖墓。出土玄武、青龙、白虎、朱雀等 10 种 54 幅画像砖。

丹阳大泊永元十三年画像砖墓

1973 年，镇江市博物馆、丹阳县文化馆清理丹阳城北大泊公社瓜渚大队宗头山发现了画像砖墓，出土有双鱼衔五铢钱纹砖、带“永元十三年五月丙午日钩”铭文铜带钩和四只青瓷壶等文物 45 件。

高资钱币窖藏

1973 年，镇江市博物馆清理位于丹徒县高资镇西南的高资钱币窖藏。窖藏距地表 0.5 米，铜钱放置在一灰陶瓮内，总重约 140 公斤。出土时，铜钱多数成串，大小混串，尚可见绳索贯串痕迹，瓮口未封。铜钱包含西汉至东晋时期所铸钱币，主要有西汉八铢“半两”、四铢“半两”、“五铢”钱，新莽“大泉五十”“货泉”“布泉”，三国“直百五铢”“五铢”“直百”“大泉当千”“定平一百”“太平百钱”，东晋时期后赵“丰货”、成蜀“汉兴”，另有数枚无字钱。

金坛白塔东吴“天玺元年”砖室墓

1973年3月，镇江市博物馆在金坛县白塔公社清理东吴“天玺元年”砖室墓。出土文物有青瓷香薰、堆塑楼台谷仓罐等7件，有“天玺元年”纪年砖两件。

高淳固城东汉画像砖墓

1974年12月，镇江市博物馆在高淳固城公社清理东汉画像砖墓。出土文物12件，有四系釉陶罐、陶井、陶跪俑、生肖俑等。画像内容有青龙、白虎、羽人戏虎、车马出行等。

金山园艺场铜器窖藏

1978年，镇江市博物馆发现位于镇江西南郊金山园艺场的金山铜器窖藏。出土熨斗、繷斗、铛、杯、盘、唾壶等13件铜器。出土时铜器堆放在一起，周围无其他遗物。这批铜器属于一组较为高级的生活用品，反映了南朝铜器手工业的较高水平。其中熨斗内有朱书“太清二年（548年）三月十六”等文字，可见系南朝萧梁遗物。窖藏年代当在6世纪中叶，可能与侯景之乱有关。

市郊东晋“兰陵太守”墓

1980年6月，镇江市博物馆在燕子山清理东晋墓1座。该墓为单室凸字形砖室墓，室长4.66米，宽1.64～1.84米，高1.96米；甬道长1.24米，宽0.94米，高1.36米。出土文物有青瓷唾壶、灰陶果盒、灰陶樽、陶凭几、铜龙首柄灯、铜熨斗等31件。另有石质“兰陵太守章”一枚。

谏壁刘庚之家族墓

1984年，镇江博物馆在镇江东南郊谏壁砖瓦厂发现一处东晋家族墓地。3座砖室墓排列有序，方向一致，规模最大一座砖室全长6.38米。其中2座为“凸”字形单室券顶墓，甬道偏于一侧，早年被盗。另一座为长方形单室券顶墓，保存完好。墓内出土青瓷器、陶器、铜铁器、金银器、滑石器等各类文物60余件。据出土墓志可知，一墓墓主为彭城吕县司吾令刘庚之，一墓墓主为彭城吕县刘硕之妻徐氏。刘庚之与刘硕之可能系“之”字辈兄弟，从刘庚之墓居中居右、刘硕之妻徐氏墓偏左排后的次序看，刘庚之当为长兄。

句容春城元嘉十六年墓

1984年3月，镇江博物馆对句容市春城镇袁相村黎甲组发现的墓葬进行清理。出土78件器物，其中青瓷鸡首壶、银胎漆盘、玻璃杯及两块草书砖共5件器物被定为国家一级文物。通过纪年文字砖推断该墓年代应为南朝宋元嘉十六年（439年）。该墓纪年明确，形制完整，出土文物较为丰富且质量上乘，对于研究六朝墓葬具有重要的价值。

七里甸泰和元年墓

1986年，镇江博物馆在七里甸金家湾小学发掘东晋砖室墓2座，其中一座出土“泰和元年（366年）”纪年砖买地券1块。

截至2013年，镇江市区还发掘了大量六朝墓葬（表7-1）。

表7-1 截至2013年镇江市区六朝墓葬考古一览表

时间	地点	发现	备注
1984年	谏壁砖瓦厂	东晋时期墓葬9座	谏壁砖瓦厂取土
2004年	丁卯桥路与谷阳路交汇处	六朝时期墓葬13座	江南世家项目建设

续表

时间	地点	发现	备注
2004 年	京口区新华村	东晋时期砖室墓 2 座	东城绿洲项目建设
2004 年	镇江新区姚桥镇华山村	六朝时期砖室墓 12 座	砖瓦厂取土
2006 年	京口区焦顶山	六朝时期砖室墓 6 座	京岘山路施工
2006 年	镇江新区银山	六朝时期砖室墓 2 座	银山公园建设
2006 年	润州区邓家檀山	六朝时期墓葬 12 座	魅力之城项目一期建设
2007 年	润州区南徐大道北	南朝砖室墓 1 座	南山华庭项目建设
2007 年	润州区原车管所	六朝时期砖室墓 5 座	冠城国际项目建设
2007 年	宝塔山东南坡	六朝时期墓葬 2 座	山体整治
2007 年	京口区大窑湾村	六朝时期墓葬 5 座	钻石铭苑项目建设
2008 年	京口区小窑湾村	六朝时期墓葬 13 座	永隆地产项目建设
2008 年	京口区马婆儿山、龙儿山	六朝时期墓葬 10 座	香江现代名城项目建设
2008 年	京口区袁家湾村	六朝时期墓葬 5 座	优山美地项目建设
2008 年	京口区方家湾	六朝时期砖室墓 7 座	中轩房地产项目建设
2008 年	润州区邓家檀山	六朝时期墓葬 2 座	魅力之城项目一期建设
2011 年	镇江新区北山	六朝时期墓葬 4 座	北山货场、北山公墓建设

五、唐宋至明考古

唐宋至明时期考古取得的发现较为丰富。1975 年 12 月，丹阳县全州公社十里牌大队在岸头村南新开挖全州河河道工地，发现元末红巾军大宋政权颁发的丹阳管军机构“管军万户府印”一方。其他重要发现如下：

市郊明御医钱一斋墓

1959 年 3 月，镇江市博物馆在南郊菊花山清理发掘 1 座明代墓葬。墓主钱一斋为明代御医。出土文物有黄花绸罩袍、木梳、锡烛台、铜镜、文徵明书墓志等计 14 件。

大路元代窖藏

1962 年 9 月，镇江新区大路镇照临大队队员在自留地种菜时发现一批窖藏元代瓷器，共计 26 件。其中有青花高足杯、影青高足杯、青釉菊花盘、影青瓷碗等。

延载元年唐墓

1964 年 2 月，镇江市博物馆在市郊阳彭山清理唐代延载元年（694 年）土坑墓 1 座。出土 1 件青瓷六系盘口壶，另有地券砖一合两块，盖刻有“丰乐乡伍松超” 楷书六字。

金坛洮西元代青花云龙罐窖藏

1966 年 4 月，金坛县洮西公社湖溪大队社员群众在修筑水渠时出土一只元代青花云龙罐，罐口盖一夹层大银碗，罐内藏有各种银器 50 余件。其中有夹层大碗、小碗、鎏金莲花盏、鎏金梅花盏、蟠螭盏、盘、梵文盘、凸花人物故事盘、条脱、镯、戒指、银锭、银条等。

溧阳城西明墓

1966 年 4 月，镇江市博物馆在溧阳县城西公社上阁楼大队清理明代墓葬 1 座。出土文物有四乳四神镜、金挂件、牡丹花金发针、圆形镂空凤凰牡丹花金帽饰、“天下太平” 小金钱等 29 件。

溧阳隋墓

1974年春，镇江市博物馆在溧阳县果园清理隋代墓葬1座。出土文物计7件，有陶俑、青瓷壶，另有铜钱18枚。

金坛南宋周瑀墓

1975年7月，镇江市博物馆在金坛县茅麓公社向阳大队清理发掘长方形券顶砖室墓宋墓1座。葬具为一棺一椁。棺为髹漆密封，内满棺酱色清水，古尸未腐，属湿尸。纺织服饰均浸泡水中，水有异香。据墓内太学生牒文记载，墓主为周瑀。出土文物计60件，有铜钱、铜碗、木梳、竹篦、雕漆“君玉”团扇；另有较为完整的丝织服饰34件，有示襆头、袜、鞋、袍、衫、裤、袄等。其中一件“矩纹纱交领单衫”，仅重126克。

溧阳北宋李彬夫妇墓

1978年2月，镇江市博物馆在溧阳县竹箦公社中梅大队清理发掘两座宋代砖室墓。根据墓志得知，一座的墓主是李彬，另一座是其夫人潘氏的墓。两墓出土文物有陶器9件，为瓜形罐、七宝炉、壁盏等；瓷器27件，为影青扣银葵口菊花盘、影青扣银葵口高足碗、青瓷盘等；神像、星宿、力士俑34件，以及亭、台、楼、阁、桥等明器9件。共计79件。另有菊花银盒、陶肩舆及舆夫、铜锣、抄手石砚、墓志等。

溧阳平桥宋代银器窖藏

1981年10月及1982年1月，镇江市博物馆在溧阳县平桥乡小平桥生产队荷花塘先后发现并清理两个宋代银器窖藏。窖藏银器分别用陶罐盛放。1981年清理一罐内为银盏、碟、盘、盆、瓶、盒等27件；1982年清理一罐内为银铤6件。银铤为束腰形，上有金银店铺及制作工匠的戳印，有两件银铤标重“贰拾伍两”。

丁卯桥唐代银器窖藏

1982年元旦，镇江市博物馆清理在市东郊丁卯桥附近工地上发现的窖藏。出土器物有瓮、龟背“论语玉烛”酒筹筒、酒令筹、盒、盆、托子、碟、盘、碗、杯、注子、瓶、熏炉、锅、箸、匕、勺、镯、钗等，共计950余件，重约55公斤。丁卯桥窖藏银器多为酒器和食具，器形有20余种之多。其中“论语玉烛”酒筹筒及酒令筹等是一套完整的唐代饮酒娱乐用具，在中国出土的唐代文物中尚属首次发现。

丹阳大泊沈固墓

1992年10—11月，为配合宁沪高速公路建设，南京博物院对丹阳市大泊镇高楼村沈家山的沈固墓进行抢救性清理。沈固曾任明代英宗皇帝天顺元年（1457年）至四年（1460年）的户部尚书。墓葬在“文革”时期遭毁。发现神道石刻4件。龟趺长2.05米、宽1.05米、高0.9米，总重约1.5吨。石虎一对，雌雄各一，底板长0.83米，宽0.43米，通高1.25米。石马一件，底板长1.42米，宽0.52米，通高1.64米。

丹阳大泊上彭家明万历浇浆墓

1993年4—5月，为配合宁沪高速公路建设，南京博物院对丹阳市大泊镇前进上彭家村的明代合葬浇浆墓进行抢救性发掘。墓室有两个，呈东西并列南北向，略有错落，为先后两次浇筑。出土遗物6件，在西侧墓室外的南端发现竖立并用铁条扣合在一起的墓志和盖。志盖刻篆书“明故贺母邹孺人之墓”，由“内阁中书舍人姚江谢用枢篆盖”。墓志由“武英殿中书舍人毘陵毛中顺书丹”。

明乡进士姜志鲁墓

1997 年，镇江博物馆对位于润州区檀山路西侧镇江车管所地块的“姜志鲁墓”进行清理发掘。出土茅山道观印制的明万历四十八年（1620 年）纸质“冥途通关路引”及明代丝绸服饰。

左湖南宋岳超墓

2002 年，镇江博物馆在丹徒镇左湖村一组石臬山清理发掘宋墓 1 座。墓室 3 间，四壁以整块长方形石板竖砌造，墓顶以重达 1～2 吨厚石板平盖，石块之间用燕尾铁钯连接。出土陶瓶、石球、铜镜、墓志等文物 28 件。据墓志，墓主为岳超与其两位夫人。岳超为韩世忠之部将。

丁卯汤家湾王楚桥墓

2011 年 4 月，镇江博物馆对镇江新区丁卯街道张许村的汤家湾明代浇浆墓进行清理发掘。墓葬椁室壁用木板贴壁，绘有图案。木棺保存完好，盖书“明恩例寿官八十翁楚桥王公柩”。

六、城市考古

镇江城市历史悠久，中华人民共和国成立前就常在城市建设时发现文物。1915 年夏，镇江创筑马路，在大市口开路心石，得北宋崇宁四年（1105 年）刻文砖一、崇宁钱二。刻文砖记洪寿、徐琉募众缘，重新砌换大市心石，并砌南街。1931 年，在大市口建造中山纪念塔，出土宋初淳化三年（992 年）两方碑刻《朱方新砌十字市街》和《润州砌大市砖街》。中华人民共和国成立以来，镇江城市考古取得大量成果，基本摸清了历代城垣规模、布局等情况，证明了镇江“因山为城、缘江为境”的建城特点；对津渡关梁等遗迹的发现，也验证了镇江深厚的津渡文化和漕运咽喉的城市地位。重要发现如下：

1. 历代城垣

铁瓮城

铁瓮城位于北固山前峰，“自晋以降，郡治皆据其上”，清末以后，逐渐湮没。1991 年以来，文物部门共对铁瓮城遗址进行多次考古勘探、发掘，取得重大成果。

1991 年经国家文物局批准，镇江博物馆与南京大学历史学系考古专业联合对铁瓮城进行考古发掘，在烈士路北侧 100 米土岗上发现铁瓮城西垣，发现六朝夯土及包砖墙基。1992 年在烈士陵园西北侧发现铁瓮城北垣，发现包砖墙基。1994 年、1996 年分别在青云路北端鼓楼岗顶部南侧和塑料二厂内发现铁瓮城南垣，发现包砖墙结构。1995 年在市烈士陵园发现晋唐甬道遗迹。1996 年在鼓楼新村东侧土岗豁口处发现铁瓮城东垣。2004 年在鼓楼岗南侧塑料二厂原厂房基址，发现六朝城门的西侧门墩门道的南部及与之相连的城垣等遗迹。

唐夹城

唐大和中，“浙江西道观察使王璠筑东西夹城共长十二里有奇”“高三丈一尺”。

1998 年，在市区城隍庙街西、文昌宫巷南侧一建筑工地，考古发现唐代东夹城西垣夯土及包砖墙遗迹，城垣呈南北走向，大致与城隍庙街平行。2003 年，在中山东路与城隍庙街相交处一建筑工地上，考古发现清风门遗迹。其中，瓮城城垣，南北向，在夯土内外两侧皆砌有包砖墙，城垣宽约 10 米，包砖墙宽近 1 米。同时发现主城门墩台砖墙一角及门内道路等遗迹。2005 年，在修筑万古一人路的工地内考古发现西夹城南垣夯土及包砖墙遗迹。在今第一楼街与万古一人路相交之西南角，考古探查发现唐代门墩夯土遗迹，推知此处即千秋门位置。2014 年，在乌凤岭一线发现东夹城南垣遗迹，东西走向，而今东门坡南段至高处即是朱方门所在。

唐宋罗城

唐“乾符中，周宝为镇海节度使，筑罗城二十余里”。宋嘉定八年（1215 年），郡守史弥坚进行大规模整饬。

1984 年 5 月，在花山湾进行考古调查时，发现夯土及砖砌护墙遗迹，并进行钻探和试掘，出土“晋陵罗城”等文字砖，确定为晋陵罗城。1991 年春，又开始对城址进行全面的勘探和发掘，基本搞清了古城东垣、北垣、南垣的范围，夯土城墙残存的厚度，以及东垣和南垣外的护城河，并对东垣进行了解剖。2010 年，为配合古城公园建设，再次进行勘探和发掘，在东城垣发现城门遗迹，推断为唐代罗城“新开门”。

截至 2013 年，镇江唐宋罗城经历了多次考古发掘（表 7-2）。

表 7-2　截至 2013 年镇江唐宋罗城考古发现一览表

时间	地点	考古发现结论
1985 年	花山湾东段	夯土、包砖墙
1991 年	原镇江一中校园西南角	筑城遗留下来的夯土城墙，但也不排除大型建筑址的可能，夯土的始筑年代也应为南宋
1991 年	花山湾东段	夯土、包砖墙
1993 年	阳彭山顶	宋代罗城夯土遗迹
1996 年	气象台山	宋代罗城夯土遗迹
1996 年	铁瓮城东垣顶部	宋代罗城夯土
1998 年	虎头山	唐代城垣夯土
1999 年	东岳巷	唐宋罗城夯土
2003 年	北固山龙埂东侧	宋代罗城夯土遗迹
2007 年	原钛白粉厂南（会莲庵街）	唐代夯土（堤岸）
2009 年	马家山段	唐宋罗城西垣夯土、包砖墙
2010 年	虎头山	唐代罗城夯土
2010 年	花山湾古城墙东段	门道、门槽、包砖墙。城门始筑于唐晚期，宋代加筑，南宋废弃
2012 年	岗子下	唐代城垣夯土、包砖墙
2013 年	山巷路东侧	罗城西北城垣及西南转角和还京门遗址

明清府城

镇江府城“明初元帅耿再成守润因遗址重建，指挥宋礼奉敕甃以砖石”。万历十二年（1584 年）因防倭寇，“知府吴谦于府后附城筑垣，与城齐，以卫府治。二十一年（1593 年）周回城垣复加高三尺，迤北附垣，增建虚台与北固山相对”。清代又累有修筑。

1994 年，在胜利路侨源工地考古发现明代府城西垣遗迹。同年，又在中山桥新世纪大厦清理明代府城西垣剖面。1997 年，在京河路工业设计院工地考古发现明代府城南垣夯土及包石墙残迹。1999 年，在标准件厂内考古发现明代府城北垣遗迹。1998 年 12 月，发现定波门瓮城遗址，揭露出的遗迹包括瓮城石垣、垣外平台、护城河、砖石拱桥及内城垣等。2010 年，在梦溪书城项目工地内发现明代府城东垣遗迹。镇江府城为砖石结构，下石上砖。下部石垣一般都有 4～5 米高，5～6 米宽，石材有的是在周边山上采凿，有的是将城区原有的一些建筑石件、居民石物、石像、石碑等取来使用。

太平天国新城

清咸丰三年（1853 年）二月，太平军占领镇江，镇江守将殿左五检点罗大纲奉命建造一座新城，“自西门桥口起，沿运河至江口，由江口至北固山，又自北固第一峰沿龙埂至十三门城下止，计三面，共长一千一百七十九丈九尺九寸，计六里有二百步”。

2003年，在东吴路拓宽工地考古发现太平天国新城中埂门及城垣遗迹，其中，残存北侧门墩砖石包墙东壁剖面，宽约1米，残高约2米。另外发现沿着龙埂东侧的石垣遗迹，块石叠砌，宽约1米，残高2~3米。2010年，在运河边黄花亭古街中，曾发现太平天国新城石垣遗迹，南北向，残高约1米。2011年，在小营盘揭示出太平天国新城沿江转向南至运河口的一段。东西向长25米，残高4.5米；南北向长14.2米，残高1.1米。城墙结构为夹墙式，两侧用石块横竖交错叠砌，其间填以小块石和砖块。

2. 城市设施

唐代木构下水道

1985年，在市区中山路拓宽工地发现唐代木构下水道遗迹。1992年，在解放北路工地发现唐代木构下水道遗迹。1994年，在千秋桥街工商银行工地发现唐代木构下水道遗迹。

堰堤闸桥等

1993年，在解放北路拓宽工程的四牌楼段发现宋代堰堤遗迹。1998年，在南水桥排污截流工地考古发现南水关石闸遗迹。1999年，在北水关江奎住宅工地考古发现北水关遗迹。1998年，正东路拓宽扩建时，发现宋代范公桥遗迹。1999年，在五条街振华工地考古发现宋代嘉定桥东段遗迹。

3. 其他

宋代泥塑作坊

1980年，在城区骆驼岭下发现宋代泥塑作坊遗迹，出土5个完整的嬉戏捏像泥孩儿，为宋代考古首见。

木船及造船工场

1994年7月，在市区中山东路与南门大街交叉口西南角的食品大厦工地，发现古代木船遗迹，推断为六朝时期的造船工场。1号船与2号船均为独木结构，由整木剜空制造。1号船长约7米，2号船残长约5米。

1994年10月，在市区千秋桥街口该工地发现唐代木船一艘，长约6.75米，宽6.4米，系独木剜成。

宋代古井

1994年，在大市口国际饭店工地发现一口宋代砖砌古井，深逾10米。出土文物500余件，其中井底壁龛内出有两尊井神坐像。

元代作坊遗迹

1995年，在市区吴家门附近发现元代建筑遗迹，推测很可能是一处“前店后坊”的染坊手工业遗存。

七、配合重大基本建设考古

配合金东“135”工程建设考古

1997年5—11月，为配合大港金东“135”工程（年产135万吨高档文化用纸的金东纸业）建设，镇江博物馆对该项目约8000亩用地进行考古。共勘探面积50000平方米，发掘西周至明清墓葬100多座，出土文物近千件。位于大港开发区上聂家村东条形山丘西端的馒儿墩土墩墓出土有原始瓷豆、碗、罐、残存石器等随葬品共计9件。年代约为春秋中晚期。位于馒儿墩东端的金山土墩墓，出土有原始瓷盅式碗、几何印纹硬陶等随葬品共计8件。年代约为春秋中晚期。28

座汉代家族墓群出土文物500余件。17座六朝墓出土200多件青瓷器。14座宋墓出土许多韩瓶和铜镜，并出土一坛宋代古酒。

配合宁常公路建设考古

2005年，为配合宁常公路建设，南京博物院考古研究所、镇江博物馆、常州市博物馆联合发掘江苏句容及金坛市40多座周代土墩墓（包括句容寨花头、薛埠晒土场、上水、茅东林场、石家山林场、东进、徐家沟、裕巷、东边山等地点），其中位于句容境内的有18座。

配合京沪高铁建设考古

2008—2009年，为配合京沪高铁建设，南京博物院、镇江博物馆发掘丹徒辛丰薛家村大墩、边墩。大墩内墓葬2座。其中M1出土的随葬品有原始瓷器、印纹硬陶等，另有绿松石饰件、水晶挂链、骨箭镞等，出土海贝2000多枚；墓道一侧坑壁发现横排木棍的痕迹，墓室南北两侧发现大致呈对称的圆形木桩痕迹、木棺痕迹及漆皮遗迹；木棺区域填土中自上而下放置大小石块427块，是江南土墩墓中首次发现类似防盗措施的例证。边墩内发现墓葬1座，无随葬品和骨骼痕迹。时代约为西周晚期至春秋早期。南京博物院发掘句容下蜀中心山土墩墓，发现器物群1处、墓葬1座、房址1座，出土随葬品有夹砂陶鼎、泥质陶坛、泥质陶罐、陶钵、陶瓿、陶盆、原始瓷碗等。时代为春秋早期。

第四节　文物保护、修缮与利用

为加强文物保护，镇江市人民政府先后公布八批市级文物保护单位，并划定公布相应的保护区划。各级文物主管部门指导文物保护管理使用单位多方筹措资金，先后实施维修工程上百项（次）。同时，文物主管部门加强指导作用，利用文物保护单位辟建各类纪念馆、陈列馆。自1957年起，市文管会就与金山寺等管理使用单位签订江苏省文物保护单位保护合同书。之后，此项工作基本能正常开展。1995年，镇江市文管会与58家文物保护单位的使用单位签订《镇江市文物保护单位保护合同》。此后全市各级文物部门基本按照两年一次，与文物保护单位的管理使用单位签订《文物保护单位保护责任书》。

一、文物保护法制建设

镇江是国家历史文化名城，地下、地面文物资源十分丰富。为加强保护，镇江市结合实际情况制定出台了一些地方性规定，使文物保护不断走上法制化轨道。

1989年7月，镇江市九届人大常委会第十一次会议通过《镇江市历史文化名城保护规划》。1993年7月28日，镇江市人民政府第10号令颁布《镇江市文物保护办法》，该办法突出三点：一是在大型基建确定之前，规划、建设要征求文物部门的意见；二是大型基建之前要进行考古勘探；三是文物保护经费应逐年递增。1995年，镇江市文化局、镇江市建委联合下发《关于加强城市建设中文物勘探、考古工作的通知》。1997年，镇江市文化局、镇江市规划局联合下发《关于加强城市规划中文物勘探、考古工作的通知》。1998年5月13日，镇江市人民政府颁布《镇江市文物保护单位使用修缮管理暂行规定》，2012年11月修订后重新颁布。1999年12月3日，镇江市人民政府颁布《镇江市文物监管品市场管理暂行办法》。2000年4月7日，镇江市人民政府下发《关于加强文物保护工作若干问题的意见》。1998年8月20日，镇江市文化局印发《镇江市民间博物馆登记管理办法（试行）》。2013年，镇江市人民政府颁布的《镇江市文化遗产保护管理办法》，被评为“2013年江苏省文物法治实践十佳案例”。

镇江市文物部门结合实际，不断完善管理制度。2012年以来，镇江市文广新（文物）局先后制定《镇江市文物保护巡查工作制度》《镇江市文物安全突发事件应急预案》《镇江市文物保护工程施工图审核制度》《镇江市文物安全综合评估制度》《镇江市业余文保员管理办法》《镇江市文物安全综合管理联席会议制度》《镇江市文物行政执法责任制规定》《镇江市文物古建筑修缮工程准则》等。

地方各级政府及文物部门，针对保护工作制定出台了一些办法、意见，促进了文物工作的法制化发展。

2006 年 4 月 22 日，丹阳市人民政府印发《丹阳市文物保护办法》。

2012 年 4 月 16 日，镇江新区管委会办公室印发《关于进一步加强文物保护工作意见》，并附村（社区）文物保护日常巡查责任书和文物保护巡查记录表样本。2013 年 4 月 8 日，镇江新区社会发展局和镇江新区城乡建设局联合印发《关于进一步加强文物及古旧建筑构件等保护的通知》，并附新区 2013 年度拆迁范围内的文物保护单位及第三次全国文物普查名录。2013 年 8 月 19 日，镇江新区管委会召开文物保护工作会议。

二、文物保护单位的公布

1. 市（县）级文物保护单位的公布

自 1982 年公布第一批市级文物保护单位以来，截至 2014 年，镇江市先后公布八批市级文物保护单位（表 7-3），丹徒县公布两批文物保护单位，丹阳市公布六批文物保护单位，句容市公布三批文物保护单位，扬中县公布一批文物保护对象（表 7-4）。期间，亦有根据保护需要零星公布的情况。

表 7-3　镇江市级文物保护单位的公布情况一览表

批次	数量	公布时间	备注
第一批	观音洞一条街等 29 处	1982 年 5 月 17 日	同文一并明确焦山抗英炮台遗址、赵伯先墓等 8 处省级文物保护单位的保护范围
	梦溪园 1 处	1985 年 11 月 21 日	确定
	中山纪念林塔 1 处	1986 年 11 月 7 日	
第二批	王宗培烈士墓等 15 处	1987 年 7 月 3 日	
第三批	冷御秋故居等 9 处	1992 年 4 月 27 日	
第四批	原镇江“五三”图书馆等 11 处	1993 年 6 月 30 日	同文公布原镇江商会办公处等 20 处为文物控制单位，附可以易地保护的古迹 5 处
第五批	前隍村新四军一支队驻地旧址等 18 处	1999 年 12 月 22 日	同文公布原中国人民银行镇江分行旧址等 8 处为市级文物控制单位
第六批	镇江商会等 15 处	2004 年 6 月 30 日	同文公布张鹏故居等 9 处为市级文物控制单位
第七批	镇江蚕种场旧址等 28 处	2007 年 8 月 26 日	
第八批	京口闸遗址等 23 处	2014 年 9 月 5 日	

表 7-4　全市县级文物保护单位的公布情况一览表

县（市）	批次	数量	公布时间	备注
丹徒	第一批	报恩塔等 4 处	1986 年 3 月 13 日	
	第二批	李竟成故居等 3 处	1988 年 10 月 12 日	同文公布保护人及保护范围
丹阳	第一批	唐代陀罗尼经石幢等 17 处	1985 年 8 月 2 日	
	第二批	麦溪凤凰山遗址等 15 处	1991 年 7 月 31 日	
	第三批	新丰车站战斗旧址等 30 处	1999 年 12 月 2 日	
	第四批	枕头山遗址等 13 处	2003 年 8 月 13 日	附保护范围和建设控制地带
	第五批	葛城古城遗址等 23 处	2007 年 12 月 19 日	
	第六批	庵墩遗址等 12 处	2014 年 10 月 13 日	
句容	第一批	华阳书院等 2 处	1996 年 7 月 12 日	
	第二批	新四军修械所遗迹等 9 处	2008 年 3 月 5 日	
	第三批	白蟒台遗址等 14 处	2011 年 1 月 14 日	
扬中		培根师范旧址等 8 处	1985 年 8 月 14 日	县级文物保护对象

2. 省级文物保护单位的公布

1956 年 10 月，江苏省人民委员会印发《关于印发全省第一批文物保护单位名单，希当地予以保护的通知》，其中镇江市 3 处、丹徒县 4 处、句容县 2 处、丹阳县 13 处（表 7－5）。文件在江苏省文物保护单位目录第一批说明第 2、3、4 条中明确：凡列在一等的都是全国性的“文物保护单位”，必须坚决地予以保护，在国务院未公布保护前，暂由江苏省人民委员会管理，责成所在地人民委员会加以保护，任何机构不得占有和使用它。凡列为二等的，都是有关本省重要的“文物保护单位”，应由所在地人民委员会予以保护，如有机构使用它，必须事先征得各级文化部门同意，并经省人民委员会批准，使用单位不得任意加以改造。凡列在三、四等的都是有关当地（市、县、区、乡、村）的或属于一般性的“文物保护单位”，应由所在地人民委员会负责保护，如有机构加以使用或者拆除改建的必须得到各级人民委员会批准，并报省备案。

表 7-5　江苏省文物保护单位目录第一批镇江部分一览表

古文化遗址类					
名称	时代	范围	所在地点	等级	备注
大港	新石器时代	以大港区葛留乡为中心的四周地区	东近新闸、南至新丰、西至丹徒、北至长江边之内的土墩（如癞鼋墩、蜘蛛墩、锣鼓山等）		范围内所记各处已试掘过
古墓葬群类					
烟墩山	西周	大港区	大港区	1	

古墓葬类				
古墓名称	时代	所在地点	等级	备注
宗泽墓	南宋	东门外京岘山	1	抗金名将，中华人民共和国成立后已由政府拨款兴修
陈东墓	南宋	丹阳县东北桐村	1	抗金，反汉奸民族英雄

续表

六朝陵墓石刻类

名称	所在地点	现在状况	等级
梁南康王萧绩墓，石兽二，神道石柱二	句容县三岔区石狮乡石狮圩村	石兽一完整（东）一残缺（西），石柱稍有缺损	1
齐宣帝萧承之永安陵，石兽二	丹阳县经山区胡家桥狮子湾	一完整，一破损	1
齐高帝萧道成泰安陵，石兽二	丹阳县经山区双墩乡赵家村附近	均残毁	1
齐武帝萧赜景安陵，石兽二	丹阳县经山区前艾乡前艾庙附近	一残毁，一残坏倒地	1
齐景帝萧道生修安陵，石兽二	丹阳县经山区双墩乡仙塘附近	均完整	1
齐明帝鸾兴安陵，石兽二	丹阳县三城乡刘家庄附近	均破损	1
梁文帝萧顺之建陵，石兽二，神柱二，石龟趺二	在兴安陵之北	石兽均已倒坏，石柱均缺损，柱额已于1909年移到丹阳公园中，龟趺左完整，右残缺	1
梁武帝萧衍修陵，石兽一	在建陵之北	完整，唯有倾斜现象	1
梁简文帝萧纲庄陵，石兽一	在修陵之北，与上三陵相离不近	已倒坏	1
陵口石兽二	丹阳县陵口区陵口镇寺桥附近	均已损坏倒地	1
南朝失考墓，石兽二	丹阳县经山区水经山东北，墓在前水经山和后水经山之间	均完整	1
同上	丹阳县经山区水经山东南，与前墓接近	均残缺	

古建筑类

名称	时代	所在地点	等级	备注
隆昌寺铜殿、无梁殿（左右各一）	明万历三十三年（1605年）建	龙潭附近宝华山	3	铜殿现仅殿的观音像后壁上犹嵌铜一万。铜殿的两侧，左边是文殊无梁殿，右边是普贤无梁殿，形制大小相同。殿重檐歇山顶，瓦顶楼阁式，面阔三间，进深二间，平面长方形，外形仿木结构，式样及细部雕刻精美。现除窗券有裂缝外，其他皆完好。

艺术建筑类

名称	时代	范围	所在地点	等级	备注
甘露寺铁塔	宋元丰年间（1078—1085）重建		镇江市甘露寺	2	铁塔平面作八角形，原七级，现仅存三级。下为须弥座。塔基镌莲瓣云水花纹。上二层亦八角形，每层有四门，上铸有佛、菩萨像

续表

名称	时代	范围	所在地点	等级	备注
瘗鹤铭	南朝		镇江市焦山华严阁后石壁上	1	相传为陶弘景书，在书法上有极高的地位，是全国著名石刻之一
禹迹图	南宋绍兴十二年（1142 年）		镇江师范学校	1	中国现存最古的地图之一（比阜昌所刻的奇迹《华夷图》只晚五年）
魏法师碑	唐仪凤二年（667 年）		丹徒大港华阳观	2	胡楚宾撰、张德言书
古铜钟	唐中和三年（883 年）铸造	钟与亭	丹阳卫生院内	2	钟铜质、色绿，高 1.95 公尺，厚 0.11 公尺，口径 1.41 公尺，重约 5500 斤

1957 年 8 月，江苏省人民委员会公布江苏省第二批文物保护单位名单，其中镇江市 12 处、丹阳 1 处、丹徒 1 处（表 7-6）。

表 7-6　江苏省文物保护单位目录第二批镇江部分一览表

古墓葬类					
名称	时代	范围	所在地点	等级	备注
贺家坡古墓葬群	明	丹阳县贺家坡	贺家坡	2	地上还有明代石刻建筑，亦应在保护之内。
刘贾墓	西汉		鼓楼内荆王庙后	2	汉高祖从兄封荆王
太史慈墓	三国		北固山中峰下	3	孙权武将
米元章墓	北宋		鹤林寺前	2	宋代著名书画家
艺术建筑类					
名称	时代	范围	所在地点	等级	备注
焦山摩崖题名石刻	唐至清	全部	焦山山岩石壁上	2	其中著名的石刻有米芾“观山樵书”（1091 年）、陆游“踏雪观山”樵书（1164 年）等
鹤林寺古墨林石刻	宋至清	全部	南门外鹤林寺	3	其中有米芾“城市山林”石刻等
佛顶尊胜陀罗尼经幢	北宋元祐九年（1094 年）		金山江天禅寺内	3	顶座二石是近代修配的
吴琚书“天下第一江山”石刻	清康熙四年摹刻（1665 年）		甘露寺内	4	
周伯琦书“招隐寺记”碑	元至正十年（1350 年）		招隐寺内	4	
凰石图赞（碑）	南宋乾道八年（1172 年）		镇江师范学校礼堂西墙上	3	

续表

艺术建筑类					
名称	时代	范围	所在地点	等级	备注
镇江路儒学复田记（碑）	元延祐四年（1317年）		镇江师范学校礼堂东墙上	4	
镇江路学丁亥纪实（碑）	元至正七年（1347年）		镇江师范学校礼堂东墙上	4	
使府蠲枚大港镇税照帖石刻	南宋宝祐四年（1256年）		大港东岳庙（现为县立中学内）	4	
革命纪念物类					
名称	时代	范围	所在地点	等级	备注
赵伯先墓	近代		竹林寺	1	辛亥革命烈士

1982年3月，江苏省人民政府《关于重新公布江苏省文物保护单位的通知》，对江苏省第一、二批文物保护单位进行调整公布（表7-7），并公布第三批省级文物保护单位（表7-8）。

表7-7　江苏省第一、二批文物保护单位调整名单镇江部分一览表

近现代历史遗迹及革命纪念建筑物				
编号	分类号	名称	时代	备注
7	7	赵伯先墓	1912年	
古建筑及历史纪念建筑物				
25	10	铁塔	北宋元丰元年（1078年）	
43	28	隆昌寺无梁殿、铜殿	明万历三十三年（1605年）	
石刻及其他				
54	5	齐宣帝萧承之永安陵石刻	南朝（447年）	
55	6	齐武帝萧赜景安陵石刻	南朝（493年）	
56	7	齐景帝萧道生修安陵石刻	南朝（494年）	
57	8	齐明帝萧鸾兴安陵石刻	南朝（498年）	
58	9	梁文帝萧顺之建陵石刻	南朝（502年）	
64	15	梁南康简王萧绩墓石刻	南朝（529年）	
67	18	梁武帝萧衍修陵石刻	南朝（549年）	
68	19	梁简文帝萧纲庄陵石刻	南朝（551年）	
71	22	陵口陵墓石刻	南朝	
72	23	水经山村陵墓石刻	南朝	
73	24	焦山摩崖题记及石刻	六朝至唐宋	
76	27	铜钟唐中和三年（883年）	丹阳文化馆内	
古墓葬				
100	9	宗泽墓	南宋	

表 7-8　江苏省第三批文物保护单位名单镇江部分一览表

编号	分类号	名称	时代	备注
近现代历史遗迹及革命纪念建筑物				
129	1	焦山炮台遗址	清道光二十年（1840 年）	
130	2	圌山炮台遗址	清道光二十年（1840 年）	
140	12	镇江英国领事馆旧址	1890 年	
150	22	“五卅”演讲厅	1925 年	
153	25	新四军四县联合抗日会议会址	1938 年	
古建筑及历史纪念建筑物				
190	15	昭关石塔	元建，明万历十年（1582 年）重建	
石刻及其他				
236	2	金家村陵墓石刻	南朝	
241	7	延陵季子碑	唐大历十四年（779 年）重刻	
古遗址				
262	3	断山墩遗址	新石器时代	

1995 年，五柳堂、总前委三野司令部驻地旧址、张家祠堂正厅被公布为第四批江苏省文物保护单位。

2000 年 10 月，江苏省人民政府增补镇江古城墙遗址（三国铁瓮城遗址、东晋花山湾古城墙遗址）为第四批省级文物保护单位。

2002 年 10 月 22 日，赛珍珠旧居等 3 处被公布为第五批省级文物保护单位。

2006 年 6 月 5 日，烟墩山墓地等 5 处被公布为第六批省级文物保护单位。

2011 年 12 月 19 日，莲花洞遗址等 25 处被公布为第七批省级文物保护单位。

3. 全国重点文物保护单位的公布

1988 年 1 月 13 日，丹阳南朝陵墓石刻、焦山碑林被公布为第三批全国重点文物保护单位。

1996 年 11 月 20 日，镇江英国领事馆旧址被公布为第四批全国重点文物保护单位。同时将句容梁南康简王萧绩墓石刻归入丹阳南朝陵墓石刻。

2006 年 5 月 25 日，昭关石塔被公布为第六批全国重点文物保护单位；京杭大运河被公布为全国重点文物保护单位，镇江段列入范围。

2013 年 3 月 5 日，铁瓮城遗址等 8 处被公布为第七批全国重点文物保护单位。大运河与第六批全国重点文物保护单位京杭大运河合并称为大运河。

三、划定公布保护区划

为保护文物及文物生存环境，根据法律法规的规定，依法划定文物的保护范围及建设控制地带。

1992 年 9 月 28 日，镇江市人民政府公布甘露寺铁塔等 57 处文物保护单位的绝对保护区和环境保护区范围。1999 年 12 月 22 日，镇江市人民政府公布第三、四批市级文物保护单位 13 处的保护范围。2004 年 4 月，镇江市人民政府公布第五批市级文物保护单位大港沿江土墩墓群（魏家墩）等 8 处的保护范围。2012 年 10 月 24 日，镇江市人民政府公布第五至七批市级文物保护单位镇江近代江防工事遗址等25处的保护范围及建设控制地带。

1996年4月6日，江苏省政府办公厅公布江苏省第一、二、三批全国重点和省级文物保护单位保护范围及建设控制地带，镇江市赵伯先墓等25个点在其中。2012年8月27日，江苏省政府办公厅公布第四至六批省级以上文物保护单位保护范围和建设控制地带，镇江市镇江古城墙遗址等16处在其中。

四、设立保护标识

根据文物保护法律法规的要求，各级文物主管部门及时设立文物保护标志标识，主要有两种：一种是文物保护标志碑，一种是文物保护范围界桩。根据文物保护单位的实际情况，早期保护标识有些镶嵌在墙体中，内容有名称、时代、公布时间、设立单位及时间，内容为专人毛笔书写后刻石。后期，按照文物保护标志碑规范，一般为立式石碑。材料大多为青白石，大小尺寸按照市（县）级、省级、国家级，逐渐变大，正面为名称、时代、公布时间、设立单位及时间，背面为简介。2010年，镇江市文物局对公布的京口、润州两区范围内第三次全国文物普查新发现建筑类不可移动文物实行挂牌保护，名称为“镇江市优秀历史建筑”，计挂不锈钢牌204块。镇江新区、丹阳市也实施挂牌保护。2013年，镇江市文物局为田野墓葬遗址类文物保护单位设立文物保护范围界桩110根。句容市对土墩墓及遗址埋设标志桩76根。

五、文物维修

镇江古迹众多，中华人民共和国成立前，各界也曾募资对少数古迹进行整修。1932年4月，吴玉书、朱谨如、谈佩言发起募款重修位于北固山下的太史慈墓。1934年1月，由省教育厅发起的集资修建宗泽墓工程动工。1935年7月，由省教育厅筹款重修位于府学内日精山的光风霁月亭。中华人民共和国成立以来，随着文物工作的不断加强，各级文物主管部门、管理使用单位共同筹集资金，实施大量维修及环境整治等工程项目。张云鹏故居和昭关石塔（含观音洞、救生会）分别获2000年和2001年“联合国教科文组织亚太地区文化遗产保护奖”中的“杰出项目奖”。2005年，在首届江苏省文物保护优秀工程评比中，五柳堂保护工程获特别贡献奖，昭关石塔保护工程获优秀技术奖。

除上所述之外，镇江市区还进行了许多其他文物保护工程（表7-9）。

表7-9　镇江市区文物保护工程一览表（1999—2013）

实施时间	项目名称	实施单位	备注
1999年	古泮泉维修	市文管会办公室	
1999年	五柳堂维修工程	市文管会办公室	
2000年	五卅演讲厅维修工程	市伯先公园	
2000年	救生会旧址维修工程	镇江市西津渡公司	
2004年	镇江商会旧址维修工程	市文管会办公室、镇江商会	
2004年	张鹏故居修缮工程	镇江市街景改造整治出新办公室	
2005年	赵伯先故居修缮工程	镇江新区管委会	
2007年	老邮局旧址修缮工程	镇江市西津渡公司	
2007年	税务司旧址修缮工程	镇江市西津渡公司	
2008年	圌山报恩塔修缮工程	镇江新区经济开发总公司	
2009年	德士古火油公司旧址迁移保护工程	镇江市西津渡公司	

续表

实施时间	项目名称	实施单位	备注
2010 年	合山快炮台遗址保护及周边环境整治工程	镇江市国土局	
2010 年	象山弹药库维修工程	镇江市文物局	
2010 年	郭礼征旧居修缮工程	镇江市城投公司	
2010 年	广肇公所修缮工程	镇江市西津渡公司	
2010 年	原中国人民银行旧址修缮工程	镇江市西津渡公司	
2010 年	镇江自来水厂旧址修缮工程	镇江市西津渡公司	
2011 年	包氏钱庄修缮工程	镇江市西津渡公司	
2011 年	救生会旧址维修工程	镇江市西津渡公司	
2011 年	蒋怀仁诊所修缮工程	镇江市西津渡公司	
2011 年	荆王刘贾墓修缮及环境整治工程	镇江市文物局	
2012 年	虎踞桥维修工程	镇江市城投公司	
2012 年	吉庆里民居建筑群修缮工程	镇江市西津渡公司	
2012 年	宗泽墓维修及环境整治工程	京口区文体局	纪念公园
2012 年	世界红卍字会江苏省会旧址	镇江市西津渡公司	
2012 年	韦岗战斗胜利纪念碑维修工程	茅山新四军纪念馆	
2012 年	贾氏民居修缮工程	镇江新区经济开发总公司	
2013 年	宋元粮仓保护及石拱桥修复工程	镇江市城投公司	
2013 年	断山墩遗址保护及环境整治工程	镇江新区经济开发总公司	遗址公园
2013 年	龙脉团山遗址保护及环境整治工程	镇江市交投公司	遗址公园
2013 年	大兴池修缮工程	镇江市西津渡公司	

文物维修重点项目列举如下：

焦山摩崖石刻综合治理工程

从 1992 年起，镇江市开始实施焦山摩崖石刻综合治理工程。前期调查从地质构造、地形地貌、气候、江水的淘蚀、植物对岩体的劈锲及酸雨的危害 6 个方面分析，确立治理水患、稳固山体、保护文物的指导思想，邀请南京工程兵学院制订焦山摩崖石刻综合治理方案。整个工程从 1992 年 3 月起至 1997 年 5 月止，分 2 期。1992 年 9 月至 1993 年 6 月，由镇江市地质勘察工程公司先后完成危崖护坡桩工程、预应力锚杆工程、防冲刷墙工程、连系梁工程、路面工程。整个焦山摩崖石刻治理工程共完成 ф400 毫米钢筋混凝土护坡桩 62 根，总进尺 521.9 米、桩砼灌注 62.86 立方米；预应锚杆 80 根，占孔进尺 567.78 米，锚杆总长 647.78 米；桩、锚连系梁总长 59 米，体积 235.29 立方米；路面面积 116 平方米，栏杆 39 片 61 米，路基挡墙 65.5 立方米，石屏支撑 22.9 立方米。工程总决算 717548.06 元。1993 年 3—6 月，由连云港市文物服务中心实施陆游碑段—浮玉碑—米芾碑段危崖加固工程。工程总计填充裂隙 17.6 立方米，化学灌浆药品 0.65 吨，危岩加固钻孔 25 个，使用锚杆 25 根，孔深总长度为 159.9 米，修复破损石刻 40 平方米。决算造价 12 万元。1995 年 4 月至 1996 年 1 月，对焦山摩崖石刻康有为—佛海流经段危岩加固；1996 年 1 月至 1996 年 6 月，对焦山摩崖石刻鹤山段岩体加固；1997 年 2 月至 1997 年 4 月，对焦山摩崖石刻米芾碑段加固治理。修建总长达 209.7 米的 6 条排水沟。在石刻内的沿江坡脚段，设置浆砌块石防冲刷墙。在沿摩崖石刻300米道路沿线打下φ400毫米的抗滑灌注桩62根，φ1000毫米人工桩15根。沿山体打进210根预应力锚杆。在巨公崖上方打进每根预应力达60吨的高强度锚索15根。对长2000米的裂隙采用树脂胶泥封闭，环氧树脂化学压浆，钢丝网片喷锚，使岩体连成一体。2013年对摩崖石刻周边环境进行综合治理，治理范围北至摩崖石刻北端的挡墙，西侧、南侧至园路外侧的栏杆，东至陆游诗碑亭东侧的上山道及混凝土裸露面，面积约为3300平方米。

焦山碑林扩建维修工程

2002年3—10月，对焦山碑林进行较大规模的扩建维修。焦山碑林占地面积从3500平方米增加到7000平方米，陈列碑刻从300多方增加到400多方，同时，还为今后征集新碑预留了一定的展示空间。原来按时间顺序的布展方法改为按序馆、史料碑刻、文苑碑刻、瘗鹤铭厅四大类布展，专门建造一座100平方米的大厅来展示镇馆之宝《瘗鹤铭》。

昭关石塔维修工程

1994年维修元代昭关石塔。2000年，市建委、市文管会投入30万元，历时2个月，对石塔进行落架大修。

焦山古炮台维修工程

1996年3—5月，对焦山古炮台4、5号炮堡进行抢险维修，包括4、5号炮堡炮门和炮口抢险加固，清除杂草杂木，排水、防水和裂隙填实加固。2005年10月至2006年年底，对焦山古炮台开始进行保护维修，主要项目为2、4号弹药库的维修，2—8号炮堡门头的维修，4、5号射击口的维修，炮台围拢门头及小弹药库的维修，以及环境整治等。

南朝陵墓石刻保护工程

1993年对句容萧绩墓石刻进行表面洗涤、封闭缝隙、灌浆加固的修复工作。

镇江英国领事馆维修工程

2002年，镇江英国领事馆旧址1、2号楼维修。2004年4月至2005年4月，镇江英国领事馆旧址1—4号楼维修。2004年4月至2005年4月，镇江博物馆库房、镇江英国领事馆旧址5号楼外墙改造。2004年4月至2005年4月，镇江博物馆老馆区改造。

陆小波故居修缮工程

2007年12月1日，陆小波后人将故居捐赠给镇江市人民政府。2008年，镇江市人民政府出资，镇江市文化局和文物管理委员会办公室按照“修旧如故，以存其真”的原则对故居进行落架式修缮，恢复其原有风貌，并于2009年5月18日正式对外免费开放。

六、文物保护单位的迁移保护与撤销

1986年7月，因基督医院旧址镇江市人民医院内的七、八病区病房楼属危房，经市政府批复同意拆除。1987年5月，因中山东路拓宽改造，唐老一正斋旧址门楼在原址向后实施迁移保护。1995年，为建设中山西路省冶金经济管理学校，原江苏省参议会旧址拆除。1996年，因仓巷片区旧房改造，将发现的大西路98号楠木厅迁移至宝塔山公园祈天池边予以保护。1997年，对位于凤凰岭饭店内的城隍庙戏台实施就近向东北约30米迁移保护。2000年，为配合长江路拓宽改造工程，对位于市钛白粉厂大门附近的德士古火油公司旧址拆除异地保护。2004年，因磨刀巷旧城改造，拆除陈庆年故居。2008年，为新区科莱恩项目建设，经省政府批准撤销大港沿江土墩墓群中的祝赵双墩，进行考古发掘。2014年，为拓宽健康路，经省政府批准，对大康新村赵棣华宅实施向东约14米迁移保护。

第五节　文物宣传

各级文物部门经常性开展各类文物宣传活动。1982年《中华人民共和国文物保护法》颁布实施后，文物部门每年开展《中华人民共和国文物保护法》宣传周活动，主要围绕宣传、贯彻文物保护法律法规开展；2006年开始，围绕“中国文化遗产日”等节日开展。宣传活动通过举办展览及讲座、拍摄宣传片、网友品文化、文化遗产解读等多种形式，展示镇江历史文化、文物保护成果，增强社会各界的文物保护意识。

一、宣传

1992年11月17—25日，为纪念《中华人民共和国文物保护法》颁布10周年，镇江市文物管理委员会在全市开展文物保护法宣传活动，在此期间，副市长兼市文管会主任姜启才发表题为“保护文物，人人有责”的电视讲话。1994年11月16日，全市开展《中华人民共和国文物保护法》宣传周活动，举行市级文物保护单位与市文管会签订保护合同仪式，并聘请60位文物保护员。1996年7月2日至12月19日，为纪念镇江被命名为国家历史文化名城10周年，结合贯彻实施《爱国主义教育实施纲要》，市文物管理委员会、市委宣传部、市教委、市建委、市文化局、市广播电视局、《镇江日报》社联合开展“走近名城”知识竞赛、城市建设与文物保护辩论赛、镇江城市考古成果汇报展，其中“走近名城”知识竞赛印发试题10万份，收回2万份；城市建设与文物保护辩论赛有10支代表队参赛。

2012年，镇江市文物局组织编印《镇江市文物保护单位名录》5000册，分送市四套班子领导，同时在镇江博物馆和镇江市图书馆免费发放，赢得社会各界的广泛好评，有南京师范大学退休教师等多名热心人士在阅读《名录》后，来信来电提供文物线索。2012年，为纪念《中华人民共和国文物保护法》颁布30周年，在《京江晚报》名城版以“保护城市根脉　留住历史记忆”为主题，开展新增25处省保单位的解读宣传活动，累计刊出17期整版。镇江市文物局和镇江博物馆还经常性举办“考古工地开放日”等社会教育活动。

2002年12月23日，中央电视台四套《走进中国》栏目拍摄专题片《历史的镇江——走进镇江博物馆》播出。2006年12月8日，《军号声之谜》在中央电视台十套《走进科学》栏目播出。2012年7月6日，《神秘的军号》在中央电视台四套《走遍中国》栏目播出。2013年11月4日起，《国宝档案——镇江文物瑰宝》在中央电视台中文国际频道播出。

二、重要外展

1985年5月27日至8月30日，中国历史博物馆、镇江市文物管理委员会、镇江博物馆联合在北京举办“镇江文物精华展”，展出自旧石器时代至明清文物共206件，另外展出丹阳齐景帝陵石刻天禄复制品1件。5月25日，举行中外记者招待会，发布展览信息；5月27日，举行开幕式。人大常委会副委员长彭冲、赛福鼎艾则孜，全国政协副主席钱昌运、陈再道、赵朴初、华罗庚及有关方面负责人，首都新闻界、历史文博考古界、美术界和在京镇江籍知名人士500余人参加，彭冲、陈再道、赵朴初剪彩。展览辅助部分有三项：一是《今日镇江》彩色图片63幅，题名《天下第一江山》的大型镇江三山国画1幅；二是《镇江风光》录像片1部，设电视室播放；三是反映镇江经济建设成就和生产水平的优、特产品广告橱16个、广告牌13块，展示41家工厂单位、60种省优以上产品，附设小卖部。同时，还组织专家学者召开学术讨论会。在开幕式当晚，中央电视台在新闻节目中用一分多钟作专题报道。新华社先后三次向全国发新闻通稿。中央国际广播电台配乐广播《古城镇江和它出土的文物》。7 月 18 日《中国日报》英文版以半个版面、8 月 11 日《人民日报》海外版以整版篇幅进行了介绍。

1992 年 3 月，中国文物交流中心在澳大利亚举办“永恒的中国”文物展览，从镇江博物馆选调唐代金银器“鎏金摩羯纹银盒”等 4 件馆藏文物参展。为纪念馆中日邦交正常化 20 周年，镇江博物馆馆藏丁卯桥出土的唐代窖藏“鎏金银酒筹”等 11 套 29 件，经中国文物交流中心选调赴日本参加 1992 年 4 月 25 日至 11 月 8 日在东京、神户、冈山、福冈、大阪举办的“中国的金银器、玻璃器展”。

1994 年 10 月 1 日至 10 月 12 日，为纪念镇江与日本津市友好城市 10 周年，在日本津市举办“古代扬子江至宝展”，展示文物 53 件（套），其中：以青铜凤纹尊为代表的青铜器 10 件，以青瓷堆塑百戏罐为代表的陶瓷器 23 件，以鎏金银酒筹为代表的金银器 13 件。本次展览是镇江第一次单独在国外举办展览，日本《朝日新闻》《每日新闻》《中日新闻》《伊势新闻》等媒体都在显著位置报道了文物展。展览还印制文物精品明信片 1 套、图册 1 本。

第六节　文物科研

文物科研是文物工作的重要方面。中华人民共和国成立以来，全市文博工作者出版论著数十本，在各级各类刊物发表论文或在研讨会交流论文百余篇。

一、研讨会

1985 年 12 月 2 日，中国科学院自然科学史研究所、镇江市人民政府在镇江市举行沈括逝世八百九十周年纪念会和梦溪园揭幕典礼。在纪念会上还举办了沈括报告会和学术讨论会。自然科学史研究所的薄树人代表所长席泽宗先生做题为“沈括——历史上罕见的全才”报告。镇江市市长高德正、天文学家张钰哲、高能物理学家何泽慧、镇江市研究沈括的学者王骧等在报告会上发言。学术讨论会收到论文 62 篇，汇编出版。

1991 年 4 月 26 日至 27 日，中国书法家协会学术委员会和镇江市文物管理委员会联合举办《瘗鹤铭》学术研讨会。来自全国各地研究《瘗鹤铭》的专家、学者及日本书法家共 46 人参加会议，其中有《瘗鹤铭》专家翁闿运、朱季海、王景芬及日本书法家岩田文堂、小泉秀观，画家桥本心泉等。会议共收到学术论文近 30 篇。此次研讨会规模大，层次高，引起学术界广泛关注，大大推动了《瘗鹤铭》的学术研究。

1995 年 4 月 22 日至 24 日，由镇江古城考古所、《南方文物》编辑部等单位联合发起组织了镇江城市考古学术座谈会。来自北京、上海、江苏、浙江、湖北等省市的文物考古、博物馆、历史、古代建筑、出版等方面的 30 多位专家学者出席会议。镇江市人大、文化局、建委和文物管理委员会有关负责同志也出席大会。

1997 年，镇江革命历史博物馆与市政协文史委、历史学会联合举办“迎接香港回归、纪念镇江保卫战 155 周年学术研讨会”。

1997 年，茅山新四军纪念馆、镇江革命历史博物馆与党史办、党史学会联合举办“纪念新四军建军 60 周年研讨会”。

2007 年 12 月，中共镇江市委宣传部、江苏省书法家协会联合举办“2007・中国镇江・瘗鹤铭国际学术研讨会”，海内外专家学者 60 余人出席会议，同时举办“全国名家书法邀请展”。

2009 年 11 月，镇江市文化局、镇江博物馆和丹阳市文化局联合主办“2009 年中国镇江吴文化国际学术研讨会”。参加此次会议的国外代表来自德国、日本、韩国，国内代表来自北京、山东、安徽、上海、江苏、浙江、江西、湖北八省市。学术研讨会期间，代表们参观了为此次会议专门布置的“二十一世纪吴文化考古的新发现展览”和镇江博物馆专题展厅陈列的“镇江出土吴国青铜器陈列”。

2012 年 12 月，焦山碑刻博物馆与文物出版社《书法丛刊》编辑部联合举办全国第二届碑帖研讨会，30 多位全国著名学者与会，20 多位学者向大会提交论文，会后编印出版论文集。

二、刊物

1975 年、1976 年、1977 年，镇江市博物馆组织印行《文物考古资料汇编》各 1 册。

1992 年 5 月，镇江市文物管理委员会办公室组建《镇江文博》编辑部创办《镇江文博》（季刊），至 1995 年停刊，共发行 12 期。1992 年发行 2 期，1993 年发行 4 期，1994 年发行 4 期，1995 年发行 2 期。依据稿件内容，各期分为文物法规、吴文化研究、考古与文物、人物论丛、革命史迹，地方风俗、文保单位等不同栏目。

三、图书

1984 年出版《赵声》，肖梦龙著，江苏古籍出版社。

1985 年出版《唐代金银器》，镇江博物馆、陕西省博物馆编，文物出版社。

1989 年出版《瘗鹤铭：鹤州本　水前本》，陆九皋编，江苏美术出版社。

1991 年出版《镇江书话》，王玉国编著，南京大学出版社。

1992 年出版《焦山碑刻》，刘昆、杨奎、袁道俊、杨瑞彬编著，古吴轩出版社。

1995 年出版《古城三部曲——镇江城市考古》，刘建国著，江苏古籍出版社。

1996 年出版《焦山石刻研究》，袁道俊编著，江苏美术出版社。

1996 年出版《焦山石刻研究》，袁道俊编著，江苏美术出版社。

1996 年出版《镇江文物精华》，王玉国编著，南京大学出版社。

1996 年出版《镇江文物古迹》，王玉国编著，南京大学出版社。

1998 年编印《陆九皋文博论著选》，镇江博物馆编，未正式出版。

1999 年出版《镇江古今建筑》，杨瑞彬主编，古吴轩出版社。

1999 年出版《镇江博物馆成立 40 周年纪念文选》，王玉国编著，黄山书社。

2000 年编印《刘兴考古文选 》，刘兴著，未正式出版。

2001 年出版《焦山碑林名碑赏鉴》，车长森编著，黄山书社。

2002 年出版《沈括研究文集》，王玉国编著，黄山出版社、香港文学报社出版公司。

2002 年出版《江南名城镇江》，姚元龙、王玉国编著，江苏人民出版社。

2002 年出版《茅山抗战故事》，句容市史志办、茅山新四军纪念馆编著，江苏古籍出版社。

2004 年出版《中国历史文化名城镇江》，王玉国、刘昆、杨瑞彬编著，旅游教育出版社。

2005 年出版《补丁集》，殷光中著，北方文艺出版社。

2005 年出版《新四军与苏南抗日根据地》，茅山新四军纪念馆编著，江苏人民出版社。

2005 年出版《吴国青铜器综合研究》，肖梦龙、刘伟主编，科学出版社。

2005 年出版《镇江出土吴国青铜器》，杨正宏、肖梦龙编著，文物出版社。

2006 年出版《名城地下的名城》，刘建国主编，江苏人民出版社。

2006 年出版《瘗鹤铭石刻考证》，刘建国、潘美云著，江苏人民出版社。

2009 年出版《瘗鹤铭国际学术研究会论文集》，江苏大学出版社。

2009 年出版《句容文物精萃》，王林主编，江苏人民出版社。

2010 年出版《镇江出土陶瓷器》，杨正宏、肖梦龙、刘丽文主编，文物出版社。

2010 年出版《印记与重塑：镇江博物馆考古报告集（2001—2009）》，镇江博物馆编，杨正宏主编，江苏大学出版社。

2011 年出版《丁卯杂记》，刘昆著，中国文史出版社。

2011 年出版《镇江博物馆馆藏明清书画精粹》，镇江博物馆编著，文物出版社。

2011 年出版《镇江市第三次全国文物普查重要新发现》，镇江市第三次全国文物普查领导小组办公室编著，江苏大学出版社。

2011 年出版《镇江出土金银器》，镇江博物馆编著，文物出版社。

2012 年出版《澄鉴堂石刻》图录，镇江焦山碑刻博物馆编，文物出版社。

2012 年出版《戴志恭文博论丛》，戴志恭著，香港国际艺术文化资讯出版公司。

2013 年出版《江河交汇——镇江物质文化遗产文物保护单位图录》，镇江市文化广电新闻出版局主编，江苏大学出版社。

2013 年出版《句容鹅毛岗土墩墓发掘报告》，镇江博物馆编著，江苏大学出版社。

2013 年出版《句容掌故》，翟忠华主编，江苏人民出版社。

四、获奖科研课题

1990 年，镇江博物馆与华东师范大学地理系合作，运用现代遥感技术对镇江地区广泛分布的商周台形遗址和土墩墓的考古调查研究取得显著成效，获得江苏省文化厅科技进步三等奖和文化部科技进步三等奖。

1998 年，由镇江博物馆主持，中国科学院自然科学史研究生参与合作的“吴国青铜器综合研究”获得江苏省文化厅科学技术进步一等奖、国家文物局科学技术进步二等奖。课题首次以多学科协助的方式，将人文科学和自然科学的研究有机结合，对区域性文化做综合研究，在选题和研究方法上均有独到之处。

第七节　文物市场、案件查处

文物是不可再生的珍贵资源，随着我国社会主义市场经济的发展和综合国力的提升，文物的经济价值和社会价值受到社会各方的广泛重视。文物的收藏市场也日益发育，同时文物违法犯罪活动也不断发生。全市的文物流通受经济发展的约束，长期以来没有形成具备一定规模的市场。但针对古墓葬、古遗址的文物违法犯罪活动时有发生，在文物和公安部门的打击下，形势稳中向好。

一、镇江市文物商店

镇江市文物商店始建于 1963 年，位于镇江市解放路 191 号，经营珠宝玉器、名人字画、砚台印章、瓷铜杂件等古玩商品，属全国同行业老店之一。多年来，文物商店对流散于民间的传世文物广征博集，其中不乏稀世珍品，共向镇江市博物馆捐献文物 81 件（套），为弘扬祖国文化做出了贡献。

1983 年以来，镇江市文物商店不断发展，已成为镇江对外开放的重要文化窗口之一。经营面积从初建的 200 多平方米增加到 960 平方米，年销售额从 100 多万元增加到 350 万元，职工人数从 15 人增加到 38 人。为满足各阶层文物爱好者的需要，文物商店增设礼品部，专供文房用具、镶嵌饰品、工艺陶瓷、苏州刺绣、景泰蓝、紫砂壶等中高档礼品。同时承办外汇汇兑、代客包装、保险托运等业务，以其丰富的货源、全新的设施、热诚的服务迎接海内外宾客。

镇江市文物商店积极开发旅游工艺品，把镇江地方特色文化与旅游工艺品的产品开发紧密结合起来，近年来前后共开发近100种产品。

近年来，市文物商店及时调整经营策略，扩大销售网点，先后发展山西太原晋宝斋、大连文物总店、南京金陵饭店等代销点。2005年，在镇江博物馆设置分店。2010年，镇江市文物商店划归镇江文广集团。

二、文物市场

镇江的文物市场大约起步于20世纪80年代后期，主要散见于中华路、宝塔路、西津渡等地。1987年，在西津渡街南段设有民间收藏品交流市场。1991年起，文物市场集中在体育场，后来移至义士路、滨河路，一直与义士路花鸟市场摆在一起，现西津渡等又设有一些点。1999年，经市政府批准，将文物市场地点划定在西津渡一条街。2003年，又在大西路开辟银山门古玩城。林隐路花鸟市场曾设有部分出售文物、古玩的摊点。镇江的文物市场处于分散经营、相对集中的状态，多为临时性摊点，数量时多时少，固定店面大多集中于西津渡街、伯先路一带。

三、文物违法案件的查处

1993年12月，市佛教协会未经市文物主管部门批准，擅自拆除“古定福寺”大殿。1994年8月，市文物管理委员会向相关单位下发《对违法拆除市级文保单位“古定福寺”大殿的通报决定》。

1994年7月，句容县文物管理委员会查处该县开发区古墓葬被盗挖倒卖案件，并向镇江市文管会报送《关于县开发区大批古墓葬被盗挖倒卖情况的汇报》。

1998年，查处首例文物违法案件，盗挖市级文物保护单位烟墩山遗址、古墓葬的犯罪分子高春财，被依法判处有期徒刑10年，并搜缴出一批珍贵文物。

1999年9月，京口茶叶试验场以生产自救为名，在没有申报的情况下，毁坏省级文物保护单位花山湾古城墙遗址（当时是市级文物保护单位）长达十多米。市政府一位副秘书长牵头，文化、公安、工商等9个部门联合组成调查组，通过调查、处理，恢复被毁的城墙遗址原貌。

1999年，在老北门发现镇江明代定波门瓮城遗址，通过行政执法、交涉，使房地产公司修改设计方案，原定建造两幢住宅楼的建设计划改为一幢，并留出展示地块，使遗址得到原址保护。

2002年，丹阳市破获一个中原地区专业文物犯罪团伙，抓获3名盗掘市级文保单位“三女墩”的犯罪分子，3人分别被判处有期徒刑。

2004年，丹徒区姚桥华山村砖瓦厂在取土过程中破坏了一些古墓葬，文物部门在查处的同时，举办了砖瓦厂厂长文物保护法制培训班。

2004年，镇江市城市投资公司擅自拆除由市文管办登记保护的民国建筑镇江贻成面粉厂厂房，被处以50万元罚款。

2005年1月，句容市侦破白兔镇4人盗挖古墓葬案件，追回文物62件，其中三级文物3件。

2010年，文物部门对宋元粮仓遗址被毁案进行查处。

2012年，先后查处烟墩山墓地私埋乱葬案、油库墩土墩墓遭破坏案及绿地广场项目施工过程中破坏古墓葬案。“擅自破坏文物保护单位‘油库墩土墩墓’古墓葬案”被评为2013年江浙沪文物行政处罚十大精品案例，2014年被国家文物局评为全国文物十大规范案卷。

2013年，镇江新区行政执法局办理的“朱某某等擅自在烟墩山文保单位保护范围内施工、筑墓案”被评为第二届江浙沪文物行政处罚案卷评查一等奖。

第八章 博物馆、纪念馆

中华人民共和国成立以来，镇江的博物馆事业经历了从无到有、从个体到群体的发展壮大历程。镇江博物馆、镇江焦山碑刻博物馆、镇江革命历史博物馆、茅山新四军纪念馆、句容市博物馆、丹阳市博物馆、镇江市梦溪园沈括纪念室、新四军韦岗战斗历史陈列室、丹阳总前委纪念馆、丹徒新四军四县抗敌总会纪念馆、茅以升生平事迹陈列馆、赵伯先纪念馆、冷遹纪念馆等成为全市国有公益性博物馆的重要力量。此外，社会团体和民间力量兴办的博物馆、纪念馆也不断涌现，如江苏神牛红木艺术馆等。

一、镇江博物馆

镇江博物馆位于镇江市区伯先路 85 号，馆舍为镇江英国领事馆旧址，是一组殖民地券廊式建筑。1858 年第二次鸦片战争期间，清政府与英国签订了《天津条约》，镇江被辟为通商口岸。1864 年，太平天国运动失败后，英国开始在云台山上修建领事馆。1865 年建成。1889 年，因英国巡捕殴打中国小贩，镇江人民极其愤慨，一举焚毁了英国领事馆。1890 年，清政府赔偿白银 4 万两照原样重建。1933 年 10 月，镇江英国领事馆回到了中国人民的手中。从 1962 年开始，镇江英国领事馆作为镇江博物馆的馆址。

1958 年 11 月 19 日，中共镇江市委做出筹办博物馆的决定。初名镇江市博物馆，与市展览馆同时筹建，馆址设在大西路 33 号旧道署衙门。博物馆设在东侧 10 间对厅和 4 间对厢内，展览馆设在中路三进和西路四进，1959 年 1 月 17 日正式对外开放。1961 年 12 月，撤销市展览馆，与市博物馆合并。市博物馆迁至金山公园放生莲社办公。1962 年 9 月，江苏省政府批准将英国领事馆旧址房屋拨交市博物馆。同年 12 月 10 日，镇江市博物馆从金山公园迁至小码头街 1 号原英国领事馆旧址。1971 年，市博物馆曾与市文化馆、市图书馆合并为镇江市毛泽东思想宣传馆。1972 年，恢复市博物馆为独立单位。1982 年 2 月，经镇江行署批准，镇江市博物馆更名为镇江博物馆，负责全镇江地区范围的文物考古、征集和保管工作。1983 年，镇江地、市委决定将原英国领事馆正副领事官邸划归博物馆所有。1983 年体制改革后，仍名镇江博物馆，业务范围为市属四县两区。1985 年 1 月 1 日，镇江市房地产管理处决定将房屋产权移交博物馆。1988 年 2 月 25 日，南京军区后勤第十六分部同意移交一幢二层楼房给博物馆。2002 年，镇江市委、市政府决定对镇江博物馆进行扩建，即在原馆舍的南面建设新展厅，同时对老馆区的基础设施和环境景观进行综合改造。2004年年底，新展厅建设和老馆区改造工程全面完成。2005年4月29日正式对外开放。同年12月，镇江博物馆被国家旅游评审委员会评定为国家AAAA级风景旅游区。2011年3月7日，镇江博物馆调整为副处级规格，市梦溪园沈括纪念室、赛珍珠故居管理处并入镇江博物馆。

现全馆占地面积20000余平方米，馆舍面积10700平方米。馆藏两万多件（套）新石器时代至明清时期的文物。其中，国宝级文物1件，一级文物103件（套），二级文物340件（套），三级文物3121件（套）。特别是西周及春秋时期吴国青铜器、六朝青瓷器、唐代金银器、宋代丝绸服饰、明清书画、清代宫廷瓷器为馆藏特色，在国内外享有盛名。镇江博物馆现已实现智能化管理，先进的安全防盗报警系统、火灾报警系统和中央空调系统，使馆藏文物的保管和展示条件得到了根本性的改善。文物运输方面，拥有自主设计、研发并获得国家专利的文物移动管控系统，文物安全也得到应有的保证。基本陈列有“吴文化青铜器展”“历代陶瓷器精品展”“古代金银器精品展”“古代工艺精品展”“‘京江画派’书画精品展”“佛教文物精品展”等6个展览，集中展示本馆的精品文物，凸现镇江三千年悠久历史和丰厚的文化底蕴。

多年来，镇江博物馆各项业务工作成绩显著。在北京举办的“镇江文物精华展”轰动京城；在日本举办的“古代扬子江至宝展”饮誉东瀛；“镇江地区商周台形遗址与土墩墓遥感考古研究”获国家文物局科技进步三等奖；“吴国青铜器综合研究”获国家文物局科技进步二等奖、省文化厅科技进步一等奖；城市考古工作多次受到国家文物局表扬；2001—2003年连续三年参加“三峡考古大会战”，获得国家文物局好评；镇江博物馆考古部门参加的江苏句容、金坛周代土墩墓群考古被评为2005年全国十大考古新发现。近年来，镇江博物馆获评全国先进社科组织、江苏省首批公共文化设施学雷锋志愿服务示范单位、省文化文物单位文化创意产品开发试点单位、省社会科学普及示范基地、省文明单位、省优秀博物馆等荣誉称号，被誉为“国内一流的花园式博物馆，诗化了的艺术殿堂”。

二、镇江革命历史博物馆

镇江革命历史博物馆原位于镇江市新河路60号，系利用省机械厅镇江储运站超岸寺仓库改建。占地面积3800平方米，馆舍面积2600平方米。1991年6月27日建成开放，陈列镇江革命斗争史展览。1997年，进行了二期工程建设，建成一栋集专题展厅、办公用房为一体的综合楼。2001年，专题展厅建立“茅以升生平事迹陈列馆”。

镇江革命历史博物馆是一座反映地方近现代革命斗争史的综合性博物馆，承担镇江地区范围内的近现代文物和史料的调查、征集及研究任务。建馆后，先后举办了“纪念抗日战争胜利50周年”“镇江改革开放20年成就展”“共和国辉煌的50年”“台湾在我心中”“光辉的历程——纪念中国共产党建党80周年”“可爱的家园”“科技以人为本，全面建设小康”等大型图片展。每年制作3~4个与中心工作相结合、贴近实际的小型展览，并到全市各大、中、小学校巡回展出。定期举办爱国主义教育讲座、组织开展红色之路夏令营等。

1999年以来，镇江革命历史博物馆与近50家企事业单位建立了共建关系。镇江革命历史博物馆2000年被省教委命名为“江苏省学校德育基地”，2001年被省委宣传部命名为“江苏省爱国主义教育基地”。

2001年9月28日，茅以升生平事迹陈列馆建成后，收藏了茅以升生前遗物、史料和手稿共800多件。2006年，所有藏品移交至茅以升纪念馆。

镇江革命历史博物馆建馆以来，制定《镇江革命历史博物馆文物征集办法》，每年确定征集任务和走访对象，建立了镇江革命历史图片库。馆藏文物、史料、图片共3500余件（幅），其中革命历史图片800多幅。2005年，镇江市委、市政府决定，将超岸寺归还宗教部门，镇江革命历史博物馆并入镇江博物馆。

三、镇江焦山碑刻博物馆

镇江焦山碑刻博物馆位于AAAAA级景区焦山，是焦山碑林的管理部门。

碑林陈列始于北宋庆历八年（1048年）所建宝墨亭，明代扩建为宝墨轩，藏碑渐丰。自清以来，碑刻不断充实。后屡遭兵燹，碑刻毁失严重。1962年，文物部门寻找散失残碑，征集四乡刻石，建立焦山碑林。1988年扩修，成立了镇江市焦山碑林和抗英炮台保管所。1991年，建立镇江焦山碑刻博物馆。2002年3月，实施了大规模的扩建维修工程。扩建后，碑林的面积从3500平方米增加到7000平方米，展出碑刻从300多方增加到400多方，同时专门建造一座100平方米的大厅来展示镇馆之宝《瘗鹤铭》。现碑林陈列分序馆、史料馆、文苑馆、瘗鹤铭馆等。著名碑刻有唐《魏法师碑》《宋故光禄卿致仕章公墓志铭》、明刻宋米芾临《兰亭褉帖》及清《澄鉴堂法帖》等。《瘗鹤铭》碑安居亭堂，焕发神采。

2001年5月，焦山碑刻博物馆与日本中国书法学院、日中文化交流促进会联合主办的“中国镇江焦山碑林原拓展”在日本东京大崎美术馆举办，展出焦山碑林拓片精品250件，产生了热烈反响。2004年，焦山碑刻博物馆对《瘗鹤铭》品牌进行了商标注册。2004年9—11月，焦山碑刻博物馆与陕西汉中博物馆举办了以两地摩崖石刻为代表的“南北二铭”展览，先后在焦山碑林和陕西汉中博物馆举办。2005年4月，焦山碑刻博物馆与上海博物馆、上海鲁迅纪念馆联合，在上海鲁迅纪念馆举办了“墨运翰藻　汉魏风骨——镇江焦山摩崖石刻和上海博物馆馆藏碑拓展”，并举行了学术研讨会和笔会；2005年9月，焦山碑刻博物馆与西安碑林、陕西汉中博物馆在西安碑林联合举办了“碑碣墨韵——镇江焦山碑林、陕西汉中博物馆、西安碑林馆藏名碑拓片展”，这是南北两大碑林第一次联袂展览；2005年，焦山碑刻博物馆《瘗鹤铭》品牌的打造，获得省文化厅颁发的江苏省文化建设重要成果提名奖。2006年8月，焦山碑刻博物馆与西安碑林、陕西汉中博物馆联合在成都杜甫草堂举办了“碑碣墨韵——西安碑林、镇江焦山碑林、汉中汉台碑林名碑拓本联展”。2007年，焦山碑刻博物馆牵头，与南京博物院等省内9家兄弟单位联合在镇江博物馆举办了“江苏名碑、石刻拓本展”。2008年，焦山碑刻博物馆举办了打捞《瘗鹤铭》大型文化行动，并配合中央电视台《探索·发现》拍摄专题片《探秘〈瘗鹤铭〉》。2009年，焦山碑刻博物馆举办了“《瘗鹤铭》今探”系列活动，内容包括“《瘗鹤铭》打捞”考古成果汇报展、《瘗鹤铭》考古打捞新闻发布会、海外爱国华侨捐赠《瘗鹤铭》旧拓本、《瘗鹤铭》研究中心及江苏省书法创作研究中心挂牌仪式，以及中日学者碑帖研究、收藏、书法评赏国际学术报告会等系列活动。2010年，在交通运输部上海打捞局帮助下开展了再探《瘗鹤铭》的终极打捞行动。2011—2012年，焦山碑刻博物馆举办了“中国《瘗鹤铭》”奖书法艺术大展。2011年5月，焦山碑刻博物馆在北京语言大学举办了“焦山碑林名碑名帖展”。2012年，焦山碑刻博物馆分别在福建泉州中国闽台缘博物馆和武汉晴川阁管理处举办了“焦山碑林名碑名帖展”。2013年，焦山碑刻博物馆顺利通过国家文物局三级博物馆的申报、验收及运营评估；协助央视完成《国宝档案·瘗鹤铭传奇》的拍摄工作；与泰国兰蓬雅集研究会联办了“新发现宋代巨幅墨竹图与焦山碑林澄鉴堂石刻之渊源”新闻发布会；配合上海辞书出版社出版《瘗鹤铭雅集》一书和《中国书法》（2013年第9期）《瘗鹤铭》特辑；将焦山待渡楼二楼改造成为焦山书画院，成为一处固定的临展场所。

镇江焦山碑刻博物馆2003年被江苏省文物局授予“江苏省文物系统先进集体”称号，被江苏省精神文明指导委员会授予“2003—2004江苏省文明单位”“2005—2006江苏省精神文明建设工作先进单位”“2007—2009江苏省精神文明建设工作先进单位”“2010—2012江苏省文明单位”等荣誉称号。

四、茅山新四军纪念馆

茅山新四军纪念馆坐落在句容市城东南 20 千米处的茅山镇。

1938 年夏，陈毅、粟裕等同志率领新四军东进抗日，创建了以茅山为中心的苏南抗日根据地。它是中国共产党在华中敌后最早创建的一块重要革命根据地，长期屹立在敌人的心脏地区，充分发挥了尖刀作用、基地作用和枢纽作用，为夺取全国抗战的最后胜利做出了不可磨灭的贡献。

为了缅怀陈毅、粟裕等老一辈无产阶级革命家和无数革命英烈的丰功伟绩，并教育后人，经中共江苏省委批准，茅山新四军纪念馆于 1985 年 9 月建成开放。1998 年，在原址的基础上重新翻建。展馆造型别致，雄伟壮观，既表现了茅山三座山峰的雄姿，又展现了革命前辈业绩光照千秋的气势。2006 年，按照红色旅游景区建设规划，又扩建了新展厅。

1995 年，在纪念抗日战争胜利 50 周年之际，苏南抗战胜利纪念碑在茅山望母山巅建成开放，碑名由原国防部长张爱萍上将题写。1997 年冬纪念碑下发现“碑前放鞭炮，空中响军号”的奇观，2006 年 4 月成功申报上海大世界吉尼斯纪录。2011 年，苏南抗战胜利纪念碑被列为江苏省文物保护单位，是茅山新四军纪念馆“德育基地”的重要组成部分。

茅山新四军纪念馆占地总面积 16.3 万平万米，建筑总面积 1.1 万平万米，分为陈列展览区、纪念瞻仰区和国防教育区。陈列展览区包括“新四军苏南抗日斗争历史陈列”“风云江南——茅山新四军将帅陈列展”“茅山魂——苏南新四军抗战英烈事迹专题展”“铁军精神　清廉丰碑——新四军廉政建设史实展”及一个临时专题展厅，共展出珍贵文物、史料、历史图片等 5000 余件，采用声、光、电、多媒体等高科技手段，以及图表、灯箱、蜡像、雕塑等不同形式，真实、形象、生动地再现了老一辈无产阶级革命家的光辉业绩和当年抗日军民浴血奋战的悲壮场面。纪念瞻仰区包括苏南抗战胜利纪念碑和王必成、江渭清等新四军老首长的陵墓区。国防教育区包括南京军区捐赠的已退役的飞机、坦克、大炮等大型武器。此外，纪念馆还管理有 2 个市级文物保护单位（新四军一支队司令部政治部旧址、韦岗伏击战战场遗址）、3 个县级文物保护单位（新四军水坝、新四军修械所遗址、新四军医疗所遗址）。

1985 年以来，茅山新四军纪念馆累计接待国内外观众 2000 万余人次，与许多大专院校、部队院校和企事业单位结成德育基地共建单位，被国家、省、市有关方面列为“全国爱国主义教育示范基地”“江苏省廉政教育基地”“江苏省社会科学普及示范基地”“江苏省全民国防教育基地”“江苏省爱国主义教育基地”“校外德育基地”等，获“江苏省文化系统先进集体”“江苏省优秀博物馆”“全国文明单位”“江苏省文物系统先进集体”等荣誉称号。2005 年，茅山新四军纪念馆被列入全国 30 条红色旅游线路和全国 100 家红色旅游经典景区，成为全国知名、长三角一流的红色旅游目的地。

五、韦岗战斗胜利遗址纪念馆

韦岗战斗胜利遗址纪念馆坐落在镇江市韦岗镇西南宁镇公路西侧的高骊山麓。1985 年，镇江市人民政府为纪念抗日战争胜利 40 周年在韦岗建造了遗址纪念馆，由韦岗战斗胜利纪念碑和韦岗战斗历史陈列室两部分组成。2010 年，该馆划入茅山新四军纪念馆。

纪念碑于 1985 年 9 月 1 日落成。碑高 25 米，碑身正面“韦岗战斗胜利纪念碑”9 个金色大字为郭化若将军题书。碑身顶部形制系一支古铜色带刺刀的巨型步枪模型，碑座正面浮雕为青松衬托的新四军袖标 N4A，背面浮雕为军民欢庆胜利的场景。东侧镌刻陈毅《韦岗初战》七绝一首：“故国旌旗到江南，终夜惊呼敌胆寒。镇江城下初遭遇，脱手斩得小楼兰。”以及粟裕题诗：“新编第四军，先遣出江南。韦岗斩土井，处女奏凯还。”碑后刻有镇江市人民政府 1985 年 9 月立的韦岗战斗纪念碑文，记载1938年6月17日粟裕率新四军先遣支队在韦岗伏击日军，取得江南首战告捷的史实。碑旁建有韦岗战斗历史陈列室，现展出文物、图片资料200余件，生动地再现了新四军挺进苏南、首战告捷的场面。

开馆以来，韦岗战斗胜利遗址纪念馆每年平均接待国内外游客10余万人次，许多大专院校、部队院校和企事业单位与该馆结为德育基地（爱国主义教育基地）共建单位。1992年以来先后被省市有关部门列为“镇江市德育基地”“江苏省爱国主义教育基地”等。

六、茅以升纪念馆

茅以升纪念馆坐落在润扬大桥公园内，与润扬大桥展览馆两馆合一。茅以升纪念馆占地面积1000余平方米，馆内展出茅以升同志遗物800余件、生平事迹照片资料近200幅。

茅以升（1896—1989），字唐臣，镇江人。20岁时从唐山工业专门学校毕业，考取官费赴美留学名额，在美国获得博士学位。1919年（民国八年）年底回国，先后在唐山工业专门学校、东南大学、河海工科大学、北洋大学、北平大学第二工学院、北洋工学院任教授或校长。1930年（民国十九年）任江苏省水利局长时，曾设计开辟镇江象山新港，惜未实施。1933年（民国二十二年），就任钱塘江桥工委会主任筹备建桥。他周密勘测，精心设计，提出了优于当时铁道部顾问、美国桥梁专家华德尔的建桥方案。1935年（民国二十四年），任钱塘桥工程处长，仅用两年半时间，于1937年（民国二十六年）9月建成了中国第一座自行设计并组织施工的公路、铁路两用桥。1955年2月担任武汉长江大桥技术顾问委员会主任委员，先后解决了建桥过程中的14个难题。

中华人民共和国成立前，茅以升曾被选为中国工程学会会长、中央研究院院士。中华人民共和国成立后，被选为中国科学院学部委员，中国土木工程学会理事长，中华全国科学普及协会副主席，中国科协副主席、名誉主席。他是全国人民代表大会一至六届代表，中国人民政治协商会议历届委员，全国政协六届二次会议当选全国政协副主席、中国九三学社名誉主席。中华人民共和国成立后，他始终坚定不移地跟党走，1987年被吸收为中共党员。1989年逝于北京，骨灰葬于镇江栗子山公墓。

根据他的遗愿，家属将他的800多件遗物、史料和手稿捐赠给家乡人民。中共镇江市委、市政府高度重视这批遗物，决定在镇江建立茅以升纪念馆。20世纪90年代初，这批遗物运抵镇江，专门收藏在镇江博物馆。在此期间举办过多次茅以升的专题展览和纪念活动。2001年7月10日，市四套班子领导专门召开了联席会议，会议决定在镇江革命历史博物馆建设一个过渡性的“茅以升生平事迹陈列馆”，并在“十五”期间新建茅以升纪念馆。2001年9月28日，“茅以升生平事迹陈列馆”在镇江革命历史博物馆建成并对外开放。在建设过程中，茅以升的小女儿茅玉麟先后提供300多幅茅以升生平图片，使陈列馆建设顺利进行。

中共镇江市委、市政府高度重视茅以升纪念馆的新馆建设并多处选址，适逢润扬大桥在镇江开工建设，大桥建设总体规划中要设立一个大桥纪念展示馆，与茅以升纪念馆的建设相契合。两馆融为一体，既扩大了内涵又增加了特色，省交通厅对联合建设茅以升纪念馆也给予了大力支持。2003年12月，市文化局与润扬大桥发展有限责任公司签订了共同建设茅以升纪念馆及捐赠移交茅以升遗物的协议。2004年茅以升纪念馆新馆开工建设，2006年8月正式落成开馆。

七、镇江市梦溪园沈括纪念室

镇江市梦溪园沈括纪念室位于镇江市梦溪园巷8号，是北宋时期伟大的科学家沈括晚年居住的地方。沈括在梦溪园住了8年，勤奋著作，除了《梦溪笔谈》外，还写了《梦溪忘怀录》《良方》《茶论》及一些散文等，留下了十分丰富的精神财富。特别是《梦溪笔谈》共26卷，并另著有《补笔谈》3卷和《续笔谈》1卷，共609条，集天文、方志、律历、音乐、医学、地质及文学艺术于一书，内容极为丰富，记载了中国古代特别是北宋时期的科学所达到的辉煌成就。现代研究中国科技史的英国科学家李约瑟博士称誉《梦溪笔谈》为十一世纪的科学坐标。中国当代科学家钱伟长说："这座坐标就屹立在镇江。"该书现已被英、法、德、美、日等国家翻译出版。

梦溪园原有面积约十亩左右，园里有岸老堂、萧萧堂、壳轩、深斋、远亭、苍峡亭等建筑，还有一条溪水流经园内。沈括逝世后，归葬钱塘故乡，家属仍留居镇江，但梦溪园却逐渐荒芜，南宋嘉定年间，郡守赵善湘为之修缮，后来此园为伍姓占去，元代又转属严氏，多年来为严氏宗祠。1985年，镇江市人民政府制订了兴复梦溪园的规划，在纪念沈括逝世八百九十周年之际，把梦溪园原址上的严氏宗祠部分房屋进行整修，列为市级文物保护单位，建立沈括纪念室。

现在的梦溪园是原梦溪园（沈括故居遗址）的一部分，占地2亩，计2幢建筑。前幢为清代修建的硬山顶平瓦房，坐东朝西，当中设正门入园，门上方嵌有茅以升题写"梦溪园"大理石横额。后幢为清式厅房，坐北朝南，内有沈括全身座像和文字图片、模型、实物，展现了沈括在天文、地理、数学、化学、物理、生物、地质、医学等方面的科研成就。室内两对抱柱上的对联是对沈括一生的高度概括和评价："沈酣于东海西湖南州北国之游，梦里溪山尤壮丽；括囊乎天象地质人文物理之学，笔端谈论自纵横。""数卷奇文，物志无心匀翠墨；一钩初月，南航北驾为苍生。"

八、赵伯先纪念馆

赵伯先纪念馆原设立于伯先公园大门内东侧建筑中，馆内展览共分"青年壮志　以革命为己任""宣传鼓动民众　培植革命力量""运动新军　图谋发难""组织领导庚戌广州新军起义""策划指挥辛亥黄花岗之役""尽忠革命　人民颂扬"六个部分。该展览展示了赵伯先革命的一生。他早年追随孙中山致力于推翻清朝封建专制统治的革命斗争，是杰出的民主革命家。他英年早逝，他所从事的一系列革命活动都为其后武昌起义的胜利奠定了基础。孙中山追赠他为上将军（一说为大将军）。赵伯先故居修缮开放后，赵伯先纪念馆撤销，部分展览并入赵伯先故居。

九、赛珍珠故居陈列室

赛珍珠故居陈列室位于市区西北登云山上，原为镇江市友好交流馆，成立于1992年10月31日，用以收存、陈列赛珍珠的著作、相关物品、资料及中美友好交往的有意义的展品。赛珍珠故居占地约400平方米，是一座青砖木结构的两层楼房，2002年被公布为江苏省文物保护单位。

赛珍珠（1892—1973），出生于美国，四五个月时即被身为传教士的双亲带到中国，在镇江度过了童年、少年，并进入青年时代，前后长达18年之久。1938年，赛珍珠获诺贝尔文学奖，获奖理由是"对中国农民生活史诗般的描述"。1973年3月26日，美国前总统尼克松在赛珍珠葬礼的悼词中称她是"一座沟通东西方文明的人桥"，"一位伟大的艺术家，一位敏感的富于同情心的人"。1998年，美国前总统布什访问中国时告诉中国朋友："我当初对中国的了解，以致后来对中国产生爱慕之情，就是赛珍珠的影响，是从读她的小说开始的。"

1989年，镇江市与美国坦佩市签订共同出资修复赛珍珠故居协议。1991年，由市政府牵头，市外事办与原半导体厂办妥故居的交接工作。同年，由外事办负责，镇江市建筑勘察设计院设计，丹徒县第三建筑工程公司施工，对故居进行大修，并于年底结束。1992年1—9月完成资料收集、布展工作。10月故居正式开馆，由中美双方共同商定，故居定名为"镇江市友好交流馆"。1993—2001年故居内进行多次维修及防治白蚁工作。

2002 年，由人大牵头，镇江市建筑勘察设计院设计，镇江市园林古典建筑公司施工，对故居进行第二次大修。扩大展品的征集，重新布展。“镇江友好交流馆”更名为“赛珍珠故居”。在故居内挂牌成立“中国镇江赛珍珠研究中心”。在赛珍珠诞生 110 周年之际，再次召开赛珍珠作品研讨会。10 月，镇江市召开以赛珍珠与镇江为题的经贸洽谈会。2005 年，故居内部进行了部分项目的维修，拆除周边违章建筑，故居外部也进行了较大规模的绿化工作，故居的展室进行了局部调整和充实。

现赛珍珠故居陈列室划归镇江博物馆管理，多次接待海内外重要来宾，成为对美交流的重要窗口。

十、丹阳市博物馆

丹阳市博物馆位于丹阳市丹金路万善公园西侧。2002 年 5 月筹建，2003 年 12 月建成并对外开馆。丹阳市博物馆是一幢仿古城楼建筑，三层，占地面积 4000 平方米，建筑面积 2410 平方米，展厅面积 1730 平方米。馆藏文物共 1254 件，馆藏一级文物 3 件，二级文物 12 件，三级文物 141 件。馆藏特色为西周及春秋时期的青铜器、六朝时期的青瓷器。2008 年 5 月起对外免费开放。

十一、丹阳市总前委旧址纪念馆

丹阳市总前委旧址纪念馆位于丹阳市城河路宝塔弄 5 号，包括旧址和纪念馆两个部分，占地 1344 平方米。旧址建于 1934 年，为二层楼房一幢，建筑面积 254 平方米，另有门楼一座。1949 年 4 月下旬，渡江战役胜利后，由邓小平、刘伯承、陈毅、粟裕、谭震林五人组成的总前委从南京到达丹阳，在此指挥了上海战役。1997 年 4 月 14 日筹建纪念馆。1998 年 2 月 18 日，纪念馆建成并对外开放。现旧址内按当年的原貌布置了陈列。纪念馆为三层楼房一幢，建筑面积 490 平方米，内设“光辉的总前委”展览，运用图、文、声、像等现代化手段，完整呈现总前委运筹丹阳、决胜上海的光辉历程。现有藏品 440 件，其中将帅题词 336 件、20 世纪 40 年代古典家具 39 件、革命文物 65 件。

1995 年 4 月，丹阳市总前委旧址被公布为江苏省文物保护单位。1998 年，纪念馆被列为江苏省全民国防教育基地。2004 年，被命名为“江苏省爱国主义教育基地”。

十二、句容市博物馆

句容市博物馆成立于 1997 年，原与图书馆合楼办公。2003 年，句容市政府在崇明街道葛仙湖公园新建一座占地 8.8 亩、建筑面积为 1800 平方米的博物馆。元代青花瓷、六朝青瓷、历代铜镜和系列钱币藏品是句容市博物馆的特色。2006 年 8 月，句容市博物馆被命名为“江苏省爱国主义教育基地”。

十三、句容市江南土墩墓博物馆

句容市江南土墩墓博物馆位于句容市茅山镇。占地面积 25 亩，建筑面积达 6230 平方米，是截至 2013 年全国唯一一座展示土墩墓文化的专题博物馆。2012 年 9 月建成，2013 年 12 月 8 日开馆。

土墩墓作为镇江最具特色的文化遗产之一，除在丹徒至大港沿江及丹阳平原地区有少量分布外，绝大多数分布在丘陵山地，重点是茅山山脉两麓，这也是将土墩墓博物馆设在茅山镇的原因。土墩墓博物馆布展围绕土墩墓的发展演变，展出了近几十年来土墩墓考古出土的几何印纹硬陶、原始青瓷和青铜器等文物。同时，通过大量图片和文字说明展示了土墩墓的营造过程。

十四、新四军四县抗敌总会纪念馆

新四军四县抗敌总会纪念馆位于丹徒区宝堰镇。馆舍建筑原为“怡和酒行”，建于1921年，占地2668平方米。1938年6月15日，陈毅同志率新四军一支队抵达宝堰，开创茅山抗日根据地。1938年7月7日，一支队在宝堰召开镇江、句容、金坛、丹阳四县各界人士代表会议，筹备建立镇、句、金、丹四县人民抗敌自卫委员会（即四县抗敌总会），为建立苏南县以上抗日民主政权和苏南抗日根据地打下了基础。1993年，丹徒县在旧址建立了“四县抗敌总会纪念馆”，馆名由张爱萍题写。陈毅、王必成同志办公旧址按原状布置。另开辟500平方米展厅，比较系统地介绍了苏南抗日根据地的创建发展过程，展示了四县抗敌总会的战斗历程，再现了陈毅、粟裕、王必成等老一辈无产阶级革命家和广大苏南军民的战斗风貌。1982年3月，旧址被公布为江苏省文物保护单位。1998年，纪念馆又被列为江苏省全民国防教育基地。

十五、冷遹纪念馆

冷遹纪念馆位于丹徒区黄墟。馆址冷遹故居建于20世纪20年代初，是一处独院住宅。正门朝南，主楼是一幢坐北朝南的两层楼。冷遹，字御秋，丹徒黄墟镇人，1902年考入安徽武备学堂，1906年加入同盟会。1912年元月，临时大总统孙中山授予他将军衔和文虎勋章，委任他为中华民国陆军第一军第三师师长。他先后参加讨袁运动、护法运动，后回到丹徒，创办了永安蚕种场。1945年7月1日，他与黄炎培等一行6人赴延安，受到毛泽东的亲切接见。中华人民共和国成立后赴北京参加第一届全国政协会议和开国大典，为第一届全国人大代表、全国政协委员，历任华东军政委员兼华东水利部副部长、江苏省副省长、江苏省政协副主席等职务。为了纪念他的生平事迹，2002年，建成冷遹纪念馆。

附
录

一、镇江历史沿革简表

时代	名称、时间、从属及变迁
西周	宜，属西周
春秋	朱方，属吴国。前 473 年，越灭吴，属越。
	楚灭越后，属楚，称谷阳。
秦	前 210 年，建丹徒县，属会稽郡。县治在今丹徒镇。
西汉	前 201 年，属荆国。前 195 年，属吴国。前 154 年，属江都国。前 121 年，江都国除，属会稽郡。
东汉	129 年，属吴郡。
三国吴	234 年，属毗陵典农校尉。
西晋	282 年，属毗陵郡。311 年，改毗陵郡为晋陵郡，属晋陵郡。
东晋	初迁县治于京口，后又迁回原处。345—356 年，因永嘉之乱，北方士民大批南渡，在丹徒县境内寄治郯、朐、利城 3 县。
南朝宋	431 年，属南东海郡。寄治丹徒县的三县均有实土。
南朝齐	479 年，属南东海郡，朐县已废。
南朝梁	502 年，改南东海郡为南兰陵郡，属南兰陵郡。
南朝陈	558 年，改南兰陵郡为南东海郡，属南东海郡。
隋	589 年，丹徒县与延陵县合并，属蒋州，移治京口。595 年，置润州，延陵县属润州。607 年，延陵县属江都郡。
唐	620 年，延陵县分为丹徒、延陵 2 县，属润州。742 年，改润州为丹阳郡，丹徒县属丹阳郡。758 年，丹阳郡复称润州，丹徒县属润州。
宋	1113 年，升润州为镇江府，此为镇江行政建置得名之始。原辖丹徒、丹阳、金坛、延陵四县，熙宁五年（1072 年）废延陵县后，辖丹徒、丹阳、金坛 3 县。

续表

时代	名称、时间、从属及变迁
元	1276年，升镇江府为镇江路，丹徒县属镇江路。路辖录事司，管辖镇江城区。1356年，改镇江路为江淮府。12月改江淮府为镇江府。辖丹徒、丹阳、金坛3县。
明清	1853年3月，太平天国改镇江府为镇江郡，丹徒县属镇江郡。清雍正八年（1730年）辖县增溧阳。1857年12月，清军复改镇江府。光绪三十年（1904年）设太平厅（今扬中县），隶镇江府，府辖4县1厅。
民国	1911年11月，镇江光复。1912年，废府。1928年，改丹徒县为镇江县。1929年（民国十八年）江苏省府由南京迁镇江。1933年（民国二十二年）3月，江苏划全省为13个行政督察区，第一区行政督察专员公署驻镇江，辖镇江、丹阳、金坛、句容、溧水、高淳、扬中7县，年底裁撤。
中华人民共和国	1949年，镇江解放，镇江县分设为镇江市和丹徒县。原城区及近郊为镇江市，四乡农村为丹徒县。镇江市属苏南行政区镇江专区。1958年7月，丹徒县与镇江市合并，名镇江市，属镇江专区。1958年9月，镇江专区改为常州专区，镇江市属常州专区。1959年9月，常州专区复名镇江专区，镇江市属镇江专区。1962年3月，镇江市、丹徒县复分设。1971年2月，镇江专区改名为镇江地区，镇江市属镇江地区。1983年3月1日，撤销镇江地区，将原镇江地区的丹徒、丹阳、扬中、句容4县划归镇江市。镇江市属江苏省。

二、重要文献辑存

1. 镇政发〔1982〕82号《市人民政府关于公布文物保护单位的通知》
2. 镇政发〔1985〕219号《关于确定沈括故居梦溪园为市级文物保护单位的通知》
3. 丹政发〔1985〕143号《关于公布丹阳县文物保护单位的通知》
4. 扬政〔85〕86号《关于确定县级文物保护对象的通知》
5. 徒政发〔1986〕13号《关于公布我县第一批县级文物保护单位的通知》
6. 镇政发〔1987〕94号《关于公布王宗培烈士墓等十五处市级文物保护单位的通知》
7. 徒政发〔1988〕166号《关于公布我县第二批县级文物保护单位的通知》
8. 丹政发〔1991〕157号《关于公布丹阳市第二批文物保护单位的通知》
9. 镇政发〔1992〕74号《关于公布冷御秋故居等九处为第三批市级文物保护单位的通知》
10. 镇政发〔1992〕203号《批转市文物管理委员会等部门关于正式公布我市各级文物保护单位划定保护范围的请示的通知》
11. 镇政发〔1993〕206号《批转市文物管理委员会、文化局关于公布第四批市级文物保护单位和加强保护我市现存文物古迹的请示的通知》
12. 镇江市人民政府第10号市长令《镇江市文物保护办法》
13. 苏政办发〔1996〕82号《省政府办公厅转发文化厅建委关于公布江苏省第一二三批全国重点和省级文物保护单位保护范围和建设控制地带的请示的通知》
14. 句政发〔1996〕162号《关于公布第一批句容市文物保护单位的通知》
15. 镇政发〔1998〕123号《关于印发〈镇江市文物保护单位使用保护修缮管理暂行规定〉的通知》
16. 镇政发〔1999〕265号《关于公布前隍村新四军一支队驻地旧址等18处为第五批市级文物保护单位的通知》
17. 镇政发〔1999〕266号《批转市文物管理委员会和市规划局〈关于正式公布我市第三、四批文物保护单位划定保护范围的请示〉的通知》
18. 丹政发〔1999〕259号《关于公布“丹阳市第三批文物保护单位”的通知》
19. 苏政复〔2000〕179号《省政府关于增补镇江古城墙遗址和国民党江阴要塞司令部旧址

为第四批江苏省文物保护单位的批复》

20. 苏政发〔2002〕130 号《省政府关于公布第五批省级文物保护单位的通知》

21. 丹政发〔2003〕132 号《关于公布"丹阳市第四批文物保护单位"的通知》

22. 镇政发〔2004〕76 号《关于公布镇江市第六批市级文物保护暨控制单位的通知》

23. 苏政发〔2006〕76 号《省政府关于公布第六批省级文物保护单位的通知》

24. 镇政发〔2007〕83 号《关于公布镇江市第七批市级文物保护单位的通知》

25. 丹政发〔2007〕167 号《关于公布"丹阳市第五批文物保护单位"的通知》

26. 苏政发〔2011〕181 号《省政府关于公布第七批省级文物保护单位的通知》

27. 苏政办发〔2012〕102 号《省政府办公厅关于公布江苏省第四至第六批省级以上文物保护单位保护范围及建设控制地带的通知》

28. 镇政发〔2012〕59 号《关于公布镇江市第五至七批文物保护单位保护范围及建设控制地带的通知》

29. 镇政规发〔2013〕6 号《镇江市人民政府关于印发〈镇江市文化遗产保护管理办法〉的通知》

30. 镇政发〔2014〕31 号《镇江市人民政府关于公布第八批市级文物保护单位的通知》

三、重要考古报告索引

旧石器

W. C. Pei. Note on a collection of mammal fossils from Tanyang in Kiangsu Province, Bulb. Geol. Soc. China, 1939, 4.

张祖方、李文明：《江苏省古人类和旧石器时代的考古工作》，《南京博物院集刊（2）》，1980 年。

李文明、张祖方、顾玉珉、林一璞、严飞：《江苏丹徒莲花洞动物群》，《人类学学报》，1982 年第 2 期。

张祖方：《江苏丹徒莲花洞人类牙齿和动物化石》，《南京博物院集刊》，1982 年第 5 期。

房迎三、王结华等：《江苏句容放牛山发现的旧石器》，《人类学学报》，2002 年第 1 期。

新石器

南京博物院：《江苏丹徒葛村新石器时代遗址探掘记》，《考古通讯》，1957 年第 5 期。

尹焕章、张正祥：《宁镇山脉及秦淮河地区新石器时代遗址普查报告》，《考古学报》，1959 年第 1 期。

镇江市博物馆：《江苏句容城头山遗址试掘简报》，《考古》，1985 年第 4 期。

南京博物院、丹徒县文教局：《江苏丹徒磨盘墩遗址发掘报告》，《史前研究》，1985 年第 2 期。

镇江博物馆：《江苏丹阳王家山遗址发掘简报》，《考古》，1985 年第 5 期。

镇江博物馆：《金坛北渚荡发现马家浜文化遗址》，《考古》，1985 年第 8 期。

南京博物院：《江苏句容丁沙地遗址试掘钻探简报》，《东南文化》，1990 年第 1、2 期合刊。

南京博物院、镇江博物馆：《江苏丹阳西沟居新石器时代遗址试掘》，《考古》，1994 年第 5 期。

南京博物院考古研究所：《江苏句容丁沙地遗址第二次发掘简报》，《文物》，2001 年第 5 期。

商周

江苏省文管会：《江苏丹徒县烟墩山出土的古代青铜器》，《文物参考资料》，1955 年第 5 期。

江苏省文管会：《江苏丹徒烟墩山西周墓及附葬坑出土的小器物补充材料》，《文物参考资料》，1956 年第 1 期。

刘兴、吴大林：《江苏溧水发现西周墓》，《考古》，1976 年第 4 期。

南京博物院：《江苏句容浮山果园西周墓》，《考古》，1977 年第 5 期。

镇江市博物馆、溧水县文化馆：《江苏溧水乌山西周二号墓清理简报》，《文物资料丛刊》第 2 辑，1978 年。

镇江市博物馆：《江苏金坛鳖墩西周墓》，《考古》，1978 年第 3 期。

镇江市博物馆浮山果园古墓发掘组：《江苏句容浮山果园土墩墓》，《考古》，1979 年第 2 期。

镇江市博物馆：《江苏丹阳出土的西周青铜器》，《文物》，1980 年第 8 期。

镇江市博物馆：《江苏丹徒出土东周铜器》，《考古》，1981 年第 11 期。

刘兴：《镇江地区近年出土的青铜器》，《文物资料丛刊》第 5 辑，1981 年。

刘兴、吴大林：《江苏溧水县柘塘、乌山土墩墓清理简报》，《文物资料丛刊》第 6 辑，1982 年。

南京博物院：《江苏句容浮山果园土墩墓》，《文物资料丛刊》第 6 辑，1982 年。

南京博物院：《江苏句容浮山果园土墩墓第二次发掘报告》，《文物资料丛刊》第 6 辑，1982 年。

镇江博物馆：《江苏宜兴石室墓试掘简报》，《文物》，1983 年第 4 期。

镇江博物馆：《镇江市马迹山遗址的发掘》，《文物》，1983 年第 11 期。

镇江博物馆：《江苏武进、宜兴石室墓》，《文物》，1983 年第 11 期。

镇江市博物馆：《江苏武进孟河战国墓》，《考古》，1984 年第 2 期。

镇江博物馆：《江苏丹徒大港母子墩西周铜器墓的发掘》，《文物》，1984 年第 5 期。

镇江博物馆：《江苏丹徒县石家墩西周墓》，《考古》，1984 年第 8 期。

南京博物院：《江苏丹徒磨盘墩周墓发掘简报》，《考古》，1984 年第 11 期。

纪仲庆：《句容县孙山头遗址》，《中国考古学年鉴 1984 年》，文物出版社，1984 年。

镇江博物馆刘建国、刘兴：《江苏句容白蟒台遗址的试掘》，《考古与文物》，1985 年第 3 期。

镇江博物馆：《江苏句容城头山遗址试掘简报》，《考古》，1985 年第 4 期。

镇江博物馆：《江苏溧水、丹阳西周墓发掘简报》，《考古》，1985 年第 8 期。

刘建国：《江苏溧水宽广墩墓出土器物》《文物》，1985 年第 12 期。

刘建国：《江苏丹徒粮山石穴墓》，《考古与文物》，1987 年第 4 期。

丹徒考古队：《江苏丹徒大港土墩墓发掘报告》，《文物》，1987 年第 5 期。

镇江博物馆：《江苏镇江谏壁王家山东周墓》，《文物》，1987 年第 12 期。

丹徒考古队：《江苏丹徒北山顶春秋墓发掘报告》，《东南文化》，1988 年第 3—4 期。

镇江博物馆：《丹徒镇四脚墩西周土墩墓发掘报告》，《东南文化》，1988 年第 3—4 期。

团山考古队：《江苏丹徒赵家窑团山遗址》，《东南文化》，1989 年第 1 期。

刘兴等：《溧水凤凰井春秋土墩墓》，《东南文化》，1989 年第 4—5 期。

凤凰山考古队：《江苏丹阳凤凰山遗址发掘报告》，《东南文化》，1990 年第 1—2 期。

邹厚本、宋建等：《丹徒断山墩遗址发掘纪要》，《东南文化》，1990 年第 5 期。

镇江博物馆：《丹徒县馒儿墩、大小笆斗周代土墩墓》，《中国考古学年鉴》，文物出版社，1991 年。

南京博物院：《江苏丹徒南岗山土墩墓》，《考古学报》，1993 年第 2 期。

三城巷考古队：《丹阳市三城巷遗址发掘报告》，《宁沪高速公路（江苏段）考古发掘报告文集》，《东南文化》，1994 年增刊（二号）。

贺家山考古队：《丹阳市贺家山遗址发掘报告》，《通古达今之路——宁沪高速公路（江苏段）考古发掘报告文集》，《东南文化》，1994 年增刊（二号）。

沈家山考古队：《丹阳市沈家山遗址》，《通古达今之路——宁沪高速公路（江苏段）考古发掘报告文集》，《东南文化》，1994 年增刊（二号）。

南京博物院等：《丹阳市河阳大夫墩发掘报告》，《通古达今之路——宁沪高速公路（江苏段）考古发掘报告文集》，《东南文化》，1994 年增刊（二号）。

南京博物院等：《丹阳市泰山溢洪河一、二号土墩墓》，《通古达今之路——宁沪高速公路（江苏段）考古发掘报告文集》，《东南文化》，1994 年增刊（二号）。

南京博物院、镇江博物馆：《江苏镇江左湖遗址发掘简报》，《考古》，2000 年第 4 期。

南京博物院、镇江博物馆、丹徒县文教局：《江苏丹徒横山、华山土墩墓发掘报告》，《文物》，2000 年第 9 期。

丹徒考古队：《丹徒青龙山春秋大墓及附葬墓发掘报告》，《东方文明之韵——吴文化国际学术讨论会论文集》，岭南美术出版社，2000 年。

镇江博物馆：《镇江大港馒儿墩西周墓及春秋墓发掘简报》，《东方文明之韵——吴文化国际学术讨论会论文集》，岭南美术出版社，2000 年。

镇江博物馆：《镇江大港乌龟墩遗址发掘简报》，《东方文明之韵——吴文化国际学术讨论会论文集》，岭南美术出版社，2000 年。

镇江博物馆：《镇江谏壁月湖乌龟山遗址发掘报告》，《东方文明之韵——吴文化国际学术讨论会论文集》，岭南美术出版社，2000 年。

镇江博物馆、丹阳市文化局：《丹阳凤凰山遗址第二次发掘》，《东南文化》，2002 年第 3 期。

南京博物院、镇江博物馆：《江苏丹徒镇四脚墩土墩墓第二次发掘简报》，《考古》，2007 年第 2 期。

镇江博物馆、丹阳市文化局：《丹阳市三城巷遗址第二次发掘报告》，《东南文化》，2008 年第 9 期。

镇江博物馆考古队：《江苏丹阳葛城遗址勘探试掘简报》，《江汉考古》，2009 年第 3 期。

镇江博物馆、南京博物院：《江苏镇江大港双墩 2 号墩发掘报告》，《南方文物》，2010 年第 4 期。

镇江博物馆：《江苏丹徒薛家村大墩、边墩土墩墓发掘简报》，《东南文化》，2010 年第 5 期。

南京博物院、镇江博物馆、丹阳市文化局：《江苏丹阳葛城遗址考古勘探与发掘简报》，《东南文化》，2010 年第 5 期。

镇江博物馆、句容市博物馆：《江苏句容鹅毛岗土墩墓 D2 发掘简报》，《东南文化》，2012 年第 4 期。

镇江博物馆、句容市博物馆：《江苏句容鹅毛岗 1 号土墩墓发掘简报》，《江汉考古》，2013 年第 2 期。

秦汉至六朝

张璜：《梁代陵墓考》，1930 年。

中央古物保管委员会编辑委员会：《六朝陵墓调查报告》，1935 年。

陆九皋：《镇江阳彭山东晋墓》，《考古》，1962 年第 2 期。

镇江市博物馆：《镇江市东晋刘墓的清理》，《考古》，1964 年第 5 期。

镇江市博物馆：《镇江东晋画像砖墓》，《文物》，1973 年第 4 期。

南京博物院：《江苏丹阳胡桥南朝大墓及砖刻壁画》，《文物》，1974 年第 2 期。

镇江市博物馆：《刘岱墓志简述》，《文物》，1977 年第 6 期。

镇江市博物馆：《江苏丹徒东晋窖藏铜钱》，《考古》，1978 年第 2 期。

镇江市博物馆、丹阳县文化馆：《江苏丹阳东汉墓》，《考古》，1978 年第 3 期。

南京博物院：《江苏丹阳县胡桥、建山两座南朝墓葬》，《文物》，1980 年第 2 期。

镇江市博物馆：《江苏高淳县东汉画像砖墓》，《文物》，1983 年第 4 期。

溧水县图书馆吴大林：《江苏溧水出土东汉画像砖》，《文物》，1983 年第 11 期。

镇江市博物馆：《镇江东晋墓》，《文物资料丛刊》第 8 辑，1983 年。

肖梦龙等：《镇江博物馆藏古代铜印》，《文物》，1983 年第 8 期。

镇江博物馆：《镇江东吴西晋墓》，《考古》，1984 年第 6 期。

刘兴：《江苏梁太清二年窖藏铜器》，《考古》，1985 年第 6 期。

镇江博物馆：《镇江市东晋晋陵罗城的调查和试掘》，《考古》，1986 年第 5 期。

林留根：《镇江谏壁砖瓦厂发现汉墓》，《东南文化》第 1 辑，1987 年。

镇江博物馆：《江苏丹徒县蔡家村汉墓》，《考古》，1987 年第 7 期。

镇江博物馆：《江苏镇江谏壁砖瓦厂东晋墓》，《考古》，1988 年第 7 期。

林留根：《江苏镇江东晋纪年墓清理简报》，《东南文化》1989 年第 2 期。

《镇江铁瓮城考古取得重要成果》，《中国文物报》，1995 年 4 月 16 日。

镇江古城考古所：《镇江晋、唐军事甬道遗迹考古简报》，《南方文物》，1995 年第 4 期。

镇江古城考古所：《镇江市网巾桥六朝手工业遗址的发掘》，《南方文物》，1996 年第 1 期。

镇江六朝唐宋古城考古队：《江苏镇江市花山湾古城遗址 1991 年发掘简报》，《考古》，1999 年第 3 期。

镇江博物馆：《江苏镇江长岗许前村西汉墓发掘简报》，《东南文化》，2007 年第 5 期。

镇江博物馆、镇江市文管办：《镇江丁卯江南世家工地六朝墓》，《东南文化》，2008 年第 4 期。

镇江博物馆、句容市博物馆：《江苏句容春城南朝宋元嘉十六年墓》，《东南文化》，2010 年第 3 期。

镇江古城考古所、镇江博物馆：《镇江铁瓮城南门遗址发掘报告》，《考古学报》，2010 年第 10 期。

镇江博物馆、焦山碑刻博物馆：《镇江焦山瘗鹤铭碑刻发掘简报》，《东南文化》，2011 年第 1 期。

镇江博物馆：《江苏镇江花山湾古城遗址 2010 年发掘简报》，《江汉考古》，2012 年第 2 期。

隋唐至宋元

江苏省文物工作队镇江分队、镇江市博物馆：《江苏镇江甘露寺铁塔塔基发掘记》，《考古》，1961 年第 6 期。

镇江市博物馆等：《金坛南宋周瑀墓》，《考古学报》，1977 年第 1 期。

镇江市博物馆：《镇江市南郊北宋章岷墓》，《文物》，1977 年第 3 期。

镇江市博物馆、金坛县文管会：《江苏金坛南宋周瑀禹墓发掘简报》，《文物》，1977 年第 7 期。

丹阳县文管会：《丹阳全州公社发现元末红巾军宋政权的铜印》，《文物》，1977 年第 12 期。

镇江博物馆肖梦龙：《江苏金坛元代青花云龙罐窖藏》，《文物》，1980 年第 1 期。

肖梦龙：《江苏镇江谏壁北宋墓出土的瓷器》，《考古》，1980 年第 3 期。

刘兴：《江苏丹徒元代窖藏瓷器》，《文物》，1982 年第 2 期。

丹徒县文教局、镇江博物馆：《江苏丹徒丁卯桥出土唐代银器窖藏》，《文物》，1982 年第 11 期。

镇江博物馆：《江苏镇江唐墓》，《考古》，1985 年第 2 期。

刘建国、杨再年：《江苏句容行香发现唐代铜棺、银椁》，《考古》，1985 年第 2 期。
肖梦龙、汪青青：《江苏溧阳平桥出土宋代银器窖藏》，《文物》1986 年第 5 期。
刘兴：《镇江市区出土的元代瓷器》，《南方文物》，1995 年第 4 期。
镇江博物馆：《丹徒左湖南宋岳超墓发掘简报》，《东南文化》，2004 年第 1 期。
镇江博物馆、镇江古城考古所：《江苏镇江西津渡遗址发掘简报》，《东南文化》，2011 年第 1 期。
南京博物院、镇江博物馆：《江苏镇江双井路宋元粮仓遗址考古发掘简报》，《东南文化》，2011 年第 5 期。

四、镇江博物馆馆藏一、二级文物目录（截至 2013 年）

（一）镇江博物馆一级文物目录

序号	总号	分号	名称	时代	数量	质地	现状	尺寸（厘米）	来源	备注
1	16158	句城 T1：11	新石器时代带盖红陶甗	新石器时代	1	陶器	重残	高 41.8、口径 22.8	1981 年江苏句容城头山遗址出土	
2	16078	丹港：3	西周变形兽面纹青铜簋	西周	1	铜器	完整	高 14、口径 22.2	1982 年 9 月丹徒大港母子墩西周墓出土	
3	16079	丹港：4	西周“白乍宝尊彝”凤鸟纹方座青铜簋	西周	1	铜器	微残	高 24、口径 22.2	1982 年 9 月丹徒大港母子墩西周墓出土	
4	16081	丹港：6	西周鸳鸯形三足青铜尊	西周	1	铜器	基本完整	高 22.2、口径 18.3	1982 年 9 月丹徒大港母子墩西周墓出土	
5	16082	丹港：7	西周雷纹青铜鬲	西周	1	铜器	重残	通高 39.5、口径 32、腹深 15.3	1982 年 9 月丹徒大港母子墩西周墓出土	
6	16083	丹港：8	西周提梁带盖青铜卣	西周	1	铜器	微残	高 34.5、口径 17.7×13.5、底径 19.3×15.5	1982 年 9 月丹徒大港母子墩西周墓出土	
7	16084	丹港：9	西周卷云形兽面纹鸟盖青铜壶	西周	1	铜器	基本完整	通高 49、口径 20×13.8、底径 29×21	1982 年 9 月丹徒大港母子墩西周墓出土	
8	14395	丹司庙：06	西周夔龙纹青铜鼎	西周	1	铜器	微残	通高 26.5、口径 26.5	1976 年 12 月丹阳司徒公社青铜器窖藏出土	
9	14400	丹司：11	西周乳丁纹青铜簋	西周	1	铜器	微残	高 14.3、口径 21、底径 16.2	1976 年 12 月丹阳司徒公社青铜器窖藏出土	

序号	总号	分号	名称	时代	数量	质地	现状	尺寸（厘米）	来源	备注
10	14403	丹司：14	西周带环青铜簋	西周	1	铜器	基本完整	高 10.5、口径 18.7、底径 16.5	1976 年 12 月丹阳司徒公社青铜器窖藏出土	
11	14406	丹司：17	西周凤纹青铜尊	西周	1	铜器	重残	高34、口径41.4、腹径107、底径8.2	1976 年 12 月丹阳司徒公社青铜器窖藏出土	
12	14407	丹司：18	西周棘刺纹青铜尊	西周	1	铜器	微残	高 28.4、口径 29.5、底径 21.7	1976 年 12 月丹阳司徒公社青铜器窖藏出土	
13	7779	3－309	西周翏生青铜盨	西周厉王	1	铜器	微残	高 20.7、口径 22 ×16.3、底径 18.5 ×13.4	1963 年唐嵩山先生捐赠	
14	18954	谏王：28	东周素面青铜虎子	东周	1	铜器	基本完整	长 26.8、宽 16.5	1985 年 4 月谏壁王家山东周墓葬出土	
15	16534	谏王 M1：13	东周人面纹青铜錞于	东周	2	铜器	微残	大号通高 56.5、口径 24.5、顶部直径 32；小号通高 43、口径 20.8、顶部直径 26.5	1985 年 4 月谏壁王家山东周墓葬出土	
16	16535	谏王 M1：14	青铜盉	东周	1	铜器	重残	通高 29、口径 11.8	1985 年 4 月谏壁王家山东周墓出土	
17	13755	1－2338	青釉原始瓷勾连双勾线S形纹瓷罐	春秋	1	瓷器	基本完整	高 17.5、口径 13.8、腹径 21.6、底径 16.3	1976 年高淳县永宁公社西周墓出土	
18	12657	1－2094	春秋青釉米筛纹原始瓷罐	春秋	1	瓷器	微残	高 26.5、口径 23.3、底径 20.8	1973 年丹阳皇塘公社大庄大队春秋墓出土	
19	14869	谏 M7：04	春秋弦纹带流青铜甗	春秋	1	铜器	微残	通高 55、口径 40.3	1979 年 3 月江苏丹徒谏壁粮山东周墓出土	
20	11245	3－707	春秋蟠虺纹附耳三足青铜盘	春秋	1	铜器	基本完整	高 15.5、口径 44.3	1966 年溧阳社渚公社西南 4 公里的许大山界出土	
21	11246	3－708	春秋蟠虺纹附耳三足青铜盘	春秋	1	铜器	微残	高 15.5、口径 44.3	1966 年溧阳社渚公社西南 4 公里的许大山界出土	

续表

序号	总号	分号	名称	时代	数量	质地	现状	尺寸（厘米）	来源	备注
22	14870	谏 M7：05	春秋蟠螭纹三足青铜罍	春秋	1	铜器	微残	高 39.5、口径 30.5	1979 年 3 月江苏丹徒谏壁粮山东周墓出土	
23	17402 17405 17406	大青 M1：3、6、7	春秋菱形暗花纹青铜矛	春秋	1 组 3 件	铜器	略残	长 29.8	大港青龙山 M1 出土	原三级
24	13393 13538 13539	3－1094 3－1051 3－1093	战国素面青铜勾鑃	战国	7	铜器	微残	1/3：长 26、口径 13 × 8；2/3：长 45.7、口径 20 × 13.5；3/3：长 60、口径 24.1×27.8	1975 年高淳县顾陇公社松溪大队出土，拣选	
25	15914	1－2637	东汉青釉陶虎子	东汉	1	陶器	基本完整	高 21、长 24.5、腹径 14.5	1972 年江苏金坛县香草河东汉墓出土	
26	18955	丹泊 M1：17	东汉黑釉瓷小罐	东汉永元十三年（101 年）	1	瓷器	基本完整	高 3.7、口径 3.5、底径 2.2	1973 年大泊公社瓜渚大队宗头山出土	
27	15907	金唐 M1：01	三国吴青釉飞鸟百戏堆塑瓷罐	三国吴	1	瓷器	重残	高 47.5、口径 8.8、腹径 28.5	1973 年金坛县唐王公社东吴墓出土	
28	19291	禹优 M7：2	三国吴越窑青釉鳖形瓷水注	三国吴	1	瓷器	微残	高 6、口径 1.8、底径 5	2008 年市禹山北路和融优山美地东吴墓出土	
29	19290	禹优 M7：1	三国吴青釉八系带盖瓷扁壶	三国吴	1	瓷器	微残	通高 26.5、口径 6.1、底径 15.2 × 10.6	2008 年市禹山北路和融优山美地东吴墓出土	
30	10083	丹辛河：001	三国吴嘉禾六年铜弩机	三国吴嘉禾六年（237 年）	1	铜器	缺	高 8.7、长 17.8	1965 年 5 月，丹徒辛丰河达公社小庄生产队东晋墓出土	
31	15912	1－2635	三国吴上虞窑青瓷扁壶	东吴	1	瓷器	缺	高 23.2、口径 6.3、腹宽 21、底径 13.5 × 9.6	1970 年金坛县白塔公社惠群大队东吴墓出土	一级数据库此件名称漏掉“三国”二字
32	12994	3－973	西晋佛像飞鸟铜香薰	西晋	1	铜器	缺	高 15、底径 19.6、腹径 12	1974 年句容县四牌楼收购站	
33	5489	1－742	西晋越窑青釉羽翼纹瓷虎子	西晋	1	瓷器	缺	高 15.6、口径 6、长 29	1960 年江苏省镇江市丹徒镇出土	
34	14603	3－1207	东晋金佛像牌	东晋	1	金银器	基本完整	长 5.1、宽 2.8、厚 0.1	镇江跑马山一号东晋墓拣选	

序号	总号	分号	名称	时代	数量	质地	现状	尺寸（厘米）	来源	备注
35	6868	丹机 M1：3	东晋越窑青釉羊首盘口瓷壶	东晋	1	瓷器	基本完整	高30、口径18.1、底径12.5	1961年镇江市农机学院东晋墓出土	
36	14657	象冶：1	东晋宜兴窑青釉龙首把直流瓷尊	东晋	1	瓷器	基本完整	高16.7、口径13.5、腹径17.4、底径11.7	1979年镇江冶炼厂东晋墓出土	
37	7458 7459	晋刘：20、21	东晋升平元年刘尅砖墓志	东晋升平元年（357年）	2	砖瓦	基本完整	长27.4、宽15、厚3.5	1962年镇江市东南郊汝山贾家湾东晋东墓出土	
38	16285	1－2708	南朝瓯窑青釉瓷虎子	南朝	1	瓷器	完整	高20、口径7.4、长29.1	1984年市文物商店移交	
39	19149	姚华 M13：1	南朝凤纹银钗	南朝	1	银器	基本完整	长25.8	2004年丹徒华山村 M13 出土	
40	18957	句春：01	南朝宋元嘉十六年草字砖	南朝宋元嘉十六年（439年）	2	砖瓦	基本完整	长34.1、上宽14.3、下宽10.5、厚5	1983年3月句容县春城乡南朝墓出土	
41	18958	句春：2	南朝元嘉十六年银包口角盘	南朝元嘉十六年（439年）	1	漆器	基本完整	高1.6、口径12.8、底径11.4	1983年3月句容县春城乡南朝墓出土	
42	12734	句袁：1	南齐永明五年刘岱石墓志	南齐永明五年（487年）	1	石刻	基本完整	长55、宽65、厚7	1969年句容袁巷乡小龙口出土	
43	15660	丁2：1－2	唐墨书“重伍拾壹两”计重银铤	唐	2	金银器	完整	长36.2、宽7.6	1982年元月镇江市丁卯桥唐代窖藏出土	
44	15625 15626	丁：813、814	唐涂金论语酒令银筹、“论语玉烛”龟形酒筹银筒	唐	1套51件	金银器	微残	长20.4、宽1.5、厚0.05；龟长25.5、宽15.4；筒深22；通高33.4	1982年元月镇江市丁卯桥唐代窖藏出土	
45	15630	丁：818	唐鎏金双凤纹带盖大银盒	唐	1	金银器	缺	高26、底径25.6、腹径32	1982年元月镇江市丁卯桥唐代窖藏出土	
46	15629	丁：817	唐鎏金双凤纹带盖大银盒	唐	1	金银器	微残	高26、底径25.6、腹径32	1982年元月镇江市丁卯桥唐代窖藏出土	
47	15616	丁：783	唐鎏金双鹦鹉纹莲瓣形带盖银盒	唐	1	金银器	微残	高7.5、腹径9.5、底径6.1	1982年元月镇江市丁卯桥唐代窖藏出土	
48	15622	丁：807	唐鎏金双凤压花菱形银盘	唐	1	金银器	微残	高4.1、口径17×11.5、足径13.9×9.2	1982年元月镇江市丁卯桥唐代窖藏出土	

续表

序号	总号	分号	名称	时代	数量	质地	现状	尺寸（厘米）	来源	备注
49	15638	丁：831	唐鎏金鱼化龙纹大银盆	唐	1	金银器	微残	高 6.5、口径 34.5、底径 23.5	1982 年元月镇江市丁卯桥唐代窖藏出土	
50	12580	b：2703	唐佛像立轴	唐	1	纸	微残	长 43.5、宽 26	溧阳上黄公社桥南大陈茵眉女士捐赠	
51	12300	1－1990	唐绞胎瓷盘	唐	1	瓷器	完整	高 4.2、口径 21.6、底径 18.1	邗江出土，收购	
52	15624	J：809－812	唐涂金瓜形银盖	唐	1 组 4 件	金银器	微残	高 6.3、口径 14.2	1982 年元旦镇江市丁卯桥唐代窖藏出土	原二级
53	15644 15643	丁：840、丁：839、841	唐鎏金蝴蝶纹银盒、唐鎏金鱼纹银盒、唐鎏金人物银瓶	唐	1 组 4 件	金银器	微残	蝴蝶纹盒高 5、长 9、宽 3.5；鱼纹盒高 5、长 9、宽 5.5；人物瓶残高 7、口径 3.8、腹径 6.6	1982 年元旦镇江市丁卯桥唐代窖藏出土	原二级
54	14653	J：849	唐鎏金鹦鹉纹银碗	唐	1	金银器	微残	高 11.5、口径 21.3、足径 14	1982 年元旦镇江市丁卯桥唐代窖藏出土	原二级
55	15615	丁：779－782	唐鎏金双鹦鹉纹带盖银盒	唐	1 组 4 件	金银器	微残	高 8.5、口径 11	1982 年元旦镇江市丁卯桥唐代窖藏出土	丁：779 原二级；丁：781、782 原三级
56	6389	甘塔：12	唐大和三年长干寺舍利金棺	唐大和三年（829 年）	1	金银器	完整	盖长 6.4、头宽 1.9、头高 2.8、底长 5.1、尾宽 1.6、尾高 2.1	1960 年元月镇江市甘露寺铁塔地宫出土	
57	6388	甘塔：11	唐大和三年长干寺舍利银椁	唐大和三年（829 年）	1	金银器	完整	盖长 11.5、底头宽 4.3、头高 4.9、底长 9.6、尾高 3.9	1960 年元月镇江市甘露寺铁塔地宫出土	
58	6386	甘塔：9	唐大和三年禅众寺舍利银椁	唐大和三年（829 年）	1	金银器	完整	通高 12.4、底长 9.7、底宽 8	1960 年元月镇江市甘露寺铁塔地宫出土	
59	13771	1－2344	宋代泥塑童戏像	宋	5	陶器	重残	高 13.8～19.9	1976 年镇江市五条街骆驼岭宋代遗址出土	
60	13504	a：1322	宋曼陀罗尼经咒	宋	1	纸	微残	直径 26	1976 年镇江市新火车站小太古山工地出土	
61	18962	上来 M1：1	北宋景德镇窑青白釉瓷注子温碗	宋	1 套 2 件	瓷器	微残	注子通高 23.5、口径 3.1、足径 8.1；注碗高 14.7、口径 17.8、足径 9.2	2004 年 2 月 18 日丹徒区上党镇莱村砖瓦厂北宋墓出土	

续表

序号	总号	分号	名称	时代	数量	质地	现状	尺寸（厘米）	来源	备注
62	18698 18700 18701	五小：33、35、36	宋代泥塑童戏像	宋	1套3件	陶器	微残	五小：33，高17；五小：35、36，高9	1996年五条街小学工地发掘	原三级
63	12502	磷肥：1	北宋景德镇窑青白釉瓷梅瓶	北宋	1	瓷器	基本完整	高36.7、口径10.4、腹径20.8、底径9.5	1973年4月镇江磷肥厂北宋墓出土	
64	13244	南黄M1：1	北宋熙宁四年定窑酱釉瓷梅瓶	北宋熙宁四年（1071年）	1	瓷器	重残	高23.3、口径6、腹径16.2、底径8	镇江市南郊水泥制杆厂北宋墓出土	
65	14705 14706 14707 14708	溧竹：27－30	北宋元祐六年琉璃青龙、白虎、朱雀、陶玄武	北宋元祐六年（1091年）	4	陶器	微残	高46.5、长66	1978年2月江苏省镇江地区溧阳县竹箦公社中梅大队北宋墓出土	
66	14695	溧竹：17	北宋元祐六年釉陶肩舆与舆夫	北宋元祐六年（1091年）	3	陶器	微残	肩舆高17.5、杠长32、人高20.9	1978年2月江苏省镇江地区溧阳县竹箦公社中梅大队北宋墓出土	
67	14700 14701 14702	溧竹：22、23、24	北宋元祐六年琉璃陶楼、水榭、凉亭	北宋元祐六年（1091年）	5	陶器	微残	高46、广41、深28.8	1978年2月江苏省溧阳县竹箦公社中梅大队北宋墓出土	
68	18952	0－789	南宋刻禹迹图石碑	南宋绍兴十二年（1142年）	1	石器	微残	长95.4、宽89.4、高11	镇江师专文庙征集	
69	13563	金茅：008	南宋矩纹纱交领禅衫	南宋淳祐五年（1245年）	1	织绣	重残	长135、通袖长268、袖宽52、袖口宽58、腰宽68、下摆宽89、领缘宽1.5、襟怀缘宽4.6、袖缘宽4.5	1975年7月江苏金坛县茅麓乡南宋周瑀墓出土	
70	13556	金茅：1	南宋牡丹花罗合领夹衫	南宋淳祐五年（1245年）	1	织绣	微残	长122、通袖长268、袖宽54、袖口宽64、腰宽71、下摆前襟宽92、后襟宽79、领缘宽1.8、襟怀缘宽5、袖缘宽5	1975年7月江苏金坛县茅麓乡南宋周瑀墓出土	
71	13612	金茅：57	南宋“君玉”雕漆镂空团扇	南宋淳祐五年（1245年）	1	漆器	微残	通长43.9、扇面长25、最大径宽20、柄最大径2.6	1975年7月江苏金坛县茅麓乡南宋周瑀墓出土	

续表

序号	总号	分号	名称	时代	数量	质地	现状	尺寸（厘米）	来源	备注
72	13593	金茅：38	南宋周瑀太学生牒文	南宋淳祐五年（1245年）八月	1	绢	基本完整	长144.5、宽32	1975年7月江苏金坛县茅麓乡南宋周瑀墓出土	
73	12930	3－968	南宋咸淳六年印侍郎铁刀	南宋咸淳六年（1270年）	1	铁器	完整	全长833、身宽4～4.6、背0.5～0.8、茎19.5	1974年丹徒县高资公社团结大队出土，征集	
74	11260	金湖M1：1	景德镇窑青花云龙纹瓷罐	元延祐元年（1314年）	1	瓷器	完整	高26、口径20、腹径35.5、底径20.2	金坛县洮西公社湖溪大队元代窖藏出土	
75	18956	3－1397	元龙凤二年管军万户府铜印	元龙凤二年（1359年）	1	铜器	完整	高8、长7.8、宽7.8	1975年12月丹阳全州公社出土，征集	
76	3484	b：1184	明陈道复金焦图周贞庵诗卷	明	1	纸	基本完整	全长1919.7、宽37.6；画心长118.1、宽31.2	焦山古物馆拨交	
77	1758	b：517	明谢廷循杏园雅集图手卷	明正统二年（1437年）	1	绢	基本完整	全长1620、宽39.3；画心长1181、宽37	唐寿民先生捐赠	
78	2679	a：514	明文徵明隶书立轴	明嘉靖八年（1529年）	1	纸	完整	轴长64；全长262、宽53.6；画心长156、宽26	袁左良先生捐赠	
79	3416	a：676	明杨继盛行书手卷	明嘉靖三十一年（1552年）	1	纸	基本完整	横39、59、67、55，纵29、32、28、32	焦山古物馆拨交	
80	9629	b：2613	清高其佩山雉图中堂	清	1	纸	基本完整	轴长85.2；全长218.8、宽77.5；画心长130、宽71	市文物商店收购	
81	2777	b：831	清禹之鼎蒹葭书屋图手卷	清	1	纸	完整	全长1180.3、宽43；画心长159.8、宽42.3	袁左良先生捐赠	
82	16712	b：2884	清蓝孟春山诗话图中堂	清	1	纸	基本完整	轴长104.3；全长285.2、宽93.3；画心长184、宽90.5	严忠婉捐赠	
83	18953	9－255	清汤鹏溪山烟霭图铁画	清	1	铁器	微残	长140、宽76	旧藏	
84	8375	C：1000	清瘗鹤铭水前拓本	清康熙	1	纸	微残	全长32.4、宽41.2；画心长25.2、宽16.8	收购	

续表

序号	总号	分号	名称	时代	数量	质地	现状	尺寸（厘米）	来源	备注
85	3499	b：1197	清八大山人花鸟图手卷	清（昭昜大梁日为癸酉年）	1	纸	完整	全长1190.1、宽32.5；画心长471、宽26	焦山古物馆拨交	
86	13179	0－675	清乾隆御题金山图玉插牌	清乾隆	1	玉器	基本完整	通长40、通高37.5；玉牌长20、宽15	1974年收购	
87	1994	b：575	清华喦听松图立轴	清	1	纸	完整	轴长69.6；全长239、宽59.6；画心长104.5、宽42.5	唐寿民先生捐赠	
88	5963	b：2077	清张夕庵镇江名胜册页	清道光二年（1822年）	1套12张	纸	基本完整	全长51.6、宽44.1；画心长34.8、宽19.4	王鸾云、姚克庄捐赠	
89	13754	辛资：039	清商务部颁发的大照电灯公司执照	清光绪二十九年（1905年）	1	纸	完整	长55.8、宽43.7	捐赠	
90	4438	太平：53	“太平天国辛酉十一年”铁炮	太平天国时期	1	铁器	完整	长104、外口径12、内口径6	1978年高淳县夏坎公社出土，收购	
91	2451	二革：91	“打倒土豪劣绅”标语	1927年	1	纸	缺	长43、宽19.5	1965年宜兴县陆平村钱金大捐赠	
92	4722	抗日：914	抗日战争时陈毅、邱东平给汤通庆的题词	1939年	1	纸	完整	长12.2、宽8.9	1982年汤通庆捐赠	
93	2948	b：889	清周镐镇江二十四景图册	清道光二十二年（1842年）	1套24张	纸	完整	每开纵37.5、横63	金山文物馆移交	原二级升，2011年12月新定
94	2052	b：591	清顾鹤庆徐氏云川阁十六景卷	清嘉庆乙亥年（1815年）	1	绢	完整	纵39.6、横1304.4	严惠宇先生捐赠	原二级升，2011年12月新定
95	4232	二革反：019	民国时期镇江英国领事馆房地产档案	民国	1套7件	纸	基本完整	契据长35.5、宽21.5	“破四旧”鉴留	2011年12月初定

（二）镇江博物馆二级文物目录

序号	总号	分号	文物名称	时代	数量	类别	现状	尺寸（厘米）	来源	备注
1	16193	丹王：10	新石器时代黑皮陶把杯	新石器时代	1	陶器	微残	通高 10.4、口径8×10.4、底径 6.8	1983 年丹阳王家山遗址出土	
2	16159	句城 T1：12	新石器时代红陶三足匜	新石器时代	1	陶器	微残	高 15.5、口径 32.6×34.8	1981 年江苏省句容县城头山遗址出土	
3	4652	O：300	新石器时代三角形石犁	新石器时代	1	石器	略残	高 70、宽 40	镇江市谏壁烟袋山遗址出土	
4	14233	O：705	新石器时代玉钺	新石器时代晚期	2	玉器	微残	长 19、韧宽 13、厚 1，长 17.5、宽 10.5	江苏省武进县青龙公社出土	
5	14566	O：732	新石器时代带木柄石斧	新石器时代	1	石器	微残	长 11、宽 25、厚 3	江苏省溧阳县沙河新石器遗址	
6	7784	3－314	西周“申”凤纹青铜簋盖	西周	1	铜器	基本完整	高 8.2、口径 24、足径 9.8	唐嵩山先生捐赠	
7	14390	丹司：1	西周单弦纹矮足铜鼎	西周	1	铜器	基本完整	高 41.8、口径 40.5	1976 年丹阳司徒公社司徒庙附近窖藏出土	
8	14391	丹司：2	西周双弦纹矮足铜鼎	西周	1	铜器	微残	高 27、口径 22.5	1976 年丹阳司徒公社司徒庙附近窖藏出土	
9	14392	丹司：3	西周卷云纹铜鼎	西周	1	铜器	微残	高 33、口径 32.8	1976 年丹阳司徒公社司徒庙附近窖藏出土	
10	14393	丹司：4	西周双乳丁纹铜鼎	西周	1	铜器	微残	高 26.5、口径 22.5	1976 年丹阳司徒公社司徒庙附近窖藏出土	
11	14394	丹司：5	西周弦纹铜鼎	西周	1	铜器	微残	高 27、口径 24.2	1976 年丹阳司徒公社司徒庙附近窖藏出土	
12	14396	丹司：7	西周环云纹铜鼎	西周	1	铜器	微残	高 22.8、口径 23.5	1976 年丹阳司徒公社司徒庙附近窖藏出土	
13	14397	丹司：8	西周乳钉弦纹矮足铜鼎	西周	1	铜器	微残	高 24.1、口径 22.3	1976 年丹阳司徒公社司徒庙附近窖藏出土	
14	14398	丹司：9	西周弦纹铜鼎	西周	1	铜器	微残	高 23	1976 年丹阳司徒公社司徒庙附近窖藏出土	

续表

序号	总号	分号	文物名称	时代	数量	类别	现状	尺寸（厘米）	来源	备注
15	14399	丹司：10	西周弦纹铜鼎	西周	1	铜器	微残	高23.2、口径24.4	1976年丹阳司徒公社司徒庙附近窖藏出土	
16	14401	丹司：12	西周变形夔纹铜簋	西周	1	铜器	基本完整	高11.2、口径20.8	1976年丹阳司徒公社司徒庙附近窖藏出土	
17	14402	丹司：13	西周双夔耳铜簋	西周	1	铜器	微残	高10、口径21.8	1976年丹阳司徒公社司徒庙附近窖藏出土	
18	14408	丹司：19	西周变形夔纹铜尊	西周	1	铜器	微残	高17.5、口径21.2	1976年丹阳司徒公社司徒庙附近窖藏出土	
19	14409	丹司：20	西周棘刺纹铜尊	西周	1	铜器	微残	高23.3、口径25.2	1976年丹阳司徒公社司徒庙附近窖藏出土	
20	14410	丹司：21	西周素面铜盘	西周	1	铜器	微残	高12.8、口径43	1976年丹阳司徒公社司徒庙附近窖藏出土	
21	14411	丹司：22	西周云形夔纹铜盘	西周	1	铜器	微残	高12.2、口径31.2	1976年丹阳司徒公社司徒庙附近窖藏出土	
22	14412	丹司：23	西周弦纹铜盘	西周	1	铜器	微残	高11.5、口径30.7	1976年丹阳司徒公社司徒庙附近窖藏出土	
23	14413	丹司：24	西周乳钉纹铜瓿	西周	1	铜器	基本完整	高16.2、口径18.8	1976年丹阳司徒公社司徒庙附近窖藏出土	
24	14421	丹司：25	西周弦纹矮足铜鼎	西周	1	铜器	基本完整	高27、口径22.5	1976年丹阳司徒公社司徒庙附近窖藏出土	
25	16076	丹港：1	西周雷纹铜鼎	西周	1	铜器	基本完整	高21.2、口径17.8	1982年丹徒县大港公社赵庄大队乔木山母子墩西周墓出土	
26	16077	丹港：2	西周云形鸟纹铜鼎	西周	1	铜器	基本完整	高25.3、口径20.2	1982年丹徒县大港公社赵庄大队乔木山母子墩西周墓出土	
27	16080	丹港：5	西周变形夔纹铜尊	西周	1	铜器	基本完整	高27、口径22.2	1982年丹徒县大港公社赵庄大队乔木山母子墩西周墓出土	

续表

序号	总号	分号	文物名称	时代	数量	类别	现状	尺寸（厘米）	来源	备注
28	16086 16087	丹港： 11、12	西周铜叉、铜镦	西周	1	铜器	基本完整	叉通长22.8、骹口径3.6、镦长12.8	1982年丹徒县大港公社赵庄大队乔木山母子墩西周墓出土	
29	13287	水乌岗 M1：2	西周几何形拍印纹硬陶瓮	西周	1	陶器	基本完整	高40.5、口径22、腹径47.5、底径27	1975年江苏省溧水县水乌岗西周墓出土	
30	13291	水乌岗 M1：6	西周变形饕餮纹铜鼎	西周	1	铜器	基本完整	高40.5、口径22、底径27	1975年江苏省溧水县水乌岗西周墓出土	
31	13758	水乌岗 M2：1	西周方铜鼎	西周	1	铜器	微残	高18、口沿13.3×16	1975年溧水乌山岗沿2号墓出土	
32	14547	水乌岗 M4：1	西周几何印纹双兽耳硬陶坛	西周	1	陶器	重残	高32.4、口径11.6、底径22	江苏省溧水县乌山岗沿4号墓出土	
33	13954	句浮 M11：1	西周红砂陶鬲	西周	1	陶器	重残	高32.6、口径31.2	1974年江苏省句容县天王公社浮山果园一号土墩墓出土	
34	13957	句浮 M11：4	西周青釉双龙耳原始瓷罐	西周	1	瓷器	重残	高15、口径13.5、腹径23.3、底径13	1974年江苏省句容县天王公社浮山果园一号土墩墓出土	
35	16005	白遗：32	西周铜鱼钩	西周	1	铜器	基本完整	高5.5、宽2.2	江苏句容白莽台遗址出土	
36	14866	谏M7：1	东周S纹带盖铜鼎	东周	1	铜器	微残	高37.5、口径30.4	1979年江苏丹徒谏壁粮山东周墓出土	
37	15370	孟河：1	东周带盖铜鼎	东周	1	铜器	基本完整	高27、口径20.2	1980年武进孟河战国墓出土	
38	15373	孟河：4	东周铜敦	东周	1	铜器	微残	高20、口径20.8	1980年武进孟河战国墓出土	
39	16541	谏王 M1：20	东周刻纹铜盘	东周	1	铜器	微残	高4.8、口径25、底径17.5	1985年谏壁王家山春秋墓出土	
40	16542	谏王 M1：21	东周刻纹铜匜	东周	1	铜器	微残	高7.5、口径24、底径10	1985年谏壁王家山春秋墓出土	
41	8831	3－566	东周蟠虺纹铜鑑	东周	1	铜器	微残	高13、口径32	金坛薛埠公社出土	

续表

序号	总号	分号	文物名称	时代	数量	类别	现状	尺寸（厘米）	来源	备注
42	11840	3－842	东周变形窃曲纹铜鼎	东周	1	铜器	基本完整	高 33、口径 35.5	高淳县青山公社采集	
43	15452	3－1311	东周铜鋌	东周	1	铜器	微残	长 10.9、宽 4.8	句容零星出土，1981 年 9 月句容废品站收购	
44	15916	3－1348	东周铜锯镰	东周	1	铜器	基本完整	通长 17.5、宽 5～5.1、栏长 6.8	金坛零星出土，1982 年金坛废品收购站收购	
45	13118	1－2162	春秋青釉对称弧线纹直腹原始瓷罐	春秋	1	瓷器	基本完整	高 20、口径 13、底径 13.8	1971 年丹阳县导士公社春秋墓出土	
46	13157	1－2180	春秋青釉棘刺纹原始瓷鼎	春秋	1	瓷器	基本完整	高 7、口径 15.5、腹径 16.5	1974 年丹阳县导士公社春秋墓出土	
47	14321	金东鳖：29	春秋青釉鸟饰带盖原始瓷罐	春秋	1	瓷器	微残	通高 24、口径 13.5、底径 16.5	1975 年金坛县敝墩西周墓出土	
48	17400	大青 M1：1	春秋弦纹青铜甗	春秋	1	铜器	微残	通高 36.6、口径 32、上腹径 31、下腹径 24、底径 17	1987 年大港青龙山 M1 出土	
49	17403 17404 17407	大青 M1：4、5、8	春秋菱形暗花纹青铜矛	春秋	3	铜器	微残	长 29.8	1987 年大港青龙山 M1 出土	
50	15041	3－1267	东周错银铜车毂	战国	1	铜器	基本完整	通高 5.4 、上口径 6.9、下口径 6.1	1980 年 6 月丹阳县荆林公社出土，丹阳县废品收购站收购	
51	14520 14521	3：1179－1180	东周铜钲	战国	2	铜器	基本完整	柄高 12.3，高 29.7、底径 11.5×10	1978 年 7 月 28 日江苏溧阳上沛公社出土，溧阳县废品收购站收购	
52	7796	3－329	三国吴鎏金铜弩机	三国吴	1	铜器	缺	纵 17.5	唐嵩山先生捐献	
53	11455	1－1806	汉硬陶把杯	汉	1	陶器	基本完整	高 9.8、口径 9.8、底径 10.4	1967 年高淳千家墩出土	
54	14183	1－2366	西汉带盖硬陶香薰	西汉	1	陶器	基本完整	高 13.7、口径 12、足径 6.8	1977 年丹徒出土	
55	16388	1－2723	东汉青釉带流陶瓿	东汉	1	陶器	微残	高 19、口径 10、腹径 26、底径 14.2	1974 年镇江市南门出土	

续表

序号	总号	分号	文物名称	时代	数量	类别	现状	尺寸（厘米）	来源	备注
56	4187 4188	3：538、539	东汉羊形鎏金铜镇	东汉	2	铜器	基本完整	高7、径8.8	丹阳东门外殷公桥汉墓出土	
57	15871	丹伯M1：1	东汉青釉双系瓷壶	东汉永元十三年（101年）	1	瓷器	微残	高24、口径12.4、足径12.3	1973年江苏省丹阳县大泊公社瓜渚大队东汉墓出土	
58	15875	丹泊M1：5	东汉永元十三年银地涂金铜带钩	东汉永元十三年（101年）	1	铜器	基本完整	长11	1973年江苏省丹阳县大泊公社瓜渚大队东汉墓出土	
59	13042	高固M：8	东汉重檐庑殿式顶双层陶屋	东汉	1	陶器	基本完整	高40、面宽42、进深31	1974年江苏省高淳县固城东汉墓出土	
60	15966	高化：30	三国吴灰陶五联罐	三国吴	1	陶器	微残	高25.2、口径6、腹径24.9、底径11.6	江苏省高淳县化肥厂东吴墓出土	
61	11830	高永M1：2	三国吴越窑青釉熊足瓷洗	三国吴	1	瓷器	修复完整	高7.6、口径19.6	1972年江苏省高淳县永宁公社东吴墓出土	
62	15527	镜：780	三国吴赤乌纪年铜镜	三国吴	1	铜器	微残	镜径11.8、钮径2.6、缘厚0.3	征集	
63	8829	镜：178	三国吴甘露元年造像铜镜	三国吴甘露元年（265年）	1	铜器	微残	镜径14.6、钮径3.8、缘厚0.35	丹徒谏壁砖瓦厂收购	
64	15897	金白M1：1	三国吴天玺元年青釉楼台百戏堆塑瓷罐	三国吴天玺元年（276年）	1	瓷器	基本完整	高49、腹径24.5、底径15	1973年江苏省金坛县白塔公社东吴墓出土	
65	15901	金白M1：5	三国吴天玺元年青釉瓷鸡笼	三国吴天玺元年（276年）	1	瓷器	微残	高4、长11.5	1973年江苏省金坛县白塔公社东吴墓出土	
66	11431	2－76	西晋元康元年地卷砖	西晋元康元年（291年）	1	杂类	基本完整	长33.5、宽14.5、厚4.5	句容行香中学出土，邱自章保存捐赠	
67	7185	1－968	西晋越窑青釉虎首瓷罐	西晋	1	瓷器	基本完整	高19.8、口径13.4、底径10.9	1962年江苏省丹徒县林业机械厂西晋墓出土	
68	11706	1－1847	西晋越窑青釉狮形瓷烛台	西晋	1	瓷器	微残	高12、长16.5	1973年江苏省丹徒县华墅公社出土	
69	12602	1－2048	西晋越窑青釉蛙形瓷尊	西晋	1	瓷器	重残	高14.1、口径12.7、底10.8	1973年镇江市南门虎头山西晋墓出土	

续表

序号	总号	分号	文物名称	时代	数量	类别	现状	尺寸（厘米）	来源	备注
70	16323	1－2714	西晋越窑青釉狮形瓷烛台	西晋	1	瓷器	基本完整	高 11.3、长 17.2	收购	
71	8246	1－1260	东晋越窑青釉八系盘口瓷壶	东晋	1	瓷器	微残	高 31.5、口径 13、腹径 27.3、底径 14.8	1964 年镇江市阳彭山砖瓦厂东晋墓出土	
72	12023	1－1943	东晋德清窑褐釉鸡首瓷壶	东晋	1	瓷器	微残	高 29.5、口径 12.7、腹径 25.2、底径 15.3	1972 年江苏省镇江市阳彭山东晋墓出土	
73	11121	镇阳 M2：1	东晋虎形金饰	东晋	1	金银器	完整	长 2.3、宽 0.8、高 1.3	1966 年镇江市阳彭山砖瓦厂东晋墓出土	
74	11132	镇阳 M2：15	东晋辟邪形石饰	东晋	1	石器	基本完整	高 2.2、长 2.4×2.2	1966 年镇江市阳彭山砖瓦厂东晋墓出土	
75	12080 12089	镇畜 M3：1－10	东晋隆安二年画像砖	东晋隆安二年（398 年）	10	陶器	微残	长 31.5、宽 18、厚 4.6	1972 年江苏省镇江市畜牧场东晋墓出土	
76	12096	镇畜 M3：17	东晋越窑青釉“偶”字瓷洗	东晋	1	瓷器	基本完整	高 9.8、口径 36.8、底径 25.5	1972 年江苏省镇江市畜牧场东晋墓出土	
77	12097	镇畜 M3：18	东晋青釉博山瓷香薰	东晋	1	瓷器	基本完整	高 20.8、底径 13.5	1972 年江苏省镇江市畜牧场东晋墓出土	
78	14755	跑马山 M2：1	东晋瓯窑青釉褐彩鸡首壶	东晋	1	瓷器	微残	高 18、口径 8.2、底径 10.5	1979 年市跑马山东晋墓出土	
79	15164	跑马山 M8：6	东晋德清窑褐釉鸟饰瓷洗	东晋	1	瓷器	基本完整	高 5.8、口径 20.2、底径 11.4	1980 年江苏省镇江市跑马山东晋墓出土	
80	15278	谏砖 M3：1	东晋越窑青釉褐彩羊形瓷烛台	东晋	1	瓷器	缺	高 14.7、长 16	1980 年江苏省镇江谏壁砖瓦厂东晋墓出土	
81	14283	3－1145	东晋嵌金丝铜弩机	东晋	1	铜器	微残	廓全长 17.5、望山高 10.6	丹徒镇出土	
82	7334	9－138	东晋黑墨	东晋	1	杂类	重残	大径 4、小径 2、高 3.1	发掘	
83	14148	3－1119	南朝金手镯	南朝	1	金银器	基本完整	最大径 7	征集	
84	12366	水厂：2	南朝陶马	南朝	1	陶器	重残	高 21.7、长 21.7、宽 11	1973 年江苏省镇江市何家门自来水工地南朝墓出土	

续表

序号	总号	分号	文物名称	时代	数量	类别	现状	尺寸（厘米）	来源	备注
85	12368	水厂：04、07	南朝陶牛车	南朝	1	陶器	微残	长45、宽27、高22	1973年江苏省镇江市何家门自来水工地南朝墓出土	
86	755	1－72	南朝瓯窑青釉莲花瓷罐	南朝	1	瓷器	基本完整	高19.5、口径10、腹径20.3、底径11.8	1957年6月市文化科转交	
87	11481	1－1808	南朝瓯窑青釉鸡首瓷壶	南朝	1	瓷器	微残	高41.7、口径10.7、腹径22.7、底径15	1968年镇江市三官塘砖瓦厂出土	
88	14506	3－1167	南朝梁太清二年铜鐎斗	南朝梁太清二年（548年）	1	铜器	基本完整	长27.3、高15.5、口径11.6	1978年镇江市西郊金山园艺场梁太清二年窖藏	
89	14507	3－1168	南朝梁太清二年铜熨斗	南朝梁太清二年（548年）	1	铜器	基本完整	长35.1、高5.5、口径7.4	1978年镇江市西郊金山园艺场梁太清二年窖藏	
90	5862	1－856	北朝青釉镂空有胆瓷尊	北朝	1	瓷器	缺	高40.7、口径4.8、底径16	1960年5月镇江市钢铁厂工地出土	
91	15599	1－2589	唐长沙窑红釉水草纹瓷盂	唐	1	瓷器	微残	高4.4、口径3.3、底径3.6	1981年镇江工地出土，采集	
92	19599	1－2956	唐长沙窑釉下彩狮形瓷烛台	唐	1	瓷器	缺	高16.5、长15.2×14	2002年镇江演军巷工地出土	
93	15617 15618	J：784－787、791	唐银托	唐	5	金银器	微残	高8.5、口径18	1982年元旦镇江市丁卯桥唐代窖藏出土，征集	
94	15621	J：806	唐腰形银盘	唐	1	金银器	基本完整	长20、宽15、高4.3	1982年元旦镇江市丁卯桥唐代窖藏出土，征集	
95	15623	J：808	唐高足银杯	唐	1	金银器	基本完整	高14.8、口径14.5、底径8.6	1982年元旦镇江市丁卯桥唐代窖藏出土，征集	
96	15628	J：816	唐提梁银锅	唐	1	金银器	微残	高10、口径25.6	1982年元旦镇江市丁卯桥唐代窖藏出土，征集	

续表

序号	总号	分号	文物名称	时代	数量	类别	现状	尺寸（厘米）	来源	备注
97	15631	J：819	唐带盖银执壶	唐	1	金银器	微残	高 22、口径 8.4、腹径 10、底径 7.8	1982 年元旦镇江市丁卯桥唐代窖藏出土，征集	
98	15633	J：821	唐荷叶形银盖	唐	1	金银器	微残	高 4、口径 25.6	1982 年元旦镇江市丁卯桥唐代窖藏出土，征集	
99	15642	J：838	唐银酒瓮	唐	1	金银器	微残	高 55、口径 26、底径 29.3	1982 年元旦镇江市丁卯桥唐代窖藏出土，征集	
100	6379	甘塔：2	唐李德裕重瘗舍利题记石碑	唐大和三年（829 年）	1	石刻	微残	纵 56、横 56	1960 年镇江市甘露寺铁塔地宫中出土	
101	14468	镜：650	唐菱形银脱铜镜	唐	1	铜器	微残	镜径 11.8、缘厚 0.5	镇江市南郊水泥厂出土，采集	
102	2774	a：564	唐人写经册页	唐	12	书法	基本完整	纵 10.8、横 5.7	袁左良捐赠	
103	13299	1－2235	五代越窑青釉团花纹带盖瓷注子	五代	1	瓷器	微残	高 20、口径 4.9、底径 7.9	1975 年镇江市何家门五代墓出土	
104	6385	甘塔：8	带盖石函	石函为唐，盖为宋	1	石刻	微残	函盖高 9.1、纵 31.4、横 21.8；函高 12.7、纵 31.4、横 21.9	1960 年镇江市甘露寺铁塔地宫中出土	
105	18692 18693 18695 18696	五小：27、28、30、31	宋代泥塑立像	宋	4	陶器	微残	五小 27：高 10.5； 五小 28：高 9； 五小 30：高 15.5； 五小 31：高 12	1996 年五条街小学工地发掘	原三级
106	14252	1－2382	宋定窑白釉龙纹瓷粉盒	北宋	1	瓷器	基本完整	高 4.3、口径 10、腹径 11、底径 5	1977 年 6 月丹阳司徒公社出土，采集	
107	14388	1－2406	宋景德镇窑青白釉瓜楞瓷瓶	北宋	1	瓷器	基本完整	高 11.5、口径 5.6、底径 5	1977 年江苏省涟水县高陵公社	
108	15815	1－2611	宋景德镇窑青白釉瓜楞形带盖瓷罐	宋	1	瓷器	基本完整	高 9、口径 5.7、底径 4.2	1982 年镇江市九里街出土	
109	19121、19122	1－2890、2891	宋登封窑白釉珍珠地划花纹瓷梅瓶	北宋	2	瓷器	重残	高 39.8、口径 6.6、底径 9.3	丹阳大泊出土	

续表

序号	总号	分号	文物名称	时代	数量	类别	现状	尺寸（厘米）	来源	备注
110	16202	溧平：1	宋鎏金五曲梅花纹银盏	宋	1	金银器	基本完整	高 4.8、口径 9.3、底径 4.4	1982 年江苏省溧阳县平桥乡小平桥村宋代窖藏出土	
111	16203	溧平：2	宋鎏金六曲葵花纹银盏	宋	1	金银器	基本完整	高 5、口径 9.8、底径 4.2	1982 年江苏省溧阳县平桥乡小平桥村宋代窖藏出土	
112	16204	溧平：3	宋鎏金八曲方口银盏	宋	1	金银器	基本完整	高 4.6、口径 10.2、底径 4.5	1982 年江苏省溧阳县平桥乡小平桥村宋代窖藏出土	
113	16205	溧平：4	宋鎏金十二曲六角银盏	宋	1	金银器	基本完整	高 4.8、口径 10、底径 4.4	1982 年江苏省溧阳县平桥乡小平桥村宋代窖藏出土	
114	16206	溧平：5	宋鎏金单瓣莲花银盏	宋	1	金银器	基本完整	高 4.8、口径 10.3、底径 4	1982 年江苏省溧阳县平桥乡小平桥村宋代窖藏出土	
115	16207	溧平：6	宋鎏金重瓣莲花银盏	宋	1	金银器	基本完整	高 4.8、口径 10	1982 年江苏省溧阳县平桥乡小平桥村宋代窖藏出土	
116	16208	溧平：7	宋复瓣莲花银盏	宋	1	金银器	基本完整	高 5.3、口径 9、底径 4.5	1982 年江苏省溧阳县平桥乡小平桥村宋代窖藏出土	
117	16210	溧平：9	宋鎏金狮子绣球乳丁纹海棠形夹层银盏	宋	1	金银器	基本完整	高 4.6、口径 8、底径 3.7	1982 年江苏省溧阳县平桥乡小平桥村宋代窖藏出土	
118	16211	溧平：10	宋鎏金乳丁纹篮形双兽耳夹层银盏	宋	1	金银器	基本完整	高 7.1、口径 8.7、底径 5	1982 年江苏省溧阳县平桥乡小平桥村宋代窖藏出土	
119	16214－16220	溧平：13－19	宋圆银碟	宋	7	金银器	基本完整	高 1.2、口径 8.3、底径 6	1982 年江苏省溧阳县平桥乡小平桥村宋代窖藏出土	
120	16222	溧平：21	宋凸花狮子绣球纹海棠形银托	宋	1	金银器	基本完整	高 1.2、口径 14、底径 11	1982 年江苏省溧阳县平桥乡小平桥村宋代窖藏出土	

续表

序号	总号	分号	文物名称	时代	数量	类别	现状	尺寸（厘米）	来源	备注
121	16224	溧平：23	宋鎏金凸花变形饕餮纹圆形银盏托	宋	1	金银器	基本完整	高 1.8、口径 16.8、底径 12.4	1982 年江苏省溧阳县平桥乡小平桥村宋代窖藏出土	
122	16225	溧平：24	宋鎏金凸花双鱼纹银盆	宋	2	金银器	微残	高 4.6、口径 17.4、底径 10.2	1982 年江苏省溧阳县平桥乡小平桥村宋代窖藏出土	
123	14211	3－1132	宋水晶坠仕女形金耳环	宋	2	金银器	缺	耳环高 2.6、宽 2；水晶坠高 3～3.2、宽 2.2～2.7	江苏丹徒蒋乔宋墓出土，采集	
124	19536	9－257	宋带盖漆果盒	宋	1	漆器	基本完整	高 4.5、口径 9.3、底径 9.4	宜兴和桥出土	
125	19537	9－258	宋漆碗、漆碟、漆盏	宋	3	漆器	完整	碗高 5.7、口径 12.1、足径 7.3、碟高 1.9、口径 9.6、足径 6.7、盏高 1.65、口径 6.65、底径 5.2	宜兴和桥出土	
126	19538	9－259	宋小漆盒	宋	1	漆器	完整	高 2.6、口径 6.4×4.5	宜兴和桥出土	
127	14833	乌龟山 M1：8	北宋葫芦形石端砚	北宋	1	文具	基本完整	长 17.2、宽 8.2、高 3.3	1980 年江苏省镇江市乌龟山北宋墓出土	
128	13516	1－2305	北宋景德镇窑青白釉“口家合子记”瓷粉盒	北宋	1	瓷器	基本完整	高 4.2、口径 5.6、底径 5.1	镇江市火车站出土	
129	14926	南黄：8	北宋景德镇窑青白釉子母瓷盒	北宋	1	瓷器	基本完整	高 5.4、口径 10.6、底径 6.7	1977 年江苏省镇江市南郊北宋墓出土	
130	14489	谏砖 M2：3	北宋青白釉高足瓷杯	北宋	1	瓷器	基本完整	高 11.8、口径 13.9、底径 7.3	1978 年江苏省镇江市谏壁砖瓦厂北宋墓出土	
131	6378	甘塔：1	北宋润州甘露寺重瘗舍利塔记石碑	北宋	1	石刻	微残	纵 88、横 66	1960 年镇江市甘露寺铁塔地宫中出土	
132	6390	甘塔：13	北宋释迦牟尼诞生银像	北宋	1	金银器	基本完整	高 1.7	1960 年镇江市甘露寺铁塔地宫中出土	
133	6391	甘塔：14	北宋长干寺舍利小金棺	北宋	1	金银器	完整	高 1、纵 2	1960 年镇江市甘露寺铁塔地宫中出土	

续表

序号	总号	分号	文物名称	时代	数量	类别	现状	尺寸（厘米）	来源	备注
134	6392	甘塔：15	北宋刻花长方形银函	北宋	1	金银器	重残	高 10、纵 10.9	1960 年镇江市甘露寺铁塔地宫中出土	
135	14679－14691	溧竹：1－13	北宋元祐六年釉陶星宿像	北宋元祐六年（1091 年）	13	陶器	微残	高 24.1～28.5	1978 年江苏省溧阳县竹公社中梅大队北宋墓出土	
136	13558	金茅：03	南宋素罗合领禅衫	南宋	1	织绣	重残	衫长 127、腰宽 71、下摆宽 94、袖长 101、袖宽 70	1975 年 7 月江苏金坛县茅麓乡南宋周瑀墓出土	
137	13559	金茅：04	南宋素纱圆领单衫	南宋	1	织绣	重残	衫长 131、通袖长 236、腰宽 57	1975 年 7 月江苏金坛县茅麓乡南宋周瑀墓出土	
138	13561	金茅：06	南宋绢合领单衫	南宋	1	织绣	重残	衫长 113、宽 73、通袖长 228、宽 97	1975 年 7 月江苏金坛县茅麓乡南宋周瑀墓出土	
139	13562	金茅：07	南宋素纱圆领单衫	南宋	1	织绣	重残	通袖长 268、衣长 131、宽 57	1975 年 7 月江苏金坛县茅麓乡南宋周瑀墓出土	
140	13565	金茅：10	南宋缠枝花卉纱合领单衫	南宋	1	织绣	略残	通袖长 268、腰宽 71	1975 年 7 月江苏金坛县茅麓乡南宋周瑀墓出土	
141	13585	金茅：30	南宋绸袜裤	南宋	2	织绣	略残	长 35、宽 9、袜脚长 24	1975 年 7 月江苏金坛县茅麓乡南宋周瑀墓出土	
142	13588	金茅：33	南宋贴绣牡丹花褡裢	南宋	1	织绣	略残	长 14.5、宽 12	1975 年 7 月江苏金坛县茅麓乡南宋周瑀墓出土	
143	13613	金茅：58	南宋团扇	南宋	1	竹木器	基本完整	长 26、宽 20	1975 年 7 月江苏金坛县茅麓乡南宋周瑀墓出土	
144	13199	3－1005	南宋砍马铁刀	南宋	1	其他金属器	基本完整	纵 96.4	丹徒县高资公社出土，采集	
145	11263	金湖：04	元梵文银盘	元	1	金银器	基本完整	高 1.5、口径 14.8、底径 14	1966 年江苏省金坛县洮西公社湖溪大队元代窖藏出土	

续表

序号	总号	分号	文物名称	时代	数量	类别	现状	尺寸（厘米）	来源	备注
146	11265	金湖：06	元阿拉伯文银盘	元	1	金银器	微残	高 1.6、口径 16.5、底径 13	1966 年江苏省金坛县洮西公社湖溪大队元代窖藏出土	
147	7297	1－1074	元代景德镇窑青花梅月纹竹节形高足瓷杯	元	1	瓷器	微残	高 9、口径 11.2、足径 4.4	1962 年丹徒县大路公社照临大队元代窖藏出土	
148	7298	1－1075	元代景德镇窑青花梅月纹竹节形高足瓷杯	元	1	瓷器	微残	高 9、口径 11.2	1962 年丹徒县大路公社照临大队元代窖藏出土	
149	7299	1－1076	元代景德镇窑青花梅月纹竹节形高足瓷杯	元	1	瓷器	微残	高 9、口径 11.2、足径 4.4	1962 年丹徒县大路公社照临大队元代窖藏出土	
150	7300	1－1077	元代景德镇窑青花梅月纹竹节形高足瓷杯	元	1	瓷器	微残	高 9、口径 11.2、足径 4.4	1962 年丹徒县大路公社照临大队元代窖藏出土	
151	7301	1－1078	元代景德镇窑青花梅月纹竹节形高足瓷杯	元	1	瓷器	微残	高 9、口径 11.2、底径 4.8	1962 年丹徒县大路公社照临大队元代窖藏出土	
152	7302	1－1079	元代景德镇窑青花梅月纹竹节形高足瓷杯	元	1	瓷器	微残	高 9、口径 11.2、足径 4.4	1962 年丹徒县大路公社照临大队元代窖藏出土	
153	11256	溧上：10	明蝴蝶牡丹花纹金帽顶	明	1	金银器	微残	高 4.2、口径 5	1966 年江苏省溧阳县城西公社出土	
154	6912	僧塔：1	明鎏金银塔	明	1	金银器	基本完整	高 5	1961 年江苏省镇江市宝塔山地宫石函中出土	
155	3509	a：699	明杨继盛临云麾碑手卷	明	1	书法	完好	纵 30、横 312	焦山古物馆移交	
156	16059	a：1336	明王宠字手卷	明	1	书法	残破	画心纵 216.2、横 24；全长 218.2、横 29	南通中学教师季修甫捐赠	
157	110	b：3	清恽向山水册	明	10	绘画	基本完整	画心纵 25.3、横 25.2；全长 59、横 31.6	镇江市文教局移交	

续表

序号	总号	分号	文物名称	时代	数量	类别	现状	尺寸（厘米）	来源	备注
158	3497	B：1195	明周顺昌行书手卷	明	1	绘画	完整	轴长30.7；画心纵737、横30；全长1115、横31.2	焦山古物馆移交	
159	3657	b：1321	明代南京府绢本彩绘地图	明	54	绘画	略残	画心纵63.3、横50.7；全长71.3、横57.5	焦山古物馆移交	
160	16659	b：2831	明谢成山水立轴	明	1	绘画	基本完整	轴长80.8；画心纵211.9、横58.8；全长261、横71.6	严忠婉捐赠	
161	16713	b：2885	明宋石门秋山垂钓图堂幅	明	1	绘画	基本完整	轴长113；画心纵186、横97.8；全长282、横102	严忠婉捐赠	
162	4871	b：1673	明居节山水小景立轴	明嘉靖四十年（1561年）	1	绘画	基本完整	轴长55.5；画心纵84.7、横26；全长204.5、横46.1	袁左良捐赠	
163	11430	3－750	明凤凰形金插饰	明	2	金银器	微残	通长5.5～5.8、通高约5	句容县黄梅南巷林业队出土	原三级
164	10120	3－644	明“顺天兵饷会源足银”银锭	明	1	货币	基本完整	高1.4、正面边长2.8、底面边长2.6	收购	
165	2874	3－140	明宣德铜炉	明宣德年	1	铜器	完整	高10、口径16、腹径18.5	金山文物馆拨交	
166	19706	江：104	清景德镇窑扎古扎雅木奶茶瓷碗	清	1	瓷器	完整	高4.5、口径13.1、底径4.3	原清宫藏	
167	19731	江：129	清景德镇窑霁蓝釉带盖瓷罐	清	1	瓷器	微残	高34.3、口径16、底径14	原清宫藏	
168	19740	江：139	清景德镇窑白地矾红彩莲花纹瓷甘露瓶	清	1	瓷器	完整	高22、口径3.2、底径12.1	原清宫藏	
169	19749	江：148	清景德镇窑青花织锦缠枝花卉纹带盖瓷罐	清	1	瓷器	完整	通高28.7、口径12.6、足径10.7	原清宫藏	
170	19800	江：230	清掐丝珐琅三足铜鼎	清	1	铜器	完整	高29.2、口径20.1	原清宫藏	
171	20059	2－1364	清景德镇窑白地矾红彩莲花纹瓷甘露瓶	清	1	瓷器	完整	高16.6、口径36.4、底径15.3	前北平古物陈列所	

序号	总号	分号	文物名称	时代	数量	类别	现状	尺寸（厘米）	来源	备注
172	19629	江：27	清康熙款霁红釉瓷碟	清康熙	1	瓷器	完整	高3.8、口径17.5、底径10.7	原清宫藏	
173	19645	江：43	清康熙款黄釉暗龙纹圆托瓷盘	清康熙	1	瓷器	完整	高1.7、口径14、底径10.6	原清宫藏	
174	19646	江：44	清康熙款黄地绿釉龙纹瓷碟	清康熙	1	瓷器	完整	高2.9、口径13.3、底径7.7	原清宫藏	
175	19659	江：57	清康熙款黄釉海水龙纹方瓷托盘	清康熙	1	瓷器	完整	高1.6、外径13.5×10、内径2.9；底外径13×7.3、底内径4.1	原清宫藏	
176	19672	江：70	清康熙款白釉暗龙瓷碗	清康熙	1	瓷器	完整	高7.9、口径15.9、底径6.7	原清宫藏	
177	19680	江：78	清康熙款白里黄釉暗龙瓷碗	清康熙	1	瓷器	完整	高7、口径15.2、底径6.3	原清宫藏	
178	19685	江：83	清康熙款素三彩暗龙纹花蝶瓷碗	清康熙	1	瓷器	完整	高6.7、口径14.9、足径6.7	原清宫藏	
179	19686	江：84	清康熙款白里黄地绿釉龙纹瓷碗	清康熙	1	瓷器	完整	高6.8、口径15、底径6.7	原清宫藏	
180	19691	江：89	清康熙款黄地青花龙纹瓷碗	清康熙	1	瓷器	完整	高5.8、口径13.1、底径5.6	原清宫藏	
181	19710	江：108	清康熙款黄地绿釉折枝桃纹瓷碗	清康熙	1	瓷器	微残	高6.3、口径11.3、底径4.7	原清宫藏	
182	19985	2－1484	清康熙款青花山水人物长方瓷花盆	清康熙	1	瓷器	完整	高7.2、口径24.5、底径20.5	前北平古物陈列所	
183	19989	2－1537	清康熙款青花海水龙纹高足瓷盘	清康熙	1	瓷器	完整	高16、口径18.5、底径15	前北平古物陈列所	
184	20058	2－1636	清康熙款黄釉瓷大碗	清康熙	1	瓷器	完整	高16.6、口径36.4、底径15.3	前北平古物陈列所	
185	20002	2－1887	清康熙款白地五彩龙凤纹瓷碗	清康熙	1	瓷器	完整	高6.8、口径15、底径5.8	前北平古物陈列所	
186	20021	2－2307	清康熙款珊瑚红釉青花里瓷碗	清康熙	1	瓷器	完整	高6.2、口径11.4、底径4.4	前北平古物陈列所	

续表

序号	总号	分号	文物名称	时代	数量	类别	现状	尺寸（厘米）	来源	备注
187	20077	2－2542	清康熙款黄地三彩双龙纹瓷盘	清康熙	1	瓷器	完整	高7.2、口径40.3、底径26	前北平古物陈列所	
188	20079	2－2610	清康熙款白地素三彩瓷盘	清康熙	1	瓷器	完整	高4.6、口径24.8、底径16.5	前北平古物陈列所	
189	20080	2－2613	清康熙款茄皮紫釉暗龙纹瓷盘	清康熙	1	瓷器	完整	高4.4、口径25、底径6.4	前北平古物陈列所	
190	20030	2－3058	清康熙款青花瓷盘	清康熙	1	瓷器	完整	高3.8、口径13、底径9.1	前北平古物陈列所	
191	19604	江：2	清雍正款黄釉绿彩海水纹白里瓷大盘	清雍正	1	瓷器	完整	高6.3、口径35.5、底径21.2	原清宫藏	
192	19614	江：12	清雍正款霁红釉瓷盘	清雍正	1	瓷器	完好	高4.8、口径20.4、底径13	原清宫藏	
193	19619	江：17	清雍正款汝釉白里瓷盘	清雍正	1	瓷器	完整	高4.2、口径20.6、底径12.9	原清宫藏	
194	19620	江：18	清雍正款黄釉暗刻缠枝花卉纹瓷碟	清雍正	1	瓷器	完整	高4.4、口径20.7、底径13	原清宫藏	
195	19621	江：19	清雍正款黄釉暗龙纹瓷盘	清雍正	1	瓷器	完整	高12.8、口径20.5、底径12.8	原清宫藏	
196	19639	江：37	清雍正款绿釉缠枝纹瓷盘	清雍正	1	瓷器	完整	高3.3、口径15.7、底径10	原清宫藏	
197	19640	江：38	清雍正款斗彩花卉“寿”字纹瓷盘	清雍正	1	瓷器	完整	高3.8、口径15.6、底径9.5	原清宫藏	
198	19642	江：40	清雍正款黄釉白里瓷盘	清雍正	1	瓷器	完整	高3.4、口径15.4、底径9.1	原清宫藏	
199	19649	江：47	清雍正款绿釉瓷碟	清雍正	1	瓷器	完整	高2.8、口径13.1、底径7.9	原清宫藏	
200	19654	江：52	清雍正款青花寿桃如意纹瓷碟	清雍正	1	瓷器	完整	高2.7、口径11.25、底径7.3	原清宫藏	
201	19674	江：72	清雍正官窑黄釉白里龙纹瓷碗	清雍正	1	瓷器	完整	高7.1、口径15、底径5.9	原清宫藏	

续表

序号	总号	分号	文物名称	时代	数量	类别	现状	尺寸（厘米）	来源	备注
202	19718	江：116	清雍正款五彩海石榴纹瓷碗	清雍正	1	瓷器	完整	高6.2、口径12.4、底径4.4	原清宫藏	
203	19975	2－1129	清雍正款青花缠枝纹贯耳瓷瓶	清雍正	1	瓷器	完整	高54.5、口径12.3、底径18.2	前北平古物陈列所	
204	19977	2－1155	清雍正款汝釉贯耳瓷尊	清雍正	1	瓷器	完整	高48、口径23、底径15.7	前北平古物陈列所	
205	20050	2－1315	清雍正款仿哥釉瓷尊	清雍正	1	瓷器	完整	高19、口径9.7、底径13.2	前北平古物陈列所	
206	20052	2－1318	清雍正款仿钧釉窑变瓷花瓶	清雍正	1	瓷器	完整	高20.8、口径7.8、底径10	前北平古物陈列所	
207	20054	2－1384	清雍正款霁红釉直口瓷胆式瓶	清雍正	1	瓷器	完整	高19.8、口径2.4、底径4.8	前北平古物陈列所	
208	20055	2－1417	清雍正款白地斗彩瓜楞直口瓷瓶	清雍正	1	瓷器	完整	高10.5、口径1.7、底径3.4	前北平古物陈列所	
209	20057	2－1560	清雍正款霁红釉高足瓷碗	清雍正	1	瓷器	完整	高11.2、口径18.6、底径7.7	前北平古物陈列所	
210	19990	2－1566	清雍正款白地斗彩八宝纹高足瓷碗	清雍正	1	瓷器	完整	高10.8、口径18.4、底径7.4	前北平古物陈列所	
211	19993	2－1679	清雍正款白地红釉鱼纹撇口瓷碗	清雍正	1	瓷器	完整	高9.2、口径22.5、底径9	前北平古物陈列所	
212	20006	2－1977	清雍正款青花云龙纹瓷碗	清雍正	1	瓷器	完整	高6.6、口径14.6、底径5.3	前北平古物陈列所	
213	20010	2－2087	清雍正款白地暗花瓷碗	清雍正	1	瓷器	完整	高7.8、口径13、底径5.4	前北平古物陈列所	
214	20014	2－2178	清雍正款白地红釉三果纹瓷碗	清雍正	1	瓷器	完整	高5.1、口径12、底径4.4	前北平古物陈列所	
215	20018	2－2263	清雍正款冬青釉暗海水纹撇口瓷碗	清雍正	1	瓷器	完整	高5.5、口径11.8、底径4.4	前北平古物陈列所	

续表

序号	总号	分号	文物名称	时代	数量	类别	现状	尺寸（厘米）	来源	备注
216	20019	2－2277	清雍正款绿釉白里暗刻缠枝寿字纹瓷碗	清雍正	1	瓷器	完整	高5.5、口径11.2、底径4.2	前北平古物陈列所	
217	20024	2－2761	清雍正款冬青釉暗芝竹纹瓷盘	清雍正	1	瓷器	完整	高4、口径21、底径13.6	前北平古物陈列所	
218	20081	2－2677	清雍正款绿釉八宝缠枝纹瓷盘	清雍正	1	瓷器	完整	高4.3、口径20.9、底径13.2	前北平古物陈列所	
219	20035	2－3274	清雍正款冬青釉三如意足瓷笔洗	清雍正	1	瓷器	完整	高4.8、口径17.4、底径9.1	前北平古物陈列所	
220	20041	2－3329	清雍正款白地红彩草叶纹葫芦形瓷水盛	清雍正	1	瓷器	完整	高4.8、口径3、底径6	前北平古物陈列所	
221	19610	江：8	清乾隆款黄地绿彩花卉纹瓷盘	清乾隆	1	瓷器	完整	高5.4、口径26.5、底径17	原清宫藏	
222	19616	江：14	清乾隆款霁蓝釉瓷盘	清乾隆	1	瓷器	完整	高4.2、口径21、底径12.9	原清宫藏	
223	19626	江：24	清乾隆款黄地青花把莲纹瓷盘	清乾隆	1	瓷器	完整	高4.5、口径21.2、底径13.7	原清宫藏	
224	19628	江：26	清乾隆款斗彩暗八仙花卉纹瓷盘	清乾隆	1	瓷器	完整	高5.3、口径20.5、底径10.8	原清宫藏	
225	19636	江：34	清乾隆款青花红彩龙纹瓷盘	清乾隆	1	瓷器	完整	高4、口径17.5、底径11.5	原清宫藏	
226	19663	江：61	清乾隆款茄皮紫釉瓷碗	清乾隆	1	瓷器	完整	高11.5、口径23.9、足径10.5	原清宫藏	
227	19667	江：65	清乾隆款青花高足瓷盘	清乾隆	1	瓷器	完整	高8.4、口径17、底径8.3	原清宫藏	
228	19687	江：85	清乾隆款五彩龙凤纹瓷碗	清乾隆	1	瓷器	完整	高7.4、口径15.3、底径6.4	原清宫藏	
229	19699	江：97	清乾隆款黄釉白里暗龙瓷碗	清乾隆	1	瓷器	完整	高5.7、口径11.2、底径4.2	原清宫藏	

续表

序号	总号	分号	文物名称	时代	数量	类别	现状	尺寸（厘米）	来源	备注
230	19714	江：112	清乾隆款粉彩八宝纹瓷碗	清乾隆	1	瓷器	完整	高6.4、口径10.6、底径4.2	原清宫藏	
231	19716	江：114	清乾隆款青花三果纹瓷碗	清乾隆	1	瓷器	完整	高5、口径11.9、底径4.7	原清宫藏	
232	19719	江：117	清乾隆款紫金釉白里瓷碗	清乾隆	1	瓷器	完整	高6.3、口径11.7、底径4.5	原清宫藏	
233	19728	江：126	清乾隆款青花缠枝花卉纹瓷渣斗	清乾隆	1	瓷器	完整	高8.2、口径8.5、足径6	原清宫藏	
234	19729	江：127	清乾隆景德镇窑汝釉菊瓣瓷笔洗	清乾隆	1	瓷器	完整	高4、口径6×5.4、底径6.2×5.8	原清宫藏	
235	19734	江：133	清乾隆款霁红釉玉壶春瓷瓶	清乾隆	1	瓷器	完整	高30、口径8.8、足径10.7	原清宫藏	
236	19736	江：135	清乾隆款青花绶带瓷扁壶	清乾隆	1	瓷器	完整	高24.2、口径5.6、底径8.2×5.6	原清宫藏	
237	19738	江：137	清乾隆款青花蒜头瓷瓶	清乾隆	1	瓷器	完整	高28.2、口径3.8、足径8.6	原清宫藏	
238	19739	江：138	清乾隆款青花花卉纹直颈瓷瓶	清乾隆	1	瓷器	完整	高31、口径4.5、底径8	原清宫藏	
239	19742	江：141	清乾隆款茶叶末釉绶带瓷葫芦瓶	清乾隆	1	瓷器	完整	高26.2、口径2.8、底径8.2	原清宫藏	
240	19744	江：143	清乾隆款青花缠枝花纹贯耳瓷瓶	清乾隆	1	瓷器	完整	高19.1、口径5.3、底径6.5	原清宫藏	
241	19748	江：147	清乾隆款斗彩团花纹带盖瓷罐	清乾隆	1	瓷器	完整	高12、口径5.6、底径6.3	原清宫藏	
242	19751	江：150	清乾隆款汝釉铺首瓷尊	清乾隆	1	瓷器	完整	高54.2、口径22.5、底径22	原清宫藏	
243	19752	江：151	清乾隆款青花花卉纹贯耳六棱瓷瓶	清乾隆	1	瓷器	完整	高45、口径18.9×14.6、足径18.6×14.2	原清宫藏	
244	19762	江：174	清乾隆款天青釉兽耳瓷尊	清乾隆	1	瓷器	完整	高30.3、口径14、底径15.6	原清宫藏	

续表

序号	总号	分号	文物名称	时代	数量	类别	现状	尺寸（厘米）	来源	备注
245	19976	2－1154	清乾隆款茶叶末釉兽耳瓷尊	清乾隆	1	瓷器	完整	高53、口径11、底径15	前北平古物陈列所	
246	19978	2－1160	清乾隆款青花八宝纹绶带瓷扁壶	清乾隆	1	瓷器	完整	高49.5、口径8.2、底径16×11.9	前北平古物陈列所	
247	19979	2－1169	清乾隆款窑变釉直颈瓷胆瓶	清乾隆	1	瓷器	完整	高48、口径4.9、底径12.3	前北平古物陈列所	
248	19980	2－1185	清乾隆款青花折枝花纹瓷梅瓶	清乾隆	1	瓷器	完整	高35.1、口径6.8、底径13	前北平古物陈列所	
249	19982	2－1228	清乾隆款冬青釉带盖瓷葫芦瓶	清乾隆	1	瓷器	完整	高28、口径2.8、底径6.8	前北平古物陈列所	
250	19988	2－1522	清乾隆款白地青花花果纹带盖瓷执壶	清乾隆	1	瓷器	完整	高28.9、口径6、底径10	前北平古物陈列所	
251	19992	2－1663	清乾隆款黄地青花折枝花纹撇口瓷碗	清乾隆	1	瓷器	完整	高8.9、口径26.8、底径9.8	前北平古物陈列所	
252	19994	2－1702	清乾隆款黄釉五彩牡丹五蝠纹瓷碗	清乾隆	1	瓷器	完整	高8、口径18.5、底径7.5	前北平古物陈列所	
253	19998	2－1798	清乾隆款黄釉云龙纹瓷碗	清乾隆	1	瓷器	完整	高7、口径14.3、足径7.4	前北平古物陈列所	
254	20000	2－1859	清乾隆款紫釉白里暗龙纹瓷碗	清乾隆	1	瓷器	完整	高6.8、口径15.4、底径5.9	前北平古物陈列所	
255	20013	2－2138	清乾隆款五彩缠枝莲花纹瓷碗	清乾隆	1	瓷器	完整	高6.1、口径12.2、底径4.4	前北平古物陈列所	
256	20015	2－2208	清乾隆款祭红釉白里瓷碗	清乾隆	1	瓷器	完整	高5.3、口径12.3、底径4.4	前北平古物陈列所	
257	20017	2－2243	清乾隆款白里绿地紫釉双龙戏珠纹瓷碗	清乾隆	1	瓷器	完整	高5.6、口径11.1、底径4.25	前北平古物陈列所	

续表

序号	总号	分号	文物名称	时代	数量	类别	现状	尺寸（厘米）	来源	备注
258	20073	2－2326	清乾隆款珐琅彩花卉纹瓷碗	清乾隆	1	瓷器	完整	高4.5、口径11.7、底径5.8	前北平古物陈列所	
259	20076	2－2456	清乾隆款白地矾红釉御制三清茶诗瓷碗	清乾隆	1	瓷器	完整	高5.4、口径10.7、底径4.8	前北平古物陈列所	
260	20078	2－2520	清乾隆款白地五彩八宝花卉纹瓷盘	清乾隆	1	瓷器	完整	高8.7、口径51、底径4.7	前北平古物陈列所	
261	20023	2－2691	清乾隆款粉彩过枝花福寿纹瓷盘	清乾隆	1	瓷器	完整	高3.9、口径20.4、底径12.9	前北平古物陈列所	
262	20025	2－2790	清乾隆款斗彩凤穿牡丹纹瓷盘	清乾隆	1	瓷器	完整	高4、口径19、底径12.2	前北平古物陈列所	
263	20026	2－2846	清乾隆款黄釉暗云龙纹瓷盘	清乾隆	1	瓷器	完整	高4.4、口径17.2、底径11.1	前北平古物陈列所	
264	20027	2－2908	清乾隆款霁红釉瓷盘	清乾隆	1	瓷器	完整	高3.5、口径16.3、底径10.2	前北平古物陈列所	
265	20036	2－3308	清乾隆款汝釉菊瓣形瓷笔洗	清乾隆	1	瓷器	完整	高4、口径6.2×5.9、底径5.7×4.7	前北平古物陈列所	
266	11385	0－535	清翡翠镯	清	2	玉器	完整	径6.3×6.9	句容黄梅公社出土	
267	7255	9－120	清藤黄寿星	清	1	杂类	微残	高22	收购	
268	7764	9－144	清空心紫砂砚	清	1	杂类	基本完整	长15.5、宽10.4、厚3.4	唐嵩山捐赠	
269	1094	0－31	清鹌鹑纹白玉笔筒	清	1	玉器	完整	高6.6、口径4.7×4.5	市财政局工商联移交	
270	2207	0－65	清灵芝纹水晶如意	清	1	杂类	完整	长30	严惠宇捐赠	
271	2247	4－002	清象牙花鸟挂屏	清	4	杂类	略残	长90.7、宽50.8、厚4	捐赠	
272	11428	3－748	清“奉天诰命”镀金银凤冠	清	1	金银器	微残	直径20	句容黄梅南巷林业队采集	
273	11889 11890	3：858、859	清朝雕龙圆形金带饰	清	4	金银器	微残	直径4.2、带环长8.3	丹徒县蒋乔公社东山大队五小队出土	

续表

序号	总号	分号	文物名称	时代	数量	类别	现状	尺寸（厘米）	来源	备注
274	11891	3－860	清金帽顶	清	1	金银器	微残	口径4.5	丹徒蒋乔公社东山大队第五生产队出土	
275	1	a：1	清郑燮行书中堂	清	1	书法	基本完整	纵189.5、横74.8	焦山定惠寺拨交	
276	2486	a：473	清金农《隶书弟子职》堂幅	清	1	书法	基本完整	轴长113；画心纵180.2、横80.8；全长290.2、横102.7	陈斯白捐赠	
277	2761	a：560	明清两朝名人书扇面册页	清	30	书法	略残	画心纵47.3、横17.5；全长62.7、横59.9	袁左良捐赠	
278	3431	a：680	清张玉书字堂幅	清	1	书法	基本完整	轴长109.6；画心纵139.4、横69.5；全长283、横99	焦山古物馆移交	
279	4797	a：954	清康熙行书立轴	清	1	书法	完整	纵127、横43	袁左良捐赠	
280	5075	a：1010	清恽寿平行书横披	清	1	书法	残破	画心纵68.3、横18；全长84、横28	袁左良捐赠	
281	6842	a：1140	清王文治行书立轴	清	1	书法	基本完整	轴长85；画心纵129.2、横55；全长288、横75.2	刘国钧捐赠	
282	6849	a：1141	清郑簠隶书立轴	清	1	书法	基本完整	纵137.5、横55	周炳华捐赠	
283	2039	b：584	清蔡嘉山水中堂	清	1	绘画	基本完整	轴长114；画心纵199.5、横101；全长302、横104	严惠宇捐赠	
284	2049	b：588	清郎世宁马横披	清	1	绘画	完整	轴长68.5；画心纵59.7、横114.3；全长68.5、横167.2	严惠宇捐赠	
285	2072	b：599	清高南阜梅花立轴	清	1	绘画	基本完整	轴长71.3；画心纵119.9、横46.7；全长227.5、横61.2	严惠宇捐赠	
286	3433	b：1150	清王石谷山水堂幅	清	1	绘画	基本完整	轴长86.7；加题跋纵29.8、横69.4；画心27.3、横69.3；全长222.5、横77.3	焦山古物馆移交	
287	3500	b：1198	清“山中人”白描十八应真像手卷	清	1	绘画	基本完整	画心纵1095、横38；总长1268、宽42	焦山古物馆移交	
288	5920	b：2034	清笪江上山水立轴	清	1	绘画	基本完整	轴长81.5；画心纵74.3、横57.3；全长212.5、横71.6	王鸾云、姚克庆捐赠	

序号	总号	分号	文物名称	时代	数量	类别	现状	尺寸（厘米）	来源	备注
289	5945	b：2059	清潘恭寿桐圃图立轴	清	1	绘画	基本完整	轴长 53.8；画心纵 87、横 30；全长 213.7、横 45.6	王鸾云、姚克庆捐赠	
290	5947	b：2061	清潘思牧临文徵明山水立轴	清	1	绘画	基本完整	轴长 56.5；画心纵 129、横 31；全长 222、横 47.6	王鸾云、姚克庆捐赠	
291	7006	b：2268	清张崟乔松图立轴	清	1	绘画	基本完整	纵 124、横 40.5	收购	
292	7490	b：2364	清张夕庵寒食图山水横披	清	1	绘画	基本完整	轴长 49.7；画心纵 42.8、横 161.8；全长 49.6、横 194.3	张伽洛捐赠	
293	8504	b：2551	清蔡松原姮娥图立轴	清	1	绘画	基本完整	轴长 73；画心纵 74.5、横 48.4；全长 210.3、横 64.6	收购	
294	9627	b：2611	清张夕庵溪山消夏图立轴	清	1	绘画	基本完整	轴长 85.5；画心纵 144.6、横 67.6；全长 250.4、横 75.2	市文物商店收购	
295	9857	b：2654	清徐时显人物堂幅	清	1	绘画	基本完整	轴长 109.6；画心纵 87.5、横 95.5；全长 207、横 99.2	徐世洪捐赠	
296	12873	b：2707	清姚宋《山斋清寂图》堂幅	清	1	绘画	基本完整	轴长 78.7；画心纵 127、横 54.4；全长 232、横 69.3	“破四旧”征集	
297	16677	b：2849	清蓝深山水立轴	清	1	绘画	基本完整	轴长 76.8；画心纵 179、横 50.4；全长 258.2、横 67.5	严忠婉捐赠	
298	18951	b：2954	清菩提树叶绘十八罗汉图册	清	28	绘画	完整	长 57.2、宽 5.5	旧藏	
299	2624	b：745	清李鱓螽斯衍庆图中堂	清乾隆六年（1741 年）	1	绘画	基本完整	轴长 92；画心纵 131、横 62.5；全长 234.5、横 82.2	袁左良捐赠	
300	6861	b：2263	清李鱓喜上眉梢图堂幅	清乾隆六年（1741 年）	1	绘画	基本完整	轴长 85.8；画心纵 138.6、横 62；全长 231、横 76	收购	
301	8876	b：2593	清李鱓临赵吴兴汀草文鸳图堂幅	清乾隆六年（1741 年）	1	绘画	基本完整	纵 138.5、横 95	收购	
302	12875	b：2709	清李复堂花草中堂	清乾隆十年（1745 年）	1	绘画	基本完整	轴长 82；画心纵 157.5、横 57；全长 255、横 71.5	“破四旧”征集	

续表

序号	总号	分号	文物名称	时代	数量	类别	现状	尺寸（厘米）	来源	备注
303	132	b：25	清张敔花卉手卷	清乾隆五十五年（1790年）	1	绘画	完好	轴长30.6；画心纵380.5、横25；全长703.6、横30.1	镇江市市政府移交	
304	5273	抗日：933	抗日战争时期镇江沦陷记	抗日战争时期	1	书籍	基本完整	长28.8、宽18、厚0.8	童财宝捐赠	
305	2775 2/3、3/3	b：829 2/3 3/3	清二十四家诗龛图手卷	清嘉庆	2	绘画	基本完整	三分之二卷：轴长39；画心纵1510.5、横29.5～36；全长1609.7、横38.5；三分之三卷：轴长30.5；画心纵2578.8、横29.4；全长3033.2、横29.8	袁左良捐赠	
306	2775 1/3	b：829 1/3	清二十四家诗龛图手卷	清嘉庆八年至十七年（1803—1812年）	1	绘画	基本完整	轴长30.8；画心纵1282.6、横30.1；全长1570.9、横30.3	袁左良捐赠	
307	12618	b：2704	清刘琦淡画立轴	清嘉庆	1	绘画	完整	轴长62；画心纵98.8、横41.3；全长190.5、横52.4	文物商店收购	
308	5880	b：1994	清张夕庵山居图堂幅	清道光四年（1824年）	1	绘画	略残	轴长100；画心纵142.4、横77.4；全长306.5、横89.4	王鸾云、姚克庆捐赠	
309	2945	b：886	清几谷暴书图卷	清道光十九年（1839年）	1	绘画	基本完整	轴长38；画心纵501.7、横34.6；全长709.9、横38	金山文物馆移交	
310	5279	太平：055	近代京口兵事通纪卷	近代	1	书籍	基本完整	长24.8、宽23.5、厚0.3	馆藏	三升二
311	3512	b：1205	清几谷闲云护鼎图手卷	清咸丰四年（1854年）	1	绘画	残破	轴长41.7；画心纵350.8、横36.6；全长781.8、横40	焦山古物馆移交	
312	4226	太平：052	太平天国时朱允吉日记册页	清	1	近现代文物	微残	纵22.5、横1.9	征集	
313	5443	7－75	辛亥革命时期赵伯先纱衫	清	1	织绣	重残	衣长130、衣宽127	赵伯先家捐赠	
314	2119	抗英资：01	清戒烟广告	清	1	近现代文物	微残	长62、宽28	赵乃隆捐赠	
315	9678	9－183	清殿试卷	清同治元年（1862年）	4	杂类	基本完整	纵44、横11.5	文物商店移交	

续表

序号	总号	分号	文物名称	时代	数量	类别	现状	尺寸（厘米）	来源	备注
316	5526	9－59	清朱书“插翼飞”谕	清光绪十二年（1886年）	1	杂类	基本完整	纵61、横24	金山寺移交	
317	2962	反：35	清钦差南洋大臣奖章	清	1	近现代文物	基本完整	径3、链长26	王法德收购	
318	2133	抗英反：025	鸦片战争运载洋药凭单	鸦片战争	1	近现代文物	微残	长36、宽31.5	旧藏	
319	2087	五四：028	五四运动时期举国否认二十一条条文折扇面	五四运动	1	近现代文物	微残	径22.7、高18	旧藏	
320	12320	4－80	近代群仙上寿竹节象牙臂搁	近代	2	杂类	略残	长25.5、上宽4.5、下宽5.9	两清办收购	
321	595	一革：011	第一次国内革命战争时王宗培遗书墨迹册页	1925年	1	近现代文物	基本完整	纵34.8、横22.6	甘露寺移交	
322	3054	一革：92	第一次国内革命战争时期镇江三山日报号外	近代	1	近现代文物	基本完整	纵37.5、横25	收购	
323	9924	0－487	近代齐白石镌青田狮钮大石印	1935年	2	石器	完整	长6、宽6、高11	赵启騄后裔捐赠	
324	5275	抗日：934	抗日战争时期陆军新四军苏浙军区苏南军区第一分区镇句县总队长、副总队长、政治委员之印	抗日战争时期	3	近现代文物	基本完整	长2.8、宽2.8	旧藏	
325	5276	抗日：935	抗日战争时期汪大铭日记	抗日战争时期	3	近现代文物	重残	长15.5、13.5、13.3，宽9.5、9、9	茅山革命历史纪念馆筹备小组办公室移交	
326	5277	抗日：936	抗日战争时期江南抗日义勇军司令部通令	抗日战争时期	1	近现代文物	重残	长36、宽25	茅山革命历史纪念馆筹备小组办公室移交	

续表

序号	总号	分号	文物名称	时代	数量	类别	现状	尺寸（厘米）	来源	备注
327	4754	抗日：928	抗日战争时期罗湘涛、程望写给叶飞的报告	抗日战争时期	1	近现代文物	微残	长 20.1、宽 3.5	陆震征集	
328	5278	解放：687	抗日战争时期新四军华中军区司令部护照	抗日战争时期	1	近现代文物	重残	长 28.5、宽 28	茅山革命历史纪念馆筹备小组办公室移交	
329	4763	社建：11	宋庆龄题“伯先公园”园名	1979 年	1	近现代文物	微残	长 27.5、宽 14	镇江园林管理处拨交	
330	19043	9－256	贝叶经	不详	28	杂类	基本完整	长 57.2、宽 5.5	“破四旧”文物拣选	
331	5280	辛亥资：054	辛亥革命时期光复镇江始末记手稿	辛亥革命时期	1	近现代文物	基本完整	长 23、宽 18.3、厚 0.3	馆藏	
332	6855	b：2259	清黄慎渔翁图轴	清	1	绘画	完整	轴长 95.5；总长 232、总宽 84.5；画心纵 133、横 70	泰州尚古斋购	
333	5876	b：1990	清黄鹤荷蟹图轴	清	1	绘画	完整	轴长 101；总长 274、总宽 91；画心纵 140、横 77	王鸾云、姚克庄捐赠	
334	7480	b：2354	清任熏紫藤鸳鸯图横批	清	1	绘画	完整	纵 186、横 51；画心纵 140、横 38	购进	
335	6821	b：2236	清张琪人物山水图轴	清	1	绘画	完整	轴长 121；总长 294、总宽 110；画心纵 173.3、横 93.6	泰州尚古斋购	
336	6820	b：2235	清蒋璋人物图轴	清	1	绘画	完整	轴长 105；总长 288、总宽 95；画心纵 163、横 91	购进	
337	2917	b：865	清蒋璋人物图轴	清	1	绘画	完整	轴长 122；总长 282；总宽 116；画心纵 186.5、横 101	金山文物馆移交	
338	5781	b：1972	清改琦人物图轴	清	1	绘画	完整	纵 140、横 82	张翼云捐赠	
339	6050	b：2122	清蒋尺玉八仙过海图轴	清	1	绘画	完整	轴长 122；总长 250、总宽 113；画心纵 187、横 110	丁遽卿捐赠	
340	8181	b：2438	清沈龙仿米山水图卷	清	1	绘画	完整	总长 748；画心长 416、宽 30	上海收购	

五、焦山碑刻博物馆馆藏碑刻名录（截至2013年）

（一）碑林

序号	时代	名称
1	唐	魏法师碑
2	唐	唐故殷府君墓志铭
3	宋	《禹迹图》
4	宋	《蓄狸说》
5	宋	东坡先生游招隐寺倡和诗
6	明	明故儒医式斋钱君之墓志铭及盖
7	明	明故太学生两峰袁先生墓志及盖
8	明	明故屋舟钱隐君墓志铭及盖
9	明	明故钱屋舟先生之配孺人费氏墓志及盖
10	明	杨继盛椒山诗
11	明	杨一清游焦山七律诗
12	明	明重刻宋元祐焦山十六题
13	明	阮大铖书《江淹焦山述怀》
14	明	明刻赵孟頫画东坡小像并书《赤壁赋》
15	明	文徵明书小楷《千字文》
16	明	明刻米芾临兰亭及碑阴四帖
17	明	明刻米芾书《城市山林》
18	清	京口创建义渡碑记
19	清	乾隆御碑
20	清	清刻宋徐铉临秦碣石门刻石
21	清	集唐多宝塔碑字为五言律诗三十首
22	清	成亲王书《归去来辞》碑
23	清	乾隆画梅花碑
24	清	清刻董其昌题观音像碑
25	清	双溪草堂墨刻
26	清	清刻张即之书《金刚经》
27	清	《澄鉴堂石刻》
28	清	印心石屋
29	清	汪廷麟临颜真卿《东方画赞》及碑阴
30	民国	第六世振声公捐产兴学碑记
31	民国	吴佩孚书扬州弥勒楼阁颂

（二）摩崖

序号	时代	名称
1	六朝	《瘞鹤铭》
2	唐	贞观《金刚经》偈句
3	宋	陆游踏雪观《瘞鹤铭》
4	宋	赵孟奎题“浮玉”
5	宋	苏泂等题名
6	宋	吴说书“石屏”
7	宋	米芾、仲宣、法芝
8	宋	綦立等题名
9	宋	壮观亭别刻本《瘞鹤铭》
10	宋	“云壑”
11	宋	吴琚焦山诗及清陈任旸题跋
12	宋	米芾建中靖国岁
13	明	方豪题记
14	明	从兰等题记
15	明	“独往生”三隶字
16	明	“宛在水中央”
17	清	苏涧宽等题名
18	清	陆润庠寄越尘诗
19	清	王瓘等题名
20	清	陶澍题名
21	清	“焦岩斗大水中浮”诗
22	清	乾隆焦山诗（碑阴、阳）
23	清	康有为题记
24	清	“鹤山”二字及跋
25	清	洪亮吉题记
26	清	“鲍皋题”三隶字
27	民国	吴迈题记
28	民国	周蕴辉题“松鹤精神”
29	民国	周蕴辉书“尚古风”
30	民国	周蕴辉书《唐诗绝句》
31	民国	“佛海流经”四字题刻

六、镇江市图书馆31部入选《国家珍贵古籍名录》古籍一览表

序号	朝代	书名	作者	版本	册数	说明	编号
1	明	《欧阳文忠公五代史抄》二十卷	（明）茅坤辑	明朱墨套印闵刻本	8	此书为明刻朱墨套印本，眉上镌评。其内容系茅坤从“唐宋八大家文钞”中欧阳修文三十二卷中选出。此本在套印本印刷技术中有一定代表性，具有重要的历史价值和版本价值	首批《国家珍贵古籍名录》，编号01549
2	明	《历代君鉴》三十七卷	（明）朱祁钰撰	明景泰四年（1453年）内府刻本	4	此书为景泰四年内府刻本。明代刻本，以官刻为佳，而内府刻本在官刻中又为上乘，因此该书具有重要的历史价值和版本价值	首批《国家珍贵古籍名录》，编号01570
3	明	《历代臣鉴》三十七卷	（明）朱瞻基撰	明宣德元年（1426年）内府刻本	4	此书为明宣德元年内府刻本，世间流传稀少，刻本精良，在明代官刻中属于有一定代表性的刻本	首批《国家珍贵古籍名录》，编号01578
4	明	《辩惑编》四卷、《附录》一卷、《辩惑编续》七卷、《附录》二卷	（元）谢应芳撰，（明）顾亮撰	明万历二年（1574年）益藩朱厚炫活字印本	4	此书卷端有益王一斋序，内有多种藏书家印记，表明此书经多个藏书家评。明代活字本存世稀少，故此本尤显珍贵	首批《国家珍贵古籍名录》，编号01747
5	明	《唐陆宣公集》二十四卷	（唐）陆贽撰	明嘉靖二十七年（1548年）沈伯咸西清书舍刻本	6	此书为明嘉靖二十七年沈伯咸西清书舍刻本，内有多位名家撰写序言。此本在私刻本中属于质量上乘的精品	首批《国家珍贵古籍名录》，编号02029
6	明	《昌黎先生集》四十卷、《外集》十卷、《遗文》一卷	（唐）韩愈撰，（宋）廖莹中校正	明徐氏东雅堂刻本	20	此书为著名的明刻韩集，系依宋本翻版，版心下刻“东雅堂”，《外集》目录末镌“东吴徐氏刻梓家塾”，钤有“洪配厚印”。善本目录多有著录，如此完好，甚是难得，此刻本在明代家刻本中具有鲜明的刻书风格	首批《国家珍贵古籍名录》，编号02036
7	明	《柳文》七卷	（唐）柳宗元撰，（明）茅坤辑	明刻朱墨套印本	4	此书前有茅坤序，是用茅坤“唐宋八大家文钞”删取而成。茅氏原选《柳文》十二卷，“大抵为举业而设”，故专录古文，加以圈点批抹，示作文之法。此本因之，又录宋楼迂斋、谢叠山以至明末陈仁锡等十余家评说，较茅本有增益。内有隐秀堂、景秋楼、“南海康氏万木草堂珍藏”“漱云经眠”“牛渚居士”等诸印记。在明刻本中版式较少见	首批《国家珍贵古籍名录》，编号02038

续表

序号	朝代	书名	作者	版本	册数	说明	编号
8	明	《河东先生集》四十五卷、《外集》二卷、《龙城录》二卷	（唐）柳宗元撰，（宋）廖莹中校正	明嘉靖郭云鹏济美堂刻本	20	此书版式与东雅堂刊《韩昌黎集》相同，版心镌“济美堂”名，每卷有“东吴郭云鹏校寿梓”牌记，或隶或篆不一。郭云鹏盖嘉靖间人，《四库全书》存目收其所著《欧阳遗粹》十卷。卷内有“徐印相雨”和“秋堂”等印记	首批《国家珍贵古籍名录》，编号02048
9	明	《止斋先生文集》五十二卷	（宋）陈傅良撰	明正德元年（1506年）林长繁刻本	12	此书牌记作“嘉定壬申郡文学徐凤锓板于永嘉郡斋”，又有刻工黄旻。写刻精美，康有为跋称其“完美无阙，书法雅妙，有柳公权、黄山谷笔意”，“古香雅裁，芬芳袭人”，是“希世之宝”。钤有“更甡”“康有为印”“南海康氏万木草堂藏”等印	首批《国家珍贵古籍名录》，编号02085
10	明	《商文毅公集》十一卷	（明）商辂撰	明隆庆六年（1572年）郑应龄刻本	6	此书系明隆庆六年刻本，郑应龄辑，余丽序文，本名亦作《素庵集》。具有重要的历史价值和版本价值	首批《国家珍贵古籍名录》，编号02109
11	明	《尺牍清裁》六十卷、《补遗》一卷	（明）王世贞辑	明隆庆五年（1571年）自刻本	12	《四库全书总目》谓：“是书盖因杨慎原本而增修之。慎所录自左、史迄于六朝，共为八卷。世贞益为二十八卷，复采唐代至明之作通为六十卷。又旁收稗史，得梁、隋以前佚作四十余条，为补遗一卷。然真赝错杂，简择未为尽善也。”世贞后序及其弟世懋校记均以辛未纪年，为明隆庆五年自刻本。书中原题：“吴郡王世贞编，王世懋校。”在私刻本中不多见	首批《国家珍贵古籍名录》，编号02228
12	明	《诸史会编大全》一百一十二卷	（明）金燫撰	明嘉靖四年（1525年）金坛县刻本	存56	本书卷七十七末牌记“嘉靖肆年岁次乙酉仲春望日直隶镇江府金坛县刊”，故为明嘉靖四年金坛县刻本。光绪《嘉定县志》所录巡抚李充嗣刻本今已无存，故此本版本价值极高。又系康有为万木草堂藏书，扉页有康识：“此吾南海孔氏岳雪楼藏书，甲寅归我万木草堂。”钤有“康有为印”“南海康氏万木草堂藏”“御赐天府堂”诸印	第二批《国家珍贵古籍名录》，编号03750

续表

序号	朝代	书名	作者	版本	册数	说明	编号
13	明	《古今合璧事类备要前集》六十九卷、《后集》八十一卷、《续集》五十六卷、《别集》九十四卷、《外集》六十六卷	（宋）谢维新撰，（宋）虞载编	明嘉靖三十一年至三十五年（1552—1556）夏相刻本	100	《前集》首卷卷端题“三衢夏相重摹宋板校刻”，目录末页刻“嘉靖壬子春正月三衢近峰夏相宋板摹刻至丙辰冬十月事竣”，是嘉靖三十一至三十五年。书中有“御赐天府堂”“南海康氏万木草堂”印，证明是清末思想家康有为万木草堂藏品	第二批《国家珍贵古籍名录》，编号04909
14	明	《李长吉歌诗》四卷、《外诗集》一卷	（唐）李贺撰，（宋）刘辰翁评	明凌蒙初刻朱墨套印本	2	此书为朱墨套印本，正文用墨，刘辰翁批识及文中点读用朱印。卷末有凌濛初跋。按叶德辉《书林清话》称：“双色套印本始于明季，盛于清道咸以后。”又称：“朱墨套印，明启祯间，有闵齐伋、闵昭明、凌汝亨、凌濛初、凌瀛初，皆一家父子兄弟刻书最多者也。”闵氏、凌氏所刻套印书，“皆墨印朱批，字颇流动”。然套印本“刻一书而用数书之费，非有巨赀大力，不克成功”。故数量较少。此书是中国较早的套印本，历史价值及版本价值极高	第二批《国家珍贵古籍名录》，编号05285
15	明	《孟东野诗集》十卷	（唐）孟郊撰，（宋）国材、（宋）刘辰翁评	明凌蒙初刻朱墨套印本	4	此本为明凌濛初根据宋代国材刻本重刻的双色套印本。孟郊是武康人，宋代国材尝为武康县令，故刻此书以修明教化。凌濛初则是乌程人，与武康同属湖州，刻《李长吉歌诗》之后，以为“吾乡东野，其奇险可与长吉鬼怪对垒”，故不惜巨赀为之刻成朱墨套印本，以与李贺集相匹配，朱字批识用国材、刘辰翁批语。具有很高的版本价值	第二批《国家珍贵古籍名录》，编号05424
16	明	《文编》六十四卷	（明）唐顺之辑	明嘉靖胡帛刻本	32	本书为明嘉靖间胡帛刊刻，卷端题“荆川武进唐顺之应德甫选批，门人丹阳姜宝廷善编次，知福州府垫江胡帛子行校刊”，有刻工“黄沛刊”“益”“力”“文”等刻工标识。曾经康有为收藏，有“御赐天府堂”“南海康氏万木草堂藏”方印	第二批《国家珍贵古籍名录》，编号06398

续表

序号	朝代	书名	作者	版本	册数	说明	编号
17	清	《檀园字说》一卷、《外篇》一卷	（清）徐养原撰	清稿本	2	此书曾经清末学者谭献审校。《字说》扉页有朱字题：“同治二年癸亥十月廿有八日谭献宷定。”下加“仲仪”阳文朱方印一方。《外篇》卷首朱字题：“癸亥长至日谭仪审定。”仲仪、谭仪皆为谭献别署。又曾经民国时镇江藏书家陶绍莱珍藏，有“陶蓬仙”“蓬仙珍藏书画金石之章”等印，盖为陶绍莱捐赠绍宗藏书楼之物	第三批《国家珍贵古籍名录》，编号07454
18	明	《少微通鉴节要》五十六卷、《外纪》四卷	（宋）江贽撰	明弘治二年（1489年）司礼监刻本	20	此书为明弘治二年司礼监太监罗禄所刻，有弘治二年刘吉序。曾经康有为万木草堂收藏，钤有“康斿存”“南海康有为更生珍藏”“御赐天斿堂”等印。末册更有题跋两篇，其一称此书“笔画之工，纸版之精”，“写官之精，有同碑帖。刻画之妙，直类北宋”。末署“康斿存记于万木草堂”，当作于戊戌变法失败之前。另一署“更甡跋乙丑冬”，则在1926年，嗟叹：“吾于此书，爱不忍释。惟天下之美每多，安得常拥之?”可见珍重之意	第三批《国家珍贵古籍名录》，编号07608
19	清	《忠节录》六卷首一卷	（明）张朝瑞撰	清抄本	2	此书为四库全书底本，卷首钤有满汉两种文字合刻的“翰林院印”，显示其曾入藏翰林院以供《四库全书》馆臣选用，抄毕归还原主。册末俱有“云中君”藏书印。纸质坚韧，楷法严正	第三批《国家珍贵古籍名录》，编号07847
20	明	《隶释》二十七卷	（宋）洪适撰	明万历十六年（1588年）王云鹭刻本	12	此本有翁思益四色笔校，其中朱笔系过录傅山批校，青笔系据元泰定乙丑重刊本校，黄笔系取汪曰秀刊本与此本互校，并对照黄氏刊误，加以校勘，黑笔系据明初墨拓本校	第三批《国家珍贵古籍名录》，编号08150
21	明	《金薤琳琅》二十卷	（明）都穆撰	明刻本	6	此书为明刻本，不列刊刻年代，刀工、字迹亦明显具有明版特征。此书曾被清代藏书家杨宾珍藏，有“大瓢道人”“宾”“翁氏茹古阁藏书记”“亦仙”等印	第三批《国家珍贵古籍名录》，编号08166

续表

序号	朝代	书名	作者	版本	册数	说明	编号
22	明	《集古印谱》五卷、《印正附说》一卷	（明）甘旸撰	明万历二十四年（1596 年）自刻钤印本	5	此书为万历二十四年甘旸自刻本，钤印摹刻精工，版式别开生面。有“香雪斋图书印”“三元及第”等藏书印。版本价值与艺术价值极高	第三批《国家珍贵古籍名录》，编号 08171
23	明	《管窥外编》一卷	（元）史伯璿撰	明刻本	2	《四库全书总目》称“是书成于至元丁未”，“即元亡之年，计其人当已入明”。故或推其刻本亦在明以后，然史氏自序作于至元庚寅（1350），而当时书已成，书中亦无其他谈及“至元丁未”的，未知四库馆臣所据。此书本为孔氏岳雪楼藏本，1914 年归康有为万木草堂，有康氏题跋及“康有为印”“璜川吴氏收藏图书”印	第三批《国家珍贵古籍名录》，编号 08301
24	明	《雌伏亭丛记》二十四卷	（明）黄光施撰	明万历六年（1578 年）刻本	8	此书余志道序末称：“遂令梓其书，并弁诸首。”末署“万历戊寅”，故是万历六年山东夏津知县余志道刻本。书中有“云中君”藏书印，后归绍宗藏书楼。文献学家赵万里南下访书时，曾亲见此书，叹称“从未见过”，堪称稀有珍本	第三批《国家珍贵古籍名录》，编号 08543
25	清	《丹阳进士诗集》一卷	（唐）殷璠辑	清抄本	1	此书历来未见有传本，《四库全书》亦只闻其名，未收其书。本书为清抄本，时代虽晚，实有存危继绝之功。用工楷写成，极为精致。书眉有著名藏书家罗振常点评	第三批《国家珍贵古籍名录》，编号 08738
26	明	《朱文公校昌黎先生文集》四十卷、《外集》十卷、《遗文》一卷、《传》一卷	（唐）韩愈撰，（宋）朱熹考异，（宋）王伯大音释	明正统十三年（1448 年）书林王宗玉刻本	20	此本为明正统十三年刻本，书中有“昆山顾氏家藏”“赐砚斋”“康有为印”等多方钤印，显示其曾被顾炎武、戴熙、康有为等名家收藏，又有康有为题识一纸，有“天假之年”印	第三批《国家珍贵古籍名录》，编号 08757
27	清	《林屋山人漫稿》一卷	（宋）俞琰撰	清抄本	2	此书曾被清代名臣毕沅收藏，钤有“毕沅审定”“灵岩山馆收藏书印”“陶蓬仙家收藏金石书画之印”等藏印，外封有“四库全书提要别集类存目一，二十五年蓬仙识”的题签，当系陶绍莱 1936 年收入	第四批《国家珍贵古籍名录》，编号 10670

续表

序号	朝代	书名	作者	版本	册数	说明	编号
28	明	《珠渊异宝》十二卷	（明）傅振商辑	明万历四十七年（1619 年）刻本	6	书前有傅振商“万历己未岁孟夏朔三日”自序，称“因付杀青，以广同志”，故为明万历四十七年刻本。纸刻俱精，字体精工	第四批《国家珍贵古籍名录》，编号10922
29	明	《宋朝道学名臣言行录外集》十七卷	（宋）李幼武辑	明张鳌山刻本	8	此书总目卷端题：“后学张鳌山校正重刊。”张鳌山正德十六年已致仕，故此书应刊刻于正德、嘉靖年间。书前有“读易小子”“实颖之印”“无庭”三印，盖曾经明末清初学者宋实颖（字既庭）收藏。复有“皇次子章”“养正书屋珍藏”印，是道光皇帝即位前使用的藏书印。又有“康有为”“南海康有为更生珍藏”印，皆属康有为印。内封有康有为题识，称为沈曾植（子培）所爱重。卷十四、十七末有宋实颖题识，记“庚申十一月”十九、二十日诵读一过，庚申盖指康熙十九年（1680 年）	第五批《国家珍贵古籍名录》，编号11467
30	清	《古今全史一览》四卷	（明）舒弘谔辑，（清）李渔续，（清）黄中道删订	清康熙三十八年（1699 年）澹宁斋抄本	4	此书的政治立场、史识论断同清代官书存在着显著差别，乾隆年间修《四库全书》时，被视为“违碍”，因此至今海内外传本极为罕见。序首有“豊府藏书”“礼邸珍玩”等印，曾为清代学者、礼亲王昭梿收藏。书前又有罗振常、秦更年题跋各一通，罗谓“字迹工整，纸墨精良”，秦称其“茧纸朱阑，工缮成帙，虽巾箱小本而字画清晰”，“况世无刻本，弥为可贵”	第五批《国家珍贵古籍名录》，编号11586
31	元末明初	《集千家注分类杜工部诗》二十五卷、《文集》二卷、《年谱》一卷	（唐）杜甫撰，（宋）徐居仁编，（宋）黄鹤补注	元末明初刻本	28	此书版式、版框与元广勤堂本相近，同属元代及明代前期刻本风格。书前有康有为题跋，称“甲寅秋九月康更生藏于申嘉园”，并钤有“康有为印”等印	第五批《国家珍贵古籍名录》，编号11636

索引

索引说明：本志书的索引收录范围为书之正文，附录不纳入其中。本索引采用文物名称和主题综合索引方法，按字母顺序排列，字母开头者排在一画之前。索引名称后面的数字表示索引词所在页码。内容有交叉的索引词，在索引中重复出现。同一索引词后面的数字是按页码的顺序排列。

编后记

《镇江市文物志》是在镇江市文化广电和旅游局领导下，由各辖市区文物行政主管部门、市直文博单位提供资料，在《镇江市志·文物卷》的基础上编纂完成的。

《镇江市文物志》编辑委员会，由镇江市文化广电和旅游局、各辖市区文物行政主管部门负责人、市直各文博单位负责人和专业人员组成，具体编纂工作由镇江市文化广电和旅游局文物处负责。

2014 年，镇江市文化广电新闻出版局决定启动《镇江市文物志》编纂工作，并成立编纂工作小组。在参考《江苏省志·文物志》及全国其他省、市、县文物志，同时参考《江苏考古五十年》《江苏考古六十年》《中国文物地图集·江苏分册》等基础上，编纂工作小组本着符合志书体例要求和文物分类规范、体现镇江地域特色的精神编制《镇江市文物志编纂大纲》，并报镇江市史志办公室进行审查。其后，根据审查意见进行调整完善。2014 年 7 月 25 日，镇江市文物局召开《镇江市文物志》编纂工作会议，对工作任务进行分解部署。至 2017 年年底，根据各地各单位提供的资料，编纂工作小组完成《镇江市文物志》初稿，并下发征求各地各单位意见。2018 年 7 月，根据各地各单位意见，编纂小组完成《镇江市文物志》第二稿，提交专家进行审查。2018 年 11 月，根据专家审查意见，编纂小组完成《镇江市文物志》第三稿，并于 11 月 30 日召开了专家审稿会。全志至 2019 年 1 月最后定稿。

《镇江市文物志》是全市广大文物工作者集体劳动的成果。“概述”部分由张小军执笔。各章由刘聪根据各地各单位提供的资料进行汇总编纂。图版由各地各单位提供。文物保护单位地图由赵棣、张钟绘制。最后由张小军集中整理定稿。

本志在编纂过程中得到镇江市地方志办公室的具体指导和帮助，原市文化局副局长王玉国研究员、原市文管办王重迁副研究员、市史志办方志处翁红霞处长、市社科联编辑部潘晓丽主任对内容和体例等进行了认真细致的审查，提出了宝贵意见。文物保护单位地图的绘制得到了市测绘管理办公室赵棣高级工程师的指导和支持。镇江市书法家协会曹秉峰主席为本书题写书名。在此，谨向帮助过我们的单位和个人致以衷心的感谢。

由于编纂者水平有限，疏漏舛误之处在所难免，敬请方志界专家、文物事业同行和读者批评指正。

《镇江市文物志》编辑委员会